吉岡 孝＋岩橋清美◉編

寛政期の感情・倹約・制度

勘定奉行中川忠英言行録『令聞余響』の世界

岩田書院

寛政期の感情・倹約・制度　目次

第三部　翻刻『令聞余響』

問題提起

吉岡　孝
岩橋清美

本書の目的は、「倹約」を中心に以下の三点である。

一点目は、倹約を感情として捉えるということである。二〇〇一年九月一一日のアメリカ同時多発テロを画期として、欧米の歴史学界には感情に着目する傾向が顕著になった。それまで主流だった象徴や言語による個の規定性を重視するポスト構造主義では、死ぬことを前提に世界貿易センタービルに体当たり攻撃を遂行する「むきだしの暴力」を説明できなかったのだ。(1) また確かな証拠もないのにイラクに戦争を仕掛ける「帝国」の行動も、感情的としか思えなかった。

しかしそれを一時的な流行現象と捉えるべきではない。それ以前から、感情は歴史学では着目されていた。たとえば著名なフランス革命の研究家であるリン・ハントは、啓蒙思想が掲げた自由が実現するためには、同一な内面をもっている身体への共感が必要であったことを、書簡体小説を材料にして明らかにしている。(2)

そしてそれが「人間と市民の権利の宣言」によって宣言されるや、プロテスタント・ユダヤ人・黒人の男性、参政権は与えられなかったものの女性にも波及していった。つまり行為遂行論的視点からフランス革命の政治過程を位置づけている。(3) このような視点は明治維新を問ううえでも重要であろう。

しかしながら上記の動向と対照的に、日本列島を対象とした日本近世史研究においては、感情はおろか、ポスト構造主義に着目した研究をみかけることもほとんどない(4)。そこで本書では問題提起的意味も含めて感情に着目したい。

その場合、取り上げる感情として倹約を選んだことには理由がある。「最近の感情研究の導入書の多くは、恥ずかしげもなく西洋中心主義」だからである(5)。この本の執筆者は日本語を母語とする人間たちであり、日本列島の住民を素材にして研究する以上、東アジアに特徴的な感情を取り上げるのが適当といえよう。

なぜなら倹約は、当該地域に大きな影響を与えた仏教と朱子学でも大きなテーマだったからである。仏教では欲望を絶って悟りを開くことが理想とされていることは常識だし、また朱子学においても欲望は性を曇らせる存在である。同一的な性へ回帰し、克己して聖人になることが目的である朱子学にとって、倹約は必然である。以上のような東アジアに特徴的な倹約を感情として捉えることが本書の目的の一つである。

本書の目的の二点目は、倹約を制度として捉えるということである。感情に着目する視点は人文・社会・自然を問わず、近年の学問的傾向である。それゆえ広範囲な学際的交流が可能なはずである。感情史においても行動経済学への関係について言及されている(6)。行動経済学の創始者ダニエル・カーネマンとエイモス・トヴェルスキーは、ともに心理学者であり、感情との親和性が高いことも頷ける(7)。

ただここでは比較歴史制度分析に着目してみたい。比較歴史制度分析においてはルール・予想・規範・組織が制度とされる(8)。感情史の文脈にひきつけてみれば、共感が積み重なっていけば、社会化される。社会化された共感は儀礼や言語などの象徴システムを変容させ、変容したシステムは個人の身体を規制するフィードバック効果をもつ。

大切なことは、社会化された感情は安定すればルールになり、予想が可能になることである。流動的な市場において契約を着実に実行するという予想を獲得することが、経営にとってどれほど重要なことかはいうまでもないことである。さらに予想が深まれば規範というべきであろう。規範を内在化した人間が集まって組織を作る。もちろん文化による規定も重要であり、制度と文化は相互に規定し合っている。とにかくルール・予想・規範・組織の総体を制度を呼ぶとしたら、その源は感情であるという点が二点目のポイントである。

本書の目的の三点目は、以上述べたことを、一八世紀末期の江戸時代に具体的に位置づけることである。歴史学の場合、感情にしろ、制度にしろ、具体的な歴史環境のなかに位置づけなければ意味がない。感情・倹約・制度に分けて、その特徴について述べておこう。

当該時期の感情について考えるうえで重視すべきは、規律化とその対応である。たとえば近年の仏教史は、長期にわたり日本仏教を特徴づけた、修行を軽視する本覚思想は、元禄期頃から衰退し、代わって安楽律に代表される規律化が進んだことを明らかにした。小乗仏教化ともいわれる現象が起きているのである。(9) このような規律化は全社会にわたって起きており、それに対応して教化が盛んになる。(10)

倹約をこの文脈で取り上げる場合、著名な通俗道徳論をどう扱うかが課題になる。代表的論者である安丸良夫の考えをまとめるとこうなる。「民衆の近代化には、勤勉・倹約・禁欲など通俗化された儒学的な諸徳目の実践による主体的な自己実現が大きく関係し、その実践を唯心的な世界観(「心」の哲学)が支えた」。(11) ここに近代天皇制国家を支えた民衆の心性が明らかになったわけである。

通俗道徳論の研究史的意義を否定するつもりはないが、ここには「近代による再定義」が忍び込んでいないだろうか。江戸時代の倹約の意義を、近代からの視線によって単純化してしまえば、歴史的当事者の視点を逸することになるのではないだろうか。感情史的視点にたてば、なぜ倹約が人びとの共感を呼び社会化されていったのか、その具体的経緯を明らかにする必要がある。

そして近年の経済史が明らかにしていることによれば、日本は一八二〇年以降物価が上昇していくなど近代へ向けて力強い成長を続ける。(12)寛政改革期の倹約はこのような経済成長をもたらした要因の一つではないだろうか。このような動向を明白にするためにも、天明の飢饉による損害とそれからの回復の時期である当該時期の制度の充実を明らかにしなければならない。本書では感情の社会的あり方も制度と考える。

それは別な言葉を使用すれば寛政改革期とはどういう時代かを問うということでもある。本書では三部に分けてこの点を考えてみたい。

第一部「寛政期の感情・倹約・制度」では、寛政改革の一般的な特質について言及する。倹約が寛政改革において重要な概念だったことは常識といっていいであろう。しかしここで強調したいのは、倹約は民衆知であることである。この点で大衆の共感を呼び、大衆に主体的行動を取らせた。権力はその動向を弾圧するわけではなく、風俗取締りという形で中間層を媒介にして間接的に管理しようとする。これは大衆消費社会が成立し、大衆一人ひとりを抑圧する技術が存在しない以上、この方法が一番現実的だったのである。

倹約の背後にあったのは大衆消費社会の成立である。(13)広範な商品経済の進展は封建君主の領域を相対化し、フラットな行政空間を招来する。当該時期の場合は領主制支配は無視できないが、行政空間もまた無視できない。公儀は領主の「司法警察」権を尊重しながら、領主横断的な「行政警察」権を行使しようとする。第一部ではその様相を、空間支配の正統性として重要な地誌編纂や倹約令を貫徹させる存在であった取締役の検討を絡めて活写したい。

第二部「『令聞余響』の世界」は、当該時期に目付・長崎奉行・勘定奉行(関東郡代兼帯)を歴任した旗本中川忠英のさまざまな動向を明らかにする。中川は寛政改革に深く関わった人物だが、松平定信や松平信明・戸田氏教に比べれば印象が薄い。少なくとも主体的に政策を立案した人物ではない。しかしそうであるが故に旗本にとって寛政改革とは何であったのか、寛政改革の一般的な傾向を知るには格好の人物である。ここでは中川の身体観・家・交友などをテーマに、当該時期の旗本の社会生活の特質を明らかにしたい。

第三部「翻刻『令聞余響』」は、第二部の論考の基本史料になった『令聞余響』の翻刻である。詳しくは村上瑞木の解題をご覧いただきたいが、一般的に旗本の場合はその数に比して史料が僅少なことで知られている。石高が少ないうえに、明治維新の政治的敗北により没落し、史料が散佚してしまった場合が多い。この点でも貴重といえよう。

以下個々の論文について紹介しよう。

＜第一部　寛政期の感情・倹約・制度＞

吉岡孝「寛政改革期における大衆消費社会の展開と行政空間の発見」は、当該時期における倹約が大衆消費社会の展開に対応した民衆知であり、権力は博奕禁止や物価引下のような政策を通じて「仁政」として倹約を奨励し、民衆統治の正統性を獲得しようとしたことを指摘した。ところが寛政一〇年（一七九八）に浅川騒動が勃発し、悪党を排除しなければならなくなった公儀は、中間層を取締役に任命することにより、より倹約を地域社会に徹底しようとした。しかしその取締役が行なった活動は、領主制を相対化する行政空間に即したものが基本であると論じた。

岩橋清美「近世後期の地誌にみる地域支配の特質―勘定奉行中川忠英の民撰地誌支援をめぐる動向を中心に―」は、中川の交友と蔵書の特質を押さえたうえで、『豆州志稿』を編纂した秋山富南、『遠江国風土記伝』を編纂した内山真龍への民撰地誌編纂援助の意義について論じている。この二つの地誌は対照的な存在であるが、両者とも地域の史料を用いて地域の豊かさを明らかにしていく志向性は同質であるとし、このような傾向は松平定信が編纂させた

『白川風土記』にも見出せる当該期の地誌の特質だとした。またこのような地域情報を重視する姿勢は、勘定奉行を勤めた中川の統治にも関連していると指摘している。

榎本博「寛政期の幕領支配と「奇特人」「差配人」―勘定組頭小出大助支配所を中心に―」は、勘定組頭でありながら地方支配に当たった小出大助と、粕壁宿差配役見川喜蔵にフォーカスし、当該時期の特徴である褒賞政策の意義を探ったものである。この分析を通じて、民衆の共感を創出し、感情の共同体を再定義するという当該期の「仁政」政策の特徴を指摘している。当該期の取締役は個人的資質に依拠しない、救済から制度への移行が問題になっており、それは中間支配機構における惣代性の採用によって実現されるのではないかという課題を導いている。

＜第二部　『令聞余響』の世界＞

井上翼「『令聞余響』にみる中川忠英の交際」は、『令聞余響』から目付抜擢以前を含めた中川の支配と意識を考察する。ここからは当該期の武家社会と民衆統治が大きく変容している様相が明らかになる。武家社会においては家柄だけではなく、「好古」といった紐帯によってグループが形成されていったことがわかる。このような志向は民衆統治にも関係していく。岩橋論文でも触れられているように、地域社会では歴史を重視する感情が大きくなり、「好古」は公儀の統治に対する共感を惹起し、「公法的規範」として機能する。そのような領域を超越した地域の書物や歴史の掌握を通じた民衆統治を、中川たち公儀の吏僚はもっていたのである。

村上瑞木「中川忠英の文芸活動とその役割」は、井上論文で言及した交際の内、和歌を中心に取り上げて考察したものである。和歌が伝統的にもっていた統治的機能に加えて、唐よりも和を重視した「定信文化圏」を意識することにより、当該期の特質を提起している。それは一つには民衆教化という視点であり、中川の和歌は公務と切り離されるものではなく、感情と公務が一体になって生み出されるものと述べられている。この点は、感情を各私的に分割してしまう近代的な認識に対するアンチテーゼといっていいであろう。

松本日菜子「武家社会に対する中川忠英の問題意識と中川家親類」は、武家社会を親族の視点から再構成し、親族に対する感情を明らかにする。江戸時代の武家社会は同族が制度化され、法的地位さえ与えられた時代であるが、中川が組織した一族団体である「睦順講」は、武家・民衆を問わない奢侈な風俗が蔓延する状況に対する批判として結成されている。儒学的な父系主義ではなく、婚姻などにより流動化する日本の親族団体においては、儒学の強制よりも奢侈禁止という「公法的規範」を基準として掲げた方が現実的である。このような志向は民衆統治にも見出せる。

西留いずみ「中川忠英編纂の医療関連書」は、基本的な事実関係の確認から始め、研究史上の重要な訂正を行ない、中川編纂の医療書の特質に迫る。感情は当然身体から発するものであるが、江戸時代後期の医療行政は、呪術の併用も含めて現在とは異質な身体観のなかで機能していたことが判明する。当該期の生権力が対象としなければならなかった身体とその異質性を、医療行政の立場から肉薄している。

布川寛大「寛政期北関東農村の間引き抑制にみる「仁政」理念の変容—兼帯関東郡代中川忠英の「治民」によせて—」は、今まであまり触れられてこなかった中川の常陸国への廻村を手がかりに、その活動と名代官といわれた竹垣直温の関係を明らかにしている。またそのような活動の背景を位置付けるため、中川への中井竹山の影響を確認し、中川の活動は商品経済が発展し、生活実態に即した統治が求められていた当該期の「仁政」の実践活動としての面を持つと評価している。

註

（1）ヤン・プロンパー（森田直子監訳）『感情史の始まり』（みすず書房、二〇二〇年、原著は二〇一二年）七九頁。

（2）リン・ハント（松浦義弘訳）『人権を創造する』（岩波書店、二〇一一年、原著は二〇〇七年）。
（3）同右。
（4）たとえば「日本近世史の各分野の来歴（史学史）や現状、研究史のノウハウや暗黙知、さらには秘伝（?:）まで、第一線で活躍する方々に余すところなく言語化し」た上野大輔他編『日本近世史入門―ようこそ研究の世界へ！』（勉誠社、二〇二四年）においても、ポスト構造主義、感情史、比較歴史制度分析については、まったく触れられていない。
（5）粟屋利江「南アジア歴史研究における感情をめぐって―予備的サーヴェイ―」（『現代思想』二〇二三年一二月号、六七頁）。引用はマルグリット・ペルナウの二〇二一年の言葉。
（6）森田直子「感情史を考える」（『史学雑誌』一二五―三、二〇一六年）。
（7）ダニエル・カーネマン（村井章子訳）『ファスト&スロー　あなたの意思はどのように決まるか?:』上・下（ハヤカワNF文庫、二〇一四年、原著は二〇一一年）。
（8）アブナー・グライフ（岡崎哲二／神取道宏監訳）『比較歴史制度分析』上・下（ちくま学芸文庫、二〇二一年、原著は二〇〇六年）。
（9）末木文美士『近世の仏教―華ひらく思想と文化―』（吉川弘文館、二〇一〇年）一一一〜一一八頁。
（10）辻本雅史『近世教育史の研究―日本における「公教育」思想の源流―』（思文閣出版、一九九〇年）。
（11）木場貴俊『怪異をつくる―日本近世怪異文化史―』（文学通信、二〇二〇年）三七七頁。
（12）深尾京司他編『岩波講座日本経済の歴史』2（岩波書店、二〇一七年）序章。
（13）寺西重郎『歴史としての大衆消費社会―高度成長とは何だったのか―』（慶應義塾大学出版会、二〇一七年）。

第一部　寛政期の感情・倹約・制度

寛政改革期における大衆消費社会の展開と行政空間の発見

吉岡　孝

はじめに

「問題提起」で述べているように、本書においては倹約がキーワードである。しかし倹約は歴史貫通的にみられる現象である。近世以前にも存在したし、現在でも地球温暖化対策の観点から倹約が叫ばれている。当該時期における倹約を定義しておく必要がある。

寛政改革期の倹約は、たとえば江戸時代前期の倹約とはどこが違うのであろうか。江戸時代前期の倹約は結果としては身分統制に結びついたと理解すべきであろう。寛永期には、嗜みと称して軍役の規定を越えて多くの供を引き連れようとするかぶき者的行為に対する統制として、旗本を対象に発令されているし[1]、寛永飢饉時からは、百姓対象の衣服統制令が多く出された[2]。寛文八年（一六六八）は、「朝廷から諸大名・旗本・御家人・諸藩士およびその奉公人・町人・百姓あるいは寺社・芝居・吉原と、社会の全階層にわたって詳細に規制を加えた倹約令」が矢継ぎ早に公布され、町人の帯刀も制限されるようになった[3]。

帯刀については、藤木久志による豊臣平和令研究以来、刀狩令は、武器取り上げというよりも身分表象規制と評価されるようになった。(4) 帯刀が武士身分に身分表象として独占されるのは一八世紀以降と考えた方がいいであろう。(5) 帯刀は武士の身分表象になっていったのである。

奢侈禁止、つまり倹約とは、江戸時代前期には身分表象規制の側面が強かったのである。本稿で検討する寛政改革期においても、倹約は身分統制的側面を失ってはいない。しかしそれは権力的思考の一面に過ぎない。後述するように、当該時期の倹約は大衆消費社会を整合的に乗り切っていくための民衆知の側面が強い。

それならば大衆消費社会とは何であろうか。寺西重郎は「消費者は生産者の想定した使用価値だけでは満足せず、自ら新しい商品価値を見いだすことに効用を覚える」としているとした。(6) このような意識が構造化された社会が消費社会である。さらに寺西は生活様式を「日常生活の遂行の中心部分である労働などの形での財・サービスの生産活動への参加行為や生存・享楽・趣味・コミュニケーションなどのために行う消費財・サービスの消費行為の仕方」と定義している。本稿では武士などの支配身分以外の諸身分を大衆と呼ぶことにするが、大衆にこのような生活様式が実践されるようになった社会を大衆消費社会と呼ぶことにしたい。

だから大衆消費社会は消費主導である。この点寺西は江戸時代初期から消費主導であったかのように書いているが、この点は本稿では採用しない。これは寺西が初期から身分制が牢固として存在していると認識したことに基づく誤解である。そのような見解は近年の研究史に反する。(7) 江戸時代初期は顕示的消費が大きな意味をもっていた時代と考えた方が研究史と齟齬しない。(8)

ではいつから大衆消費社会に入ったのであろうか。本稿では一八世紀後半と考える。宝暦・天明期は古くから転換期とされていることもこの見解を支える。(9) 享保改革以降の比較的安定した状況が大衆消費社会を可能にした。(10) しかしそのような状況は、天明の飢饉と江戸打ちこわしによって動揺することになる。それが寛政改革期の課題である。

本稿では上記のような前提に立ち、寛政改革期の歴史的意義について考えてみたいが、その方法として感情を使用する。感情については「問題提起」で述べられているのでここでは繰り返さないが、倹約を基軸にした他者への共感が社会をどのように変革していくのかを検証したい。

このような視点に立つ時に喚起しておきたいのは、ポスト構造主義の旗手ミシェル・フーコーが定義した生権力論の視点である。[11]一望監視システムが典型のように、生権力は暴力による弾圧ではなく管理である。教育により身体の内面にも働きかけるため、被支配者にとっては主体的に行動しているとさえ感じる場合もあろう。

そして生権力は技術を伴う。フーコーは、アンシャン・レジームの処刑者の身体に王権の権威を示すために加えられる身体刑の技術を熱心に語った。[12]本稿では、大衆消費社会において倹約を実践するために用いられた技術を、教諭を中心に語る。本稿では詳述する紙数はないが、このような技術の在地での蓄積が、近代地方行政を可能にしたとの目論みをもっているからである。しかしそれは遠く射程に収めて、本稿では、そのような技術の実践が行政空間を可視化していったという指摘に止めることにしたい。

なおこのような生権力の裏面で行なわれていたのが制度の社会的浸透である。本稿での制度の定義は「問題提起」で述べた。このような制度が大衆消費社会の安定に寄与した。それ以前の社会では、「百姓成立」を基軸にした救済システムが安定に寄与していた。[13]しかし既に指摘されているように、公儀による救済は享保期以降縮小していく。この点を階級闘争的視点から評価することももちろん可能である。しかしながらもっと重要なことは、救済に代わって制度が社会に定着したことである。[14]基本的には君主の慈悲に基づく救済よりも制度の方が、大衆の生活を安定させることは論を俟たない。

問題は、生権力を被支配身分がどのように読み替えていくかである。ミシェル・ド・セルトーは、「さまざまな規律化の手続きが軍隊や学校でしだいに整えられてゆき、いつしかそれらの手続きが、啓蒙主義の練りあげた広範囲におよぶ複雑な司法装置をまたたくまに凌駕していってしまう」と指摘した。[15]そしてその要因としてブリコラージュを挙げている。ブリコラージュとは、人類学者クロード＝レヴィ・ストロースが用いた用語で手仕事を意味する。[16]未開人がブリコラージュを用いて独自の世界を構築したように、生権力下の被抑圧者は支配体系を読み替えて新しい世界を切り開いていく。本稿では、民衆知による技術の象徴としての文書作成を、ブリコラージュに類比した存在として位置づけたい。

一　大衆消費社会における倹約

1　民衆知としての倹約

本項の目的は、倹約という行為が、大衆消費社会に対応すべく形成された民衆の主体的行為であることを論証することである。その結果として、感情としての倹約という側面を強調することになろう。そのためにもまず石門心学について一瞥しておきたい。

石門心学については、その本質を通俗道徳として捉え、保守的な側面を指摘する研究が多いが、創始者である石田梅岩(一六八五～一七四四)が言う倹約は、自分のための倹約ばかりではなく、「商品の社会的に効率的な利用も意味するもの」であり、「急速に商業化する社会で官僚として厳しい物質的生活を経験していた武士の間にでも高く評価された」とする研究もある。[17]筆者がここで指摘したいのは、石門心学においては倹約が民衆の主体性を確立するうえでの鍵概念になっていたということである。次の史料は石田梅岩が倹約について述べた文章である[18](傍線、丸数字は引用者)。

【史料1】

倹約序

伏て惟に、御代の泰平目出度治る事、上は貴く下は賤く、尊卑の位ましく〱、有がたくも孝を鬼神に致、飲食・衣服・宮室の類は薄くなし、倹を用ひたまひ、恵みを万邦に垂んと、御力を尽し玉ふ。至徳光輝普くあらはれ、すゑが末まで安穏に、照し玉はぬ里もなし。実に徒然艸にも、「世を治る道は、倹約を本とす」といへり。蓋倹約と云事、世に多く誤り吝き事と心得たる人あり。左にはあらず。倹約は財宝を節《ほどよ》く用ひ、我分限に応じ、過不及なく、物の費捨る事をいとひ、時にあたり法にかなふやうに用ゆる事成べし。①それ天下安穏に治り、有がたく忝事一をあげていはゞ財宝は数千里のあなたより、数千里のこなたへ取通し、舟路・陸路・海賊・山賊の患ひも知らず。近くは閭巷の区々まで、我家〱に安居して、士農工商をのれ〱が業に心をいるれば、何の不自由なきやうにとの　御仁政、上は申も恐れあり、それ〲所々に司位にましく〱て、日々夜々に怠らず、是を治めたまはり、又家業の隙ある折〱は、月花のたのしみも心にまかせ、且志あれば、聖人の道を学び、貧富ともに天命なれば、此身このまゝにて足ることの教をきく。此　国恩の大なる事天地のごとくにして、中〱筆にも尽すまじ。下として無道放逸をなし、上を犯し、我分限を知らず身をおごり、人のいたみをしらざるは、悲き事かな。さある人は、天罰のがるゝ事有まじ。今誠に目覚む心地して、国恩をあふぎ奉り先非を悔ぬ。これ教を受る益ならんか。

扨此　御高恩いかんして報じ奉るべきや。明には知らねども、②我身をおさめ、上を犯すことなきやうに慎み、父子・夫婦・親類・縁者、家の小者に至るまで、たがひに睦まじく打和らぎ、吝きことなく倹約を守り、一人の小者、又は出入従ふ者をあはれみ助けたき志なり。これまでも、一家親み又人を恵むこと、元来きらふにはあらねども、第一自身のおごりつよく、費おほきゆへ、人を恵む仁愛の心も外に成行ぬ。親き親類の疎に成もかの奢ゆへ、一家の出会も物毎造作に、料理などもおもくなり、度々の出会もなく遠々敷成ぬ。これを以てみれば、奢は不仁の本となる。恐れつゝしむべし。③今より後、常の出会は、茶漬飯・したし物などにて、木綿衣類なれば、をのづから心やすく度〳〵出会、親き上にもしたしくなり、且親類は言に及ばず、宿持手代出入の人々迄、若身上不如意なる者あらば、其訳を聞届、不実ならざることならば、何分力を合せ救ふべし。又家内を恵むにも、先木綿衣類なればあたらしく仕かへるにも心やすく、古き物は仕着の外に見合てつかはし、仕着の新しき物は、貯をかすやうに仕なし、又半季一季の者は、纔の給銀を取、布子一重を拵ゆれば、残りずくなになり、鼻紙代も不自由にて、甚不便の事也、たとへ盆正月に、百弐百の銭、又履などつかはしても、これらにて足るべしとも思はれず。尤家により、奉公人により、高下次第も有べけれど、すべて是に准ずべし。夫故たまかにつとむる者には、折々の心付致べき事也。

史料1では権力の「御仁政」が讃仰されている。このような視点から心学の反動性が批判されてきたのであるが、しかし問題は「御仁政」の内容なのではないだろうか。傍線①のところに注目すれば、梅岩が評価した「御仁政」は、平和に基づく国内商取引の活発化という点にあることは明らかである。「財宝」を媒介として「数千里」間の商取引が円滑に行なわれる。それは交通網の整備はいわずもがな、「海賊・山賊」といった脅威の排除も円滑な取引を推進した。比較制度分析の立場にたてば、このような状況は、取引費用の削減に直結するといっていいであろう。これは近代経済の基盤である。(19) 本稿では、この取引費用の軽減という志向が行政空間という形で実現する過程を追うことになる。

ではなぜこのことが倹約と関係するのであろうか。傍線②をみていただきたい。ここでは「父子・夫婦・親類・縁者、家の小者」といった「身近な他者」を対象にして、その良好な関係が称揚されている[20]。そのためには倹約が必要なのである。後段で明らかなように、奢りが強くなればつきあいの費用が嵩み、結局関係が疎遠になる。「身近な他者」を直接とする人間関係の構築のために倹約が望ましいのである。そしてそれは「あはれみ助けたき志」、救済の意志と直結する。

この救済願望は傍線③で明らかである。倹約を実行することにより長期的な交流が持続可能になる。さらに親類から出入の人びとなどの「身近な他者」に対する救済も可能になる。倹約は救済を可能にするために必須だったわけである。そして倹約の結果として救済が想定されていること、つまり共感、利他性が意識されていたことも指摘しておきたい。

大切なことは、救済が大衆消費社会の広がりのなかで「御仁政」に対応する民衆の主体性として立ち現れている文脈ではないだろうか。主体性については「おの〳〵が業に心をいる」という表現にもあらわれているが、働き、倹約をすることによって他者を救済するという相互扶助の実践が、主体性の重要な部分を構成しているというべきであろう。このような主体的行為が蓄積されていけば、やがて規範化されていき、制度と呼べるものになり、さらに消費社会を救済より安定させることになろう[21]。

しかしながらこの段階では、大衆消費社会が供給主導型だったことを指摘しておきたい[22]。

【史料２】

又病気養生ノ為ニ一日ヲ二ジキヅ、ニテクラシ侍リシ時、病気快気シテ後思フヤウハ、コレヨリ二食ニテ暮シ、一食ヲ余ス時ハ乞食一人ハ食ト思ヘリ。コレゾ実トノ倹約ト思ヒ、其外割木一本、菜一葉ニテモ疎抹ニセネバ民ノ辛労ヲ助ケルト思ヒコレヲ楽ミト思ヘリ。

史料2は梅岩が若い時の経験だという。彼は病気養生のために一日の食事を二食に減らした。しかし健康を回復した後においても二食で暮らした。それは倹約した一食分が乞食の一食分になる、つまり乞食の救済のためにそうしたという。

これは現代人にはなかなか理解しづらい思考である。思うに梅岩は、世の中全体の商品の供給量は一定だという暗黙の認識をもっていたのではないだろうか。それ故自分の分一食を削れば、それが自動的に乞食の分になるという想定が可能になるのである。これは当時の生産力の限界を示している。そして当時は供給主導型の社会だったということになる。(23) これが同じ心学でも中沢道二（一七二五～一八〇三）の時代には転換することになる。

道二は道話のなかで以下のようなことを語っている。(24) あるところに仲の悪い姑と嫁がいた。嫁は姑を殺すために医者に相談すると、医者は三〇日の間、姑に口答えをせずに素直に言うことをきくことを条件に、あん餅に毒薬を入れて嫁に渡す。嫁はそれを姑に食べさせ、素直に姑の言うことを聞く。そうしているうちに姑は嫁を愛しくなってくる。そうすると嫁も姑を愛しくなってくる。嫁は医者に解毒薬を要求するが、もともと医者は毒は仕込んでいなかったと告白した。

嫁姑問題は典型的な通俗的話題である。このような話題が多い故に道話は下卑たものとされてきた。しかし道二の時代から戦後の高度成長の時期まで、嫁姑問題は家庭問題の中心である。道二は当然注目すべきことに注目したに過ぎず、野卑との批判は大衆の生活を直視していない偏見である。

ここで汲むべきは、道二が「嫁の心はうそじやけれど、骸《かたち》の勤めが本質じやによって、婆さまはほた〳〵して、次第々々に嫁がかわいく成つて来た」と記していることである。心が「うそ」、つまり作為されたものであっても、行動が形式として正当ならば効果があるということである。ここには「気質変化」、朱子学的論理が見受けられるが、とても実践的な教えである。そしてそこから導かれるのは主体性である。たとえ不本意であっても主体的に形式を追求することにより成果が得られる。つまり実践的な主体性が追究されているのである。

そして石門心学の特質は、それが政治的批判ではなく、日常的な農工商の「業」の充実が追究されたことである。そして梅岩との違いは、それが需要主導だったということである。次の道二の道話をみてみよう。(25)

【史料3】

前方上方に子供だましの見世ものに、商売鑑といふがあつた。畳二三畳敷ぐらいの台に、四方のぐるりへ小い人形を拵へ、一人々々に門構をして、一軒は米や、その隣は餅や、其隣は鍛冶や、まきやたばこや木薬やといふ様に、門々に暖簾をかけて、何や〳〵とかきつけて、その商売々々の人形をおいて、世界中の売買する処をよせて、見世ものに出した。餅屋では亭主が餅をつき、嘷は襷掛でこね取をする。米屋ではがた〳〵〳〵米をつく。たば粉やでは煙草きる。かゝが葉取して居る。木薬やでは、薬研で薬おろして居る。場中の人形がグワタ〳〵と、動きはたらいて居る。その台のまん中に真木を一本立て、その真木の上に車が仕かけてある。夫から場中の人形へ綵をつけて、その真中のしぎへ皆ついてある。そのしぎにぜんまい仕掛のからくりで、真木が上つたり下つたりすると、場中の人形が残らず商売を精出して、グワタ〳〵動きはたらく仕掛。さて此わづかの場所を、三千世界にたとへますから、御銘々は世界の外に居て、世界を見る気で、御聞きなさるがよい。一切万物たつた一ツの性に率て、動きはたらく。てうど台の真木が天の命、これを性といふ処。その性のしぎに率うて、場中の人間が動き働く。その人形は無心にして動きはたらくは、世界中の一切万物、木かや草木鳥畜類、人にうけては商人は商人、武士は武士、百姓は百姓、医者はいしや、鍛治やはかぢや、みな性に率うて動く。皆無心で動く。無心といふは我なしのこと。動きはたらいて居る時みな無心。それゆゑその時に誰でも、からだを覚えて居るものはない。無我夢心で性に率うて働いて居る。その性に率ふが無心我なしの処。よしあしと思ふ心を振り捨てて只何となくすまば住吉で、只夜が明けたら無心で、職分に精出すこと。

道二は、からくり人形の見世物をみた。それは「商人鑑」と名付けられていて、米屋・餅屋・鍛冶屋などさまざまな商売の店が作られ、そこでからくり人形がさまざまに商売の動きをみせたのである。「真木が上つたり下つたりすると、場中の人形が残らず商売を精出して、グワタ〳〵動きはたらく」。真木の動きが一つの秩序を形成し、みなそれに従って動くのである。道二はそれを「三千世界」としている。この言葉は元来仏教に由来する言葉で全世界を指す。道二は「一切万物たつた一ツの性に率て、働く」とも記しているので、朱子学の立場から解釈することも可能であるが、仏教の影響も捨象することはできない。

仏儒どちらにしろ、全世界が一つの秩序によって形成されているという点が重要である。世界は一つの秩序に貫かれていて、植物も動物も商人も武士も百姓も、その秩序を分有して職分として働く。そして「無心」、心はなくても「性」に従っていればいいのである。

要するに道二は、世界を一つのシステムと認識しているのである。心学を志す者は世界を貫く秩序を理解し、それに相即して自分の職分を「無心」に励めばいいのである。だから世界を構成する職分は主体的に追求される必要がある。人間はたとえシステムの本質的な秩序を理解できなくても、形式を真摯に追究する主体性があれば良いのである。

心学は体制迎合的な反動性を指摘されてきた。確かに心学は幕藩体制を否定しはしない。しかし表面的な言説とその背景にある思想の本質が異なることもあろう。思想を語る本人さえ気づかないこともあろう。道二は「天子様上々様も、ゑたも乞食も、犬もねこも、同じものじやとは、とはうもないことじやといふ人もあらうが、夫は平等の本心を知らぬからじや。本に二つはない」と書いている[26]。これが身分制の否定に直接繋がるわけではないが、心学が仏教的平等観を否定しなかったことは事実である。これは身分制社会への批判を含んでいたと考えるのが自然ではないだろうか。

寛政期は公儀の支配において心学が用いられた時期であるが[27]、それは心学が権力にすり寄ったのではなく、権力の側が民衆の主体性と需要主導的大衆消費社会を体制化しなければ統治が不可能になったからである。梅岩が主張した倹約や仁政は、市井の商人の立場から提議された民衆知であることを確認したい。

さらに、需要主導の大衆消費社会が形成された道二の言説が日常言語に近いことも、指摘しておきたい。日常言語こそ民衆の生活空間に民衆知による意味を与えるものである。漢文ではなく日常言語が大衆に共感を呼び、主体性を呼び覚ますのである。それは梅岩が倹約により原資を作り、救済に当てるという構想からも読みとれる。弱者救済は共感、利他性を著しく刺激するのである[28]。

2　大政委任論採用の影響

松平定信が大政委任論を採用したことはすでに指摘されて久しい[29]。筆者がここで主張したいのは、このことの意義である。それは倹約を執行することが仁政の実践として支配の正統性を構築したのではないか、ということであり、そのためには大政委任が必要であったという論点である。

天明七年（一七八七）六月、老中に就任し寛政改革を開始時に認められた松平定信の意見書「御相談之覚」には、こうある。「一、上之思召下へ達せす、下々之情上へ伸ひ不申ニ付、おのつから陰陽不調之兆ニ相成候事」[30]。「陰陽不調」とは天候まで含めた世界の運行の不順を言っているのであるが、この前提にあるのは、君と民との同質的関係である。定信は「君と民とは同じ人にして、其異る処は其徳器の上に居るべきと其下に居るべきとを以てなり」と記している[31]。

これは人間の性の同一性を前提とした朱子学の立場からは当然の発言であるが、現在の研究状況は、かつてのように朱子学を家康以来の幕府の支配思想とすることは許されない[32]。公儀の政策担当者の発言としては斬新というべきであろう。しかしここで強調したいのは、前項で指摘した石田梅岩の平等観と通じるということである。支配思想がやっと民衆知に追いついたと評価すべきである。

なおこのような君と民を同質と捉える考えは、大政委任論においても貫かれている。次のようなエピソードが中井竹山によって紹介されている[33]。「農夫体の者」を指して、定信家臣の若き者が「百姓にてぞ候らハぬ」と答えると、定信は「御気色損して」以下のように言ったという。「其方共が口よりして百姓とハそも何事ぞ、我等ハ公儀より御百姓を御預り申上て養ふ役也、我等農民ニてはなし、凡天下の農民ハ上にも　天子の御百姓成を将軍家御預り養ひ給ふ所を、諸大名其内をわけ御預り申上て大切ニ養ふて、何とぞ飢させず寒くさせぬ様ニと心掛る也、是に依て公儀御役人ニ候も取あつかい、皆御百姓といふて百姓とハいはず、御百姓ども、自分よりも御百姓とぞ云。されバ農夫ハ国の元ゆへに古の言葉にもおほんたからとハいふ也、凡百姓といはんものハ、諸侯伯さへ憚り有事也、然るを其方等が口よりして百姓ハ何事ぞや。左様に我ものがましくさげしむ心より民をしへたげ取、収斂して乱国のはじめ興す也。仮初の言葉ながら已後を慎むべし」。

「百姓」ではなく「御百姓」なのだと定信はいうわけである。筆者は、「百姓成立」を止揚した民衆統治の正統性を、定信が見出したと理解したい。引用文では「百姓」と「農民」がほぼ同義語として出てくるが、「御百姓」とはいわれても「御農民」とはいわれていない。それは「百姓」が身分呼称であるのに対して「農民」は職業呼称だからだ。

網野善彦が「百姓は農民ではない」ことを強調したことは著名である。(34) 網野の力点は「農本主義」批判にあったわけだが、筆者がここでいいたいのは、寛政改革期の公儀は、身分ばかりではなく、職業も保証しなければならなかったのではないかということである。つまり身分としての「百姓成立」の保証は、公儀の責務として継承するが、職業的安定の保証も必要になったということである。前者は救済が対応し、後者は制度が対応する。なおこの場合の職業とは「農本主義」的農業ではなく、プロト工業化的動向も含めた農家経営のことである。

当該期には民衆は商業システムを構築していたが、百姓も「農間余業」の展開や商業的農業の進展によって、そのような商業システムの一環をなしていた。このような商業システムは、当然のことながら全国的経済システムと直結している。つまり地域限定的な個々の領主システムでは対応には限界があることは歴然としているのである。一藩にとっては合理的な行動であっても、総合すれば誤謬という状況もあり得た。個別領主とは相対的に自立した空間が、生存のために必要だったのである。その矛盾は天明の飢饉などの大規模飢饉の時にも露呈している。つまり個別領主による「百姓成立」は限定的になっていたのである。

全国的商業システムが自律的に展開するなかでは、それにアクセスできる公儀が主体的に国土の全百姓を掌握する必要があった。もちろん近世は領主制が確立していたので、個別領主に属する領民は、個別領主が支配する。しかしそのことを前提にしながらも、全百姓の管理・保護を掲げなければ、公儀は民衆支配の正統性を得られなくなっていったのである。大政委任論は全百姓を「御百姓」にすることにより、そのことを実現する第一歩を開いた。そしてそのような構造を現実化するためには、民衆と君主との回路を開く必要があった。

君と民を「同じ人」とその同質性を主張する以上、その直接的対話は可能になる。もちろん現実には代官手代のような媒介を通じてということになる。[35] それ故、媒介はできるだけ円滑に両者を繋ぐ必要がある。次の定信老中就任直後の幕府法令をみてみよう。[36]

【史料4】

天明七年丁未七月　日

一百姓は国之本にて候。百姓之辛苦を察し、飢寒無之様心を尽し可申事。

一百姓之風儀も近年栄耀奢がましく、自分業にも怠り候様に相成候に付、手余地等出来致し、手入等等閑に付、作り方多分不宜様に成行候事甚以不可然候。右に於ては畢竟御代官之面々心得違之故にて候。以来は急度相心掛候て、衣食住之儀は勿論、聊栄耀ヶ間敷事無之、万事節倹相用、取計事も手代に不任、自分勤候儀専要に候。百姓は上へ遠く候に付疑ひ有之者に候故、上よりも自ら下を疑ひ候様に相成候。上下疑ひ無之様潔白正路に取計可申事。

一願訴訟等も上へ出し不申様押へ置候儀をのみ心掛候様に相成候間、下情も難達候間、小事も段々ともつれ候に付、其節に至り、下もよりも不得止事強訴に及び、或は江戸表へも罷出候様に相成候之間、村中入用も自然と相重り、下々難儀及候様に成行事、甚以不可然候。

一山林竹木猥に伐採べからず旨、古来より之制禁に候処、近年諸国山々も多荒候様に相成候間、自ら国用も乏しく川々も埋れ、出水等之変も生じ候儀に付、前条古来より制禁之儀弥堅相守、苗木植立無油断可申付事。

一近年一己之功を立べき為に、運上又は新田等之儀申出、永久之儀を不相計候間、古田畑却て荒候様に相成、或は用水乏しく、下々弥増し困窮に及候儀を厭ひ不申様に相成候事。主役之者に違ひ、甚以不可然事。

第一条は、儒学的支配を象徴する言葉といえる。ただ百姓の辛苦を察し、飢寒を防ぐ世話までしろとしている。抽象的な理念ではなく、具体的な生活に言及しているのが特徴である。

第二条は、百姓の風儀が奢りがましくなったせいで、自分の「業」も怠り、手余地などができてよろしくないとの現状認識が示されている。代官も不適格であり、「衣食住之儀は勿論」、すべての面で奢りがましいことはないようにして、「節倹」させなければならないのである。

このような認識を基本にして寛政改革期は倹約策が展開するのであるが、公儀の主観的な認識としては、倹約令は「仁政」なのである。前述したように、近世前期から百姓支配の正統性として「百姓成立」が成立していた。しかしこの時期には、それを越えた生活全般の管理が構想されていたのである。百姓の経営を成り立たせるだけではなく、百姓の分限を越えた消費支出も規制することが「倹約」であり「仁政」なのである。これは従来の百姓成立から一歩踏み込んだものである。ここからは君と民との一体化の影響を感じることができる。

ただここで一言しておくと、以上のような思考は明確な形では表出しない。それは近世は身分制社会であり、身分制の維持こそ支配階級の譲れない一線だったからである。倹約令も為政者の建前としては身分統制のために行なわれると意識されていた。しかし史料の隙間と隙間を比較検討すれば、自ずと「仁政」の拡大解釈を措定せざるを得ない。

第三条からも、そのような志向が察せられる。「願訴訟」などは抑圧される傾向にある。しかしそれでは「下情も難達」い。そもそも小さい「願訴願」を抑圧するから、それが大事になってしまい、江戸への出訴などが起こり、訴訟費用が嵩むのである。この第三条は第五条と合わせて考えると理解しやすい。第五条では、近年利己的な目的のために運上や新田開発の計画を上申する輩がいるとし、いいかげんな計画でかえって古田畑は荒れ、用水は乏しくなり、下々は迷惑しているという内容である。

田沼時代には、このように政策を上申して私利私欲を満足させる「山師」が暗躍していたと指摘されている。(37) このような「山師」の暗躍が賄賂社会を招来したのである。当然このような「山師」の暗躍は根絶させなければならないが、民衆からの上申行為自体は奨励しなければならない。そうしなければ君主が下情を察することができなくなるからである。そのため第五条では「山師」の申し出を廃絶し、第三条ではまともな「願訴訟」は不当に抑え込むことを禁止したのである。なおさまざまな「下情」を収集することが政権にとって重要な意味をもっていたことは、後述する兼帯関東郡代やその関係者の廻村や地誌編纂事業にも関連していると考えるべきであろう。

ところで定信は、情報から遮断される君主の暗愚と「山師」のような佞臣の建言がいかに危険であるかは、早くから気づいていた。定信の著作『古史逸』は、安永八年（一七七九）一二月の年紀があり、「一二三子」に示された。(38) 架空の国の愚かな世子（後に公）が主人公である。この世子は「佞臣」の建言を許容し、世子が「常居后宮而不知国政」が故に、国を滅ぼしていくストーリーである。興味深いことに、定信は「佞臣」によって君主との関係が切断された国家について、「民既奢侈、不勤本業、及其如此也、雖或売田宅、雖或鬻妻子、上求无厭、終壮者散四方、老者転溝壑、盗賊充満国中、於是乎、或奪群臣之禄秩、或挙用富商以仮之力、所得不如所費、其群臣唯束手待斃焉耳矣」と記している。(39)

大意はこうであろう。「民衆は奢侈に奔っており、本業に勤めない。さらに上の苛斂誅求によって田宅や妻子を売り払っている。若い者は四方に散り、老人は屍を溝に晒す。盗賊は国中に満ちた。そのため家臣たちは秩禄がもらえず、商人を起用して力を借りている。収入は支出に及ばない。家臣たちは手をこまねいて滅びるのを待つしかなかった。」

これは田沼時代のカルカチュアである。「佞臣」＝田沼意次はさまざまな意見を具申して世子を窮地に陥れ、世子は、民衆の状況、つまり下情を知ることができない。君主との連絡を切断された民衆は奢侈に奔り、富商の台頭を招き、財政が悪化するのである。そのような状況を改革するためには民衆と君主との関係を回復し、下情に通じ、奢侈を改め、倹約を実行すべきなのである。

第四条は、山林竹木を猥りに禁止することが禁止されている。「古来より之制禁」とあるのは、慶安に発令された諸国山川掟のことを指しているのだろうか。この法令は、薬用に利用された植物の濫獲により河川が荒れたために発令されたものである。(40) 寛政期は大規模水害が多い時期であった。第五条と合わせて考えると、経済社会の進展によって自然災害が頻出した時期であり、ここでも個別領主に限定されない「大政」に基づき管理が要求された。しかしそれは「合意形成のプロセスのなかで民意を反映させる」というものであった。(41)

史料4をみてみると、倹約という「公法的規範」を基軸に、公儀が民衆を再編成していこうという意図をみることができる。そのため公儀には、「下情」、大衆の日常生活の実態を表す情報の収集が求められた。この点は、寛政元年（一七八九）一二月に定信が庭番の職務内容を再把握して民衆の反応を探ろうとした、という指摘が注目される。(42)

本項をまとめると以下のようになる。寛政改革を主導した松平定信は大政委任論を採用したが、このことによって百姓はその公法的性格が再定義された。公儀が百姓を支配する正統性も強化されたが、それ故にこそ公儀は百姓に倹約的生活を送らせる責務を背負うことにもなった。倹約という公法的規範が支配の正統性として機能したのである。それを実行しないと、『古史逸』で描かれたように亡国という事態にもなりかねない。次項では具体的な倹約政策についてみてみたい。

3　博奕禁令の意義

天明の江戸打ちこわしは米価の騰貴が原因で勃発した。したがって米価の引下げは重要なテーマである。定信は天明八年(一七八八)正月、霊巌島吉祥院に願文を奉納して「米穀融通宜く」なるよう一命を懸けて祈った(43)。いかに定信が米価の引下げを重視したかわかるであろう。しかし問題はそれだけではない。米価の引下げは重要だが、それにつれて諸物価も下がらなくては意味がない。米価が下がり諸物価が高値維持するだけでは、米に依存する度合が高い領主経済は悪化するだけである。これは享保改革の「米価安諸式高」以来の課題である。求められていたのは固定的な米価引下げではなく、適切な米価調整策である。では定信はこれにどう対処しようとしたのか。

筆者は二つのポイントを挙げたい。一点目は博奕禁令である。これによって家産を失う百姓を減少させ、百姓成立を保証するのである。もう一つは物価引下令である。百姓に米を購入させ、米価の値崩れを防ぐのである。

まず、博奕禁令からみてみよう(44)。

【史料5】

天明八申年正月廿八日達

博奕竝惣て賭之諸勝負は、前々より御制禁之処、近年在方之者共、博奕竝博奕ニ似寄候儀を弄ひ候趣相聞、不埒之至ニ候。尤露顕いたし候得は、重き御仕置ニも可被仰付候得共、畢竟其村々村役人共等閑之事と相聞候。依之以来ハ右之段各より一村限り村役人共え急度申渡、若村内ニて博奕或はこま・よみかるた、都て賭之諸勝負いたし候者有之候ハヽ、厳敷取計、村役人共え召捕置、早速訴出候共、又村役人存寄を以、過料取上候共、勝手次第ニいたし、或は右悪事致候者逃去候ハヽ、其席ニ捨置候金銀之類も村役人方え取上、其段御代官所え申立、右金銀は村方入用ニいたし、村内博奕不致様申渡、此以後公儀より相廻り候役人見咎召捕候儀も有之候ハヽ、村役人不念ニ付、心得違無之様可致旨、兼て村々え可被申渡候。

一村役人竝百姓共之内、村内取締等心を附、博奕等不為致段無相違候ハヽ、各取締等いたし、村役人百姓之名前等早々可被申聞候。

一春之内不及申、蚕場ハ春夏え掛り、其外之場所ハ秋取入之時節、或は氏神祭礼等之前後ハ、手代家来等繁々為見廻、御代官も陣屋最寄、又は廻村之序ニは自身不時ニも相廻り、夜中燈抔見候ハヽ、怪敷類ハ相糺候様可被致候。惣て博奕等之諸勝負ハ、家業を失ひ村方困窮之基ニて候間、右体之儀を重立取計候者、或は通り者体之もの徘徊いたし候ハヽ、聊無用捨召捕、吟味を詰め可被相伺候。

右は、松平越中守殿御差図ニ付申渡候間、各は不及申、手代共迄も申合、無油断可被取計候。

この史料5は文末の記載からわかるように、松平定信の差図によって出されたものである。博奕禁止自体は以前から存在していたが、近年は在方の者が博奕をよくやっているという趣をよく聞くとしている。従来、博奕禁令といえば普遍的ともいっていいような大衆の嗜好性のせいで、そもそも実効性がなかったとするのが一般的であろう。本稿ではそのような超歴史的解釈からは脱去したい。

増川宏一は一八世紀を念頭に、「賭博を反体制の一環として弾圧する態度から、人民の制御のために政策としてコントロールしていく姿勢への移行が確認できると」した[45]。ここからは、強圧的な抑圧ではなく管理を重んじる生権力論的視点を感じることができる。

また一八世紀の大衆消費社会の進展とともに博奕は成熟していった。史料5でも「こま・よみかるた」があがっているが、その外にも賽子・宝引・三笠付などが思い浮かぶ。そして博奕禁令が空文化したような印象が与えられるのは、結局それが村役人の態度如何にかかっているからではないだろうか。史料5で、博奕犯に課せられる科料は村入用に算入されると書かれているのは、村役人の立場を考慮してのことであろう。しかしだからといって村役人が積極的に取締を行なう必然性はない。

さらに蚕場、取入、氏神祭礼の時には、代官の手代や家来、もしくは代官自身がよく見廻れとしている。後年の関東取締出役を彷彿させるが、この時点では私領への踏み込みは確認されない。なお通り者体の者が徘徊していたら容赦なく捕まえろとしている。彼らについては後述する。

史料5を確認すると、博奕禁止令においては村役人の主体性が大きく状況を左右することが判明した。彼らは、大衆消費社会を乗り切るために、自律性、つまり倹約が必要なことを内在化して生きている。そのような自律性を刺激すれば、公儀の意図する倹約も実行できるかもしれない。博奕を禁止し、農家経営を維持できるように世話を焼くことが、公儀の支配の正統性として重要なのである。次いで米価調整策をみてみよう。[46]

【史料6】

申渡

此節米價下直に相成候に付、当秋豊作之趣にも有之候はゞ、猶又直段引下落いたし、一統難儀にも可及候間、此上無難之出来も有之候はゞ、御料所之内身元宜敷百姓分限に応じ買上米いたし、持囲置可申候、尤身上厚きと申程に無之候ても志有之ものは少分之穀高にても持囲可申候、畢竟米價程過候安直段に相成候ては四民一統之難儀之事に候、殊更小前之もの共作徳も利潤も薄く相成候ては、却而豊作を患候様にては農業之励にも響如何に有之、一村之中貧富助合候儀は勿論之事に候條、凶年には此迄富境(栄カ)候もの共は奇特之取計等も度々有之、御褒詞等も有之儀に候、右に准じ候ては此度買米之儀も同様之儀にて、一統申合、多少之無差別志有之者共より相応に買米いたし、米價引立候様可致、尤公儀にても御囲米は勿論、御貯籾等有之、米價引立之御世話も有之儀に付、買米にも不限、作徳之内にて売出べき分を籾等にて持囲候様にもいたし、勝手宜様可被取計候、右者米價引立候得ば御救にも相成候御趣意に付、押て被仰付候儀には無之、支配所之もの共へ一人別能々教諭いたし、感得之上可被申付候、

右之趣松越中守殿被仰渡候に付、申渡候間、可被得其意候、

寛政二戌年

「御勝手方奉行衆吟味役大林與兵衛立会、主膳正申渡」（朱書）

史料6は松平定信が仰せ渡したことが明記されている。主膳正は勘定奉行柳生久通。定信の仰せ渡しは七月であり、代官に通達されたのは八月四日である。(47)

寛政二年（一七九〇）秋は豊作であり、米価の下落が予想できた。そのため直轄領の「身元宜敷」百姓の内、経済力に応じて買米をさせ、値崩れを防ごうという趣旨である。買った米は「持囲置」、各自で持たせる構想である。ここで注目されるのは、富裕な百姓だけではなく「小前」をも視野に入れている点である。過剰の米価安は「四民一統」の難儀だとしている。ここで定信が武士階級だけではなく、大衆も含み込んだ表現を使用していることに注目されたい。これは明らかに大衆の共感を得たいのである。

さらに共同体の相互扶助機能を前提にして、凶作の時、富裕者が貧困者を救済するように買米をしろとしている。拡大していえば、買米は救済に相当するのである。富者による貧者の救済という民衆の感情を巧みに刺激した戦略を取ったわけである。(48)

寛政改革において貯穀政策が取られたことは周知のことであろう。史料6でも「公儀にても御囲米は勿論、御貯籾

等有之」と記されている。これは通常飢饉対策とされている。もちろんそれが間違いというわけではないが、ここでは「米價引立之御世話も有之」と記されていることに注意されたい。米の値段を高からしめることが貯穀政策の目的の一つなのである。だからこれは救済政策であるとともに経済政策である。寛政改革期に貯穀という制度が創出されたことは常識の範囲だが、問題はそれが円滑に運営されるための感情の社会化如何であろう。

米価調整は「身元宜敷百姓」を重要な要素にしていた。しかしそれとともに「志有之者共」の買米も期待されていた。もし富裕なものたちのみの買米が奨励されていたら、それは地域社会の分断をもたらすかもしれない。比較的貧窮な者であっても志に応じて買米が奨励されているからこそ、分断を回避できる。さらに「押て被仰付候儀には無之」無理やり強制的に米を買わせるわけではない。ここからは生権力的性格が見出せる。

また「支配所之もの共へ一人別能々教諭いたし」と、教諭という言葉が使用されている。鍾以江は、「教」は近世に入ると世俗化し、「おしえる」ことで人間・社会を変えていこうという志向がみられるようになったという。そしてこの動向は民間でまず起こり、一八世紀後半には幕府や藩に及んだと指摘している(49)。「教」に関しては民間が公儀に先行していたことは指摘しておきたい。またこの時期の教諭の特徴は、「民心を政治の対象として組み込み統合することが政治による社会秩序の実現に不可欠」という指摘もある(50)。

また教諭・教化とは、対象の主体性があってはじめて使われうる言葉である。史料6でも、教諭し「感得之上可被申付候」、納得したうえで申しつけるとしている。これも主体性を前提とした文章である。民衆の主体性を前提に倹約令・米価引上令は発令されていたわけである。

このような動向が一九世紀の「教育爆発」を支えたといっていいであろう(51)。また国学でも幕末期には教化を志向したことが指摘されている(52)。一九世紀は教化・教諭が重視された時期だといえよう。

本稿では、寛政改革期の倹約を需要主導型大衆消費社会に立脚した民衆の社会化された感情だと規定した。そして松平定信は大政委任論を採用し、民衆の主体性を体制化しなくてはならなくなった時、倹約をも包括しようとした。倹約の世話を焼くことが仁政なのであり、それが再定義された支配の正統性である。このような志向と個別領主権とは次元が異なる。個別領主権は尊重されるべきだが、倹約も重要な支配の正統性である。寛政改革期には、個別領主制を成立させるためにも、倹約を世話し、民衆の主体性を刺激する空間が必要になる。本稿ではそれを行政空間と呼ぶことにする。節を改めて博奕禁令とその地域的実態を探ってみよう。

二　博奕禁令と地域的実態

1　博奕禁令の展開

岩田浩太郎は、寛政五年（一七九三）一〇月から始まる一連の改革を「仕置御改革」と位置づけ、勘定所を頂点とした関東一円支配を公儀が志向し、関東取締出役—改革組合村体制が成立する前提とした(53)。筆者はそのような志向を批判してきた。特に「仕置御改革」において武器取上が志向されたという指摘に対しては、徹底的に批判したつもりである(54)。このような観点からもう一度、岩田が「仕置御改革」の初発に位置づけた史料を再検討してみよう。次がその史料である(55)。

【史料7】

博奕並惣而賭之諸勝負、前々より御制禁候処、猶又近年厳敷被仰出、其度々相触置候、然処此節支配所村々何となくゆるみ、博奕賭之諸勝負有之由、粗相聞候趣之御沙汰ニ候間、銘々支配所厳重ニ取締方被申付、博奕致候者

有之候ハヽ、支配所内者勿論、最寄他領村々ニ候共、踏込召捕候様可被致候事、

この史料は公儀の代官に通達されたものだから、他領とは私領である。そこに代官手代などが、博奕犯に限定されるといっても踏み込むことでできた。関東取締出役の研究においては、強烈な幕府権力の前には個別領主権などなきに等しいとされている。そのような観点からすれば、史料7は当然のことが記されているに過ぎない。

しかし通説の関東取締出役が、そうであるとされる治安警察的活動ではないとしたら、史料7はどのように理解すればいいのであろうか。前節の末尾で行政空間という概念を措定したことを想起されたい。江戸時代の政治と経済とは封建領主のもとで未分離な状態であり、きれいに離れることはない。そのため行政空間は個別領主制の支配空間とともに空間を重層化する。これは日本における近代的空間を考察するうえで重要であろう。つまり史料7で代官手代たちが最寄の他領に踏み込めたのは、このような重層的な空間が成立したからである。ではそのような空間のなかで、博奕禁止を契機にして空間が分節化していく、つまり組織が形成されていく様相を追ってみよう。

寛政五年一二月、幕府代官伊奈友之助支配所の武蔵国多摩郡・高麗郡においては、「郡中取締役」二一人が任命された(56)。彼等の内一九人は名主であることが確認されている。史料7で明らかなように、「郡中取締役」が設置された前々月の一〇月には、代官手代は最寄の私領まで博奕犯なら踏み込めるようになった。「郡中取締役」の設置もそれに呼応するものと考えられる。「郡中取締役」が他領まで活動できたかは不明であるが、彼等の役目は「時々見廻」って、博奕を「急度相慎」ませ、「御用捨なく被仰立」ることであって、犯罪者を捕縛することではなかった。つまり倹約令の一環である風俗取締りが課せられた任務なのである。名主が支配地域を越えて活動したとしても、あくまでも博奕を排除して正しい生活を送らせる世話を主体的に行なっているだけである。代官はそのような活動を公認することによって管理したわけである。だから「郡中取締役」の活動は治安維持活動ではまったくない。倹約、つ

まりこの場合の博奕禁止は民衆知であることを忘れるべきではない。

岩田浩太郎の「仕置御改革」研究においては、重敲以下の博奕犯は大名の場合は、たとえ「御料人別・他領人別」であろうと大名が手限りで仕置できるようになったとした。また幕府直轄領を預かる代官の場合は、「支配所内の者・陣屋等の領有組織が不備な最寄旗本領・寺社領を問わず」代官が手限りで処罰できるようになった。ただ代官は大名領人別の者の仕置は重敲以下であってもできない。そして重敲以上の者を代官が逮捕した場合は、直轄領・旗本領・寺社領の場合は奉行所へ、大名領の場合は大名に差し出す。

これらの事実は筆者も承認するが、岩田の成果には首肯できないこともある。岩田は博奕取締で対象になる博徒の長脇差や賭鉄砲が禁じられていることを根拠に、「仕置御改革」の政策的意義を「農村内「武力」の排除」としている。

しかし博奕禁令は倹約令の論理から内在的に説明して矛盾はない。そもそも「武力」を排除するのに、わざわざ博奕禁令を出す必然性があるだろうか。博奕禁令の目的として「武力」排除を設定するのは論理的混乱であろう。

仕置御改革の意義は、限界はあるにしても、大名領と幕府直轄領、そして旗本領や寺社領も含めて、統一的に比較的軽微な博奕犯に対する可及的速やかな処罰を実現したことである。処罰の即時実行は、取締りに有効だったことは想像に難くない。しかしながらそれで博奕が根絶されたわけではない。ただそれは二義的な問題である。公儀にとって重要なことは、博奕禁令に関して百姓に倹約を世話する「仁政」を実践することにあった。

「仕置御改革」の趣旨は、幕府代官に対しては、寛政六年七月一五日、下勘定所において勘定奉行柳生久通・曲淵景漸が列座するなかで、曲淵から伝達された(57)。柳生は西丸書院番・小納戸・小姓・小普請奉行を経て、天明七年（一七八七）九月に町奉行に抜擢された。これは同年六月に老中首座になった松平定信の引き立てといわれている。柳生はその一年後の天明八年九月、勘定奉行に転役し、「国用方」になっている。[58] これは幕府を中心とした国益を実現する役職と判断できよう。物価引下政策で中心的役割を果したこと、[59] 倹約令貫徹のために代官手付新設に関係したことが指摘されている。[60]

また柳生は、定信解任と同じ月である寛政五年七月に御料所取締を老中松平信明から任命された。[61] その方針を述べた史料をみてみると、百姓は「近来奢侈を好み遊惰ニ流れ候民之風俗を化し候儀ハ不容易事ニ候得共、無怠慢世話致し候ハ、、つゐニは風をなし可申筋ニ付、連々教育之儀尤ニ候」とある。[62] 奢侈を矯正するための世話が主張されている。

要するに寛政五年一二月の「郡中取締役」の設置と、「仕置御改革」も、柳生の影響力を考慮すべきであろう。なお「仕置御改革」については、享和元年(一八〇一)に興味深い伺いを幕府代官江川英毅が提出している。[63]

【史料8】

博奕之儀并過料銭取計方伺書

博奕賭之諸勝負致居候者共召捕候節ハ、寛政六寅年被　仰渡候御仕置当を以、私手限ニ而取計之義ニ候へ共、相弁兼候義も御座候ニ付、左之通奉伺候、

一軽賭之宝引、よみかるた同宿いたし候者三度以下、廻り筒之博奕打候もの之内ニ、大人之女并十五歳以下之男女手合ニかゝり召捕候節ハ、御仕置差別可有御座哉与奉存候間、右御仕置当り兼而御下知御座候様仕度奉存候、書面重敲ニ当候女ハ百日過怠牢、敲ニ当候女ハ五十日過怠牢可被申付候、十五才以下之男女重敲ニ当候者ハ五十日過怠牢、敲ニ当候者ハ三十日過怠牢可被申付候、且其方陣屋ニ而入牢難申付場所之分ハ、吟味詰候上ニ而其者計差出候義可被申聞候、

一私手限ニ而吟味仕、他支配并私領之者江過料銭申付候節ハ、私役所江取上候義ニ可有御座哉、私領ニ而御料所之者江過料銭申付候節ハ、其領主地頭江取上候様可被　仰付哉、

書面他支配并私領之者ゟ博奕一件ニ而申付候過料銭ハ、其方役所江三日之内取立、其度々御勘定所江可被相伺候、他支配ハ勿論、私領ニ而其方御代官所之者江申付候過料銭ハ、先方へ為払納可被申候、以上

右之通御下知御座候様仕度奉存候、依之奉伺候、以上

享和元酉年四月

江川太郎左衛門印

この史料8は、代官江川が、「仕置御改革」における自分の「手限」りの仕置について確認したものである。第一条では「仕置御改革」で決められた重敲以下の軽い博奕の処分の内、大人の女性と一五歳以下の男女の子供について、成人男子との処罰の差について伺っている。

勘定奉行からの返答は、重敲に当たる女は一〇〇日過怠牢、敲に当たる女は五〇日過怠牢であり、一五歳以下の男女で重敲に当たる者は五〇日過怠牢、一五歳以下の男女で敲に当たる者は三〇日過怠牢であった。ここで筆者がいいたいのは、女性と子供を処罰対象にする意味である。もちろん女性や子供はこれ以前に処罰されなかったということはない。しかしこの場合は、博奕という日常的に行なわれる軽罪である。史料5・史料7にも明記されていたように、博奕は古くから禁止されていたが、実際はまったく有効ではなかった。これは結局取締りを村役人に依存しなければならなかったからであると当該時期の幕閣は認識していた。そのためわざわざ名主を郡中取締役に任命して博奕禁令を実施するという政策を断行したのである。これは「御百姓」に対して、倹約の世話を焼くことが公儀の仁政という認識に立ち、積極策を取ったのである。

筆者は、このことは逆説ながら、女性や子どもを公法的存在として認識されるきっかけになったと評価したい。村

において公法的存在である百姓とは、厳密にいえば成人男子である家の当主である。女性や子どもは百姓の家族に過ぎない。つまり女性や子どもは百姓の周縁身分なのである。殺人などの重罪ならば当然、彼／彼女は処罰されるであろうが、博奕のような軽罪においては、当主や村が主体的に処罰するのが原則だったのではないだろうか。そのような「家の領域」に公儀権力が介入したことの意味は大きい。公儀がこのことを意識したとは思わないが、結果として女性と子どもは、成人男子と同等ではないが公法的存在に位置付けられはじめたのである。

史料8二条は、江川が他の代官支配所や私領の者から過料を取ったが、それは私領主に返還すべきかということである。結果は、江川の代官所で該当の罪を犯した他代官支配や他領の人別の犯罪者は三日以内に過料を取り、勘定所に伺えとしている。逆に江川代官支配所の者が他の代官所や私領主に捕縛された時は、他の代官や私領主が過料を受け取ることになった。要するに捕縛した側が過料を取るのである。これも迅速な処罰が求められた帰結といえよう。

本項をまとめると、寛政六年の「仕置御改革」は村落内「武力」の排除を目的としたものではない。それは倹約令の一環として迅速な処罰によって博奕を撲滅しようという権力の姿勢の表れであり、仁政の表現なのである。村役人にとっては、仁政として認識される公法的規範である倹約を実践するという支配の正統性を得て、地域社会の管理が可能になったのである。それは旧来の百姓身分の村落の集合体ではなく、完全とはいえないが、百姓身分の周縁身分や領主の村落を越えた空間を対象としており、斬新な事態であった。次項では仁政が村落にどのように機能するのかをみてみたい。

2　村の博奕禁令

従来の研究史においては、倹約令とは、民衆の生活を無視した幕府権力の高圧的抑圧とするのが一般的である。本稿では倹約を民衆知と捉え、公儀は、需要主導型大衆消費社会における民衆の主体性を包括することで支配の正統性を得ようとした、と位置づける。ではそれは、村落のなかでどのように機能していたのであろうか。

寛政元年（一七八九）三月、武蔵国多摩郡熊川村で定められた村掟を検討してみよう(64)（読点引用者）。

【史料9】

村掟議定連判之事

一五人組御仕置帳七拾三ヶ条逐一御誦聞之趣承知奉畏、急度相守可申候、

一博奕賭事之類、稠敷御停止之旨、去申年連判御取被成御取極之通御法度を犯シ候もの有之候ハヽ、村定之通リ過料銭取之候義、去申年御定之通、為少茂違背申間敷候、

一田畑作毛荒シ候もの之義、是亦去申年議定之通可仕候、

一落葉下草芽莪、都而実生木之類苅取候もの、決而見遁ニ不致、定之過料銭取之、村方江差出可申候、

一他郷之仁、止宿等決而致させ申間敷候、尤由縁有之もの者格別之事ニ候得共、申偽泊置、其もの悪事を致候而、入用等相掛り候ハヽ、自分一己之遣ニ為致候事、

一百姓は麁服を着し、髪等はわらニ而つかね候事、古来之風儀ニ候旨、近来いつとなく奢ニ長し、油元結等ヲ用イ候義、追々心掛可相嗜旨、今般御書付出候間、其趣心付、物こと質素ニ致、耕作第一ニ励可申義、専要之事、

一雨具之義、是迄調持候分ハ不苦候得共、以来木綿合羽・傘は無用ニ致、蓑笠サ相用可申、都而物を奢ヶ間敷風体致候ハヽ、村役人ゟ差押候間、其旨兼而可被存事、

一祝事婚礼等、随分手軽ク取計、聊も物入目減候様、組合ニ而取計可申候、

一農業之余業ニ商ひ等致候得ハ、自然と耕作疎ニ相成候事ニ付、此義も今般御触有之候条、農業ヲ忘却不致様心

掛、相慎候義勿論之事、
一不依何事ニ、自分不心得義有之候ハヽ、夫々之もの江掛合、得相談可申、一己之取計致候義一切致間敷、且村役人取計等ニも不得其意義、并私欲ヶ間敷事等聊も無用捨掛合相糺可申事、
右之通、御申渡被成、逸々承知致候、其外御申渡之御教諭、急度心掛相守可申候、仍而議定状、如件
寛政元年酉三月　　　　　　　　与兵衛㊞
（他五八人略）
名主　弥八郎殿
年寄　利　助殿

史料9の第一条は総論である。第二条は、史料5の博奕禁令を受け、村で議定が作成されたことを示している。違反した場合は過料が徴収された。第三・四条は農業耕作に関することであるが、第五条は、他郷から来た人間を止宿させないことが謳われている。これは当該人物が「悪事」を行なうことを懼れたためであるが、「悪事」の代表は博奕であろう。

そして博奕に対する過料が村に分断を与える可能性があった。寛政五年一〇月、相模国津久井県下長竹村の博奕禁止の議定証文の第二条に以下のようにある。(65)「一博奕賭之勝負、其外悪事一件之者被召捕候歟、或御呼出御吟味之上、御咎軽き筋ニ付帰村被仰付候共、村役人差添人等之諸入用何程相掛候共、当人并五人組より割合急度差出、無謂ものへ決テ不相掛積り相談之上相究候事／附一件ニ付、村役人エ過料銭被　仰付候ハヽ、是迚も常々無油断御制止申聞被置候上ハ、五人組親類より割合可差出候事」。

この記述によれば博奕で召捕られた場合、または帰村が認められた場合でも、村役人や差添人が使った経費は、当人と五人組の負担になる。これは何度も村役人が博奕禁止を申し聞かせているからである。史料9にも、博奕などの

悪事を犯した場合は入用等は「自分一己之遣」と記されている。通常このような場合は一村で負担を割りかけるのが一般的である。公儀が厳しい触れを出しているのだから、博奕に関する負担を個人や五人組の負担にすることは自然である。倹約令の徹底は村落の分断を惹起させる可能性があったわけである。このことは、生活空間が組織化されていくうえでの副作用と理解すべきであろう。

第六条から第九条は倹約令が謳われている。これは幕府法令を受けたものであり、(66) ここから幕府法令の貫徹を見出す見解は素直なものではあるが、倹約は民衆知だった点を忘れてはならない。倹約は大衆消費社会において民衆の生活を支える前提である。そしてその世話を焼くことが公儀の「仁政」と認識されていたのである。

そしてそれは、大衆の主体性によって支えられたことが第一〇条によって明らかである。何事も納得いかないものは相談しろ、自分一己のふるまいは一切やめろ、村役人の取り計らいでも意義を得ない時や私欲によるものと判断される場合は容赦なく糺せという文言からは、主体性を見出すしかない。倹約は確かに公儀の方針ではあったが、その実践に当たっては一人ひとりの百姓の主体性が前提になっていたのである。そしてそれが共感を呼ぶものであったことは言うまでもない。そのような前提で、批判されることも覚悟して村役人は村落を治めていたのである。これは公法的規範を梃子にして村役人は村落を管理していったことを意味している。

そしてそのような村落統治が当該時期には大きく変質していたことを示すものが、この史料の作成者である。史料9では省略したが、その内訳は、戸主(成人男性)四九人・跡七人・後家二人・母一人である。戸主と書いたが二人は押印しておらず、厄介の可能性もある。

ただここで問題にしたいのは、跡と後家・母である。彼女たちは全員押印しており、戸主であることをうかがわせる。現在の研究史では女性が戸主であることは異とするに足らないが、その性格については議論があるところである。しかし史料9を勘案すれば、少なくとも村落の博奕禁令においては主体たり得たことになる。逆にいえば村役人にとっては取締り対象だったわけである。

元来村役人の村落統治においては、年貢負担者である百姓（成人男子）を直接の対象として年貢上納が重視されたはずである。百姓の家族は村役人統治の直接対象者ではなかった。しかし史料9では一〇人の女性を管理していたのである。

それは福生村の場合だけではない。寛政一二年一二月の武蔵国上野村では、百姓八〇人・後家七人・寺院一か寺が署名しているし(67)、文化八年（一八一一）八月の相模国大住郡南原村では、博奕禁令の取極証文において、組頭二人（押印〇人）・百姓二九人（押印なし二人）・忰一八人（押印一人・爪印一六人・何もなし一人）・弟四人（爪印二人・何もなし二人）・肩書なし四人が署名している(68)。後者の場合は一五歳以上六〇歳以下の小前が対象になっている。後家ばかりではなく、忰や弟などの男性も博奕禁令の対象になっていることがわかる。彼等が家督を継いでいないことは爪印が多いことによっても明らかである。

子どもについては以下の史料をみてみたい(69)（読点引用者）。

【史料10】

差入申一札之事

一　　　　　　　　茂左衛門倅　　庄次郎（爪印）

一　　　　　　　八左衛門召仕　三次郎（爪印）

右者弐人者共外ニ子供六人当日諏訪明神祭礼ニ付、村方一同農業相休申、則社内ニ集リ道中双六仕候処、名主四郎左衛門殿御参詣被成、博奕同様御見届組合親類召よせられ御糺被成、弐人之者一言之申分無之、御支配様江可被仰達候所、大森村伊兵衛参合内々被聞之、気之毒ニ存、村方役人中御立会之場所江参リ、何分御検捨被下候様相詫、御紀之上博奕ニも無之候旨御聞届被下、御願被成候段御免被下候、然上者向後休日たリ共打寄博奕ニ似寄候義ハ毛頭致間鋪候、万一右躰之義も有之候ハ、何様ニ御申立被成候共、一言之申分ケ無御座候、為後日一札仍而如件

享和三亥年六月

下丸子村庄次郎父　茂左衛門 ㊞
組頭　文左衛門 ㊞
組頭　五郎左衛門 ㊞
三次郎父　八左衛門 ㊞
組合　元右衛門 ㊞
大森村　願出人　伊兵衛

同村役人衆中

史料10によれば以下のようである。下丸子村の諏訪明神社の祭礼の日、この日は休日になっていたのであるが、庄次郎と三次郎他六人の子どもが道中双六をやっていた。名主四郎左衛門が参詣に訪れ、これをみつけ、親類組合を召し寄せて糾明した。結局は大森村の伊兵衛が仲裁に入り、道中双六は博奕ではないということになった。しかし以後は「博奕ニ似寄候」として禁止された。

史料10で注目すべきことは、博奕とただの遊戯との境界は曖昧だということである。双六ならばただの子どもの遊戯として行なわれたとしてもおかしくはないであろう。しかし金銭を賭けることは可能であろう。ゆえに博奕と類似の行為として禁止される場合もあったのである。また参加した人物は多くが子どもであった。子どもに刑事罰は現実

的ではない。このように考えてみれば、当該時期に教諭が広く行なわれたことは納得がいく。子どもに対しても教諭ならば有効であろう。教諭が一般化した理由としては先述したように民衆の主体性の確立という問題もあるが、一つには、従来公法的性格が希薄だった子どものような百姓の家族が前景化した倹約令の特質という問題もある。

このような問題は、忰が主体的に結成する若者組に関してもいえる[70]。

【史料11】

乍恐以書付奉申上候

相州大住郡上戸田村役人共一同奉申上候、当村者御料・御私領都合御七給入交り之村方ニ御座候処、若者仲間与唱、四組ニ相分り、組々ニ行事相立申合取計来候、然処、牧助右衛門様御知行所名主金兵衛組下御百姓喜左衛門弟弥八義、身持不埒ニ付同人親定八并親類一同相談之上、去寅年中内勘当仕候処、若もの仲間ゟ弥八帰参之侘有之候得共、余間も無之儀ニ付、せめて壱年程も差延置趣ニ而、定八相断候得者、若者仲間一統之侘不聞請迚、右喜左衛門ヲ若もの仲間相除、同人方下男も不相勤様取計、右様之儀増長仕候而者、組下取締も相成兼候、差支畢竟若者中間相立置候ゟ事起り、此以後何様之不法悪行いたし候哉も難心得、左候而者、向難之程も難計、依之、村役人・百姓代一同評儀之上、組下若者仲間与唱候義不相成旨、親々江申渡候処一応承知之旨申之ニ付、其席江当行事若者市左衛門・松五郎両人江右之趣申聞候処、私共ゟも若者仲間与申義無之様いたし度、兼而御願可申存寄ニ御座候趣相答候、然処百姓代清左衛門如何心得候哉、小前百姓一致ニ而当廿一日夜私宅江罷越、いつれ之訳ニ而若者仲間被潰候哉承度旨申ニ付、篤与訳合申聞候得共、大勢ニ而一円聞入不申、剰雑言過言申立帰り候ニ付、尚又翌廿二日小前百姓呼寄　御地頭所様江御窺御下知ニ取計可申旨申聞候処、御窺之義者恐入候与申ニ付、過言之次第相尋候得者、勝手次第ニ可致抔と申立去り申候間難捨置、無是非今般御訴奉申上候、乍恐右之段御聞済被成下、百姓代清左衛門・小前百姓重立候もの銘々被　召出、私共見掠逸言之始末、何卒以　御慈悲逸々御吟味之上、村方平和ニ相納候様□仰付被下置候ハ、難有仕合奉存候、尚御尋之義者口上ニ而可申上候、以上

文政二卯年二月廿五日

相州大住郡上戸田村
名主見習役　願人　孫右衛門
組頭武右衛門
同　与左衛門煩ニ付
右両人代兼
同　忰　喜代五郎

御地頭所様
御内
平山正太夫様
山本　栄次　様

戸田村は七給の村落であったが、四つの若者仲間が存在した。組々に行事が存在したということは、それなりに組織化されていたということになる。「牧助右衛門様御知行所名主金兵衛組下御百姓喜左衛門弟弥八」が、身持不埒で問題になった。ここで注目したいのは喜左衛門の身分である。彼は旗本牧義珍知行地の名主の組下の百姓であることは明確である。申し分のない公法的存在である。親の定八は健在であるので、定八が隠居したか、喜左衛門が分家したか、どちらかであろう。

定八の弟弥八は勘当になってしまい、若者仲間は詫を入れて弥八の帰参を願ったが、定八はせめて一年は勘当を継

続したいと主張し、若者仲間と衝突した。若者仲間の対抗処置は「喜左衛門ヲ若もの仲間相除、同人方下男も不相勤様取計」というものであった。この表現から、喜左衛門は百姓であるが若者仲間に加入していたことがわかる。百姓と若者とは必ずしも背反する存在ではなく、重層するのである。

そして若者仲間は、喜左衛門の家には下男を出さないと主張した。後述するが一九世紀になって農業労働者の賃金が上がり、百姓経営を圧迫していた。その労働力の一端を若者仲間は握っていたのである。つまり村とすれば、円滑な農業労働力の確保を図るためには若者仲間との妥協が必要だったのである。

しかし村では若者仲間の主張に対して、「村役人・百姓代一同評儀之上、組下若者仲間与唱候義不相成旨」という見解に至った。ここから明らかなことは、若者仲間が公法的存在であったということである。そうでなければ、「村役人・百姓代」という村を代表する公的役職の者が「若者仲間」という名称を唱えることを禁止するという事態は理解できない。若者仲間は私的なサークルではなく、村の公的な集団だったのである。

村の決定は「親々」を通じて若者に伝えられたようである。この時、若者仲間である「若者市左衛門・松五郎」は反対するどころか、自分も以前からそう思っていたとの趣旨のことを述べている。おそらく若者仲間は村の公法的存在からは外れるが私的に存在し続けるということなのであろう。寛政改革期の倹約令の展開によって、村役人は若者の主体性を前提に世話を焼くことなどを通じて倹約令を実行することが義務づけられた。それが若者の公法的地位の上昇を招来する場合もあったということである。しかし第一義的な目的は倹約令の貫徹なのだから、公法的地位上昇は村役人にとって必須ではなく結果である。それならば若者仲間にとっては、私的な存在の方が村の秩序に追従しなくてもすむという利点はある。おそらく若者仲間のような組織は、公的・私的両者の間を揺れながら、現実との調和が図られたのであろう。

この村の処置を聞いて怒ったのは、若者ではなく百姓代の清右衛門と小前百姓である。彼等は名主の家に押しかけ、「なぜ若者仲間を潰すのか」と抗議している。名主は若者仲間の名称を唱えない、つまり公法的存在から外すといっているだけで潰すとまではいっていないのであるが、彼等はそのように判断したのであろう。推測になるが、小前やそれを代表する百姓代にとっては、農業労働力を握っている若者仲間を掌握して村役人のような大高持百姓と対抗したい感情があったのであろう。

若者仲間が公法的存在になったといっても、それは若者仲間の主体性を認めたうえのことなので、一方的に従属していたわけではない。公法的存在になるとは村役人と相互的な関係を構築するということだが、本史料のようにそのような関係が常に矛盾なく存在するわけではない。その場合は、村役人とは一線を画する小前集団のような集団が前景化して、若者仲間と相互的関係を構築しようとするわけである。つまり当該史料は若者仲間の主体性を表現していたのである。このような若者仲間の性質はしばしば逸脱と表現されたが、その逸脱は、若者仲間の主体性と公法性とのせめぎあいを前提にしたものだったのである。

村役人たちは、このような小前集団の抗議に対して地頭の力によって収めようとした。このことは象徴的であり、結局当該期の領主支配は、領地諸集団の調和を図るという形で成立していたことを示している。

本項をまとめてみよう。村の博奕禁令は百姓の主体性に基づく倹約令であったが、その性質上、百姓以外の村の身分、つまり悴(若者)・子ども・女性に対しても発動された。そのためこれら諸身分に対する村役人の世話も必須になり、彼/彼女の公法的身分も向上していった。これらのことは、労働力や地主制の実態といった近代社会における経済を考えるうえで重要であろう。

3 穀相場の下落と賃金の高騰

ここまで、村落における博奕禁令を中心とした倹約令の徹底が、百姓身分以外の周縁身分の公法的地位の上昇をもたらしたことを指摘した。その背景にあったのは何なのであろうか。本項ではこの点を検証したい。

武蔵国足立郡・埼玉郡四〇か村の惣代武蔵国足立郡大間村名主親幸作等は、寛政三年（一七九一）七月、勘定奉行柳生久通役所に願書を提出している。(71) 穀相場の下落と奉公人の関係について上申したのである。

穀相場の下落が続いている。しかし「百姓困窮仕候義無御座候」としている。それは「奉公人」の給金が上昇しているためである。以前は年一両二、三分だったのが近年では年四両になった。また「職人并作日雇手間代」も一日六四～八〇文から一五〇～一八〇文に高騰した。

そのため最近では「遊民并村々商人」ばかり増え、「手余り地」（耕作放棄地）も増加した。「下男女」は以前は一〇人召し抱えていたものも二、三人しか召し抱えられないようになったとしている。

また農具・鉄物の代価も上昇している。以前は「百匁銭百文位」であったが近年は「弐百文位」に騰った。菅笠も「一蓋廿四文位」から「六拾四文」になった。このため「穀相場」と引き合わないようになった。諸物価の高騰が穀物の値段に合わないというのは、穀物の値段が低く、農具などの必要な物品の価格と引き合わなくなったということであろう。

要するに困窮していない百姓とは、自作人のような一般的な百姓であり、地主になるような「大高持百姓」は困っているのである。彼らは「奉公人」や「作日雇」のような農業労働者を十分に雇用することができなくなった。そこで「小高百姓親子大勢暮シ」ているものに小作をさせるが、彼らは農業労働者の給金の高騰を知っているので、なかなか「小作金」を払わず、催促すると地所を戻す始末であった。

このように当該期は商品経済が構造化され、不可逆の状態であった。商品取引を排除しては農業は成り立たない。そのなかで農業労働者の賃金は高騰した。そのためその雇用はあきらめ、家族が多い百姓に小作を頼むことが行なわれた。これはおそらく経営規模からいって、耕作地の恒常的な拡大は難しいが、子どもが独立するまでは土地を借りて収穫を得たいという小作人の意図を見越してのことであろう。しかしそれさえうまくいかないほど、農業労働者の高賃金化は進んでいた。

このような対策として倹約令が想定できる。倹約によって奢侈を押さえ無用の支出を抑えれば諸品の値段を抑えられる、と彼等が考えたとしても不思議はあるまい。現に幸作たちは博奕の禁令を要望している。ここに村役人になるような大高持百姓が倹約令を支持する理由がある。この点をもう少し検討してみよう。史料12はやはり幸作たちが作成したものである。

【史料12】

差上申一札之事

一御料私領入会武州足立郡・埼玉郡大間村外三拾九ヶ村役人とも奉願候は、近来諸色高直ニ連農具其外何品ニよらす買求メ候品々高く、百姓共売払候作物は安く無之候而ハ買人無之様ニ而、農業仕候よりハ商物取扱ひ候方利方宜敷様ニ成行、殊ニ奉公人給金并日雇稼人足賃格別引上ケ候ニ付、小作いたし候よりも日雇稼小商ひ物等渡世ニ致し候方勝手宜敷候ニ付、農業を励候もの少く、依之田畑之位先年と見競候得は質入直段等も格別ニ劣り自然と怠り勝に成候様になり候間、此分ニ而捨置候ハヽ、往々荒地等相増可申歎敷奉存候間、以来出家・社人之類相除其外遊民無之様人別に割付、耕し候様ニも被仰付被下候ハヽ、猶又村役人共も出精も可仕、いつれ　御威光を以右躰之風儀相止み村方永続仕度趣等御触流被成下候様奉願上候ニ付、御糺明之上左之通被　仰渡候一都而百姓ハ農業を重ニ出精いたし商事なとワ携り不申方宜敷候之所風俗悪しくなり、大百姓ハ勿論相応ニ勝手取廻し候ものは農事之利は遅く商ひの利は早く金子の廻り方も便利なる様ニ心得、おのつから農事を麁略ニいたし候様ニ成行候、左候得は遊ひ事ニも染、一躰惰弱に相成り骨折候事を厭ひ、江戸の風を移し風流花奢成儀を好ミ候様ニなり、詰る所田舎衰微の基ひニ御座候段兼て御評議も有之候所、前書申上次第も御座候ニ付旁御別紙の通り村触被仰付、右ハ風俗ニもかゝり不容易儀ニは御座候得共、私共差はまり次第ニ而漸々には行届可申事ニも被思召候、既に博奕・遊女等其外前々より御制禁之廉之掟書を以前之御代官様より村々江被仰渡、五人組帳前書ニも具ニ載有之候筈之所、年久しき義故忘却仕于今至り候而ハ認メ有之儀をさへ多くハ不存罷在候、惣而一度御触書出候而も棄置候而自然に被行候事ハ無御座、一旦世話仕其当座ハ被行候様ニても、怠り弛ミ候得は頓而其事廃れ候ニも至り候、凡事ハ成りかたく敗れ安く、増て村役人共世話致シ方等閑に候てハ猶更之儀に御座候、其上楽なる事を相止メ骨折候儀を勧候道理候得共、追而は身分のため宜敷御座候所、遠き所へハ心も不付唯目前之事のミ拘り候人情之ものに候得は、是等之儀を私共よく了簡可仕候、農業之義ハ世民の本にて至而重き筋に御座候間、其段厚く相心得無怠出精可仕旨百姓共へ日々ニも申聞セ候様ニもいたし、御趣意漸々行届御村触廃物に成不申候様可仕旨被仰渡、御前紙御村触一通御渡し被成下奉請取候、

（中略）

武州足立／埼玉郡右弐郡之内
林大学頭知行所
足立郡大間村
名主　熊之助煩親

幸　作

寛政三亥年十二月十一日

内藤伊織知行地

埼玉郡安養寺村

名主　茂左衛門

第一条は上記したことがまとめられている。諸品の値段は高く、作物の値段は安く、農業は割があわない。また「奉公人給金」は高く、小作よりも「日雇稼小商ひ物等」の渡世の方が利益がある。このままでは荒れ地が増える。という主張はすでに紹介した。新しいところは「遊民」を人別に割り付けて耕作させようという方策が示されていることである。

第二条は、農業を重んじ商業を排除することを主張している。この点も確認したところであるが、ここでは興味深い記述がある。「江戸の風を移し風流花奢成儀を好ミ候様ニなり、詰る所田舎衰微の基ひニ御座候」。これは奢侈の風俗は江戸から移ったという認識である。都市こそが奢侈な生活の本場であり、地方はその影響を受けるということである。

もう一つ、農業生産に重点を置くことは「其上楽なる事を相止メ骨折候儀を勧候道理候」とあり、商業を排除することが困難な道であると自覚していることがわかる。ではなぜ苦難の道を行かなくてはならないのであろうか。それは「農業之義ハ世民の本にて至而重き筋に御座候」とあるように、農業の本質的な性格を重視するからである。この点についてはもう少し考えてみよう。

柳生久通の家臣岡本庄蔵の尋問に答えて、幸作等は農と商の本質について以下のように答えている。「先農ハ三氏(民)

を養う家業にて、一番をハ地頭領主江奉り、弐番ハ食し、三番を売、是工商を育ミ申候、其売金ハ年中の小遣に当為農業の隙風雨の節ハ其所の産物、筵打候所筵打、索候所ハ索、絹織候処、糸挽木綿所も同様、紙漉候所は紙漉、笠縫候所は笠縫候、売候而価ハ畑永ニ宛、残りハ小遣とし親子兄弟夫婦是ニ而年中之暮し候筈ニ而、其品ハ国用と成三氏(民)是を以不寒不暑不飢不滞候様ニ仕候は、農の務ル所ニ可有御座候」。

ここで注目されるのは、農業は食料生産の点において士農工商のすべてにわたって貢献していることを確認し、衣料品や生活必需品といった百姓の農間余業も「国用」であり、農の基本的役割としているところである。農業生産だけでなく、農間余業も農の本質的性質としているのも大きな特徴である。つまりこれは「本百姓体制」への回帰ではない。これは先述した商品経済の浸透を正確に認識しての発言である。つまり大衆消費社会を自覚しているのである。

また商の本質としては、「商人ハ此地之品を他之地へ移し、他之地之品を此地へ移し三民之令為用、其運フ利潤を以妻子を養諸事正路ニ心懸候筈之事ト奉存候」と記している。第一節1項でみた心学の記述を想起されたい。これは倹約が武士に比べて劣位にあった商人の正統性を確立した重要な感情だったからである(72)。

本項を振り返っておこう。倹約令といえば、米年貢の上納に直結する農業生産を円滑ならしめ、市場経済に対する農本主義的な抑圧的性格が強調されがちである。農業生産と市場経済はまるで二律背反であるかのように捉えられる。しかしそれは誤解である。もはや農具も購入しなければ当該期の農業は成り立たないのに、それが高価なため農業経営を圧迫する。農業労働に対する給金が高騰したためにこれまた農業経営を難しくする。つまり市場経済の安定なくして農業経営の安定はないのである。従って安定した年貢上納もない。

倹約令を市場経済と背反したものと位置づけることは正当ではない。当時の農業生産は市場経済を前提に成立していたと考えた方が論理的である。これは大衆消費社会の成立と関連しているといえるであろう。

このように考えてみると、なぜ百姓が農業生産を続けなくてはならないかという疑問も考えなくてはならない。それは領主経済に不可欠という事実は重要だが、大衆の主体的な論理として位置づけてみる必要がある。それは、農こそが他の三民を養うという職分論に基づく公共性が、農業生産の主体性を支えていたということである。倹約を実践し、年貢と自家消費分を除いて世上に流通する農業生産物を豊富にすることが、人びとの飢餓を救うことになる。農間余業によって生み出した品々も四民を助ける。このような利他性、人びとへの共感が農業生産の正統性を支える。つまり感情史の側面から農業労働を位置づけることも可能なのである。

本節を終える前に土地所有権について一言しておきたい。日本の歴史学界では社会構成体史の影響が強く、百姓には土地所有権を認めない見解が主流であった[73]。このことが与えた影響は深刻で、関東取締出役—改革組合村体制論もそのうえに成り立っている。しかし現在では百姓に土地所有を認める見解も広く認められている。

近年の経済学では所有権は、「法と契約と慣習に従う限り、対象を自由に利用する権利」である残余制御権と、「法と契約と慣習の求める全ての業務を履行した後に残る利益を、それが正であれ負であれ、受け取る権利」である残余請求権の束だと理解されている[74]。村請制によって江戸時代は残余制御権は村に認められ、一八世紀後期に発達した地主制の下では残余請求権は名請人から小作人に移行した。つまり小作人が残余請求権を持ち、その労働意欲を刺激し、一九世紀からの発展に貢献したのである[75]。

本節で取り上げた農業労働賃金の高騰を止揚するには、小作人の残余請求権を認めることが解決になるであろう。残余請求権が村ではなく、個々の百姓レベルで公認されたとなれば、近世史研究はあらゆる分野にわたって見直す必要がある。近世史研究は先述したように社会構成体史によって枠組が構築され、それが現在まで自覚なきままに引き継がれている場合も多い。誰も農奴が近代的制度をもっていたとは思わないのだ。次節で取り上げる行政空間も、そのような問題意識から浮上する課題である。

三　行政空間の発見

1　関東郡代役所と浅川騒動

寛政九年(一七九七)六月、中川忠英は長崎奉行から勘定奉行勝手方に転役し、関東郡代を兼帯した。中川は本書に関係が深いこともあり、松平定信が去った「寛政の遺老」たちの政権のなかでどのような地位を占めていたのかを確認したい。

まず中川は定信に抜擢されて目付になった人物である。寛政三年三月二一日、目付の同僚とともに定信に呼び出され、山内幸内上書を示され、この上書に対する定信や老中松平信明等との意見のやりとりを一冊としたものの閲覧を許された(76)。これは厚遇というべきであり、期待されていた人材だということがわかる。

寛政五年七月に定信が幕閣を去った後も長崎奉行に就任しているので、決して失脚したわけではない。寛政九年六月に勘定奉行兼帯関東郡代になった前後の政治的課題は、内憂外患のなかで民衆統治を実現するということである。イギリス船プロヴィデンス号が日本近海に出没しており、寛政九年一一月には非常時出兵令が発令され、享保期では一揆対策であったものが、一揆・海防の両面に対処できるようになった(77)。

内憂の代表は浅川騒動であるが、その説明をする前に一言しておかなければならない。寛政九年九月一二日に公儀は相対済し令を発したが、これは公金貸付の拡大のためであったという(78)。中川も馬喰町代官屋敷を管轄していたので公金貸付とは無縁ではない。このような転換は「救済から制度へ」という転換を考察するうえでは重要であるが、本稿では指摘に止めて、浅川騒動についてみてみたい。

まず浅川騒動の経緯を述べよう(79)。越後国高田藩は一五万石の藩だが、寛保二年(一七四二)から陸奥国に八万四六三六石の分領を持っていた。この陸奥分領の支配の拠点は浅川に置かれた陣屋であり、このため浅川領と呼ばれた。浅川陣屋には責任者の領奉行の下、一揆勃発時には武士身分の者二四人、医者二人、足軽六〇人程度が存在した。領民に比べれば圧倒的に少なく、このことが陣屋勢に精神的圧力を感じさせたことは想像に難くない。

寛政九年のこの地方は、雹や霰の影響で凶作であった。領民は年貢減免を求めたが聞き入れられなかった。また当該地方の大庄屋は役儀入用を民衆に転嫁しているという疑惑をもたれていた。さらに村が藩に納める駒耀役銭を仲介した駒付役にも疑惑がもたれていた。浅川騒動の背景には凶作と中間支配層への不審があったわけである。

寛政一〇年正月二四日、七〇〇人ほどが社村の八幡宮に斧や鉈・鎌を持参して集まり、鉄砲を鳴らして気勢を上げた。斧以下は農具であり、一揆の作法という点からいえば逸脱とはいえない(80)。

やがて一揆勢は金山組大庄屋石井又左衛門宅を打ちこわし、翌二五日には領奉行伊藤正直の制止にもかかわらず、村々の大庄屋・庄屋・駒付役・博労の家々を打ちこわしていった。二六日には一揆勢は陣屋にも押しかけてきた。伊藤は制止をしたが聞き入れず、棒や石礫を投げてきたので、槍で一人を刺した。他の陣屋の武士も百姓たちに斬りかかり、即死一八人、逃亡し死亡した者五人と、合計二三人の死者を出した。

ここで確認しておきたいのは、百姓が救済対象であることを示威行動において領主に示すことが一揆の作法であり、そのことを守れば死者が出るはずがなかった。死者が出たということは一揆の作法が崩れつつあることを示しており、公儀が危機感を感じても不思議はない。

二七日には他の百姓は吟味・処罰をしない旨の申し渡しがあり、困窮している村には一〜三両が支給され、大庄屋や駒付役は罷免されたので一揆は沈静化した。しかし吟味は実際には行なわれ、頭取二二人が捕らえられた。その内一人が打ち首になったが、興味深いことは兼帯関東郡代中川忠英が部下を派遣していることである。派遣されたのは、手代の山田長左衛門・大島友三郎・山内郡治の三人と、岡っ引き清七・徳左衛門・弥三郎・周助・喜四郎の五人、合計八人である。(81)

彼等は五月朔日に白河に到着し、二日から四日にかけて曲木村助七など七人を捕縛した。六人は預けたが、助七は唐丸籠で江戸に護送され吟味された。同年八月に石川郷士鈴木茂市郎が江戸に呼び出され、助七から取り返したとして一五〇両を中川から返金されているので、直接的には吟味の対象は金銭盗難なのかもしれないが、併せて一揆が起こった背景についての穿鑿もあったと考えるのが自然であろう。

その事情を寛政一一年五月、奉行大河内五右衛門が廻村して村々に渡した書付から探っていきたい。(82)まず最初に「諸上納物多く萬事ニ付取立も強候故御百姓共難渋」という認識が百姓の間に広まっているが、それは間違いだと大河内は諭している。先代は「莫太」な上納を命じたが、当代になって「夥敷用捨」しているとしている。

高田藩榊原家は九代藩主政永が寛政元年五月に隠居し、一〇代政敦がその跡を襲っている。政敦は財政再建を標榜し、倹約令の徹底を継承した。しかし財政は好転せず、寛政五年四月に藩主の日光社参名代のために一四一〇両、同年一一月には江戸中屋敷類焼のため四六〇〇両、寛政六年二月には急入用のため二五〇〇両と、二年足らずの間に八五〇〇両以上の臨時入用を藩は領内に課している。これではたとえ「夥敷用捨」が事実だとしても、その効果には限界があったというべきであろう。

それよりも見逃せないのは、大河内でさえ「御先代より人別減少」と人口減少を認めているところである。これは重要である。なぜなら大河内は百姓困窮の「第一」として挙げている原因は、「地詰り作徳ニ余分無之、其上人少、特ニ女性払底」とし、婚姻の時期が遅れ、出生子が減少しているとした。人口減少によって農業労働者が減り、耕地に労働力を集中投下して、最大限の収穫を得ることができていないとしている。つまり人口減による労働生産性の低下が最大の原因なのである。前節で確認したように、耕地に対する人口減は、農業奉公人の賃金高騰を招き、さらには小作料の高騰も招き、総合的な労働生産性は低下する。

さらに興味深い点は、大河内によればこのような状況が好転しない理由は民衆の奢侈にあるとしていることである。「嫁取聟取之節は少々宛拝借等申付、又は身売引戻し金等至迄」人別を増やすように力を用いているが、領民は「平日之付合ニも萬端奢かましく物毎費多成行候故困窮立直り候時節無之」と、奢侈故に立ち直れないのだとしている。

これも前節で確認したことだが、民衆の大衆消費的行動は当時の経済状況の然らしむるところであり、経済合理的な活動である。しかし実際年貢が減収する封建権力からは、奢侈による民衆の堕落と認識したのである。ではこれに対してはどう対応するのか。

大河内が期待するのは村役人である。村役人は「能々物毎利害ヲおしゑさとし納得候様可致候」と、百姓への教諭が記されている。「御法度之博奕」や「家内之熟不熟」「農業之精不精」「人柄之善悪」などを教え諭すことが期待されている。そうなれば「第一ニ心かけ可申は村勘定私なく諸掛物等之割方ニ依怙贔屓なく正路ニ可致候」ということになる。浅川騒動は大庄屋などの不正な負担の転嫁も一因だったのであるから、その解消が念頭にあったのであろう。結局、村役人の現状認識と人間性、教諭に依拠せざるを得ないのである。

最後に大河内の被仰渡書から領主の本質的機能について触れた部分をみてみよう。「若悪党入候歟、下ニ而及難渋候節は上之御威光ヲ以治メ被下候、其外不被抱悪党安泰ニ罷在候は偏ニ御領主御地頭之御蔭ニ而有之」。もし悪党が入り込んで下々の民衆が難儀を受けた時には、上は御威光で治めてくださる。そのほか悪党に関わらず安泰に暮らしていけるのは偏に御領主・御地頭のおかげなのだ。そういった大意であろうか。この文章から判断すると、悪党の排除こそが領主権力の統治の正統性になる。では悪党とは何者なのであろうか。次の史料13をみていただきたい(83)。

【史料13】

寛政十午年三月　日申渡

惣而申合徒党を結、願事いたし候儀御法度ニ而、前々御触も有之、たとへ尤成願ニ而も、徒党いたし候申立者、御咎有之事ニ候、先頃も願筋ニ事よせ、私領ニ而者領主江対し、及不法ニ候向も相聞候、右者畢竟通り者与唱へ、博奕等を進め、或者渡り商人無宿之類、所之者共之願抔江腰押いたし、又者徒党之儀等申進め様々騒立セ、其紛に狼藉ニおよひ、盗抔可致ため之手立ニも有之処、右ニ被欺、或者不得止組し候類も候得者、支配々々之内穿鑿無油断相糺、悪党共者他領他支配之者ニ候共、早々召捕可申出候、右之趣、陸奥出羽越後信濃上野下野国支配有之面々江可申渡旨、戸　采女正殿被仰渡候間、得其意可被取斗候、尤村々江も右之段急度申渡、万石以下私領之分も為心得、最寄限御料所村役人より、申通候様可被致候、

午三月

この史料13は老中戸田氏教が通達した幕府法令である。発令時期と対象地域、騒動の経緯を考慮すれば、浅川騒動が契機となって発令されたことは確実であろう。ここでは通り者・渡り商人・無宿が悪党と認識されており、そのことは後段で「悪党」と言い換えられていることで明確である。

一揆史上では、天保七年(一八三六)に勃発した郡内騒動などを画期として一揆の作法が崩壊し、悪党はその象徴的

な存在とされる[84]。その意味では悪党は暴力的な存在である。しかし寛政一〇年に発生した浅川騒動はそこまで暴力的ではない。確かに一揆の作法は崩壊しつつあったが、一揆勢が鉄砲を実弾発射したわけではないし、刀槍で斬りかかったわけではない。大河内の書付その他の史料をみても、暴力的に一揆を扇動した人物は確認できない。史料13に出てくる通り者は、もともと通人を意味した[85]。長脇差を差して博奕を行なう者であり、暴力を振るうか否かは二義的なものである。無宿も人別帳から除外された存在が本質的な規定であり、暴力と常に関係していたわけではない。渡り商人に至っては言うまでもないであろう。つまりこの場合の悪党は暴力とは直接関係ない。

史料13の文章からも、悪党とは「盗抔」のために徒党を扇動する人物ということになり、暴力の行使は二次的な問題である。もちろん徒党を組むことは江戸時代初期から厳禁である。悪党が問題なのは自身が暴力を振るうからではなく、徒党を扇動するからである。だからここでいう悪党は、階級闘争を内在化して生きる闘士ではない。一揆のドサクサに紛れて「盗抔」を行なう者である。一揆扇動者といっても一揆を起こすことは目的ではなく、方法なのである。いわば「目的としての一揆扇動者」ではなく「方法としての一揆扇動者」である。

そしてその悪党を排除することが、支配の正統性に関わる問題である。そのため悪党が「他領他支配之者」でも速やかに捕縛する必要があった。また「万石以下私領之分も」幕府直轄領と同様に悪党を排除する必要があった。これは一揆が領主階級共通の弾圧対象だったからである。

この点に関しては、史料13と同じ月に関東地方を対象に発令された次の史料をみてみよう[86]。

【史料14】

関東在方ニおゐて同類をあつめ、通りものと唱、身持不埒之者共を子分なと丶号し抱置、或長脇差を帯し、目立候衣服を着し、不届之所業に及ひ候者有之由相聞候、右は畢竟角力渡世之ものなと、在方におゐて右体之風俗いたし候もの有之候故、おのつから押移り候哉ニも候間、是また右様之風俗不相成旨申付候、依之以来前文之風俗にて徘徊いたし候もの有之におゐてハ、見当り次第其品取上、支配并領主役所え可訴出旨、村役人共え可被申付候、

一右ニ付、百姓風俗取締之ため、御料并大名領分ニおゐて、村役人は勿論、身元宜者共之内、右体之取計可相成者を撰、御代官・領主より申付置、百姓とも風俗不宜もの、又ハ無商売にて不宜所業を為候者、其外往還船着場ニ不相応ニ家作いたし、召仕ニも無之、出所不慥男女等差置候類、何事ニよらす、都て村方之為ニ不相成もの共有之は、其始末御代官・領主え可申立段申渡、且万石以下知行并寺社領之分も同様相心得、最寄御代官にて糺之上、人物を撰、夫々可申付候、尤御料并万石以下知行申立之内、難捨置儀は御勘定奉行え申立、万石以上領分之儀も、一領吟味ニ難相成儀は、是又御勘定奉行え可被申達候、

右之趣、御料は御代官、私領は万石以上之分は、右家来呼寄申渡、且万石以下関東筋知行有之面々えも可有通達候、

三月

この史料については以前も検討し、身分統制の側面を強調した(87)。確かに史料14は、身分統制の機能をもっていたことは否定できないであろう。しかしここでは、史料13で渡り商人や無宿を押さえて悪党の筆頭に挙げられた通り者を対象にしていることに注目しよう。

当時江戸の両国橋では相撲取りたちが派手な羽織を着して、両刀もしくは長脇差一本を指し、回向院への道を闊歩していた。名所化されていたといっても過言ではない(88)。つまり史料14の背景には、江戸の消費文化が地方に普及し（「押移」）、それを問題視する公儀の視線を感じることができる。通り者は大衆消費文化の象徴である。

当該時期は相対的人口減少により、農業労働力が減少し、農業奉公人の賃金が高騰し、年貢収入も頭打ちになった。公儀はそれを倹約令による消費削減で対応しようとした。この対応が経済政策として正しいかどうかは複雑な問題であるが、ここでの問題は、そのような大衆消費社会の進展が一揆に結びつくと公儀が認識したということである。そのため、通り者・渡り商人・無宿という直接的には一揆と結びつかない「方法としての扇動者」を弾圧しようとしたのである。繰り返しになるが、これは彼等が暴力的な存在だったからではない。

史料14の後段では、「御料并大名領分」において身元宜しい百姓を風俗取締役に任命することが唱われている。幕領の取締役は幕領と私領の小給所を、一円支配の大名領の取締役は大名領を取り締まることが原則である。しかし幕領と呼応して大名領であっても取締役を設置していることに着目すべきであろう。「万石以上領分之儀も、一領吟味ニ難相成儀は、是又御勘定奉行え可被申達候」と、大名領分であっても吟味が行き届かない場合は勘定奉行に通達せよというのは、大名の自分仕置権を侵害するという意味ではなく、同じ領主としてともに問題を善処していこうという意志の表れである。

その理由は、いうまでもなく通り者が一揆扇動者だったからである。敢えて近代警察的用語を用いれば、「国事警察」的行為だったからである。風俗統制は「行政警察」的行為である。そして浅川騒動の勃発は「国事警察」と「行政警察」の連続性を公儀に再認識させたわけである。(89)

ここで一言しておくと、従来の関東取締出役―改革組合村体制論は、「司法警察」という観点はあるが、「行政警察」という観点は極めて希薄である。この点が理解を歪めていると愚考するので、以後は「行政」もしくは「行政警察」という観点を重視したい。

本項をまとめると、兼帯関東郡代役所は、当初は倹約令の実践と年貢の安定的上納という寛政改革の基調を受け継いだものであった。しかし寛政一〇年正月の浅川騒動の勃発によって変化することになる。一揆対策もあって悪党が排除対象として浮上したわけである。しかしこれは暴力の排除ではなく、従来の倹約令の展開のなかで悪党排除が行なわれる。この点を史料14を契機に設置された取締役を素材に明らかにしたい。

2　取締役と情報空間

寛政一〇年(一七九八)に設置された取締役(本稿では寛政五年に設置された郡中取締役と区別するために、単に取締役ということにする)についての研究によれば、伊奈忠富代官所(武蔵国多摩・橘樹・高麗・足立郡)では四五人の取締役が確認できる。(90)また大貫光豊代官所(武蔵国荏原・橘樹・足立・葛飾・豊嶋郡、相模国鎌倉・高座・三浦郡・津久井県)でも一八人が確認できる。(91)また野田文蔵代官所でも五一人もの取締役が選出されている。(92)関東の多くの幕領で取締役が設置されたことに間違いはない。身分は確認される限り名主である。また取締役設置と呼応して、大名領でも取締役が設置されていることも指摘しておきたい。(93)

ここで取締役設立の経緯に着目してみよう。相模国三浦郡秋谷村名主源左衛門は寛政一〇年六月七日、代官大貫光豊に呼び出され出府した。そこで史料14を提示され、三浦郡「八ヶ村惣代」の印鑑を取る旨の命令を受けた。(94)「惣代」という言葉が使用されていることに注目されたい。源左衛門はすべて三浦郡の小坪・和田・諸磯・上宮田・津久井・内河新田(与兵衛組)・東岡村の名主七人から印形を取る。自分も含めると八人である。

興味深いことはその方法である。源左衛門は六月一二日に廻状を廻して印鑑を取っている。取締役のような新設の役目の就任に当たっては簡単過ぎないであろうか。まして「惣代」である以上は村人の話し合いは不可欠である。現に源左衛門は「一同寄合仕御懸合可申候得共」と、寄合の必要性を認めている。上記の点を勘案すると、おそらく源左衛門は自分も含めた三浦郡の取締役の選出をすでに終えていたのであろう。それは地域社会の承認が伴ったはずである。そのため後は形式的に廻状で印鑑を取れたわけである。このことは人選に当たっては代官所の指図ではなく、地域社会主体で決めたことを示しているのではないだろうか。また大貫支配所の取締役はこのように二段階で選考されるので、前記の一八人は最低限の人数である。

源左衛門が出府する以前の六月四日に、源左衛門はやはり大貫光豊役所から廻状を受け、下山口・芦名・長坂・荻野・大田和・武・林村から取締りの趣旨を了承する印鑑を取るように命じられている(95)。これらの村々は先ほどの小坪村以下の村に比べて、秋谷村の近所である。要するに代官から取締りの命令を受け取った源左衛門は、近所の村々を対象にして惣代になり、さらに三浦郡内の適合者に話をつけて村方の同意を取らせて、その後改めて各取締役から印鑑を廻状で取ったのである。

ここで言っておかなければならないことは、源左衛門は取締役という言葉をほぼ使用していないということである。このことは他の史料をみても一貫している。史料14をみても、「取締」という言葉は出てくるが、「取締役」という言葉は出てこない。「取締役」という言葉は当時の史料にまったく出てこないわけではないが、常に使用されていたわけではない。特に史料14で使用されていない意味は大きい。取締役はむしろテクニカル・タームと考えた方がいいであろう。イメージと違って惣代的色彩が強かった点を強調しておきたい(96)。

では実際の取締役はどのような活動をしていたのであろうか。表1は取締役が実際に行なった内容をまとめたものである。ここではA倹約令とは関係のない活動、B倹約令に基づく活動、C博奕禁令、の三つのグループに分けて考えてみよう。

Aは3・4・10・11・12・13・14・16がこれに当たる。改めて確認しておくが、取締役は一揆扇動者である通り者

【表１】取締役活動内容

No.	年　代	内　容	地　域	出　典
1	寛政10年11月	休日取調	埼玉郡	『春日部市史』3
2	寛政11年７月	飯盛女取調	埼玉郡	『春日部市史』3
3	寛政12年３月	あかね草収集	多摩郡	『里正日誌』3
4	寛政12年５月	厄除札配布	多摩郡	『御廻状留帳』（青梅市）3
5	寛政12年６月	賭弓賭博取調	多摩郡	『国分寺市史』1
6	寛政12年７月	神事祭礼囃子方出張禁止	東西葛飾郡	『神奈川県史』資料編7
7	寛政12年10月	神事祭礼調査	多摩郡	『御廻状留帳』3
8	享和元年３月	休日取調	橘樹・都筑郡	『神奈川県史』資料編7
9	享和元年８月	博奕教諭	多摩郡	『比留間家文書』1
10	享和２年３月	あかね草収集	多摩郡	『御廻状留帳』3
11	享和２年５月	樟適地調査	多摩郡	『府中新宿比留間家文書　御用留』1
12	享和２年11月	村々割付取集	多摩郡	『府中新宿比留間家文書　御用留』1
13	享和３年３月	麻疹心得配布	多摩郡	『御廻状留帳』3
14	享和３年２月	米等備蓄令	橘樹郡	『神奈川県史』資料編7
15	享和３年10月	仏事取調	橘樹郡	『神奈川県史』資料編7
16	文化２年正月	六教解配布	橘樹郡	『比留間家文書』2
17	文政元年８月	芝居・狂言等興業禁止	橘樹郡	『神奈川県史』資料編7

の禁圧が目的である。しかしこれらの行為は無関係といわざるを得ない。もちろん薬草のあかね草や樟脳の原料になる樟の適地の把握は国益になるし、麻疹除の御札配布は社会的安定に寄与する可能性もあり、また年々の年貢割付高の把握は今後の年貢賦課への合理的なデータになり、『六教解』（六諭衍義大意か）の配布は寺子屋教育の役に立つであろう。しかし通り者禁圧とは無関係である。

関東は相給村落が多く、それらが各自に調査して上申するとすれば誠に煩瑣である。また統一性に基づく調査の場合には幕領と私領の連携も問題になり、責任の所在も不明確になる。このようなプロジェクトは失敗する公算が高いであろう。

しかし取締役が設置されれば責任の所在は明確になる。彼等は公儀の代官から小給所への一定の介入を認められており、小給所への調査も円滑に行なえる。上申も村→取締役→公儀代官というルートで行なえばよく簡明である。相給村落に基づく調査に比べれば、費用削減と手続きの簡素化になることは間違いない。これは近代行政的といえるであろう。また表1-14は寛政改革期の一大政策である社倉に関するものである。取締役による社倉政策への介入は、上記の理由によって良好な効果をもたらすであろう。要するに取締役は設置目的と反して、地域社会の行政事務を円滑に推進したのである。

Bは1・2・6・8・15・17である。これらは倹約令の実践において重要だったことは論を俟たない。休日に娯楽を享受する可能性は高いし、若者が飯盛女に入れあげる事例も多い。江戸町への神事祭礼への囃子方の出張は倹約とは逆効果だし、仏事などの時にも神事祭礼と同じように見世物や商人が集まることも多かった。取締役はそのような倹約令の実践にも深く関わったのである。取締役は名主である。すでに確認したように、名主になるような大高持百姓は倹約令を推進する動機をもつ。

Cは5・9である。通り者は博奕と深く関係したわけだからこそ史料14と最も関係する活動である。しかしその割には数が少ない。そればかりではなく、肝心の通り者から長脇差を取り上げる活動は確認できなかった。もちろんまったく確認されないわけではないが、一般的な活動とはいえないであろう。それはなぜなのであろうか。次の史料をみてみよう(97)。

【史料15】

乍恐書付を以御伺奉申上候

当御支配所
武州足立郡
蕨宿　名主　嘉兵衛
三室村　同　冨吉
膝子村　同　伝次郎

大門宿　同　彦太郎
本郷村　同　次郎右衛門
白幡村　同　九郎兵衛

右五人惣代白幡村名主九郎兵衛奉申上候、私共義今般郡中取締役被仰付冥加至極難有仕合ニ奉存候、然処近郷郡中近来長脇差等帯党類相集候者も不見当、且又再三御触等も有之博奕ヶ間敷義も見聞不及候得共、押隠し隠蜜ニ博奕賭之諸勝負ヶ間敷義も有之候哉之旨奉存候、然処私共取締方被為仰付候得共自余之もの一向不相弁罷有候義ニ付、以後人寄等有之場所江立入相制取締申付候而も、自分一己之存知寄ニ而差縺候義ゟ疑心を起し、右躰之ものニ御座候得ハ、法外理不尽も可仕哉此段安心不仕候、依之ニ取締方被仰付罷有候義と紛無之儀十手取縄并見廻り候節、脇差、役羽織御免被下置度奉願上候、左候得者遠近他郷之もの入交居候而も私共申付相用理不尽之儀も不仕候哉ト奉存候、尤右之趣御聞済之上御免被下置候而も我意権威ケ間敷義急度相慎御役所様より銘々取締方被仰付候義、自余之者不相弁者も無之、御威光ニ恐自然然（ママ）ト相慎候様成行可申哉ト奉存候間、此段一同御窺奉申上候、以上

寛政十午年十月　　右五人惣代
足立郡白幡村
名主　九郎兵衛

山口鉄五郎様
御役所

この史料15は、白幡村名主九郎兵衛等五人が取締役になった時のものである。これをみると、この役職がやはり史

料14に基づく通り者の長脇差を取り上げることを主目的に成立したことを再認識させる。しかし取締役は名主が就任する。単純な話だが、そもそも名主のような村落上層者に通り者を捕縛する技術があるのだろうか。もちろんない。史料15はこのことを如実に示している。九郎兵衛たちは長脇差を指した通り者が集まる場所も知らず、賭場の実態も把握していないのである。岡っ引きにしても、後年の関東取締出役が使った道案内にしても、犯罪者の内情を熟知していたからこそ捕縛が可能であったのである。九郎兵衛たちはそのような弱点を補うために、十手・取縄で見廻る時に脇差と役羽織の免許を願っている。この願の成否は詳らかになっていないのであるが、たとえ認められたとしても、そのおかげで通り者が捕縛できたとは考えづらい。そもそも取締役には通り者を捕縛する資質が欠如していたといわざるを得ない。これが長脇差取り上げが確認できない理由である。

取締役は、政策的にみて最も主要な長脇差の取り上げは実行できなかった。しかし、通り者禁止にある程度の政策的意義をもつ博奕禁止や倹約令については、活動した。そして最も地域社会に密着したAの活動を中心に行動した。これは責任の所在を明確にした費用削減と手続きの簡素化を実現した方法である。

そして強調したいことは、このことは領主支配を越えているということである。その要因は二つ。一つは、Cを含む通り者禁令が一揆煽動者を対象とした領主階級共通の利害に基づく「国事警察」的行為であったこと。もう一つは、Aの活動とは「近代行政」を感じさせる「行政警察」的活動だったことである。直接的に領主支配との矛盾が激化する性質のものではない。

もちろん領主による個別支配が廃止されたわけではない。それこそ「司法警察」を担当するものである。従来の関東取締出役―改革組合村体制論は、「国事警察」や「司法警察」を肥大化させて位置付けており、「行政警察」という視点を捨象している。当該時期の「警察」活動においては、近世国家レベルと個別領主レベルの活動とともに、「行政」レベルの活動も視野に入れるべきである。これは「警察」活動のみならず、広く当該期の社会的性格を考えるうえでも必要であろう。もちろんこのことは、国家空間・領主空間とともに行政空間が成立していたことを意味する。次項ではこの点を考察してみたい。

3　中川忠英における行政空間把握

中川は自身や配下の勘定組頭に関東各地を廻村させて、統一的な村明細帳を提出させている。確認される限り、その最初は、寛政一〇年（一七九八）八月一三日に中川自身が江戸を出立し相州方面を廻った事例であり[98]、その最後は、関東郡代が廃止された後の文化三年（一八〇六）二月、勘定組頭格木城貞右衛門等がやはり相州方面を廻った事例である[99]。要するに寛政一〇年以降は関東郡代役所を挙げて廻村して村明細帳を集める事業に精を出していたのである。ではそれはどのようなものなのであろうか。

表2は寛政一〇年正月に中川が廻村するに際して、代官菅沼安昌が支配所の村々に触れ廻した雛形の内容である[100]。この内容を一瞥すれば明らかなように、何か特定の目的をもって項目を選んでいるとは思えない。自然的条件、耕地の状況、救済対象、飢饉の時の食物などなど。いずれも統治上重要なことであるが、ここでは一つ一つにかかわるよりも全体を位置づけてみたい。

近世社会は領主制によって秩序つけられていた社会であるが、大衆消費社会の成熟によって、領主制の統治空間に行政空間が重層的に存在するようになった。「諸色安」を実現するためには、その行政空間を統御する必要があった。それには行政空間の情報が必要になる。その情報とは特殊な個別ではなく、普遍的な変換可能な情報である。そのためには統一的なフォーマットによる共通の項目が必要になったのである。つまり表2の項目は、大衆消費社会の

【表２】村明細帳記載内容

No.	内　容	備考	秋谷村 寛政10年	小和田村 寛政10年	瀬谷村 享和4年	煤ヶ谷 文化3年
1	御料所耕地東西南北の町数と最寄市場等への道法。		○	○	○	○
2	相給の高・氏名。		○		○	○
3	村内は嶮岨か広場か、一体か継場か。		○		○	○
4	村内田畑土質。		○	○	○	○
5	私領の反高場・野銭場、御料の田畑面積、年貢野銭反当。		○	○	○	○
6	用悪水、溜井・沼地広さ。	＊1	○	○	○	○
7	堤川除箇所、御普請か、自普請か。		○	○	○	○
8	村内の山嶮岨か平山か、木品や森林・藪の大小。	＊2	○		○	○
9	家数・人別・牛馬数。			○	○	○
10	忠孝奇特の者、60歳以上の男女名前、15歳以下の才能ある者。		○		○	○
11	新開、荒地起返、起返仕方、新規冥加・運上その他御益筋。		○	○		○
12	60歳以上の鰥夫・寡婦、15歳以下みなし子(極困窮)、病気又は片輪者。		○		○	○
13	衣類・食物の助、菜(薬)種になる草木・鳥獣・虫・魚・砂石。		○		○	○
14	田畑山林に植えられる物。		○	○	○	○
15	寺院名前・宗旨、本寺末寺、歳暦、朱印高・除地。	＊3	○	○	○	○
16	社号・祭祀・縁起・神職・朱印高・除地。		○	○	○	○
17	寺社・霊宝・古器・書画・碑銘、その他異形・珍玩の物。				○	○
18	山海・川沢の稼、その他農業之手業。		○	○	○	○
19	古城跡・旧記・名所。		○	○	○	○
20	村々貯穀員数。		○		○	○
21	郷蔵有無。				○	○
22	御料・私領・寺社領高内訳。				○	○
23	両毛作有無。					
24	酒造高。				○	
25	村内分限者有無。				○	○
26	用水ある村は水源と組合の有無、天水場は溜井有無。		○	○	○	○
27	定免の内、水旱損で何ヶ年破免か。					
28	田畑肥等用方。					
29	作場渡有無。					
30	村々産物等有無。					
31	村絵図差出。	＊4				
32	村入用一か年掛り高。	＊5			○	○
追加	寛政9年貯穀小前帳差し上げざる村は提出。					

備考：＊1 私領は反高場・野銭場計り、御料は町歩、年貢野銭反当。
＊2 御料所の御林は書き出さず。
＊3 寺院から書付を出させて村方より通達。
＊4 田畑山林居村秣場御普請所自普請所村境書き入れ。
＊5 村入用帳に書き入れてない入用がある場合その理由。
出典：『神奈川県史』資料編幕領2、『相模国村明細帳集成』第1・2巻(岩田書院、2001)

影響を反映したものである。

しかしそれには問題があった。表2には実際の村明細帳にフォーマットがどの程度反映されているのかを表わしたものを追加してある。選択したもののなかにフォーマットをそのまま反映したものはない。いくら雛形を事前に廻しても、村方がその通りに村明細帳を作成すると考えることは現実的ではない。それは近代的な偏見である。近世の地方の文書作成能力はそこまで高くはなかったというよりも、エクリチュールに関する感覚が異なるといった方が正確であろう。そのことを証明するためにも次の史料をみていただきたい[101](傍線は引用者)。

【史料16】

(表紙)
「　文化三年
　書　上　帳
　寅正月　　　相州三浦郡
　　　　　　　秋　谷　村
　　　　　　　　　　下書　」

一荒地并取下等ニ相成罷候田畑起返、免上等出来候分者、巨細ニ可書出候、
　右ハ、寛政三亥年、浪欠荒地之内、起返り候分、別紙帳ニ書上申候、
一御林一件之義者、当村ニ御林無御座候、百姓林ニ而も、御用木御遣へ方ニ相成候木、
　無御座候、

一川附州等ニ而水行不通、田畑年々水冠ニ相成候場所、又ハ年々川欠損地等出来候場所可書上候、
　右之場所無御座候、
一海辺附州、或ハ沼地・野地・原地等、都而開発ニ相成候場所有之候ハヽ、可書上候、
　右之場所無御座候、
一親孝行之者、
　右之者相見へ不申候、
一みたほ《(さ)》正しく、其身之程々を守り、舅・姑・夫を大切ニいたし候女、
　右ハ当村猟師源次郎妻いち、姑・夫を大切ニいたし候趣、夫源次郎八年以前相果、其後、姑、元ゟ酒すきニ御座候得者、よき酒当所なき節ハ、近村々を尋、調進メ呑セ候処、四か年以前ゟちうき病ニ而、ねをきも相ならす、猶々、食物ハ不及申ニ、よき酒調進シ候趣、猶又、ねなりニ而大小便いたし候を、近家之人々ニ見せ知らせ不申、毎夜よふけニ相成、あらい、すゝぎいたし、情深き女ニ相聞申候、当八十四歳ニ而、当正月姑相果申候、当十二歳男子、跡式相続ニ姑申置候得共、幼年ニ而、当分何之渡世稼等無致方、難渋者ニ御座候、
一農業出精いたし、諸作物鍛錬成もの、
　右之者、格別ニ鍛錬之成者無御座候、
一年寄而養ふへき子も無之独身もの、
　右之者、相見へ不申候、
一幼少ニ而、父親なく、渡世ニ難儀いたし候者、

右源二郎忰申上候、
一極困窮ニ而当日度（渡）世難相成もの
右ハ先達而御廻村被　遊候節、口上ニ而申上候、
当村百姓八右衛門儀、生付、きよ少ニ而、若き時ゟ、人並之農業稼出来す、当七十六歳ニ而、何之稼等も不相成、同妻当七十歳、十ヶ年程以来ゟ病身ニ而、手業等も出来兼、両人共ニ難渋ニ御座候而、可養子無御座候、親類ハ遠方、殊にひん家ニ相聞候、隣家之者共、水・薪等持寄、せ話いたし候趣、極困窮ニ御座候、
一身持等格別よろしく、近郷之手本ニも可相成程之もの、
右ハ手本ニ相成候程之者、無御座候、
一去ル丑年家数・人・牛馬、寛政十午年家数・人・牛馬、右二ケ年分別帳　ニ而奉書上ヶ申候、
右之条々郷中相改、書面之通奉書上候処、相違無御座候
文化三寅年正月
相州三浦郡秋谷村
名主　源左衛門
組頭　重左衛門
百姓代　五郎左衛門
大貫治右衛門御役所

（表紙裏）
「起返
上田八畝歩
下田六畝六歩

屋敷廿歩
下畑弐反壱畝五歩
　小以　米五斗五升九合九尺
　　永百八拾壱文六分　」

この秋谷村には、寛政一〇年九月三日に中川自身が勘定金沢瀬兵衛等と廻村していることが判明している。[102]その時提出したと思われる寛政一〇年正月作成の明細帳も残存しており、その項目は表2に記しておいた。この史料をみてみると、新開のことは記されているが起こし返しのことは記されていない。また御林・川附洲・海辺附洲・農業出精者・孤独な老人・極困窮者・身持宜しき者の記述もない。このことから史料16は前回提出させた村明細帳の補足という意味をもっていたと判断される。

それだけではない。前回の明細帳には忠孝・奇特の者に関する記述はあるが、詳細な親孝行や奇特者の記述はない。当該時期は享和元年（一八〇一）に『孝義録』が刊行されるなど封建道徳の宣揚に力を注いだ時期なので、寛政一〇年時点より文化三年時点の方が、そのような情報に敏感だった可能性は大きい。先述したように公儀とすれば、村役人を通じた民衆生活への「世話」、広域的なパターナリズム的介入が支配の正統性だったのであり、そのためには封建道徳のナマの実践例を把握しておく必要があった。このような情報は村の噂では広まるであろうが、それを公儀が把握するには公文書という形で提出させる必要があった。そのような情報変換、生活情報をコード化し、統一的に把握することが行政空間のトータルな管理には必要だったのである。

また史料16の傍線部分をみていただきたい。これにより、廻村に当たっては口頭での村方からの上申があったことは明らかである。当然廻村役人からの発言もあったのであろう。廻状↓村明細帳提出という文書のやり取りではなく、口頭による質疑を経て、情報のコード化が促進され、行政空間における統一的な情報把握は達成されるのである。

さらに最後の箇条をみると、「丑」（文化二年）の「家数・人・牛馬」の情報を求められている。当然のことながら情報はアップデートを要求する。そのためには絶えず地域からの情報を獲得していかなければならない。

この点に関して言えば、史料16と同じ文化三年正月、秋谷村はやはり大貫治右衛門役所に、天明八年（一七八八）から文化二年までの貯穀の米・麦・稗高、職人・商人名前、八〇歳以上の人名一六人分を提出している。[103] 前二者は前回の村明細帳には記載がないので補足といっていいであろう。

高齢者の人名に関しては、予め廻村に先立って触れられた廻状には六〇歳以上とある。しかし前回の村明細帳には七〇歳以上の名前と年齢が七〇人分記されている。文化三年では八〇歳以上である。この理由は推測になるが、人数が多すぎたのではないだろうか。七〇歳以上で七〇人を越えれば、六〇歳以上ならば軽く一〇〇人を超えるであろう。このような大量な高齢者がいたらすべて褒賞するのは不合理である。情報としても八〇歳以上を把握しておけばいい。

しかしどこの村でもどの時代でも、常に高齢者が多いわけではあるまい。情報の絞り方は広域で統一的な情報把握は重要である。関東郡代役所は単に雛形を触れまわして村明細帳を提出させただけではなく、実際に村を廻り、情報の補足・訂正を行ない、情報のコード化に務めた。その理由は、行政空間においてはそれが必要だったからである。実務の執行や情報の収集については前項で検討した取締役も重要であるが、当然その活動には限界があり、それを補完する意味からも郡代役所の活動は続ける必要があった。

ここで視点を変えて郡代役所が把握しようとした情報の質の問題を考えてみたい。公儀は享和三年に全国に「国郡郷庄領御礼」として村の名前の読み方を提出させている。[104] 同年六月、千人頭河野四郎左衛門は勘定所に、自分の知行所の村の名前を「武蔵国都築《ツヾキ》郡之内師岡《モロヲカ》庄神奈川《カナカワ》領小机《コツクエ》郷之内山田《ヤマタ》村」と振り仮名を振って提出しているので、読み方を調査したことは明らかである。[105] なぜ公儀はこの時期にこのような調査を行なったのであろうか。次の史料をみていただきたい。[106]

【史料17】

乍恐以書付奉申上候

一私共村方之義、御裁許御絵図面ニ森村与御座候所、此度森野村与書上候義御尋ニ御座候、此段御水帳ニ茂森村与御座候得共、森村与書候而森ノ村与となへ来リ候処、いつともなく享保年中之頃ゟ野字書入御割附其外書上等ニ茂森野村与書上申候、以上

安永七辰年十月晦日

武州多摩郡
森野村
名主　市右衛門㊞
年寄　忠右衛門
百姓代五郎兵衛

伊奈半左衛門様御内
小川弾右衛門様

この史料は地名調査の以前に作成されたものではあるが、状況は大きく変わってはいまい。森野村は古くは「森村」と自分の村名を書いてきた。しかし読み方は「森ノ村」と読んできたのである。しかし「享保年中」の頃より

「森野村」と書くようになったのである。

岩橋清美は関東地方の村方旧記分析において、一八世紀初めに「「語る歴史」から「書く歴史」へという情報空間の変容があった」と指摘している。(107) 史料17の「享保年中」も概ねその時期に当てはまるとしていいであろう。つまり一八世紀初めには情報空間の変容が起こり、話すことより書くことが記述の基準になり、それが村名の書記の変更に繋がったのである。

そして史料17は、それが一八世紀後期になっても安定していないことを示している。そのために代官伊奈の家臣が問い合わせてきたのであろう。それ故、享和の地名取調令は従来語られてきた地名をエクリチュールに変換して改めて把握しようとするものであった。それは安定性の確保のために必要であった。これも行政空間における情報把握と考えていいであろう。(108)

【史料18】

差上申御請書之事

此度何之庄何之郷と唱候場所候哉、御検地帳其外古書物相糺可書上之旨、御触書を以被仰渡承知奉畏候、当宿之儀足立庄内と有之候古書物相見得候ニ付、則左ニ奉書上候、

多東郡足立庄内
鳩井村

禁　制

一軍勢甲乙人等乱妨狼藉事、
一放火事、
一対地下人百姓非分之儀申懸事、

右条々堅令停止訖、若於違犯輩忽可被処厳科者也、
天正十八年七月日　御朱印此所ニ有之
太閤之御朱印
前書之通御朱印之御書物名主八郎兵衛所持仕候ニ付、奉書上候処相違無御座候、以上
享和三亥年五月
足立郡舎人領鳩ケ谷宿
名主　八郎兵衛
大貫治右衛門様
御役所

鳩ヶ谷宿にも国郡庄郷領糺の通達が来た。鳩ヶ谷宿では、読み方ではなく属していた庄郷は何かということを、「御検地帳其外古書物」を糺して書き上げろ、という趣旨に受け取ったようである。検地帳はもちろん土地台帳であるが、歴史史料としても認識されていたことに注目したい。その結果、名主八郎兵衛が所持していた豊臣秀吉の朱印状が注目され、「足立庄」という文言を見出して上申している。

「語る歴史」の時代には後に由緒と再定義される語りが地域の歴史を伝えていたが、それは流動的で、普遍的な客観性はない。大衆消費社会では統一的なコードに基づき情報を広く集めることが要求される。そうしなければ広域空間における管理は不可能である。地域における古文書もこのような観点から再定義され、歴史史料になったわけである。

本節を閉じる前に一言しておきたい。当該期の公儀は仁政として倹約令を地域社会で実践し、そのことで支配の正統性を確保しようとした。しかしそのためには、名主を取締役として中核に据える必要があった。その取締役は、行

政空間を担い倹約の観点から風俗を矯正していくためには、教諭が欠かせなかった。そしてその教諭が村人の共感を呼んで主体的に行動させるためには、心学の道話がそうだったように、言説による技術が必要である。そのような技術が地域社会の民衆知として蓄積されていくことは、地域社会の進展に大きな影響を与えたのではないか。

何より明確な技術は書類を書く技術である。寛政改革期の始まりでは地域社会の実情は「下情」に過ぎなかった。しかし関東郡代役所の活動で把握されたのは「下情」のような曖昧な概念ではなく、まさに「情報」であり、「データ」であった。浅川騒動以降、内憂外患という危機感のなかで、公儀が求めるものはより厳密になっていったのである。これは大衆消費社会の反映といっていいであろう。

日常言語で話される地域生活の実態を可能な限り正確に書く技術がなければ、公儀は合理的な支配が円滑に行なえない状況になっていた。もちろん先に検討したように、公儀の役人の介入はあったにしろ、村が書類を書くことがなくなれば、本稿で述べたような支配は不可能になる。つまり大衆が公儀の支配体系を読み替えたのである。正確な書類を書く技術は大衆にとって最大の武器である。

おわりに

本稿は石門心学の分析から始めた。心学は封建社会によって劣位にある民衆の生業を肯定し、主体性を確保する思想であった。本稿では、民衆の主体性を前提にその労働がもたらす成果を倹約することにより、救済が実践されるとの志向を明らかにした。心学においてもその考えは不変であるが、始祖である梅岩の時代は供給主導であったのに対して、中沢道二の時代は需要主導だと論じた。この変化の要因は民衆における経済活動の充実である。このような状況を本稿では大衆消費社会ということにした。

そして天明の打ちこわしの後に幕政を担った松平定信は、そのような民衆の主体性を、言い換えれば大衆消費社会を包摂しようとする。それは大政委任論にまで及ぶが、ここでは倹約令に注目した。民衆の主体性を制御することにより、米価や諸色をコントロールしようとしたのである。目的は「諸色安」である。このため倹約令により支出を削減することに力が注がれ、その中心だったのが博奕禁止である。博奕こそ無意味な支出の代表と目されたのである。

そのため公儀は寛政五年(一七九三)一〇月以降、博奕犯逮捕のために代官手代に小給所の踏み込みを許し、「郡中取締役」を設置し、さらに「仕置御改革」を行ない、従来とは異次元の博奕禁止策を実行しようとしたのである。ただここで指摘しなくてはならないことは、これはあくまで公儀による「仁政」として行なわれたということである。「仁政」として百姓の世話を焼き、公法的規範を提示することにより、支配の正統性を獲得しようとしたのである。

その過程で女性や若者・子どもといった百姓の周縁身分が公法的に再定義されたことを強調した。なぜなら倹約令はその性質からいって、家長である百姓のみを対象にしても効果はないからである。百姓の周縁身分である彼／彼女たちも倹約令の対象になった。つまり家長である百姓に加えて、名主たち村役人の直接の世話の対象になったのである。逆にいえば村役人たちは彼／彼女たちを統御する責務が生じたのである。このことは家長である百姓に比べれば劣位ではあるが、一程度の公法的存在に再定義されたということを示す。

中川忠英が勘定奉行兼帯関東郡代になった寛政九年前後は、幕閣に内憂外患の危機が自覚された時期であるが、そのような状況において寛政一〇年正月に浅川騒動が起きる。通り者は倹約令においても対象者であったが、この騒動により一揆扇動者としても取締対象者になった。そのため公儀は幕領と小給所を統一して取締る「取締役」を新設する。その政策的目的は一揆扇動者の取締りという「国事警察」的なものであった。しかし実際の活動をみてみると取締役は「行政警察」的活動に勤しんでいたのである。これは個別領主を越えた費用削減と手続きの簡素化が実現したことを意味する。本稿では行政空間と呼ぶことにした。

その行政空間の性質を最もよく表すものが、中川忠英率いる関東郡代役所の活動である。彼等は恒常的に関東郡代支配地とその周辺を廻村し、統一的な項目に従って地域社会の統治上必要な情報を収集し、不十分な場合は直接村から情報を採取した。その対象が幕領だけではなく、旗本領・寺社領も対象としていたことは強調しておきたい(109)。大衆消費社会が形成した空間は、そこで生起する情報をコード化して統一的に掌握しなければ管理は不可能である。それは歴史史料も同一であり、地域に残存した古文書も、そのような観点から歴史史料と再定義されていく。

最後に今後の課題を述べておこう。本稿では感情が社会化され、それが経済学の新制度派いうところの制度を支えるという構想を掲げた。行政空間は領主制支配という状況のなかで費用を削減させる効果をもったことは確かである。そのことが近代地方行政の形成にも大きな影響を与えたと展望しているが、まだまだ実証が足りないといわざるを得ない。この点は次稿以降、改革組合村を事例に明らかにしたい。

註

（1）根岸茂夫『近世武家社会の形成と構造』（吉川弘文館、二〇〇〇年）第二章第三節。この時期の倹約令が身分統制的性格が強かったのは、兵営国家論からの説明が説得的である。たとえば軍学者山鹿素行は性善説を否定し、風俗統制を「いがた」として用いる統治を模索した（前田勉『近世日本の儒学と兵学』ぺりかん社、一九九六年、第二章）。兵営国家に基づく民衆統治においては、上部構造の意志が貫徹される供給主導型の社会が希求され、それは必然的に身分統制の機能をもつ。

（2）朴晋熯「近世前期における「倹約令」の全国的展開とその特質」（『史林』八六―三、二〇〇三年）。
（3）辻達也『江戸幕府政治史研究』（続群書類従完成会、一九九六年）一四二頁。
（4）藤木久志『豊臣平和令と戦国社会』（東京大学出版会、一九八五年）。
（5）藤木前掲註（4）書、及び高埜利彦『元禄・享保の時代』（集英社、一九九二年）一三七頁。
（6）寺西重郎『歴史としての大衆消費社会―高度成長とは何だったのか？―』（慶應義塾大学出版会、二〇一七年）三二頁。
（7）たとえば近世の身分制理解の基盤といえる兵農分離についても、近年では根本的な再検討がなされている。この点は先掲の藤木久志の成果（註（4））や平井上総『兵農分離はあったのか』（平凡社、二〇一七年）を参照。
（8）顕示的消費については、ソースティン・ヴェブレン（高哲男訳）『有閑階級の理論―制度の進化に関する経済学的研究―』（ちくま学芸文庫、一九九八年、原著は一八九九年）参照。
（9）中井信彦『転換期幕藩制の研究―宝暦天明期の経済政策と商品流通―』（塙書房、一九七一年）。
（10）たとえば一人あたりＧＤＰの年平均上昇率は、一六〇〇～一七二一年は〇・〇一％だったのに対して、一七二一～一八〇四年は〇・二五％になっている（深尾京司他編『岩波講座　日本経済の歴史』第二巻、二〇一七年、三頁）。
（11）生権力は近年では「フーコーがもともと関心を向けた規律訓練型のものから、管理型のものへと転換しつつある」（大澤真幸『生権力の思想―事件から読み解く現代社会の転換―』ちくま新書、二〇一三年、九頁）と指摘されているが、本稿では学校や軍隊での教育に典型的な身体に働きかける教化やその方法に着目したい。
（12）ミシェル・フーコー（田村俶訳）『監獄の誕生―監視と処罰―』（新潮社、一九七七年、原著は一九七五年）。
（13）百姓成立については、深谷克己『百姓成立』（塙書房、一九九三年）参照。
（14）萬代悠「和泉清水領の利殖と救荒」（『日本史研究』七二七、二〇二三年）では、清水領の領主が豪農（取締役）に負担を求め、公金を貸し付け、大坂御用商人の債権を保護する動向が活写されている。注目すべき成果だが、このような動向は近世の救済の範疇ではなく、近代的経済制度として捉えた方が生産的なのではないだろうか。

(15)　ミシェル・ド・セルトー(山田登世子訳)『日常的実践のポイエティーク』(ちくま学芸文庫、二〇二一年、原著は一九八〇年)一四〇頁。

(16)　ブリコラージュは「 あり合わせの材料を臨機応変に流用して、決められた機能や意味を組み替えながら関係つけ、そこにある秩序を生成する」ことである(「野生の思考」『岩波哲学・思想辞典』、小田亮執筆)。

(17)　寺西重郎『日本資本主義経済史　文化と制度』(勁草書房、二〇二二年)三四三頁。

(18)　石田梅岩「倹約斉家論」下(『日本思想大系　石門心学』岩波書店、一九七一年)二三～二五頁。

(19)　D・C・ノース／R・P・トマス(速水融／穐本洋哉訳)『西欧世界の勃興』(ミネルヴァ書房、一九八〇年、原著は一九七三年)は、ネーデルランドとイングランドを事例に経済発展の原因を所有権組織が確立したこととした。このことを受けて岡崎哲二は「所有権が保護されなければ、市場取引、とくに信用を伴う市場取引が難しいことは直感的に明らか」とした(岡崎「制度の歴史分析」『比較制度分析・入門』有斐閣、二〇一〇年、三九頁)。所有権組織が確立したことが重要であることはもちろんだが、さらに市場での取引費用が削減されることが経済発展の要因の一つなのである。今日では世界中に資本主義が浸透しており、西洋のみではなく、多様な資本主義発達のルートを地域に即して明らかにする必要がある。

(20)　「身近な他者」については、寺西重郎『経済行動と宗教―日本経済システムの誕生―』(勁草書房、二〇一四年)序章。

(21)　アブナー・グライフ(岡崎哲二／神取道宏監訳)『比較歴史制度分析』上・下(ちくま学芸文庫、二〇二一年、原著は二〇〇六年)。

(22) 石田梅岩「石田先生語録」（註(18)書）六六頁。
(23) 『塩鉄論』や『管子』に記載され、東アジアにおける奢侈論の原型ともいうべき「羨不足論」は、「国の政治が善く行われないと一般人民の間に財産不平均の疾が出来る」という理解が前提になっている（宮崎市定「中国における奢侈の変遷—羨不足論—」『中国文明論集』岩波文庫、一九九五年、初出は一九四〇年、一一頁）。当然、奢侈禁令によって財産の均等化が図られるわけであり、ここでも需要を増やすことではなく、等しく分配するという供給の固定が前提となっている。やはり「不患寡而患不均」（「人口の過少が心配でなく、不平均を心配」）という『論語』「季氏第十六」にみられる思想が一般的だったのではないだろうか。なお大意は吉川幸次郎監修『論語』下（朝日新聞社、一九七八年）一二頁に拠った。
(24) 中沢道二（石川謙校訂）『校訂 道二翁道話』（岩波文庫、一九三五年）二篇巻下。
(25) 註(24)書、三〇三～三〇四頁。
(26) 註(24)書、二九七～二九八頁。
(27) 岩橋清美『近世日本の歴史意識と情報空間』（名著出版、二〇一〇年）第三篇第一章。
(28) 金澤周作は感情史の立場から「日本の近世・近代の現場で救済をしている人、受けている人、そのようなやりとりのある社会を活きている人の「気持ち」（の変遷やヴァリエーション）を考えることができないだろうか」（金澤「コメント「生きること」と「福祉の複合体」—早田報告と町田報告に寄せて—」『人民の歴史学』二三三、二〇二二年、三一頁）としている。
(29) 藤田覚『近世政治史と天皇』（吉川弘文館、一九九九年）。
(30) 松平定信「御相談之覚」（『東京市史稿』産業編三十一、東京都、一九八七年）五〇九頁。

(31) 松平定信「国本論」(『日本経済大典』第十三巻、一九二五年)三二九頁。
(32) 渡辺浩『近世日本社会と宋学』(東京大学出版会、一九八五年)第一章。
(33) 清水光明『近世日本の政治改革と知識人―中井竹山と「草茅危言」―』(東京大学出版会、二〇二〇年)二九五～二九六頁。
(34) 網野の著作は多いが、ここでは『「日本」とは何か』(講談社、二〇〇〇年)第四章をあげておく。
(35) この点は拙稿「関東取締の語りと地域社会の主体化」(『国史学』二一九、二〇一六年)を参照。
(36) 『東京市史稿』産業編三十一、五八三～五八四頁。
(37) 藤田覚『田沼意次―御不審を蒙ること、身に覚えなし―』(ミネルヴァ書房、二〇〇七年)。
(38) 定信は老中就任以前、譜代・家門大名を中心にグループを結成したが、最初に交際したのは本多忠籌で、安永七年頃からだという(高澤憲治『松平定信政権と寛政改革』清文堂出版、二〇〇八年、三九～四一頁)。「古史逸」が彼等に回覧された可能性は否定できない。
(39) 松平定信「古史逸」(東北大学附属図書館)。『江戸考証家の古器物収集に見る歴史意識の特質とネットワークに関する研究』(平成二九～令和四年度　科学研究費基金基盤研究(C)研究成果報告書、研究代表者岩橋清美、一二頁)を参照した。
(40) 塚本学「諸国山川掟について」(信州大学人文学部『人文科学研究』一三、一九七九年。後に塚本学『小さな歴史と大きな歴史』吉川弘文館、一九九三年に収録)。
(41) 渡辺浩一『江戸水没―寛政改革の水害対策―』(平凡社、二〇一九年)七七頁。
(42) 深井雅海『徳川将軍政治権力の研究』(吉川弘文館、一九九一年)三八九～三九〇頁。
(43) 澁澤榮一『樂翁公傳』(岩波書店、一九三七年)一〇六～一〇七頁。

(44)『東京市史稿』産業編三十一、九〇〇〜九〇一頁。
(45) 増川宏一『賭博の日本史』(平凡社選書、一九八九年)一五二頁。
(46)『日本財政経済史料』第一巻上(藝林舎、一九七〇年)五〇五〜五〇六頁。
(47)『牧民金鑑』下巻(刀江書房、一九六九年)二二二頁。
(48) 藤田覚は、このような貯穀制度が村内の上層農民と中・下層農民の対立を緩和させる効果があったと指摘している(藤田『松平定信』中公新書、一九九三年、六三〜六四頁)。
(49) 鍾以江「「教化」から「教育」と「宗教」へ―近世・近代日本における「教」の歴史―」(伊東貴之編『「心身／身心」と環境の哲学―東アジアの伝統思想を媒介に考える―』汲古書院、二〇一六年)。
(50) 小関裕一郎「一八世紀後半における仙台藩の学問と「教諭」政策」(平川新編『江戸時代の政治と地域社会』第一巻、清文堂出版、二〇一五年)八九頁。
(51) 辻本雅史『近世教育思想史の研究―日本における「公教育」思想の源流―』(思文閣出版、一九九〇年)。
(52) 三ツ松誠「本居内遠の文事」(『日本文学』六九―一二、二〇二〇年)。
(53) 岩田浩太郎「寛政六年「仕置御改革」の政策史的意義」(『史海』二九、一九八二年)、なお関東取締出役―改革組合村体制論の代表的なものは、森安彦『幕藩制国家の基礎構造―村落構造の展開と農民闘争―』(吉川弘文館、一九八一年)である。
(54) 拙稿①「近世後期関東における長脇差禁令と文政改革―改革組合村は治安警察機構に非ず―」(『史潮』四三、一九九八年)、拙稿②「勘定奉行上席柳生久通の施策と関東における村方惣代―鷹場の性格規定と関連して―」(『法政史学』五一、一九九九年)、拙稿③「関東取締出役成立についての再検討」(『日本歴史』六三一、二〇〇〇年)、及び拙稿註(35)。

稲葉継陽は「百姓からの大規模な武器没収政策が実施された形跡は、江戸時代を通じて、ただの一度もない」としている(稲葉『細川忠利』吉川弘文館、二〇一八年、二〇六頁)。これは熊本藩領についての指摘だが、今日の通説的見解に立てば、全国的に当てはまるのではないだろうか。

(55)『牧民金鑑』下巻、七五九頁。

(56) 小松修「寛政期の「取締役」制について―多摩地域を中心に―」(多摩川流域史研究会編『近世多摩川流域の史的研究』(第二次研究報告)、一九九四年)。

(57)『牧民金鑑』下巻、七六〇～七六一頁。

(58)『続徳川実紀』第一篇(吉川弘文館、一九三三年)七五頁。

(59) 中井註(9)書。

(60) 拙稿註(35)。

(61)『牧民金鑑』上巻、七七六頁。

(62)『牧民金鑑』上巻、五八頁。

(63)「博奕取締り方代官江川太郎左衛門伺い書(寛政六年～享和元年)」(『新横須賀市史』資料編近世Ⅱ、横須賀市、二〇〇五年)六一二～六一三頁。

(64)「村方郷例掟連判帳」(『福生市史資料編』近世1、福生市、一九八九年)一八一～一八二頁。

(65)「下長竹村博奕禁止・村内取締等議定証文」(『津久井町史資料編』近世2、二〇一一年)五五一頁。

(66) 第六条については『牧民金鑑』上巻、二八六～二八七頁。

(67)「博奕禁止御触書請書」(『越生の歴史　近世史料〈古文書・記録〉』)一二二～一二三頁。

(68)「博奕等取締り申し渡しにつき請書」(『平塚市史』資料編近世1)二七九〜二八〇頁。
(69)『大田区史』(資料編)平川家文書2(太田区、一九七六年)七三〇頁。なお子どもが風俗統制の対象になり、地域のなかで社会性を獲得していった点は、岩橋清美の指摘がある(岩橋「子どもと村社会―近世後期における子ども観の変容―」松尾正人編著『多摩の近世・近代史』中央大学出版部、二〇一二年)。
(70)「若者仲間取潰し吟味願」(『厚木市史』近世史料編 村落1)一三八頁。
(71)「大間村等四〇カ村諸色高値・手余地増大等につき訴願書留」(『鴻巣市史』資料編3、鴻巣市、一九九四年)。以下本節で引用した史料はこれが出典である。
(72)テツオ・ナジタ(子安宣邦訳)『懐徳堂―18世紀日本の「徳」の諸相』(岩波書店、一九九二年、原著は一九八七年)。
(73)安良城盛昭『太閤検地と石高制』(NHKブックス、一九六九年)。
(74)『岩波講座日本経済の歴史』3近代1、二五頁。
(75)地主制については、坂根嘉弘「日本伝統社会からみた近代日本の経済発展」(坂根他編『日本の経済発展をどうとらえるか』清文堂出版、二〇一九年)を参照。
(76)「物価論」(『楽翁公遺書』上巻、八尾書店、一八九三年)、国立国会図書館デジタルコレクションで閲覧。
(77)高澤憲治「寛政九年老中松平信明の勝手掛専管―いわゆる〝寛政の遺老〟と将軍家斉―」(大石慎三郎編『近世日本の文化と社会』雄山閣出版、一九九五年、後に高澤註(38)書に収録)。
(78)竹内誠「幕府経済の変貌と金融政策の展開」(『日本経済史大系』四近世下、東京大学出版会、一九六五年)二〇七頁。
(79)浅川騒動の経緯については、『上越市史』通史編4近世二(上越市、二〇〇四年)第3章に拠った。
(80)保坂智『百姓一揆とその作法』(吉川弘文館、二〇〇二年)。

(81)「浅川騒動農民一揆の記録」(『浅川町史』第2巻資料編)一〇三一頁。
(82)「浅川験動後被仰渡書及享和三年請書」(註(81)書)九一八～九二〇頁。
(83)『牧民金鑑』下巻、七三五頁。
(84)須田努『「悪党」の一九世紀—民衆運動の変質と〝近代移行期〟—』(青木書店、二〇〇二年)。
(85)拙稿註(54)①。
(86)『御触書天保集成』下、五五三三。
(87)拙稿註(54)③。
(88)『特別展隅田川—江戸が愛した風景—』(東京都江戸東京博物館／読売新聞社、二〇一〇年)一〇八～一一三頁。
(89)警察の概念については、大日方純夫『日本近代国家の成立と警察』(校倉書房、一九九二年)を参照した。
(90)小松註(56)論文、一二頁。
(91)『神奈川県史』資料編幕領2、三四〇頁。
(92)『里正日誌』第三巻(東大和市教育委員会、二〇二〇年)二一二頁。
(93)たとえば小田原藩については、馬場弘臣「小田原藩における近世後期の改革と中間支配機構—取締役と組合村をめぐって—」(『おだわら—歴史と文化—』八、一九九五年)がある。
(94)註(91)書、三四一頁。
(95)「御触書」(『相州三浦郡秋谷村(若命家)文書』上巻、横須賀史学研究会、一九七七年)三四頁。
(96)この点は後に結成される改革組合村が大惣代・小惣代という役職を置いたことを想起させる。
(97)「郡中取締役十手縄預りにつき伺書」(『浦和市史』第三巻近世資料編Ⅱ)三八～三九頁。

(98)「中川飛驒守様御通行諸色留」（『相州三浦郡秋谷村（若命家）文書』中巻）二五六～二五八頁。
(99)「温水村村方取調書上帳」（『厚木市史』近世資料編2村落1）五一三～五一五頁。
(100)「関東郡代中川飛驒守巡見のため廻村のため村柄取調の申し渡し」（『神奈川県史』資料編幕領2）三三六～三三九頁。なお中川や彼の配下の勘定組頭たちによる廻村の一端は、拙稿「江戸周辺における地域秩序の変容と「生活」―勘定奉行兼帯関東郡代役所の活動を通じて―」（村上直編『幕藩制社会の地域的展開』雄山閣出版、一九九六年）で触れた。
(101)「三浦郡秋谷村、起返り・開発適地、および孝行等奇特者書上」（青山孝慈・青山京子編『相模国村明細帳集成』第一巻、岩田書院、二〇〇一年）八八～八九頁。
(102)註(98)史料。
(103)「書上帳」（『相州三浦郡秋谷村（若命家）文書』上巻）。
(104)塚本学「江戸幕府のかな表示地名調べについて」（『信濃』三七―一一、一九八五年。後に註(40)書に収録）。なお塚本によれば、この調査には中川忠英も関係していたようである。
(105)「武蔵国郡村仮名附帳」（村上直編『八王子千人同心史料』雄山閣出版、一九七五年）一七六頁。
(106)「村名之儀御尋ニ付森野村申上書」（『町田市史料集』第五集、町田市、一九七二年）二五八頁。
(107)岩橋清美「近世社会における『旧記』の成立」（『法政史学』四八、一九九六年。後に岩橋『近世日本の歴史意識と情報空間』名著出版、二〇一〇年に収録）。
(108)「差上申御請書之事」（『日光御成道鳩ケ谷宿本陣船戸家文書』鳩ケ谷市里船津喜助、一九七七年）。
(109)拙稿註(100)、一三二頁。

近世後期の地誌にみる地域認識の特質
―勘定奉行中川忠英の民撰地誌支援をめぐる動向を中心にして―

岩橋清美

はじめに

本稿は、一八世紀末から一九世紀にかけて編纂された民撰地誌を通して、当該期の地域認識の特質を考えるものである。

日本では八世紀の古風土記編纂後、一六世紀末まで官撰地誌が編纂されることはなかった。江戸幕府成立後、領国掌握の一環として各藩が地誌の編纂を始めたが、その時に参考にされたのが中国の『大明一統志』であった。その背景には、江戸時代の政治体制を中国の州県制に置き換え、地方志の編纂を地方統治の証明とする思想が、林鵞峯によって広められたことがある。一七世紀末に至ると、明清交代にともなう国家意識の変化と日本地理再認識の気運が『五畿内志』を誕生させ、同書は一八世紀末まで地誌編纂に影響を与えることになった(1)。

本稿が対象とする一八世紀末から一九世紀前半にかけての時期は、江戸幕府が積極的に書物編纂を進めた時期であり、『寛政重修諸家譜』『孝義録』『徳川実紀』『新編武蔵風土記稿』等が編纂され、その影響は諸藩・民衆にも及んだ。しかし、地域社会における歴史への関心は、幕府の地誌編纂によってのみ惹起されたわけではない。

民衆の村や地域の歴史への関心の萌芽は、概ね一八世紀初頭まで遡る。彼らの歴史意識は、「村方旧記」として書き留められるようになり、それまで語り伝えられてきた村の歴史が文字化されるにいたった。そこには、村請制の進展がもたらした文書主義の浸透と、村落構造の変容がある。その後、一九世紀初頭頃から、在村知識人は村を越えた一定地域の地誌、あるいは一国単位の地誌を志向するようになり、彼らの歴史意識は、史蹟碑の建立や名所の創出等、多様な形で発信されるようになった。

こうした民衆による「歴史の創出」を支援した人物に中川忠英がいた。筆者は、彼が勘定奉行時代に、遠州国学者として知られる内山真龍や伊豆国田方郡安久村名主秋山富南の地誌編纂を支援したことと、その歴史的意義について論じた。(2) しかし、中川の支援を得て編纂された地誌の特質については十分な検討に至らず、中川が、彼らを支援した理由も明確にしえなかった。そこで、本稿では秋山富南の『豆州志稿』、内山真龍の『遠江国風土記伝』の記述の特質を分析し、さらには同時代の藩撰地誌で松平定信が編纂を命じた『白河風土記』との比較を通して、秋山・内山の地域認識の位置づけを行ないたい。

この点を考えるうえで重要になるのが、中川が勘定奉行就任中に行なった政策である。吉岡孝は、寛政一一年（一七九九）から文化三年（一八〇六）にかけての勘定奉行兼帯関東郡代組附勘定組頭等の廻村を分析し、彼らが地域の地力に関する調査や、教諭に基づく仁政イデオロギー政策の実践、霊宝調査を行なっていたことを明らかにし、それらが幕府による生活空間の把握であったと結論づけた。(3) この見解は、一九世紀の民撰地誌を理解するうえでも示唆的である。この時期からの民撰地誌の特色として、学問的背景の如何に関わらず、詳細な地域情報とともに、歴史や文化における地域の固有性や豊かさを強調する傾向がある。これはまさに、一八世紀半ば以降の市場経済の急速な展開と地域社会の変動に対して、公儀権力が、自らの政策立案・対応能力の限界に対応すべく、「民衆知」を活用したり、村役人層を積極的に登用したこととも相即する。(4)つまり、地域の物的人的豊かさを、「奢侈」として取締りの対象にするのではなく、そこに新たな価値が見出されたのである。民撰地誌の内容はこうした生活空間の変容の反映だったと言える。

同様の指摘は国絵図研究からもなされている。杉本史子は、地域の記録に注目し、一八世紀以降、列島上の為政者が漢字文化圏に依拠した外来の文献の知識だけではなく、文字によらない民衆の日常生活から生まれた「民衆知」を吸収する試みを始めたことを指摘している。(5)さらに杉本は一九世紀の社会について、「村や町に代表されるような地縁的共同性の向上、国制上への定置が見られる一方、市場経済の進展・流通関係の発達を基礎とした人の流動性の拡大、土地領有に基づいた枠組みを超える人と人との関係の模索が進展した」とし、幕末には、民衆は独自の公共的情報世界を持ち、幕府と藩権力の一挙手一投足を凝視するようになったと述べている。(6)

こうした指摘に鑑みれば、一八世紀半ば以降の地域社会の変質の把握は、領主層においては必然であり、社会の変化から生じた新たな価値観が民撰地誌に反映されていたのは当然である。だからこそ彼らの地誌編纂を支援し、その成果を集約することは、地域支配において一程度の効果を有したのであろう。

本稿では、このような先行研究に学びつつ、一八世紀末期から一九世紀にかけての民衆の地域認識の変化と特質を、地誌の分析から明らかにする。まず、第一に中川忠英の人的関係と同家の蔵書目録を分析し、彼の教養や知識の一端を明らかにして、在村知識人の地誌編纂を支援するにいたった背景を述べる。第二に中川が支援した秋山富南の『豆州志稿』、内山真龍の『遠江国風土記伝』をもとに、彼らが地誌を通じてどのような地域像を描こうとしたのかを分析し、第三にその地域認識を『白河風土記』と比較し、当該期の地域認識が権力のそれとどのような関係にあったのかを論じる。

一　中川忠英の知識形成過程

ここではまず、中川忠英の言行録である『令聞余響』をもとに中川の人的関係を、次に同家が蓄積した蔵書をもとに中川の知識形成過程を明らかにし、後段の前提としたい。

1　『令聞余響』にみる人的関係

『令聞余響』には、中川の人格と交流について、「公、天資聡明にして仁義を重し、文武兼備へ、外敬礼を脩させ給ひ、内親睦の御志深く、上王侯の権を避す、下黎庶の志を奪ハす、博学洽記にして、下問を恥給わさりけれハ、友愛親善の道ひろく交遊せさせ給ふ」（本書第三部翻刻編所収の項目番号(4)）と記されており、聡明で仁義を重んじる性格にして文武にも秀でていたことから、幅広い交友関係を有していたという。『令聞余響』にみる中川の人的交流については、本書所収井上・村上論文において論じられているので、詳細は両論文に譲り、ここでは『令聞余響』の記述を概観したうえで、老中松平定信との関係、秋山富南・内山真龍といった在村知識人との関係を述べる。

中川の交流範囲は、幕閣を中心とする武士層から民衆にいたるまで幅広い。『令聞余響』によれば、大名では、老中松平定信、姫路藩主酒井忠道・岡山藩主池田治政・吉田藩主松平信明・小浜藩主酒井忠進・堅田藩主堀田正敦・宮川藩主堀田正穀、幕臣では神保長光・石川忠房・曲淵景漸・久世広民・間宮信好・村上義礼・林衡・荒川義行・曽我助弼らと交流があったとされる。このほかにも瀬名貞雄・柴野栗山・大久保忠寄・黒澤正甫・上野資徳・鵜殿長快・窪田勝英・中井穂善・村井米侪・福島圀雄とも親しかったようである。同史料にはこれらの人物との具体的な交流は記されていないが、目付登用以前の中川が、瀬名や大久保と学問上のつきあいがあったことを井上が指摘している。『令聞余響』に名前が見える人物のうち、石川・間宮は中川と同時期に目付を勤めており、久世は中川とともに寛政五年（一七九三）に海防のために江戸湾周辺地域を廻村している。また、中川は『寛政重修諸家譜』『諸役指物帳』『孝義録』といった昌平黌が手掛けた書物編纂に関わっていることから、林・柴野とは学問的なつながりを持っていたと推測される。堀田との関係は『孝義録』編纂の再調査が契機であったと言えよう(7)。つまり、彼の幕閣における人間関係は目付に抜擢されたことによるもので(8)、職務を通じて形成された人間関係が彼の学問にも影響を与えていたと考えられる。

中川と定信の関係については、森山孝盛の随筆「蜑《あま》の焼藻《たくも》の記」に「中川は御目付勤る内は、殊に定信朝臣の寵遇ありて、用ひつられつれ共」とあり(9)、定信の信頼が厚かった様子がわかる。これを裏付けるものとして次のような史料がある。

【史料1】(10)

御職任の後、御推挙の列相参政衆ハ堪任英傑の方々とそ、芙蓉の間御役人にては、柳生主殿殿・石河(川)左近将監殿・中川飛騨守殿・久世丹波守殿・根岸肥前守殿・大屋遠江守殿・坂部遠江守殿・平賀式部少輔殿・森山源五郎などのたくひ、御登庸の前後遅速はあれ共何も精勤をつミ昇進もまた一方ならすとぞ、(割書)「御退任より御隠棲の後までも、在世奉職の人々ハ昔恩感銘の余り御高徳を景望し、歳首・正賀・寒暑にハ積年たかへす必らすしも自書もて一種の品物を呈し、侍臣まで御動静を窺ひこされける中にも、御隠館へ来り拝謁を乞」、

【史料2】(11)

古の頃、享保の御代に処士山下(貼紙)「幸」伝内上表の一書得給ひしか、いかにも直言とミしとて是をもて御政道の上

において諸君の意を書記し給へ、「某」(貼紙)定信の意の趣く処を記し、後合せてみるへきにとそ仰にて、御同列各書記されしに、君の御卓見泉侯こそ更なりとそ、所見其頃御目付中川勘三郎殿へ其許勤の心得に一覧あるへしとて、ミセ給ひしを写取ひめをかれしか、後年漏洩せしにや、世の中に伝々して御家中へも巡り来り、初て知たるとかや、

史料1・史料2は、定信の侍臣岡本茲奘が著した定信の伝記「感徳録」の一節である。

史料1には、定信が老中就任後に推挙した幕臣が書き上げられており、中川はその一人であった。彼らと定信の関係は定信の致仕後も続き、年始や歳末の贈答を欠かさなかったという。

史料2には、中川が定信に「山下幸内上表」に対する老中の意見書を写しとり政務の参考にするよう命じられたという逸話が記されている。「山下幸内上表」とは享保六年(一七二一)秋頃、江戸青山辺に居住する浪人山下幸内が目安箱に投書したもので、徳川吉宗が実施した倹約令への批判であるが、この上書が寛政改革期頃に識者の間で評判になっていた。(12)定信も幕閣に所見を求めているが、後にこれを勤務の心得として中川に写しとらせた。(13)

民衆との関係を示す事例として、長崎から江戸への帰途、三河国岡崎宿で旅籠屋経営していた金沢家当主がまとめた『春秋左伝国次』に序文を送った逸話が『令聞余響』に記されているが、中川が民衆と交流を持つようになったのは、伊豆・相模・上総・下総・安房の海岸巡視を行なった寛政五年(一七九三)正月頃からで、このとき知り合った人物が秋山富南である。

秋山は、伊豆国田方郡安久村の名主で、諱を章、通称を文蔵と称した。秋山家は戦国大名武田氏の家臣秋山伯耆守晴近を先祖とし、武田氏滅亡後、伊豆に逃れ松本村に居住したが、その後、安久村へ移住したと伝えられる。同家は代々、安久村の名主を務めており、『豆州志稿』編纂時は、領主である旗本河野氏への御用金上納問題や、百姓から

の小作米削減要求といった課題に直面していた[14]。秋山は三島宿で漢学塾を開いていた伊藤仁右衛門の門人並河誠所に学んでいた。並河誠所は『五畿内志』を編纂しているので、秋山が地誌編纂を志した背景には、並河の影響があったかもしれない。

秋山は、寛政五年に中川等の求めに応じて、伊豆国および島嶼部の聞書を献上した。彼はこれを契機に『豆州志稿』の編纂に没頭し、代官江川英毅を通して勘定所の支援を受けながら寛政一二年に完成させ、幕府に献上した。秋山が寛政一〇年に提出した『豆州志稿』編纂に関する上申書には、「中川飛騨守様ゟ伊豆七島之事相記シ候海島志并右島全図可差出旨被　仰渡候」とあり、中川から伊豆七島の地誌と地図の提出が命じられていた[15]。

また、江川が秋山の編纂作業への支援を勘定所に願い出た際に、勘定所が進めている「地理御調之御益ニ茂奉存候」と述べ、地理調査に在村知識人を参加させることの利点を説いていることも注目される[16]。中川は秋山に対し、編纂作業に必要な人的支援もしており、地図の作成に苦戦していた秋山に秦檍丸（村上島之丞）を紹介した[17]。

中川が支援したもう一人の在村知識人に内山真龍がいる。両者が知り合ったのは寛政一〇年二月頃であった。勘定奉行だった中川が巡見先で、御小人目付荒井平吉を通して『遠江国風土記伝』の閲覧を申し入れたことが契機である。

内山真龍は遠江国豊田郡大谷村の庄屋で、国学者としても著名な人物である。賀茂真淵に師事し、『風土記』研究を通して地誌編纂に関心を持ち、『遠江国風土記伝』を編纂した。著作には『国号考』『地名記』『出雲国風土記解』がある[18]。中川との交流は自身の編纂物の貸与が中心で、中川は『遠江国風土記伝』や『国号考』の写本を作成し、それらを昌平黌へ収めた。『遠江国風土記伝』は、幕府の地誌編纂の参考資料として編纂された『編脩地誌備用典籍解題』にも掲載された[19]。一方、中川との知己を得た内山は、自身の親戚を含む近村の忠孝者の褒賞や新田開発を願い出た。内山にとって、中川との交流は学問的なものだけではなく、村役人の職務と一体だったと言える[20]。

2　中川家の蔵書の特徴

『令聞余響』には、中川が書物を好み、尾張徳川家からは『群書治要』、紀伊徳川家からは『貞観政要』、水戸徳川家からは『源流綜貫』を下賜されたとある(9)。中川家が大量の蔵書を所蔵していたことは、「慎徳院殿実紀」巻一〇、弘化三年(一八四六)六月二四日条に「佐渡奉行中川飛驒守。祖父飛驒守が所持の書籍たてまつりしかば賜物あり」と記されていることからもわかる[21]。

このときの献上書物の目録と推測されるものが、国立公文書館と東京大学史料編纂所に残されている。前者の外題には「捜錦閣中川蔵書目録」とある。旧蔵者は田安家で、明治以降、農商務省に移管され、国立公文書館に伝来した。なお、田安家には中川と交流があった大久保忠寄と堀田正敦の蔵書目録も所蔵されていた。後者は前者の写本とみられ、写本作成の時期は明治期以降の可能性がある。

田安家が中川家の蔵書目録を所蔵していた理由としては、まず、中川家の膨大な蔵書が注目を集めていたことがあげられよう。また、『令聞余響』に、彼が田安家の儒者黒澤萬新に師事し「御年譜」の写本が贈られたこと、同家から「名公画譜」を拝領したことが記されているように(9)、書物を通じた交流があったことも無関係ではないであろう。

では「捜錦閣中川蔵書目録」をもとに、中川の蔵書の特色を述べてみたい。なお、「捜錦閣」は中川の号である。中川家の蔵書の点数は、一七八〇点である。蔵書目録には書名のみが記されており、板元や冊数、購入時期といった書物を特定できる情報はない。目録中には、中川の死後に刊行された書物が含まれている可能性がある。

蔵書のうち約四割は漢籍である。漢籍の傾向としては、地方誌が多いことがあげられ、『江南通志』『貴州通志』『四川通志』『陝西通志』『浙江通志』『河南通志』『雲南通志』『漳州府志』『湖州府志』『蘇州府志』などがこれにあたる。

和書は、漢学・神道・仏教・政治・法制・有職故実・年中行事・教訓・考証・通史・雑史・戦記・外国史・地誌・紀行・日記・物語・随筆・漢詩・和歌・歌学・俳諧・農業・養蚕・経済・治水等多岐にわたる(22)。このうち数量的に多い分野は地誌であり、その概要は表1にまとめた通りである。地域的には東北から九州にいたるまで幅広く収集しようとしていたことがわかる。とくに集中している地域は、江戸と伊豆である。伊豆については、秋山との関係によると思われる。なお、中川家所蔵の地誌類には『編修地誌備用典籍解題』に所収されているものも含まれていることから、中川が収集した地誌を昌平黌に収めていたと考えられる。

中川の勘定奉行就任時の政策との関わりで言えば、『農政全書』『荒政叢書』『荒政輯書』『農業全書』『勧農固本録』『農家益』といった農業に関する和漢籍や『水利全書』『堤堰秘書』といった治水関係の書物を所蔵していたことが指摘できる。これらの書籍が彼の政策や政治思想に与えた影響の解明は今後の課題であろうが、こうした書物を集めていたことは注目すべき点である。

蔵書目録には記されていないが、中川忠英旧蔵書として国立公文書館に伝来しているものに「柳営録」がある。寛永期から文政期まで二〇二冊を数える。このうち寛永八年（一六三一）から慶安四年（一六五一）までの分は、右筆所日記の抄写本であることが確認されている(23)。寛政三年（一七九一）から同九年にかけて、中川は、『柳営略譜』等の編纂に関与していたため、紅葉山文庫に保管されていた右筆所日記を借り出していた(24)。おそらくこの過程で書写したものの一部が蔵書目録中の「柳営記」であり、「久松日記」や「御部屋日記校合」「秘本深溝日記」等もこの時期に写本を作成した可能性がある。

中川が膨大かつ多様な書物を有していたことは、彼の関心が多方面にあったというだけではなく、勘定奉行という

表１　中川家蔵書目録における地誌

東北	封内風土記・白川紀行・平泉旧跡志・陸奥国関物語・奥州道之記・奥州巡見記・白川古伝記・信達勝跡一斑・会津風土記・会津雑事考・奥羽観跡聞考志・津軽一統志・米沢事跡考
北陸	越前国城跡記同中村名寄諸領主記・越藩拾遺録・北越志・越中旧事記・越後名勝志・越後名寄・佐渡風土記・佐渡志略・北国巡秋記
関東・甲信	相模塔沢温湯伊豆国賀茂郡葛見庄熱海郷案内記・鎌倉志・四神地名録・武蔵志料・武蔵国府中故事書抜・土気城主伝記・常州筑波郡朝望東成寺由来記布留屋草紙・常陸国志・筑波山名跡志・上野国志・日光名跡志・武蔵野地名考・下野風土記・那須拾遺記・伊水温故・常北異聞・上総国郡沿革考・信濃地名考・吉蘓志略・千曲真砂・信濃国志・厩橋風土記・木曽名所図絵・甲斐国志・甲斐名勝志・甲陽随筆・身延かゝみ・甲州巡見通行記・裡見寒話
江戸	江戸名所記・江戸噺・新選江戸砂子・続江戸砂子・再校江戸砂子・江戸雀・江戸鹿子・紫の一本・新編江戸志
東海	尾張風土記・参河国二葉松・参河古今城畳地理志・遠江風土記・駿河国志・豆州志稿・伊豆勝覧・伊豆順行記・伊豆海島志・伊豆海島風土記・豆州地誌・伊豆七島志・伊豆巡島日記・伊豆鑑・伊豆志・美濃明細記・濃州小島紀行・濃州名所廻記・一條禅閣美濃道記・美濃守護記・濃州城主志略・飛州志・尾陽案内旅雀・伊賀国名所記・伊勢参宮名所図会・伊勢参詣記・勢陽雑記・勢陽雑記拾遺・宮川夜話草・伊勢風土記・伊勢名所拾遺・大神宮参詣記・神風小名考・志摩記・熊野遊記・南紀名勝略志
近畿	雍州府志・山城志・京の水・京中名所・洛陽勝覧・都名所図会・都名所図会拾遺・都林泉名所図会・洛陽名所集・大和志・大和名所記・大和名所図会・河内志・河内名所図会・和泉志・和泉名所図絵・摂津志・浪速上古図并図説・摂津名所図絵・近江輿地志略・談海録・談海地志・摂陽群談・蘆分船・兵庫名所記・名草探状・但馬考・播州室津追考記・播州室津増補追考記・播磨国古城記・播州名所巡覧図会・播磨国古跡便覧・淡路常盤草
中国	因幡民談・因幡古蹟集・出雲国風土記・懐橘談・隠州視聴合記・隠岐名勝志・山陽美作記・寸簸之塵・備陽国志・古戦場備中府志・厳島道芝記・厳島八景
四国	土佐国府旧跡考・土佐幽考・土佐二州雑記
九州	筑前続風土記・筑後国志・島原産物帖・甕藩名勝考・肥後州名勝略記・筑紫紀行
その他（広域）	日本総風土記・日本風土記・風土記残冊・風土記残篇・日本国総郡名義・風土記・日本水土考・人国記・西遊雑記・東遊雑記・一目玉鉾・中国船路記・山海名産図会・東海道名所図会・諸国案内旅雀・本朝寄跡談・西国筋道中記・地名記

典拠：「捜錦閣中川蔵書目録」（国立公文書館所蔵）
伊豆地域の地誌は東海地域に含めた。

職務が多様な情報を必要としたとも考えられる。全般的な傾向としては、和漢を問わず、史書・伝記・地誌が占める割合が高く、その要因には、『寛政重修諸家譜』や『柳営略譜』といった書物編纂に関わっていたことや、勘定奉行として職務の必要性があったと言える。

二　内容構成からみた民撰地誌の特質

ここでは、中川忠英が目付・勘定奉行在職中に交流した在村知識人の地誌をもとに、彼らの地域認識の特質を考える。具体的には、秋山富南『豆州志稿』と内山真龍『遠江国風土記伝』を取り上げる。分析においては国立公文書館所蔵本を使用した。最初に両書の内容構成から彼らが地域をどのようにみていたのかを述べてみたい。

1　秋山富南『豆州志稿』の内容構成

『豆州志稿』は伊豆一国の地誌で、本編は一三巻一三冊からなり、外題は「伊豆志」、内題は「豆州志稿」である。巻一四・一五の二巻二冊は、伊豆諸島の地誌であり、外題・内題はともに「伊豆海島志」である。文体は漢字・片仮名文である。

編者は秋山富南であるが、校訂者に武田善政・広瀬泰典・秦中仲（秦檍丸・村上島之丞）・土岐柏の名前がある。武田善政は甲斐国の出身で韮山代官江川氏の塾で学んだ時に秋山と知り合い、同家の養継嗣となり、後に『甲斐国志』の編纂に関わった。広瀬泰典は秋山・武田の弟子である。秦中仲は健歩であったことから定信に見出された人物で、絵図の作成に秀でていたことから蝦夷地探索にも従事した。[25]土岐柏については不明である。

本書は寛政一二年（一八〇〇）に完成し、幕府に献上されたが、近世期には出版には至らなかった。その後、明治二一年（一八八八）に伊豆長岡の国学者萩原正平が増補・校訂のうえ、出版を計画したが実現に至らず、彼の継嗣正平がさらに増補・改訂を続け、明治二八年から明治三一年にかけて刊行した。

各巻の内容構成は表2に示した通りである。巻一を総論とし、巻二以下は村里・山嶽・原野といった項目に分けられ、各項目は郡ごと村ごとにまとめられており、巻一四・一五は伊豆諸島について記す。

巻一は古代以来の伊豆国の歴史を概観した内容になっており、「建置沿革」「国司」「祥異」「租調庸」「形勝」「疆域」「略程」「郡郷」の項目からなる。

「建置沿革」では古代から天正期までの通史、「国司」では、古代から永享期に至るまでの支配の変遷を述べている。このことから、秋山は一六世紀頃までを歴史と認識していたと言える。

注目すべき点として、「租調庸」の項目において、古代の伊豆国が金・銀・皮革等の多様な産物を納めていたことを述べていることがある。ここでは、税負担の多寡ではなく、地域に豊富な資源があるという文脈で語られている。つまり、古代から伊豆国が資源に恵まれた地域であるという地力を強調しているのである。

「祥異」では、古代・中世期の、地震・噴火・疫病・飢饉等の災害が、年代順に記されている。この部分では、被害状況を羅列するだけではなく、領主の対応も記されている。たとえば、建仁三年（一二〇三）一一月条に、『吾妻鏡』を引用して「抑伊豆国百姓、被減当年乃貢員数、為将軍御代始可被貟《ママ》休民戸善政也」とあり、(26)源実朝が百姓の人口減少を慮って貢租を減じたのは、代替わりの善政であると述べている。この背景には、領主による百姓の救済を当然のことと考える意識があり、これを実朝の善政に仮託したのである。

「形勝」「疆域」「略程」「郡郷」は、伊豆国の地理的概況をまとめた内容である。

巻一では、「建置沿革」「国司」「祥異」「租調庸」の記述が『日本書紀』『続日本紀』『延喜式』『和名類聚抄』『吾妻鏡』等の書物に依拠して書かれているのに対し、これ以降は現地調査に基づいて記されている。地域の概要を歴史的変遷と現況の自然景観からまとめているのである。

表2　『豆州志稿』の内容構成

巻数	内　容
巻1	建置沿革　国司　祥異　租調庸　形勝　疆域　略程　郡郷
巻2・3	村里
巻4	山嶽
巻5	原野　林叢　公林　洞窟　石巌　嶼嶕
巻6	川渓　橋梁　済渡　池塘　井水　温泉瀑布　海　礐港
巻7	土産
巻8・9	神祠
巻10・11	仏刹
巻12	墳墓　荒墓　古蹟　事蹟
巻13	流寓　人物　烈女　僧英
巻14・15	伊豆海島記

典拠：『豆州志稿』（国立公文書館蔵）

巻二・三では、郡ごとに村の概要が記されているが、その内容は、最寄の宿駅からの距離、村名の由来、年貢の納入高である。巻四・五・六では伊豆の自然環境に関する項目が続く。個々の情報は簡易ではあるが、山・川・滝・温泉・池等を網羅的に書き上げている点に特徴があり、自然環境に関わる地域情報を広く収集しようとする姿勢が窺われる。これは、秋山が定信や中川との交流を通じて、伊豆国が海防の要所であることを意識した結果でもあろう。

巻八・九の「神祠」では、国中の神社について由緒・祭神・末社を書きあげた内容になっている。記述には精粗があるが、由緒・祭神・末社という三点を基本に、記述に統一性を持たせている。地誌において、情報の精度という点で記述の統一性は重要であるが、在村知識人の地誌ではこの点を欠くものが多い。しかし、秋山は統一的な調査の必要性を代官に述べており、地域情報の均一性にこだわっていた。

巻一二・一三のうち「墳墓」「人物」では、源頼家・源範頼といった頼朝の一族や、北条氏等の鎌倉幕府の御家人が取り上げられている。本書は全体として、頼朝に由来する記述が多いが、これは、伊豆に配流された頼朝が征夷大将軍に任じられ鎌倉幕府を開いたという大きな歴史に自らの地域の歴史を重ね、そこにアイデンティティを見出すという在村知識人の地域認識がある。

2　内山真龍『遠江国風土記伝』の内容構成

次に、『遠江国風土記伝』の内容構成をみていこう。『遠江国風土記伝』は一三巻一一冊からなり、外題・内題ともに「遠江国風土記伝」である。寛政一一年（一七九九）に完成し、文化四年（一八〇七）に中川を通じて昌平黌へ収められた。文体は漢文である。近世期には写本で広がり出版には至っていない。その後、岡野譲が校訂を行ない、明治三三年（一九〇〇）に刊行された(27)。

各巻の構成は表3に示した通りである。本書は郡ごとに構成されており、遠江国一三郡が一三巻にまとめられている。冒頭に遠江国の総論があり、東西南北の長さ、国名の由来、式内社の数、村数、石高が簡略に記されている。その後に各郡の記述が続く。各郡の内容は郡ごとに若干の違いがあるものの、まず、郡の総説と絵図があり、「郷村」「寺社」「山木」「通道」を基本にまとめられている。

【史料3(28)】

豊田郡倭名鈔止與太国府　池田庄本字荘
村弐百五拾参外無高村参　古宿壱
西限長上郡堺池田庄園、在庄塚　東限磐田郡堺中泉堺町、南限懸塚湊、北限信濃国堺青崩山、
高五万四百六拾弐石四升弐合六勺参才、依元禄高帳

表3　『遠江国風土記伝』の内容構成

巻数	内　容
巻1	浜名郡（総説・郷村【神戸郷・浜名十郷・尾奈郷・大知波郷・岡崎郷・吉美郷・中之郷・橋本郷・浜名郡】・寺社・山水・通道）
巻2	敷智郡（総説・郷村・寺社・山水・旧跡・通道）
巻3	引佐郡（総説・郷村【都田郷・刑部郷・井伊郷・伊福郷】・寺社・山水・通道・興良親王伝・尹良親王伝・良王君伝・李花集中の抜書）
巻4	麁玉郡（総説・郷村・寺社・山水・通道）
巻5	長上郡（総説・郷村【蒲廿四郷・美園庄・有玉郷・川輪庄】・寺社・山水・通道
巻6	磐田郡（総説・郷村・寺社・山水・通道）
巻7	豊田郡（総説・郷村【南部の宿村・賀茂郷・飯宝郷・野部郷・二俣郷・国領・赤狭郷・阿多古・奥山郷五村・山香庄西手・西手・気多郷中・三倉郷】・寺社・山水・古跡・通道）
巻8	山香郡（総説・郷村【熊切郷・井輿利郷・領家郷・気田郷・奥山郷】・寺社・山水・通道・天野氏代々証文）
巻9	南周智郡（総説・郷村【久野郷・山梨郷・宇苅郷・飯田郷・天方郷・三倉郷・大田郷・天宮郷・圓田郷・川相分・衾之谷】・寺社・山水・古跡・通道）
巻10	山名郡（総説・郷村【北川原村・浅羽庄・御厨十七村・於保郷】・寺社・山・川・橋・古跡・陵墓・通道）
巻11	佐野郷（総説・郷村【曽我庄・幡羅郷・古川之谷・垂木郷・大池郷・西郷・山口郷・潮河庄・宿駅】・寺社・山・川・古跡・幡羅古証文）
巻12	城飼郡（総説・郷村【内田郷・狭東郷・土形郷・新居郷・中村郷・荒木郷・赤土郷・河上郷・高橋郷・河東郷・新野郷・朝夷郷・比木郷】・寺社・山・川・古跡・通道）
巻13	秦原郡（総説・郷村【駅家郷・古駅郷・古宿郷・秦原郷・船木郷湯日之谷・神戸郷中片岡郷・神戸郷中坂口谷・細江郷・勝間田郷・大江郷・相良郷・城飼郡内・志戸呂郷・山香郡内東手河根郷・千頭郷】・寺社・山・川・古跡・通道）

典拠：『遠江国風土記伝』（国立公文書館蔵）、『遠江国風土記伝』（歴史図書社、1969年）

所以号豊田者、割磐田郡改豊国郷、以置豊田郡、改名之年月書記脱漏、
按延喜式民部式頭書、延喜四年十二月十日改下総国岡田郡為豊田郡、准之、国郡郷村改名字者、続日本紀曰和銅六年諸国郡郷名著好字、出雲風土記曰、改郷名字者被神亀三年民部省口宣改之、

史料3は豊田郡の冒頭部分で、豊田郡の郡名の由来が書かれている。ここでは、まず『和名類聚抄』をもとに豊田郡の読み方を示し、郡の範囲、村数、総石高が記されている。郡名の由来については、磐田郡の一部を豊田郷と号し、さらに豊田郡と改名したが、その時期は不明という。内山は豊田郡という名称について、『延喜式』をもとに、延喜四年(九〇四)に下総国岡田郷を豊田郡と改めたことに準じたためと考え、さらに『続日本紀』に国郡郷名に「好字」を用いること、『出雲国風土記』に郷名を改めるときは神亀三年(七二六)の民部省口宣による旨が記されていることを根拠として列記している。

これを見る限り、内山は文献では郡名の由来を確定できなかったため、関連する史料として郷名の基準を記した記述を列挙することで、実証に替えたと考えられる。事実を確定しえない場合に関連史料を列挙するという手法は、『新編武蔵風土記稿』にも見られる。

また、郡の基本情報となる総石高を元禄郷帳に依拠していることも注目できる。これについて、内山は凡例に「田地高者依元禄之高牒」と記している。(29) さらに「国郡図者依正保之図牒」とあり、(30) 元禄郷帳と正保の国絵図を統一的な基準と見做していたことが窺える。しかし、元禄郷帳や正保の国絵図は寛政期の正確な地域情報を伝えているとは言いがたく、『豆州志稿』が現地調査に基づく正確な地域情報の把握や絵図の作成を目指していたのとは対照的であり、この二つの地誌を中川が支援していたことの意義は考えるべき課題である。

各郡の構成は、先に述べたように、「郷村」「寺社」「山水」「通道」を基本にしている。

「郷村」では、郡内に郷が存在する場合は郷を優先し、文献をもとに郷名の由来を説明したのちに、村の説明を行なっている。村の記述は村高・寺社からなり、寺院については宗派・本末関係・朱印高を記しており、神社については朱印高が記されているのみで記述も簡略化されている。その詳細については「寺社」の項目で扱われている。「寺社」の項目では、「郷村」の項目で取り上げなかった寺社や、編纂時にはすでに存在していないものも含め、郡内の寺社を網羅的に把握しようとしており、縁起や由緒も記されている。一部の神社については祭神・神宝も書き上げられているが、境内社・末社については情報に欠けるところもある。

「山水」の項目では、郡ごとに山・川・海・滝・塚等といった自然景観をまとめている。たとえば、浜名郡内の「源太山」の部分では、「関正南三町角避比古神社坐湊大明神、昔右大将頼朝上京之時、梶原源太戌番於此山故、云源太山」とあり、建久元年（一一九〇）に源頼朝が京へ向かった際、梶原景季が山内の大松に登って物見を行なったことから、源太山と名付けられたと記されている(31)。源太山は、湊大明神の由緒と相俟ってよく知られた頼朝伝承地の一つである。こうした記述に代表されるように、「山水」の項目では、山・川・海・滝・塚等に纏わる由緒を中心に記述されている。この点は『豆州志稿』と異なる点で、『豆州志稿』の「原野」「林叢」「洞窟」「石巌」「川渓」「池塘」「井水」「温泉瀑布」「海」といった項目では、歴史的な経緯よりも、自然環境の現状を中心にまとめられている。なお、「通道」では、近隣の宿場や海までの距離が書かれており、『豆州志稿』にも共通する項目である。

また、『遠江国風土記伝』の特色として、地域の文書をまとめて収録していることがあげられる。これについては後述するが、巻八山香郡の末尾に「天野氏代々証文」、巻一一佐野郡の末尾に「幡鎌古証文」という項目が置かれ、古文書がまとめて掲載されている。

3　内容構成からみた地域認識の差異

両書を比較すると、その内容構成は、『豆州志稿』が内容項目別、『遠江国風土記伝』が郡村別であるが、郡村・寺社を中心に、山林・海・川などの自然景観を主たる項目としている点は共通している。両者の大きな差異は地域の捉え方にある。

秋山は歴史的変遷よりも編纂時の現況を重視している。その点で『豆州志稿』は一八世紀末の地域社会の実態を明らかにしたと言える。それは、後述するように、地域の地力を示す「土産」の記述の充実にも見られる。これに対して内山は、多様な文献や地域史料を利用して地域の歴史的変遷を描くことを重視し、必ずしも現況を明らかにすることに重きをおいていない。地名の由来の検討やすでに存在しない寺社の掘り起し等にその傾向が見られる。

つまり、秋山は当該期の地域社会の実態を、内山は地域社会の歴史的変遷を重視して、広く情報を収集し集約したのである。こうした内山の地域理解は、彼が国学者であり、地名研究を得意にしていたことによる。一方で江戸湾海防の重要な拠点となりうるという、伊豆の政治的位置を秋山が理解していたことが、彼を地域の実態を重視した地誌の編纂に向かわせたと言える。そして、中川自身は、地域の現状と歴史的変遷という両者の把握が地域政策に必要であると認識していたが故に、全く異なるタイプの地誌編纂を支援したのである。

三　在村地域人の地域認識の特質

次に、両書の記述から、在村知識人の地域認識の特質について、さらに考察を進めていきたい。具体的には、①文献と口承、②地域の豊かさの二点を取り上げ、次節で、当該期に編纂された藩撰地誌『白河風土記』との比較を試みたい。

1　文献と口承

一八世紀の半ば以降、民撰地誌は多くの文献を用いて記述されるようになったが、その要因には、地域における学問の興隆がある。儒学・国学の区別なく、文献を引用し根拠を示して歴史を記すようになったのは、清の考証学の導入により目録学・譜牒学（史料学）・考勘学が確立したためであり、(32) 江戸の知識人層を読者に想定した民撰地誌は、こうした学問スタイルを無視できなかったのである。

『豆州志稿』『遠江国風土記伝』はともに多くの書物を引用しているが、共通する書目は六国史と『延喜式』『和名類聚抄』といった書物で、これらは郡の総論部分の説明あるいは村名の由来の根拠として用いられている。また、両書とも、先行する地誌を重視しており、『豆州志稿』では、『伊豆鑑』『伊豆志』が、『遠江国風土記伝』では『遠江志』がそれにあたる。『遠江国風土記伝』は歴史書・紀行文・軍記物語を中心に一〇〇点余の書物を引用しているが、その一方で積極的に「古老の語り」を採用しているところが興味深い。

【史料4】(33)

犀峨《さいががけ》　在名残城、西十六町計、引馬野之陥溝也、（中略）

古老曰昔時なかめふり風はけしき時、佐伊といふ獣出、其処陥となり、故佐伊之かけといふ、

按元亀三年十二月、三方原御陣之時、甲斐軍兵陥没于茲、仍之陥溝漸埋而後七月中旬亡魂発哀音、于時郡中螟《いなご》傷稼、流言曰亡魂之祟也、宗圓師者住陥溝之上常念仏、村中就合唱、噺之宗圓佐阿自為拍子、去回向村中之亡魂近世挑燈籠指天蓋、揚旆表村号持笘棒為隊伍、鳴鉦鼓夜行於他邦動為怨悪、村老雖制之乗気則不止自然達旨

者、天明八年有官省之政、御代官大草正之而念仏夜行之輩国中精謐矣無螟

史料4は敷智郡名残追分新田村にある犀峨について記した部分である。この崖は古老の話では、かつて長雨がふり、風が強く吹いたときに「佐伊」という動物が出現し、その場所が陥没し崖になったため「佐伊峨」と称されるようになったという。その後、元亀三年（一五七二）の三方原の戦いで多くの武田軍の兵士がこの崖に埋まって亡くなったためか、翌年七月には螟が大量発生し作物にも影響を及ぼした。村ではこれを武田軍の祟りと思い、念仏を唱えて供養していたが、天明八年（一七八八）に代官大草正之によって「念仏夜行」が禁じられた。その後は螟の被害もなくなったという。そもそも、佐伊峨は自然災害によってできた崖だったわけだが、村ではその崖を「犀峨」と称しており、「佐伊」を「犀」としたところに「境界」という意味も持たせていたと思われる。その後、三方原の戦いの伝説がこれに接合し、佐伊峨は百姓に災いする禁忌となり、「念仏夜行」といった年中行事を執行することで災いから村を守っていたと述べられている。

三方原の戦いは徳川家康一代の悪戦と言われるものの、敷智地域が武田・徳川の合戦という大きな歴史に関わったことは、この地域の歴史認識になり、呪術的な世界観とともにあった。後に天明期に代官大草正之が「念仏夜行」を禁じたのは、おそらく飢饉下の風俗統制の一環であったと思われるが、それは民衆の呪術的な世界観の否定でもあった。

史料4は「禁忌」を「古老の言い伝え」として扱った事例の一つであり、地域の歴史が口承と「念仏夜行」という年中行事を通じて形成・共有化されたことを示している。『遠江国風土記伝』において「古老の言い伝え」として記された事例は、おそらく書物では証明しえない事柄であったために、あえて「古老の言い伝え」としたとも考えられる。そして、これこそが村の歴史の本質だったのである。ここに一九世紀の初頭の学問状況に影響を受けつつも、そ

れに対応しきれない在村知識人の地域認識の矛盾がある。

また、『遠江国風土記伝』の特徴として、地域に伝わる古文書を紹介していることがあげられる。巻八の山香郡の末尾に「天野氏代々証文」という項目がある。天野氏は伊豆国を本貫としていたが、承久の乱後、新補地頭として遠江国山香荘へ入り、南北朝をへて戦国期には犬居を支配の拠点とした(34)。同氏は、明徳三年（一三九二）に浜笠間、翌年に上長尾を返されたことから、今川氏と関係を持ち、今川氏からは「総領地頭」と呼ばれて犬居地帯と遠江北部の所領を知行した。後に徳川氏に仕えるも武田氏に属し、天正一〇年（一五八二）には、北条氏照に従った(35)。

同家文書の年代は概ね元弘元年（一三三一）から天正一〇年までで、足利氏・今川氏・武田氏・細川氏・徳川氏等から発給された文書がほぼ年代順に掲載されている。このうち足利尊氏・徳川家康が発給した文書については、現文書の形態を尊重し、文書の書式や花押が原文書通りに写しとられている。この二点のみにこうしたスタイルが適用されているのは、徳川氏・足利氏を武家の棟梁として他の戦国大名等とは異なる認識でみていたからであろう。書式や字体を原本通りに写す行為は、当該期の知識人にはよくみられることで、考証主義的な手法を重視する現れである。地域の文書を積極的に採用し、それを地誌に掲載するという行為は、在村知識人が地域の古文書を書物と同様に史料として認識していたことの証左である。

地域社会において古文書とは、そもそも公開の対象ではなく、秘匿されることでその意味や価値を保持していたが、このように呪術的な空間から学問的な空間に置かれることで、地域の歴史が客観性を帯びたものになっていった。そして、こうした地域の古文書が官撰地誌や藩撰地誌に採用されたことは、権力もまた地域の歴史を無視できない状況にあったことを示しているのである。

2　地域の豊かさ

民撰地誌の特質の一つに、地域の産物や特色ある産業等を積極的に取り上げている点がある。『豆州志稿』では巻七を「土産」とし、約一五〇種余の産物が紹介されている。秋山は産物の選択について『延喜式』を基準としたうえで、その後の変化を踏まえたと述べているが、(36)記述内容を見る限り、編纂当時の地域の農業・漁業等の状況を反映しており、産物には三島菅笠・三島木綿・塩・八丈絹といった伊豆を代表する物品をはじめ、植物・魚類等多岐に及ぶ。他地域にはない地域固有の動植物も数多く掲載されており、箱根周辺にしか繁殖しない石長生《かつぺらそう》や、小笠原諸島に生息する鳥である信天翁《あほうどり》は、その一例である。

【史料5】(37)

紫胡　田方郡山村掘リ出ス、此鎌倉柴胡ト称スル物ニシテ性良也、所謂竹葉柴胡是也、京師ノ薬舗ニ三島柴胡ト称ス、コレ駿州・相州ニ出ルモ皆元三島ニ由テ転送スル故也、

史料5は田方郡に繁茂する「柴胡」に関する記述である。柴胡は江戸中期ごろから本格的に薬用に用いられるようになった植物で、『傷寒論』や『金匱要略』といった医学書にも柴胡を使った薬が紹介されている。別名「鎌倉柴胡」とあるように、もともとは鎌倉で採取されていたようだが、その後、相州・駿州で採取された柴胡はすべて、三島に集められて「三島柴胡」と称して京都の薬舗でも扱われていたという。つまり、三島柴胡がブランド化したことで、それに乗じて駿河や相模周辺で採取されたものも三島柴胡として流通していたようである。

『豆州志稿』では、田方郡を、漁業と炭焼きを中心とする村と記しており、一見すると生業に乏しい地域のようにも読める。しかし、史料5からは、同郡には柴胡のような商品作物があり、都市部に流通させることでブランド化し、地域に豊かさをもたらしたことが看取できる。ここで注目されるのは、「田方郡山村掘リ出ス」とあるように、秋

山が、自らが居住する田方郡地域を柴胡の産出地として強調している点である。

また、『豆州志稿』は伊豆諸島についても詳細に記述している。伊豆諸島には多くの流人を受け入れてきた歴史があるが、流人については、巻一三の「流寓」の項目で、古代以来、伊豆諸島に配流された人々を、『日本書紀』『続日本紀』『日本後紀』『帝王編年記』『扶桑略記』『百練抄』等の書物をもとに年代順に書き上げ、流人の島としての歴史を綴っている。「流寓」の項目に掲載された人々の多くは貴族や武士・僧侶であり、歴史書等に登場する著名な人物という点で、負のイメージではない歴史像が打ちだされている。

しかし、その一方で流人や島外から島内に入るものを否定的に記している部分もある。その一例として、「無頼ノ悪少年多シ、島人ソノ風ニ至ルコト悲シムベシ」といった記述があり[38]、流人には「無頼ノ悪少年」が多く、近年、島の人々がそうした人々に関わることで島の風俗が悪くなることを憂いている。つまり、歴史書等に記されている著名な流人は村の歴史の一部として正のイメージで捉えられているが、一方で近世後期以降、増加した博奕などを理由に配流された者は、村に害をなすと見做されているのである。

また、疱瘡の罹患についても興味深い記述がある。そこには「凡島近世迄疱瘡甚ダ希也、八丈ノ三島及三倉ニハ絶テ無シ、(中略)痘ハ一種ノ疫気ニテソノ気流行スレハ輙発ス、雖島人東都ナドエ往来スル者ハ乃チコノ患ニ罹ル」[39]とあり、伊豆諸島の村々では疱瘡の罹患者は稀であり、こうした疫病は江戸などの島の外からもたらされると述べている。つまり、悪しき風俗や疫病という負の要素は島には存在せず、島はそもそも平穏な場所であることを主張しているのである。地域のイメージとしてはマイナスになる事柄をあえて書き、それを外部からもたらされるものとして逆に島のプラス面の説明に用いている点に、秋山の地域認識の特質をみることができる。

四　一九世紀初頭の権力の地域認識―『白河風土記』の記述から―

ここまで、中川が支援した在村文化人たちの地誌をもとに、その地域認識の特質について考えてきたが、こうした彼らの地域認識は当該期の権力によって編纂された地誌とどのような関係にあるのだろうか。この点について、筆者は『新編武蔵風土記稿』の「人物」の項目や村の概要の記述に注目して、同書が村社会に伝来した徳川氏の由緒を発見し、それを積極的に採用することで、地域の歴史なかに徳川氏の歴史を位置付けたことを指摘した(40)。

ここでは、一九世紀初頭における権力の地域認識をうかがえる史料として『白河風土記』をあげておきたい。『白河風土記』は松平定信が編纂を指示した白河藩の地誌である。定信と中川の関係から鑑みれば、『白河風土記』の記述の特色を探ることで、中川が在村知識人の地誌編纂を支援した理由を見出せる可能性があろう。そこで、本節では、『白河風土記』を事例に、一九世紀初頭の権力の地域認識の特質を考えてみたい。

『白河風土記』は幕命によって編纂された地誌で、寛政年間に着手され文化二年(一八〇五)に完成した。編者には白河藩藩校立教館教授広瀬典(蒙斎)のほかに、駒井乗邨(鶯宿)・成田行明(竹軒、立教館学頭)がいる。寛政二年(一七九〇)に、藩から領内に触書を出され、村の沿革、境界、城下よりの距離など一五の調査項目が提示された。本書はこれらの調査をもとに編纂された(41)。

構成は一四巻からなり、巻一・二が郭内・郭外、巻三~八・一一・一三が白川郡、巻九・一〇・一二が岩瀬郡、巻一四が石川郡の村々を対象にしている。各村の記述は、「沿革」「境界」「道」「高札場」「駅」「寺院」「寺社」「溜池」「堰」「山川」「名勝」「古跡」「人物」といった項目から構成されており、『新編武蔵風土記稿』との類似性も見られる。

また、『白河風土記』の内容は寛政末期から文化三年にかけての関東郡代附勘定組頭の廻村調査・活動との共通性も看取できる。彼らの調査・活動には、霊宝調査・困窮人の救済があったことが指摘されているが、(42)『白河風土記』では、これらに関する記述が充実している。

領内の寺院については、境内地の広さ、村内の位置、本末関係、開闢、本尊、堂舎の大きさが記されており、とくに寺宝に関する記述が詳細である。『豆州志稿』『遠江国風土記伝』も寺社の記述は詳しいが、両書と『白河風土記』との相違点は、什物や寺宝・神宝がより網羅的かつ詳細に書き上げられている点で、たとえば鉾や太刀であれば、その寸法・銘・寄進者までも記されている。

困窮者の救済という点は、『白河風土記』では「人物」の項目に反映されている。「人物」の項目は、『豆州志稿』『遠江国風土記伝』にも存在するが、大きく異なる点は、両書が歴史上の著名な人物を取り上げているのに対し、『白河風土記』では領内の百姓・町人を中心にしており、その数も非常に多い。では、どのような町人・百姓が取り上げられているのだろうか。掲載された者たちの傾向は大きくわけて、第一に中世以来の由緒を持つ百姓、第二に忠孝に励んだ者、第三に村や地域に対する著しい貢献があった者である。とくに地域に著しく貢献した者については、藩から褒賞された年月日も記されている。以下にその一例をあげておく。

【史料6(43)】

治右衛門　治右衛門商売律儀ニ勉メ、日ヲ追テ家業繁昌シ、貸シ金ナストスルニモ人ノ家業ノタメニナル様ニ取計ヒ、大勢ノ家僕ヲ使フニモ平生教訓シ、不心得ノ事無様ニ示シケルニ、此家ノ者ハ何方ニテ見懸テモ丁寧者ト見ヘケル、扨其家僕ヘノ宛行衣服其外日用ノ費用ハ、給金ノ外ニテ与ヘ、其給金手元ニ預リ置、数年召仕シ後、給金ヘ利分ヲ加ヘテ渡シ遣シ、多クハ家持等ニ取立ナントシ、万ノ取計ヒ人ノ感服スル事多ク、（後略）

【史料7】(44)

平八　平八世業ヲ大切ニ守リ、町内へ貸ス金子モ、割合能ク人ノ一助ト成ヘキ志ニテ、取斗モ己ガ利ヲ主トセス、又町ノ子供ノ読書手習ヲ指南シ、礼物ノ厚薄有無ヲ論セス、行儀気風ノコト親切ニ教誨シ、召仕ノ奴僕立入、貧窮者ヘハ厚ク施与シ、人其恩徳ニ服スニ依リ、其善行ヲ賞シ町人上座ト定ム、時ニ寛政二年四月十五日、

史料6・史料7は、中町の町人治右衛門・平八の事績を記した部分である。治右衛門は金融業を生業とし、多くの家僕を使用していたが、家僕を日ごろから教諭し、不心得がないように努めていた。さらに家僕の給金を管理して後に利分を加えて渡し、家僕を家持に取り立てて生計が立つようにしていたという。ここで、注目すべきは治右衛門が「人ノ家業ノタメニナル」ように取り計らっていたことである。これは平八にも共通しており、彼も町人たちへ金を貸すとき「人ノ一助」となるように取り計らっていた。

ここでは家業で得た金子を人に貸す際、それが利益を得るためではなく、困窮者等の一助になること、すなわち商売で得た利益を社会に還元すべきであることが求められている。また、この二人に共通することとして、積極的に教諭を行なっていたことがある。つまり、町人・百姓の相互扶助を奨励し、上層民による教諭が期待されていたのである。そして、これは、寛政改革期以降の幕府の農村・都市政策にも合致していた。『白河風土記』からは、教諭を通じて相互扶助が行きわたった社会という権力の理想とする地域像が看取できる。

また、『白河風土記』には、『豆州志稿』『遠江国風土記伝』との共通点を見出すことができる。それは、第一に、地域の特産物等を通じて豊かさと地力を強調している点であり、第二に、地域の古文書を積極的に収録している点である。地域の歴史を語るうえで、地域の古文書こそがそれに適した史料であり、地域の情報源だったのである。つまり、『白河風土記』『豆州志稿』『遠江国風土記伝』は個々に見るとタイプの異なる地誌であるが、そこに現われる地域

認識は、極めて一九世紀初頭の社会状況の反映であり、共通性もみられる。その意味で地誌から看取できる地域認識とは、当該地域における社会的諸関係の反映なのである。

おわりに

以上、雑駁ではあるが、一八世紀末から一九世紀初頭の地域認識の特質を、勘定奉行中川忠英が支援した在村知識人が編纂した地誌を中心に述べてきた。

第一節では、中川の知識形成の一端を人間関係と蔵書から検討した。中川は定信に見出され目付に就任したことを契機に、幕府役人との交流を広げた。在村知識人との関係は概ね寛政五年(一七九三)頃からで、勘定奉行に就任したことでさらに広がったと言える。中川は蔵書家としても知られるが、同家の蔵書は「捜錦閣中川蔵書目録」によれば、一七八〇点にのぼった。同家には多様な分野の書物が蓄積されていたが、漢籍・和書ともに、地誌・歴史書が多い傾向にある。蔵書目録に掲載されていないもので、注目すべき点に「柳営録」の写本があり、これらは『徳川実紀』の編纂にも使われた。蔵書の傾向が勘定奉行としての中川の動向とも相即することから、書物の大半は中川が同職であった時期に集積されたと推測される。

次に第二節で、中川が編纂を支援した秋山富南『豆州志稿』と内山真龍『遠江国風土記伝』を取り上げ、その構成と記述の特徴から彼らの地域認識について論じた。『豆州志稿』は漢字・片仮名文で内容項目別編成、『遠江国風土記伝』は漢文で郡村別構成をとっていた。両者の大きな違いとして、内山は文献を用いて地域社会の歴史的変遷を描くことに重きを置き、村高といった地域情報には元禄郷帳を用いていることから、編纂当時の地域の現状の把握に重点が置かれていない。それに対して秋山は、編纂当時の地域情報を多角的に収集し、数字に置き替えられる客観的な情報と、地域景観の詳細、特産物を中心とした地域の地力を重視している。これは、伊豆国の海防上の重要性を意識したためと考えられる。こうしたタイプの違う地誌を支援した中川の動向から、中川にとって地域情報とは歴史と地理からなるもので、広く情報を収集し集約することを必要としたと言える。

第三節では、在村知識人の地域認識の特色として、①地域に伝来する史料を積極的に利用していること、②文献による実証だけではなく、古老の言い伝えも同様に事実の根拠として利用していること、③地域の豊かさを強調していることを指摘した。これらのことから、在村知識人たちは一九世紀初頭の学問状況の影響を大きく受けながらも、その手法では説明できない地域の固有の歴史意識を有していて、地域の固有性を表現する方法として、「古老の言い伝え」を利用しており、彼らの地域認識の矛盾も看取できる。さらに地域の豊かさについては、地域の資源が、近世中期以降の商品流通の進展において都市向け商品としてブランド化され、地域のアイデンティティ形成に影響していたことを明らかにした。また、地域社会には、当然ながらマイナスの側面もあり、こういった部分は地誌ではあまり取り上げられないのであるが、『豆州志稿』ではこの点をあげてプラス面に替える表現がなされており、そこに、彼らの地域認識をみることができる。

第四節では『白河風土記』を取り上げ、その内容が中川の寛政期から文化期にかけての地域政策と通じるものがあることを指摘した。

こうしてみると、一八世紀末から一九世紀初頭にかけて編纂された地誌は多様であり、一見するとそれぞれ編纂者の意向を強く反映した内容になっている。しかし、共通する点として地域の豊かさを論じていること、その根拠として地域史料が重視されていることがあげられる。地域史料を用いて地域の豊かさを表現するというのが、当該期の地誌に込められた地域認識である。地域の豊かさは産物にみられるような「物」だけではなく、歴史的変遷というのもそこに含まれる。こうした地域情報と地域認識を地域行政に用いるため、広く把握する必要性を感じていたのが中川だったのであろう。地域情報を無視できない状況に至ったことが、『新編武蔵風土記稿』の編纂を促した一因になっており、地域支配における伝統的枠組みの再編成を促したのである。

註

（1）一六世紀末から一九世紀半ばにかけての地誌編纂の変遷については、白井哲哉『日本近世地誌編纂史研究』（思文閣出版、二〇〇四年）を参照。
（2）拙著『近世日本の歴史意識と情報空間』（名著出版、二〇一〇年）一六九～一七六頁。
（3）吉岡孝「江戸周辺農村における地域秩序の変容と「生活」―関東奉行兼帯関東郡代の活動を事例として―」（村上直編『幕藩制社会の地域的展開』雄山閣出版、一九九六年）。
（4）平川新『世論政治としての江戸時代』（東京大学出版会、二〇二二年）四〇頁。
（5）杉本史子「地域の記録」（濱下武志他編『地域史とは何か』山川出版社、一九九七年）三九五頁。
（6）杉本史子『絵図の史学』（名古屋大学出版会、二〇二二年）五八頁。
（7）拙著註（2）一七二頁。
（8）本書所収井上論文参照。
（9）森山孝盛「蜑の焼藻の記」（『日本随筆大成』第二期第二二巻、吉川弘文館、一九七四年）二六二頁。
（10）（11）岡本茲奘「感徳録」巻二（天理大学附属天理図書館蔵）。

(12) 武陽隠士『世事見聞録』(岩波文庫、一九九四年)四三四頁。
(13) 「山下幸内上書」に対する幕閣の意見をまとめたものに「山下幸内上書評論付白川夜話」(国立公文書館蔵)がある。
(14) 拙著註(2)一七六～一七九頁。
(15)(16) 『増訂豆州志稿・伊豆七島志』(長倉書店、一九六七年)の戸羽山瀚の解説による。
(17) 拙著註(2)一七七頁。
(18) 内山真龍の人物像については、岩崎鐵志『天竜市史別冊　内山真龍—したたかな地方文人—』(天竜市、一九八二年)を参照。
(19) 東京大学史料編纂所編『大日本近世史料　編脩地誌備用典籍解題』三(東京大学出版会、一九七三年)三八三～三八六頁。
(20) 拙著註(2)一七九～一八四頁。
(21) 黒板勝美編『新訂増補国史大系　続徳川実紀』第二編(吉川弘文館、一九九一年第五刷)五六四頁。なお、幕府に献上された蔵書の一部が国立公文書館に中川忠英旧蔵書として伝来している。点数は二五点で「東武実録」「秘本深溝日記」「上野国志」等がある。
(22) 蔵書の分類は国文学研究資料館の国書データベースを基準とした。
(23)(24) 小宮木代良『江戸幕府の日記と儀礼史料』(吉川弘文館、二〇〇六年)三二～三四頁。
(25) 森銑三「秦檍丸」(『森銑三著作集』第五巻人物篇五、中央公論社、一九七一年)。
(26) 秋山富南『豆州志稿』巻一(国立公文書館蔵)。
(27) 『遠江国風土記伝』の編纂経緯については、岩崎註(18)書一五八～一六三頁。

(28)『遠江国風土記伝』巻七（国立公文書館蔵）。
(29)(30)(31)『遠江国風土記伝』巻一（国立公文書館蔵）。
(32)高橋章則「近世後期の歴史学と林述斎」（『日本思想史研究』二一、一九八九年）。
(33)『遠江国風土記伝』巻二（国立公文書館蔵）。
(34)久保田昌希『戦国大名今川氏と領国経営』（吉川弘文館、二〇〇五年）一四二～一四三頁。
(35)『浜松市史』通史編一（復刻版、臨川書店、一九八七年）五八八頁。
(36)『豆州志稿』巻一　凡例（国立公文書館蔵）。
(37)『豆州志稿』巻七（国立公文書館蔵）。
(38)(39)『豆州志稿』巻一四（国立公文書館蔵）。
(40)拙著註（2）一八八～二二四頁。
(41)『白河風土記』の編纂過程については、『白河市史』第一〇巻各論編二　文化・旧町村沿革・人物（白河市、一九九二年）四四六頁。国立国会図書館所蔵本は一四巻九冊、国立公文書館所蔵本は三三巻三六冊で越後国内の藩領を含む。
(42)吉岡註（3）論文。
(43)(44)『白河風土記』巻一（国立国会図書館蔵）。

寛政期の幕領支配と「奇特人」「差配人」
―勘定組頭小出大助支配所を中心に―

榎本　博

はじめに

惣代庄屋―組合村制の研究以来、中間支配機構の研究は、領主支配の問題に加え、地域を運営する主体の問題へと展開し、近年は支配を成り立たせる用達、郷宿などの多様な存在が明らかにされている。(2)寛政改革期、幕府は、惣代庄屋の「惣代」性を奪い、領主的に編成し直すことによって、純然たる中間支配機構「取締役」を創出し、その後の幕府による国家体制の整備と深く結びついていたことが指摘されている。(3)

(1)

関東においては、文政期に中間支配機構が再編されると見通されているものの、その前段階としての寛政期の中間支配機構については、幕領における取締役の研究に偏重している。(4)すなわち、寛政一〇年（一七九八）、取締役（幕領取締役）に支配代官所・最寄旗本領・寺社領に及んで展開しうる権限が付与され、勘定所を頂点とした関八州全域に及ぶ在方取締機構＝「取締役」制の設置が企図されたという。(5)ただ、この見解には批判もあり、取締役は、地域社会の「自治・自律」的活動を許容したものではなかったため、設置されても存続できず、関東では御料私領を問わない中間支配機構の成立は文政期まで成立しなかった、と指摘されている。(6)中間支配機構の再検討が要請されるいま、(7)幕領取締役のみならず、代官と村役人の間にさまざまな存在が介在して支配が実現していたことに留意する必要があろう。[8]

ところで、一八世紀後期以降、各地の村役人層は「あるべき村役人像」を自覚し、「地域リーダー」として地域運営に主体的に関わっていくようになる。[9] また、寛政期前後の地域社会の研究では、政治的中間層(取締役)が領主の御救を代行したことも指摘されている。[10] 一方、津田秀夫は、寛政改革の農民支配機構について「教諭政治を中核にし、表彰や褒賞を与えながら、統治し易い農民を作り出すことに努め」たと指摘する。[11] 辻本雅史は、思想史の立場から、寛政改革期の幕府は、仁政の実現にあたり、幕府は、民衆の社会意識や民心の動向に対応したと指摘する。[12]

かかる諸研究からは、当該期の幕政では仁政政策の実践にあたり、民衆の心、感情をいかに《共感》へと至らせようとしたのが論点の一つとして導かれる。本稿では幕政と地域社会・民衆の感情を媒介する存在として、村役人層を捉えてみたい。分析事例は、小出大助支配所の武蔵国・下総国を中心に、地域政策の特質、支配下の粕壁宿の差配役見川喜蔵の活動について検討する。小出支配所には、見川喜蔵をはじめ、寛政期に編纂の始まる『官刻孝義録』に「奇特者」として褒賞・収録される者が三人おり、彼らが政策の実践と民衆の感情とにいかに関わったのかを検証し、寛政期の関東の幕領における政治的中間層の歴史的な段階を考察したい。

一　小出大助支配所の地域政策

小出大助は、諱は照方《てるみち》といい、御留守居番与力、支配勘定、御普請改役を経て、安永七年(一七七八)四月六日に勘定となり、寛政二年(一七九〇)二月八日に勘定組頭に昇進する。[13] 寛政三年一二月から同一二年四月まで武蔵・下総・下野五万石を支配した。小出支配所は、判明する限りでは、「関東郡代」伊奈氏の旧支配所の武蔵国日光道中宿場町

（千住・草加・越ヶ谷・粕壁・杉戸・幸手・栗橋）、その助郷の一部（武蔵・下総国）[14]、古河宿の助郷の一部（下総国）、下野国の日光道中宿場町と助郷の一部に分布していたことがわかる。なお下野国については日光道中新田宿の役所（出張陣屋か）に管轄されていた。

勘定所系統の史料[15]によれば、代官・郡代支配地、大名預所、勘定所付支配所の次に小出大助支配所が書立てられており、寛政一〇年九月二五日の勘定所での評議に、勘定組頭岡松八右衛門・岸彦十郎とともに名を連ねている[16]。寛政三年一二月二八日、小出は下総国葛飾郡の村々に「小出大助支配所」と認めた傍示杭を設置するよう廻状し、「心得違ヲ以御代官所と相認候分は早々建直」すよう指示している[17]。小出が代官に就任した事実はなく、勘定組頭として幕領支配にあたったのである[18]。

なぜ、小出は勘定組頭にもかかわらず、幕領支配にあたったのか。政策課題や実際の政策について、寛政六年四月の小出大助の伺書「日光道中幸手宿文左衛門御褒美之儀申上候書付」[19]から考えてみたい。伺書は「格別実意に差はまり出精仕候者」である幸手宿文左衛門に褒美・苗字帯刀を許し、名主肝煎役に命じてよいか、勘定所に提出したものである。後述するように、文左衛門は、小出支配所で重用された人物の一人であり、彼の事績を手がかりに小出の政策を概観してみよう。

【史料1】

私支配所
　日光道中幸手宿
　　名主問屋
　　　宿々当分取締役

文左衛門

右之もの儀、平生格別ニ出精仕候ものに御座候処、日光奥州両道中宿助郷村々困窮立直し方并荒地起返等之儀取計候様、私江支配所兼帯被　仰付候ニ付、去々子春廻村之節右之趣村々江申渡候之処、前書文左衛門儀御趣意之趣難有承請、宿方永続之儀厚く世話仕、①同人頭取宿内は勿論外宿々迄も小前其外身元宜もの共江申勧、助成金取集利倍貸附之儀相願、是迄助成金等無之宿々一同新規助成金出来仕候、且④同宿之儀前々出水ニ而砂入荒地夥敷有之候得共、起返ニは右砂取除等格別人夫入用も多相懸り候儀ニ付、起返方行届兼候処、格別ニ差はまり宿内身元宜キものハ不及申、小前之者共と得と利解申勧め、去々子年反別拾六町歩余起返、同年より御年貢上納仕候ニ付、其段申上候処、子年御褒美御銀拾枚被下置候、右ニ付猶又格別相励、去丑年之儀も引続反別弐拾五町歩余荒地起返、是又同年より御年貢上納仕候、且又③野州乙女村入百姓繰出方之儀、粕壁宿差配役人喜蔵両人一同実意に世話仕、夫食其外御入用金之外自分金銭をも相渡、彼地江も時々罷越、厚く世話仕候故、銘々居り付永続可仕躰に罷成、且②道中筋並木植継之儀廻村之度々申渡候処、千住宿より栗橋宿迄之間、低場水辺之場所並木植立之儀、幸手宿助郷上高野村名主彦左衛門一同心付申立候ハ、低場水辺之場所は迚も松杉苗木成木不仕候ゆへ柳差木之方可然、左候ハヽ、無代ニ而三ケ年に差枝七千本村々江相渡可申旨申立、伺之上右両人江申付候之処、当寅年分千九百本余村々江相渡申候、且又⑥武州村々之儀は地味も相応ニ相見候ニ付、用水懸ケ引宜田方は麦作・菜種等仕付候儀も可相成躰に有之候処、前々より両毛作不仕馴由ニ而仕付不申候に付、是又去々子年廻村之節、右文左衛門江得と申含候処、厚く承請差はまり出精仕、小前之ものども江利害申聞、去々子年より同宿は勿論、隣郷吉野村江申勧、追々相増、都合反別壱町五畝歩余麦作仕付、其外隣郷御料神扇村百姓共江申勧、田反別七町歩程私領吉野村ニ而七反歩余芥子麦菜種等蒔付、両毛作試仕付為仕、追々相増候得は、格別村方勝手ニも相成候ニ付、猶又申勧作り増候様可仕旨申立候、其外⑤去丑年之出水ニ而私支配所武蔵・下総両国之内ニは水損皆無等之村方も余程有之、夫食種麦代等拝借願出候処、右文左衛門心付宿内身元相応成もの江申談、金弐百両取集置申立候は、水損村々夫食種麦無之、此節拝借相願候趣及承候、幸手宿之儀は駅場候故農業之外往還之助成も有之、商人共迄冥加之程常々難有奉存、去丑年之儀は権現堂川堤無難ニ而無恙収納も仕候間、為冥加前書之金弐百両差出、水難村々夫食種麦代として無利足に御貸附、返済之儀は私役所ニ而程能取極、村方難儀不及様取立有之候様仕度旨相願候ニ付、御届申上、右之金子を以急難村々夫食種麦等相渡候ニ付、拝借等之儀不申上、飢渇人も無之相凌、其外先年より権現堂川出水之節は文左衛門重立昼夜格別に出精、水防仕、穀屋共より明俵等夜中迄も為附送、度々之大水無恙防留候儀も毎度有之、右川筋御普請後危場所難有節は、近郷并宿内身元宜キもの江申勧、出金を以自普請仕候儀も有之、其余貧窮之もの江手当等仕候儀も間々有之、且道中筋人馬継立方助郷和融之取計方等精々取計、至而奇特成ものニ而無他事差はまり出精相勤候者ニ御座候間、猶又此段可申上奉存候処、右宿小前四拾弐人より連印書付を以申立候は、ミき文左衛門儀当年迄三拾七年名主役相勤、老年候間退役致度旨、五ケ年以前より申出候得共、是迄諸事厚く世話仕、宿方治り方も宜、取計方至而宜候間、惣百姓より達而相頼、相勤貫居候段、右ニ付文左衛門出精之趣箇条書ニ認、差出候趣荒増左ニ申上候、

（中略）

右之通格別実意ニ差はまり出精仕候者ニ而先達而御褒美御銀等被下候ニ付、弥難有屈服仕、引続荒地も起返御年貢も上納仕出精相勤、尤前書之通多年無他事相励、小前迄も帰服仕罷在、御料私領之無差別自分金銭をも差出、厚く世話仕骨折相勤候者ニ御座候間、此上外村々励之為ニも御座候間、可相成御儀に御座候ハヽ、相応之御褒美被下置、苗字帯刀　御免被　仰付、何卒名主肝煎役ニ被　仰付被下候様奉願候、左候得は右宿方は不及申、私

支配所之分は宿助郷村々迄も世話為仕、出水之節堤水防其外両毛作等之儀も一同申勧、為取計候様仕度奉存候、

依之此段奉願候、以上

寅四月

冒頭の波線部の通り、小出は、日光・奥州道中の宿場・助郷村々の「困窮」を立て直し、荒地起返等を取り計るよう道中方勘定組頭と「支配所兼帯」を命じられ、日光道中の宿場および助郷を一円的に支配した。(20) ここにいう「困窮」とは何か。天明末期・寛政初頭、武蔵国埼玉郡・葛飾郡及び下総国葛飾郡では水害が頻繁に発生しており、日光道中の千住宿から栗橋宿の助郷村々は、「近年度々之出水ニ而困窮」し、特に天明六年(一七八六)七月の水害では「宿助郷人馬不足」「往還役勤兼」という状況でもあった。(21) 天明七年一二月、道中奉行は人馬負担について、宿役人と助郷村々の役人に誓詞、すなわち起請文の提出を命じている。(22) 粕壁宿助郷の新方袋村では、天明八年から納米高が田方の干損・仕付荒により減免され、寛政三年には水害もあり、前年からの仕付荒にも加えて田方も水腐となり、約半分は皆無引となった。(23) このように、「困窮」とは、水害などによる耕作放棄地の発生に伴い、年貢・諸役、特に宿場の伝馬役・助郷役が負担できない状況を指していたと考えられる。小出の支配以前、日光道中の江戸近郊の主要な宿場は伊奈の支配所であり、道中奉行の職分と錯綜していた。(24) かつ郷村引渡し直後の寛政四年正月、小出は「宿場并助郷村々糺方其外荒地手余地見分吟味」のため自ら廻村しているから、(25) 支配所における日光道中・奥州道中の宿場および助郷の一体的な「困窮」立て直しを幕領支配の課題に据えていたと考えられる。(26)

以下、史料1にみる幸手宿文左衛門の事績や小出支配所の上金崎村御用留を参照しながら、武蔵・下総両国の支配所を中心に、小出の地域政策を、(1)日光道中・奥州道中の宿場の立て直し、(2)荒地手余地の復興を含む村々の立て直しの二つの柱に分け、整理してみよう。

小出は道中方勘定組頭を兼務していたから、特に重視された政策であったと考えられる。諸史料から、具体策が明らかになるのは次の三点である。

⑴宿場の立て直し

第一に宿場助成金の運用である。日光道中の武蔵国の宿場町（千住宿～栗橋宿）では、伊奈役所時代に幕府から下付された人馬刎銭の一部を毎上納し、伊奈役所で公金貸付として運用、その利足金を宿場に還元するという公金貸付政策が実施されていたが、助成金（利金）は下げ渡されることはなかった[27]。伊奈失脚直後の寛政三年六月、勘定組頭万年三左衛門は日光道中の宿場町を廻村し、宿助成を期す公金貸付を構想したが、その後勘定組頭を退役し頓挫している。粕壁宿では、寛政四年閏二月、差配役喜蔵を中心に上納金の元金となる積立金について議定を交わし、利足の四分は宿方助成、五分は出金者銘々に割渡し、残りの一分は貯え、出金者の子孫で身持ちが悪い者のために運用すると定めている[28]。史料1（傍線部①）でも、幸手宿文左衛門も宿内外で金策し、上納金の運用を出願している。小出は、自らの支配所で、伊奈時代に有耶無耶となった公金貸付を継承し、身元相応の者を出資者とする公金貸付政策を実施したのである。

第二に道中沿いの並木の整備である。史料1（傍線部②）によれば、道中筋の並木の植え継ぎを命じたところ、文左衛門と上高野村名主彦左衛門は、千住宿から栗橋宿では低地の水場であり、松杉並木よりも柳の挿し木が相応しいと献言し、寛政六年には差枝一九〇〇本余が村々に配布されることになった。寛政四年には、草加宿の松並木植え付けが奨励され[29]、寛政一二年には日光道中松並木が改められている[30]。街道沿いの並木の手入れ・植え足しは、寛政二年九月付の道中奉行あて触書にもみえ[31]、これを実践したものと理解されよう。

第三には助郷と宿場の関係改善である。史料1では、文左衛門の褒賞理由として「道中筋人馬継立方助郷和融之取計方等精々取計」、また「私（小出・引用者註）支配所之分は宿助郷村々迄も世話為仕」とみえる。助郷の協力を得て、宿場の継立をいかに維持するのかが、宿場の立て直しの課題となっていたことが推察される。具体的な政策を知る史料は少ないが、ここでは、その改善策が文左衛門による「取計」や「世話」に委ねられていたと理解しておきたい。この点は後述する。

(2) 村々の立て直し

小出支配所の村々の立て直し策は、第一に荒地・手余地の復興である。荒地起返は寛政期に「関東上方筋一統」で実施されているが[32]、小出は初めて支配所を廻村した際、荒地・手余地の把握に努め、村方に小前帳や絵図面の作成を命じた[33]。史料1の傍線部③にみられる下野国都賀郡乙女村の入百姓政策は、荒地・手余地の実態把握をし、農村荒廃が深刻な下野国都賀郡乙女村で入百姓政策を実施したのであろう。乙女村と幸手宿・粕壁宿は遠隔地だが、いずれも小出支配所であるから、小出の指示にしたがい、両人が入百姓を「世話」したのであろう。また、寛政四年に幸手宿では、文左衛門が宿の住民に「利解申勧」め、砂入となった荒地一六町歩余、同五年には二五町歩余を起返している（傍線部④）。史料1では、文左衛門あるいは喜蔵が「世話」をし、「利解申勧」めた点を「差はまり」と評している点に、ひとまず注目しておきたい。

第二に夫食種麦の貸付けである。寛政五年、幸手宿では夫食種麦代の無利足貸付（傍線部⑤）がされている。同五年一一月一五日付の廻状では、同年秋に水損した村々に対して「村役人取計を以夫食願相止候村方も有之、奇特之事ニ候、然処村役人より手当等出来不致候村々も有之、且夫食願相止候村々江も水損之軽重ニ随ひ種麦代之儀ハ貸渡候」と命じている[34]。すなわち、夫食願の取下げを村役人の「奇特」として奨励し、夫食の供出や夫食願取下げが不能な場合は小出役所から種麦を貸付けるのである。幸手宿の例は、文左衛門ら身元相応の者たちが相談して金策し、夫食拝借願を取下げた例ということになろう。

第三に商品作物の栽培奨励である。寛政六年正月、川々御普請御用・荒地見分のため、勘定奉行柳生久通が廻村した際(35)、「畑作物之内近来江戸表燈油高直ニ候間、菜種蒔付致出精候ハ、百姓勝手ニも可相成」(36)と菜種・果樹の植え付けが奨励された。この時、江戸川流域の武州葛飾郡松伏領・幸手領、下総葛飾郡庄内領二二か村では、上金崎村の名主伝兵衛が「蒔付植物世話役」に命じられた。同年六月、小出は伝兵衛に各村の果樹蒔付の状況を集約させ、一〇月には自ら検見の帰路に樹木を見分している(37)。翌年には、果樹蒔付が「農業之間臨時ニ世話」しているものであるが「年々無油断手入致置候得は往々御年貢諸夫銭等之足金」にもなるとし、継続して実施するよう廻状で命じている(38)。以後も「蒔付植物世話役」伝兵衛を中心に商品作物の栽培状況が調査・報告されている。傍線部⑥では、文左衛門が武蔵国葛飾郡吉野村で麦作、同郡神扇村で芥子・麦・菜種を蒔き、二毛作の試みを広めたとある。商品作物の植え付けを奨励し、村方の現金収入を増やし、困窮の立直しを企図した。一方で、小出支配所では、寛政五年六月、畑田成御改が実施されている(39)。武州葛飾郡樋籠村では田・畑田成のすべてが「水腐皆無引」とされるにもかかわらず、畑田成に地目が変更されている(40)。小出は年貢増徴で村方から反発を受け、評判を落としたらしい(41)が、荒地手余地の復興の先に年貢増徴をも展望していたのかもしれない。

第四は村の勘定・費用の是正である。寛政六年一〇月付の小出大助発給の書付(42)には、「名主壱人ニ而勘定いたし或は皆済目録割付等小前百姓共江見せ不申、勘定出入等出来、村方致困窮候村々も有之、前以申渡置候儀と不相用、不埒之至候」とあり、年貢勘定をはじめ村入用の勘定を小前に開示せず、出入等が起こり「困窮」を生むとの認識が示されている。ついては、年貢・村入用・諸夫銭割合と勘定にあたっては、村役人のみならず、「小前之内重立」の者を立ち会わせ、取立帳や小前一人ずつの通帳を作成し、皆済後は年貢米金・村入用出銭高を書付にして名主宅前に掲示するよう村々に命じている。翌年正月一四日付の廻状でも、年貢米金等の書付を掲示しない村は「不埒」とし、再度掲示を厳命する。(43) 村入用帳の記載や入用の使途については、再三「金銭遣捨往々困窮之基ニ相成候ハヽ、小前百姓共安心不致上ハおのつから村方取締方行届兼」(44)として懸念している。また、寛政六年三月には、村入用帳の記載例を提示し、村入用の内訳を巨細に記すとともに、江戸出府の道中費用や逗留費用はできる限り減らし、「無益之入用」がないようにと命じている。(45) 寛政二年八月付の幕府触書(46)も同様の趣旨であり、これを踏襲していると考えられる。

第五は水害対策・水防である。寛政七年八月、支配所から金崎村伝兵衛と幸手宿知久文左衛門を、江戸川・権現堂川の水防見廻役に任命した。水防見廻役は、支配所の村々の水防を横断的に指揮する役職である。人足や諸色の不参・未進・逃散が相次いだ地域の水防を励行、組織化し、幕領支配の機構として制度化し、「地域水防体制」と評される新たな行政領域が構築された。(47) 小出は、水防見廻役が創設される直前の寛政七年七月の風雨をうけて、村役人の指示の下で水防に出精するよう、支配所村々に廻状を出している。(48) 早くから、伝兵衛や文左衛門の進言に接し、村役人層を中心とした水防活動を重視していたと考えられる。

第六は風俗取締(49)である。寛政四年四月、小出は「近年村々ニおゐて正月は暫農業相休候日数多候由」、「一月之内五七日或は十日程も休日いたし候村方も有之よし、夫故年々農事ニおくれ作物出来形不宜、追々困窮ニおよひ候」とし、「休日を相減農業出精」すること、「婚姻葬礼等之節其道筋之村々ニ而道明之祝儀」はしてはならないことを、村々に廻状で命じている。(50) 特に農業については、草の根を絶やし、土をこなすよう丁寧に説諭している。百姓らの農業不精や奢侈が「困窮」に至らしめているという認識をもっていたのだろう。小出支配所では、寛政一〇年八月、宿村の名主等を取締役に任じ、長脇差を帯びた「風俗不宜もの」の取締り、博奕禁止、農業出精、神事祭礼・婚礼葬祭の簡素化を命じ、取締役らは、最寄の村分けをして、持場村々を定め、取締議定を取り交わしている。(51) 取締役には、教諭を通じて、百姓風俗を矯正し、村々の「困窮」を立て直す使命があった。史料1にみた幸手宿の文左衛門も取締役に任じられている。

以上のように、小出大助支配所では、水害や農村荒廃のみならず、村入用をめぐる村内の争いごと、百姓の農業不精など宿村の「困窮」の原因を粛正・解消する地域政策を実践した。「困窮」とは宿村が疲弊し、年貢・諸役が勤められない状況であり、小出は、その因子である不精や奢侈を是正するため、民衆の出精・奇特を奨励した。とりわけ、村役人層の「取下」「実意」「厚く世話」を奨励し、文左衛門の事例をはじめ、蒔付植物世話役や水防見廻役のように、地域政策の担い手として、支配所内で広域的な役割・権限を与えていたことが注目される。

次節では、小出が重用した村役人層に焦点をあててみよう。

二　小出支配所における村役人層

幸手宿の文左衛門や金崎村の伝兵衛は天明の飢饉の頃より、貧困者の救済など「奇特之取計」や「組合村之出入等実意ニ世話」をしていたことが知られ、水防仕法を献策し、水防見廻役に登用されている。水防見廻役のみならず、文左衛門は寛政六年（一七九四）九月に褒賞され、一代帯刀、子々孫々苗字の名乗りが許され、名主肝煎役に命じられた。金崎村の伝兵衛も同一一年正月には「水防見廻役骨入」「小前百姓共撫育」「奇特」の事績が褒賞され、水防見廻役の勤役中には二人扶持を給され、一代限りの苗字帯刀を許されている[52]。小出支配所でなぜ村役人層が重用されたのか。また、彼らはどのような特徴を有したのか。まず、寛政六年五月の幕府触書をみてみよう[53]。

【史料2】

都て村役人の儀は、一村の取締に拘候儀に付、人物等を撰、其外家筋を以て前々より代々役儀相勤来候分も有之候得共、関東筋の儀は別て小前のもの共、人気如何に相聞、場所に寄候而は村役人取計方行届兼候類も有之哉に相聞候、村役人共の儀は、小前の人情にも拘り候事に候間、精々人物被相糺、縦令家筋にて代々役職勤来候にても、当人如何と被存候類は、先名主役は不申付、見習抔と名目を付置、弥勤方被見定候上は、名主役申付候方にも可有之哉、且其村内孝心又は奇特人等は、おのづから小前のもの共帰伏致居可申哉、乍去孝心の者は、其親存生の内は孝養に身をゆたね居候事故、縦令村役等申付候にても、辞退可致哉に候得共、是以其父母相果候後は、左も有之間敷、何れ村役人の儀は、一体人気にも拘り、不軽事に付、人物の撰方専要の事に候、

すなわち、関東の村では小前層の「人気如何」の状況にあるが、村役人の人柄次第で小前は服従するので、家筋での採用はせず、見習い期間を定めて勤め向きを確認したうえで、「孝心」者や「奇特人」を村役人に据えるようにと奨励する。幕府は、そうした素質をもつ村役人により小前層が「帰伏」すると捉えていたのである。触書では一村の村役人の素質に言及しているが、先にみた史料1でも、幸手宿の文左衛門を「実意に世話」「実意ニ差はまり出精」「無他事相励、小前迄も帰服」「至而奇特成るもの」と賞していたように、広域な影響力をもつ村役人にも、かかる素質が求められていたといえよう。

こうした「奇特」な村役人層の重用は、勘定所機構の問題からも要請されたものと考えられる。「よしの冊子」には寛政期に関東代官を勤めた内方鉄五郎の談話が記されている。すなわち、「内方鉄五郎手代を抱候に、ことの外六ケ敷吟味いたし候ニ付、一向手代無之候由、御時節柄故随分厳敷申付ねバならぬ、どうでも今迄世風ニしミ込候手代共故、あまり厳敷すると暇を取、ゆるくすれバ御時節に背く事が出来る。此御時節を能幸に随分改めて置ねバならぬ、手代共がおれが事をわるくいふて、それでおれがしくじれバ迚、それは仕方がない、此節が切直しだと人に相咄

候由さた仕候」[54]とあり、代官手代には厳選された人材が登用されたため適任者が不足していたようである。

寛政期には、勘定所職員の質的向上、[55]不正代官の摘発・有能代官の登用、代官所下僚の不正防止と手附の公設等、[56]勘定所機構の締め付けが厳しくなっていた。小出は、寛政三年に没した代官遠藤良恭の手代二人を廉価な給金で雇ったとして、「吝嗇」「しわき致方」の人物であり、年貢増徴とも重なって「下ニて服し不申候由」と評されている。[57]かかる小出支配所固有の事情もあり、手附・手代を補佐する人材が渇望されたのである。

小出支配所の「奇特」な村役人層には、幸手宿文左衛門、金崎村伝兵衛のほか、下総国結城郡恩名村の名主又兵衛、武蔵国埼玉郡粕壁宿の喜蔵がいる。以下、彼らの事績を紹介し、その共通点を指摘したい。

下総国結城郡恩名村の名主又兵衛は、寛政三年七月、代官菅沼安十郎の時代に自らの所持地を質入れし、小児養育手当金五〇両を拝借し、年一割で貸付けし、利分の半額は村内や近隣の幕領の出産者や困窮者に、出生助成金や夫食として分配した。小出支配所以降は、寛政四年七月に越後国蒲原郡から入植した入百姓を指導したほか、薬や医師の世話もした。また、隣郷の上山川村の入百姓の取扱いを命じられた。小前百姓らに麦・雑穀・綿・藁縄等を合力し、荒地・手余地を自ら減らすよう努め、「少しも出入ケ間敷儀願出候儀」はなくなったという。[58]寛政五年一一月、「奇特」により、一代帯刀、子々孫々苗字の名乗りを許されている。

武蔵国埼玉郡粕壁宿の喜蔵は、伊奈支配所時代の天明三年（一七八三）の浅間山噴火、天明六年の飢饉の際に、宿の富裕層とともに飢人に粥を施した。小出支配所時代の寛政三年には百姓を率いて堤防を築き留め、人夫の扶持は私費で負担した。収穫の悪い年には、無利息で金を貸し、粕壁宿助郷村々で出入があった時には仲介に入った。江戸での逗留も厭わず仲介したため、助郷村々はみな帰服し、喜蔵が立ち入れば争論は早急に片付いたという。また、幸手宿文左衛門とともに下野国乙女村への入百姓を斡旋した。

又兵衛・喜蔵はともに、寛政五年一一月、小出の推挙により褒美銀一〇枚を下賜され、一代帯刀、子々孫々苗字の名乗りを許された。「実意に世話」した事績、また「外宿々村々之励之見合」、つまり近隣宿村の模範にもなることが褒賞の理由とされている。(59)

重用された村役人層は、小出支配以前から複数村にまたがる広域な活動実績をもつ者であり、事績を報告する文書には、いずれも「実意」や「世話」とある。「世話」の具体的な内容は多岐にわたり、①備荒貯蓄や拝借金を運用し困窮者等へ配分、②荒地起返・換金作物の仕付指導、③入百姓の「世話」、④水防活動の指揮、⑤村方・宿方騒動の未然防止など、寛政改革期の政策、小出支配所の地域政策と軌を一にしている。

小出支配所では小前層の信任や「孝心」が厚く、「奇特」な事績をもつ村役人層を重用し、日光道中の宿場町の粕壁宿喜蔵に「差配役」、幸手宿文左衛門に「名主肝煎役」などの権限を与え、支配所内限りの広域的な実務を担わせたのである。寛政五年九月付の小出の勘定所あて伺書には、(60)「宿方村方之儀心を用ひ実意に出精いたし候もの多く無之候而は、早速ニは立直り兼可申」とあり、小出支配所においては、村役人層の「実意」「出精」なしに、宿場と農村の「困窮立直し」を果たせなかったのである。

注目すべきは、彼らの「実意」「世話」の実践は、私費が投じられた共通点がある。先にみた小出の村入用の是正策にも適応していえるが、彼らの活動は幕府から「差はまり」と評されていたように、村役人層が主体的に私費を投じ地域的課題を解消しようとした結果、寛政改革期の政策課題に専念することにもなったのである。地域政策の実践は彼らの主体性に大きく依存しなければならなかった。幸手宿文左衛門、粕壁宿喜蔵、恩名村又兵衛の三人は、享和元年(一八〇一)刊『官刻孝義録』に「奇特者」として掲載される人物でもある。(61)「孝義録」の編纂は寛政改革のイデオロギー的な機能を担った事業であり、寛政期の関東の幕領では「奇特者」の褒賞が集中している(表)。幕府は、彼

表　『官刻孝義録』にみる関東地方の幕領の「奇特者」

年　代	国・郡・村	名　前	身　分	備　考
宝暦８年	下総・香取・佐原村	永沢次郎右衛門	百姓	
明和３年	下総・香取・佐原村	永沢次郎右衛門	次郎右衛門忰	
(明和4か)	武蔵・足立・庄右衛門新田	権左衛門	百姓	
４年	武蔵・足立・庄右衛門新田	新井孫助	権左衛門忰	辻源五郎代官所
８年	下総・匝瑳・鎌数村	小兵衛	名主	
安永２年	武蔵・児玉・本庄宿	戸谷三右衛門	百姓	
天明元年	武蔵・榛沢郡・横瀬村	萩野七郎兵衛	百姓	
３年	相模・三浦・東浦賀村	藤兵衛	年寄格	浦賀奉行預所
３年	武蔵・足立・糠田村	河野権兵衛	百姓	
５年	相模・三浦・東浦賀村	与右衛門	年寄格	浦賀奉行預所
７年	下野・都賀・板荷村	伊左衛門	組頭	
８年	武蔵・秩父・金崎	宮前佐右衛門	名主	
８年	武蔵・足立・下戸田村	善四郎	百姓	
寛政元年	武蔵・秩父・蒔田村	左仲	名主	
元年	武蔵・秩父・蒔田村	平右衛門	組頭	
３年	相模・三浦・東浦賀村	清兵衛	商人	浦賀奉行預所
３年	相模・三浦・東浦賀村	吉左衛門	商人	浦賀奉行預所
３年	相模・三浦・東浦賀村	吉三郎	商人	浦賀奉行預所
４年	武蔵・秩父・本野上村	嶋田六左衛門	名主	
５年	下総・結城・恩名村	山川又兵衛	名主	小出大助代官所
５年	上野・群馬・下瀧村	天田善兵衛	名主	
５年	武蔵・埼玉・糟壁宿	見川喜蔵	名主安左衛門 父差配役	小出大助代官所
５年	武蔵・足立・蕨宿	岩次郎	百姓	
６年	上総・長柄・南９か村	弓削宗庵	医者	
６年	相模・鎌倉・戸塚宿	源七	百姓	
６年	相模・鎌倉・戸塚宿	仁右衛門	百姓	
６年	上野・甘楽・小平村	新蔵	元名主	
６年	上野・甘楽・小平村	藤太夫	名主	
６年	上野・甘楽・小平村	年寄14人		
６年	上野・甘楽・小平村	百姓代6人		
６年	上野・新田・尾島村	又市	名主	
６年	下野・那須・北弥六村	八郎右衛門	名主	
６年	下野・那須・北弥六村	勘解由左衛門	八郎右衛門忰	
６年	武蔵・葛飾・幸手宿	知久文左衛門	名主問屋	小出大助代官所
６年	武蔵・足立・本郷村	大四郎	名主	
７年	上野・碓氷・板鼻宿	喜内	本陣喜兵衛父	
８年	武蔵・足立・膝子村	伝次郎	名主	
８年	武蔵・足立・竹塚村	河内久蔵	名主	伊奈友之助代官所
９年	武蔵・足立・小右衛門新田	伝右衛門	名主	
10年	上野・群馬・上新田	金七	名主	
10年	武蔵・多摩・上成木村	又右衛門	組頭与膳父	
10年	武蔵・葛飾・柴又村	斎藤七郎右衛門	名主	
10年	武蔵・葛飾・柴又村	仁左衛門	年寄	
10年	武蔵・葛飾・柴又村	萩右衛門	年寄	
10年	武蔵・葛飾・柴又村	仲右衛門	年寄	

らを模範として褒賞することで、小前層を「帰伏」させ、地域政策を実践したのである。
次節では、粕壁宿の差配役喜蔵を事例に、小出に重用された「奇特」な村役人の具体像を検討したい。

三　差配役見川喜蔵の位置

粕壁宿の見川家は、慶長一六年（一六一一）の往還割り以来の名主を勤めた草分けの家であり、代々七兵衛を名乗った。ただ、一八世紀初めには名主株が売買され、その後は代々安左衛門を名乗ることとなる。粕壁宿では延享元年（一七四四）に名主が九人から二人に減員され、以後、見川家と関根次郎兵衛家との相名主（問屋兼帯）となる(62)。安永八年（一七七九）正月、相名主の八郎左衛門（関根家）が病身のため休役となり、跡役が相名主（見川）鉄郎次一人となる。関根家は「開発以来両役相勤御検地帳預り居、帳元名主」であったが、安永八年二月に検地帳が見川家に引き渡された(63)以後、相名主の関根次郎兵衛家が名主見習となる寛政一一年（一七九九）までの二〇年間、粕壁宿の行政は見川家に一極化された。

一方、問屋は八郎左衛門退役後に（見川）喜蔵が就き、寛政四年から文化一〇年（一八一三）まで安兵衛・平次右衛門が勤めている。本陣は宝暦四年（一七五四）五月から見川家が勤めており、文化六年に見川家と懇意の旅籠屋栄蔵に譲渡される。一八世紀中後期の粕壁宿の宿行政は見川家を中心とした役配がされ、かかる宿行政の状況を背景に、喜蔵は立ち現れる。

喜蔵は、少なくとも安永九年には粕壁宿の問屋を勤めていたが、天明七年（一七八七）には喜蔵の嫡子安左衛門が名主（問屋兼帯）に就任しており、宿行政の役職からいったん身を引いたとみられる。喜蔵が「差配役」を称するのは、寛政四年閏二月の積金議定証文が初見で、宿役人一同の筆頭者として差配役喜蔵の署名がみえる。議定では、宿場助成金の集金・取扱い・上納について、「宿内一統評議」し、取決めたものである。前述した通り、宿場助成金の上納は、小出の政策であるから、喜蔵が中心となり、評議し、議定が締結されたものと考えられる。

差配役は「差配役人」[64]「名主安左衛門父差配人」[65]とも表記されるが、『官刻孝義録』には「見川喜蔵ハ埼玉郡糟壁宿の名主安左衛門か父にして、差配役といふ事をつとめけり」とあり、自称ではなく、勘定所や小出支配所においても認識される役職であった。職掌や役職給は不詳だが、「累外之飢饉ゆへ大勢徒党致し、既に可及騒動処、同人（喜蔵）儀差配いたし、宿役人等江防方申付、一同取鎮メ置」や、「去々亥年（寛政三年）出水之節も同人（喜蔵）差配いたし、宿役人不残罷出、風雨も不相厭、昼夜百姓共呼集メ、字新宿堀・土井堀両悪水堀より押入候所々切口凡惣間数延長四百五拾間築留候」といった喜蔵の事績から、「差配」とは、宿内に留まるものではなく、数か村に亘る広域な地域的課題の仲裁・調整を意味するのだろう。

ここでいう地域的課題とは、具体的には水防や騒動である。村々の水防活動は史料上で「水騒」と記されることもあり[66]、緊急時に水防活動で混乱する村々の様子は、出入・訴訟にも発展する騒動にも通じ、またその負担の未進も相次いでいた。かかる混乱をさばき、世話をすることを「差配」、それを担うのが「差配役(人)」なのであろう。

以下、小出支配所の村々に残る地方文書から、差配役見川喜蔵の活動について考察を加えよう。

寛政六年三月、江戸川の川床が高くなり、下総国葛飾郡木津内村の悪水が正常に排水できなくなったため、庄内領一六か村用水堀へと排水することになった。しかし、用水堀の組合一六か村は「差障り」があるとして、「御支配様」(小出大助)に訴え出た。組合一六か村は、小出支配所をはじめ、一橋領・旗本領など支配が錯綜し、訴願は当事者間では解決できなかった模様である。一六か村の内、小出支配所の上金崎村・金崎村の名主は、「御役所(小出支配所)より被仰付候ニ付、喜蔵様より御尋」をうけ、顚末を見川喜蔵に報告した(67)。小出は近隣の喜蔵に内情を探らせ、仲裁するように命じ、結果は不明だが、関連史料がみえないところから、「差障り」は解消されたものとみられる。

寛政七年七月に、風雨により庄内古川が増水した。川附きの庄内領・幸手領・松伏領の村々は、準備していた明俵・縄・竹等の資材を持ち寄って水防にあたり、堤防の決壊は免れ、同八月に小出大助役所あて届書を提出した。届書の中に「勿論其節見川喜蔵殿古川通見廻、委細御見届ニ御座候、尤此節堤通水防方并諸色等之義迄逐一御廻状ヲ以被仰付、是又承知仕候」とある。喜蔵の居所(粕壁宿)から離れた庄内古川において、日々の廻村と水防を指揮する権限が喜蔵に与えられていたとみられる(68)。

寛政一〇年五月、粕壁宿と助郷二六か村に、日光霊廟の修復に伴う宿場・助郷村々への下賜金が下付されることになり、粕壁宿の問屋・年寄、助郷惣代は、道中奉行あて請証文を提出した。見川喜蔵はこの証文に奥印をし、助郷村々に請証文の内容を通知している(69)。後述するように、助郷村々には宿場町に対して恨みをもつ者がいた。宿場町に対する恨みが増幅しないよう、差配役の喜蔵を介して助郷村々に通知がされたのであろう。

このように、差配役見川喜蔵は、支配所内の騒動の仲裁・事前解決や水防の指揮などにあたっていたことがわかる。このほか、粕壁宿では喜蔵が名主・問屋業務を代行する例(70)、上金崎村では、小出支配所の命をうけ、金崎村名主石川伝兵衛と連名で貯穀改をする例(71)が確認される。喜蔵が「差配」した地域は、小出支配所内に限られるが、粕壁宿の所在した武蔵国埼玉郡新方領のみならず、粕壁宿の助郷の範囲にも重なる郡や領の広域に及んだ。繰り返しになるが、当時、当該地域では、宿場・農村の「困窮」により助郷役や水防の人足負担が滞る案件が発生しており(72)、小出支配所ではその調整を必然的とした。喜蔵が、小出支配所の意向にしたがいながら、宿役人・村役人の権限を越えて、支配所の宿村の支配行政に携わる立場に置かれていたことは明らかである。

次に、寛政一一年の飯盛女に関する騒動について考察してみたい。

【史料3】

一札之事

一宿々旅籠屋ニおゐて食盛下女抱置召仕方疑敷由取極方有之旨、先達而八丁目村名主半右衛門・年寄友八右両人之者共連名書付相認メ罷越、一統助郷村々江加判致呉候様相廻り、尤取締役限り之取計ニ而平和ニ治り可申談申之、達而相頼来候ニ付、連印致遣候処、右一件金崎村水防役石川伝兵衛殿・中野村野廻り役関根四郎左衛門殿被及御聞、渡世仕来相止メ候而ハ一宿旅籠屋共退転可致由被思召、勿論旅籠屋共取締之義何れニも存寄ニ可仕旨を以発（察カ）当人江御懸合候へ共、一円承知無之由及承候、依而ハ此末当人共御出訴可仕存寄と存候、左候而ハ初発之掛合とハ相違仕私共迷惑ニ存、離判仕度段八丁目村発（察カ）当人半右衛門方へ催促致候へ共、彼是申紛離判致呉不申候ニ付、其旨取締役八郎左衛門殿迄相達置申候得共、尚又御手前様御差配役之義ニ付此段御届申候、石川伝兵衛殿・関根四郎左衛門殿御懸被成候故相済可申と存居候所、全意趣意恨より事起り候哉も難計、何分已来之義私共村々之義は御役所様迄被　仰上御差略頼入候、以上

寛政十一未年十月　　梅田村　東村　内牧村　小溝村　徳力村
中曽根村　新方袋村　名主・年寄連印

御差配役
見川喜蔵殿

右一件追々村々離判ニ相成候ニ付、其侭等閑に相成願立不致候、

騒動の発端は、助郷村方より粕壁宿の飯盛下女に対して「内々売女」の疑いがあると告発されたことによる。粕壁

宿の幕領取締役八郎左衛門は、この件をほかの取締役から伝え聞き、寛政一一年七月、同宿の旅籠屋を取調べた。取調べを受けた旅籠屋らは、助郷村方の主張は事実無根であるが、「助郷村方ニ意恨之者有之義より事起り、専ら杉戸宿・幸手宿両宿村親類由身之ものを相かたらひ、当春中より出入相企、三宿助郷とも騒動為致候義」と回答している。宿場町へ対する恨みから、杉戸・幸手宿の助郷村々の親しい者同士で出入を企てる騒動が起きていた(73)。

史料3は、同年一〇月の粕壁宿助郷村々の内、梅田村他六か村(いずれも小出支配所)から差配役見川喜蔵にあてたものである(74)。梅田村他六か村によれば、八丁目村名主半右衛門らは、飯盛下女に関する書付に加判するよう、助郷村々に交渉してきた。交渉のおり、半右衛門は、取締役八郎左衛門の調整により、訴訟を進めれば下女の問題は穏便に解決されるので、書付に判をつくようにと説明した。書付とは、飯盛下女に対する疑念から生じた旅籠屋渡世の停止を求める訴状の類とみられ、梅田村らは調印に応じたという。

ところが、金崎村水防見廻役石川伝兵衛、中野村野廻り役関根四郎左衛門が騒動に介入し、半右衛門らは旅籠屋側と調整していないため、訴訟次第では旅籠屋が退転するおそれがあり、反対に旅籠屋側から訴えられる懸念もあると、梅田村ら他六か村に説いた。これにより、梅田村らは、離判したいと半右衛門らに掛け合ったが、これに応じてもらえず、以上の経緯を、取締役八郎左衛門にも報告するとともに、差配役喜蔵に小出支配役所にも上申し、「差略」を依頼したのである。

八丁目村の半右衛門らは、宿場町に対して恨みをもち、旅籠屋の「売女」の疑いを告発した首謀者であると考えられる。彼らは、当事者である旅籠屋と十分に調整していないにもかかわらず、取締役八郎左衛門が調停したと語り、強引に書付の調印をすすめたが、石川伝兵衛と関根四郎左衛門の介入によって、書付の問題点が浮き彫りになった。伝兵衛は、前述した通り水防仕法について献策するなど、小出支配所において重用された村役人であった。関根四郎左衛門は、詳細は不明だが、捉飼場（鷹場）の野廻り役は地域の有力者が就く傾向がある。(75) 両人は出訴を仲裁したが、事態は収束せず、差配役である喜蔵にも届けられたのである。その後、村々が相次いで離判したため、騒動は「等閑」になり、訴願には至らなかった。

この騒動から確認したいことは二点ある。

第一に、差配役見川喜蔵と取締役や地域有力者との関係である。寛政一〇年八月、小出支配所では、「重立候名主共」を取締役に命じ、粕壁宿では元名主の八郎左衛門が幕領取締役に就いた。(76) 本騒動では、梅田村らは取締役八郎左衛門の持場村々であったため、(77) 八郎左衛門に事態を報告したが、収束できなかった。むしろ、八丁目村半右衛門は取締役の名を語らうことで、かえって宿場町と助郷村々の溝が深まり、また、地域の有力者の仲裁もうまくいかなかった。そこで差配役の喜蔵にも調停が依願され、かつ小出支配所への取り次ぎも依頼されている。この過程から、支配所に近い存在にあった差配役喜蔵は、地域紛争を仲裁する要であったと考えられる。

第二に、騒動がその後「等閑」になったという点である。騒動にかかわる訴状や済口証文等は管見の限り見当たらない。「願立不致」という文言からも、正規の手続きでの訴願はなかったとみられる。助郷村々が訴願すれば、村役人らの江戸の出府・滞在費用がかかり、結果的に村入用が嵩むことになる。本騒動における差配役見川喜蔵の詳しい動向は史料からは読み取れない。しかし、寛政五年九月の小出の伺書には、「宿助郷村々の内出入立候儀承り候得は早速罷出、双方江異見差加江為相済、江戸表江願出公事合ニ相成候分も、永く逗留も仕候得は、雑用村入用等多相懸り候を厭ひ、実意ニ取扱いたし候故、助郷村々迄一統帰服致し居候故、同人立入候得は早速相片付、江戸表永々逗留も不為仕」(78) とあり、喜蔵が仲裁し、訴願に至らなかった騒動はいくつもあったと考えられる。喜蔵は、小出支配所から村々の「困窮」の原因となる騒動を差配・解消することを期待され、実際に村々を「帰服」させたのである。本騒動は、宿村の対立、あるいは助郷内部の対立を起因とした。野廻り役や取締役などの地域の有力者でも仲裁できなかった騒動を「等閑」に至らせた喜蔵の手腕が背景にあったものと捉えたい。

寛政一二年四月、小出大助は二ノ丸留守居役に転任し、幕領支配から離れると、支配所の粕壁宿他二三か村の村役人らは連印で、小出の善政を讃える上申書を幕府に提出した。これは「小出様御仁恵之趣見川喜蔵取計、村々連印書御奉行所様江差上」げたものである。申上書には、「御手附御手代衆御一統御仁信之御取扱」により、百姓共は耕作を出精し、村入用の過分がなくなり、村勘定の出入がなくなったこと、出入も潔白に処理され、「都而取締御厳重ニ付近来百姓之風俗至極質素」になったことを記す。(79) この一端を喜蔵が担っていたことは、前述の通りである。

小出の転任後、代官は岸本弥三郎、浅岡彦四郎、野田源五郎と変遷する。文化元年七月には、見川喜蔵は老衰病身を理由に差配役の休役を願い出たが、代官野田源五郎は、「自分支配」（前年八月に浅岡彦四郎から郷村引渡された代官野田源五郎支配）の直後に休役しては「心底も相届かね」るので、「喜蔵ニ成代り宿場并助郷迄治り方宜様取計い、「喜蔵差配役之名目立置候様可成丈取計」うよう宿役人に命じた。(80) 史料では具体的な活動は確認できないが、小出の次期代官岸本にも宿場と助郷を取り持つ存在として重用されていたことがうかがえるとともに、休役となっても喜蔵が勤めた差配役の「名目」が表面的には存続していた。

しかし、その後、差配役を称する者が現れることはなく、喜蔵は文化二年一〇月二九日に没し、粕壁宿の成就院に葬られた。墓の撰文は江戸の漢詩人館柳湾である。館は小出の手附で、館雄次郎と名乗り、たびたび支配所の見分などで粕壁宿に訪れ、生前の喜蔵と親交があった。嫡子安左衛門から依頼を受け、喜蔵の墓表の撰文に応じたという。

墓表には、「翁天性至孝、生来色養不怠、父母有病不離其左右、凡薬餌必嘗而後進、又善與人交、終始一節、雖卒廝養、亦推誠遇之、於是郷人依帰愛慕、敬之如父母（翁天性至孝にして、生来色養を怠らず。父母病有れば其の左右を離れず、凡て薬餌を必ず嘗て後進す。又善く人と交はり、終始節を一にす。駅卒厮養すと雖も、亦た誠を推し之を遇す。是に於て郷人は愛慕に帰するに依り、之を敬うこと父母の如き也）」「翁風貌魁偉、声如洪鐘、性嗜酒、飲至数斗不乱、年六十餘意気蓬勃満引、勧客如少壮人（翁は風貌魁偉にして、声洪鐘の如し。性酒を嗜み飲みて数斗に至るも乱れず、年六十余にして意気蓬勃として満を引き、客に勧ること少壮の人の如し）」、「余嘗為縣主簿熟翁之為人（余（館雄次郎）は嘗て縣の主簿と為り、翁の為人を熟る）」などと刻まれている。(81) すでに『官刻孝義録』も刊行されており、幕府のイデオロギーの影響もあろうが、館の撰文は喜蔵の人となりを伝えている。豪快な性格であり、「郷人」すなわち、小出支配所の宿場や村々の人びとにも慕われ、手附館雄次郎にも一目置かれた人物だったのである。

喜蔵没後、文化四年四月には、粕壁宿では助郷争論が発生した。(82) その後、文化五年、同一〇年、文政元年、同六年、同一一年と、五年周期で宿場と助郷が対談し議定が更新されている。史料の制約もあり、実証は困難だが、喜蔵の存在そのものが、宿村問題を解消し、助郷村々を「帰服」させていたのであろう。

差配役見川喜蔵には支配所内での広域的な権限が与えられ、支配所からも地域からも、騒動の未然防止・事前解決が期待されていた。しかし、差配役は幕領支配のための「名目」に過ぎず、喜蔵の個人的な力量、ひととなりに依存した役職であったため、喜蔵の隠退・死去とともに消滅し、後代に差配役が継承されることはなかったのである。

おわりに

本稿での検討をまとめておきたい。

勘定組頭小出大助は寛政改革の政策に則り、「困窮」する宿場・村々を立て直すため、荒地・手余地の復興や水害対策をはじめ、農業出精や村入用年貢勘定の透明化など、村々の「困窮」改善政策を実践した。小出の地域政策には、その担い手となる村役人層の重用が不可欠であった。重用された彼らは、以前より主体的な「世話」、すなわち民衆の救済を実践していた。小出は、主体的な実践を積み重ねてきた村役人層を「奇特者」として褒賞し、また支配所内で広域的な役割・権限を与え、風俗矯正の模範として、支配所と村々を繋ぐ存在として位置づけていったのである。寛政期の幕領支配において、主体的な「世話」をして、模範になり、民衆の《共感》を得られる彼らこそ、地域政策の最適な担い手だったのである。

粕壁宿の差配役見川喜蔵もまた「奇特」「実意」な人物として、私費を投じ、地域的課題の差配を実践してきた。模範的な存在として、小出支配所や宿村との間をとりもち、小出支配所の役人とも懇意で、宿村を越えて広域的な権限を有していた。喜蔵の差配により助郷は「帰服」し、宿場と農村との矛盾は一時的に改善された。ただ、差配役は喜蔵の個性に裏付けられた役職であったがため、継承できる者がおらず、喜蔵没後、宿村関係は悪化し、宿場内にも亀裂が生ずることになった(83)。寛政期の幕領では、模範的な村役人層なしには支配が実現できなかったが、反対に、彼らの主体性に大きく依存し、特命的な役職を与えたため、持続的な中間支配機構としては根付きにくかった。

かかる点は、差配役のみならず、寛政一〇年(一七九八)に設置された幕領取締役にも敷衍することができよう。粕壁宿の例にみたように、取締役八郎左衛門が主体的に地域の諸課題に対応したかは疑問も残り、模範的な存在として持続していたのかは疑わしい。むしろ、個々の主体性や各地域の課題如何により、民衆の《共感》を得られず、行政領域として継承できないものも少なくなかったのではないか。

以上を寛政期の幕領の政治的中間層の歴史的段階として、ひとまず理解しておきたい。

残された課題は少なくない。見川喜蔵をはじめ村役人層は、なぜ主体的に地域支配に関わっていったのか。粕壁宿の見川家の例では、名主を世襲した関根家との宿場内の政治主導権争いが背景にあったことを見通しているが、史料的な制約もあり詳しく検討することはできなかった。それぞれが立脚する宿村や地域社会の構造を明らかにする必要があるだろう。また、寛政改革期、村役人に対して模範となる素養が要請されたことにも注意したい。村役人層の知識・思想・情報が「家」などによって蓄積・継承されていくことで、(84)はじめてこの要請に応えられるのであろう。当該地域では心学の受容が重要な論点ともなろう。今後の検討が俟たれる。

註

（1）久留島浩『近世幕領の行政と組合村』（東京大学出版会、二〇〇二年）。

（2）近年の幕領支配の研究では、山本太郎『近世幕領支配と地域社会構造』（清文堂出版、二〇一〇年）。

（3）山﨑善弘「寛政改革と地域支配構造の転換」（『歴史評論』六一七、二〇〇一年。のち同『近世後期の領主支配と地域社会』清文堂出版、二〇〇七年所収）。

（4）井手徹「近世後期関東における農村支配機構―上州の「郡中取締」制を中心に―」（『群馬歴史民俗』九、一九八七年）、小松修「寛政期の「取締役」制について」（多摩川流域史研究会編『近世多摩川流域の史的研究』（第二次研究報告）、一九九四年）、西沢淳男「関東における天保期の取締役」（『関東近世史研究』四〇、一九九六年）。

（5）岩田浩太郎「寛政六年「仕置御改革」の政策史的意義」（『史海』二九、一九八二年）、同「近世後期の地方支配と野木崎村」（『東京学芸大学近世史研究』三、一九八一年）、同「在方風俗と取締役」（『川崎市史　通史編2　近世』一九九四年）。

（6）吉岡孝「勘定奉行上席柳生久通の施策と関東における村方惣代」（『法政史学』五一、一九九九年）。

（7）戸森麻衣子「書評　山本太郎著『近世幕府領支配と地域社会構造』」（『史学雑誌』一二〇―四、二〇一一年）。
（8）岩城卓二『近世畿内・近国支配の構造』（柏書房、二〇〇六年）、戸森麻衣子「近世後期の幕領代官所役人」（『史学雑誌』一一〇―三、二〇〇一年）など。
（9）久留島浩「百姓と村の変質」（『岩波講座日本歴史一五　近世五』岩波書店、一九九五年）、平川新『世論政治としての江戸時代』（東京大学出版会、二〇二二年）。
（10）山﨑註（3）書。ただし、近年、山﨑の領主御救後退説には、経済史的な観点から再考が迫られている（萬代悠「和泉清水領の利殖と救荒」『日本史研究』七二七、二〇二三年）。
（11）津田秀夫「寛政改革」（『岩波講座日本歴史一二　近世四』岩波書店、一九六三年）。
（12）辻本雅史「学問と教育の発展―「人情」の直視と「日本的内部」の形成」（『日本の時代史一七　近代の胎動』吉川弘文館、二〇〇三年）。
（13）寛政一二年三月一三日飛驒郡代、布衣となる。同七月一日はじめて任地飛驒へ赴き、享和三年一二月二八日に二の丸留守居役となる（『寛政重修諸家譜』『柳営補任』『続徳川実紀』）。妻浅羽弥左衛門の女ゑち（恵知）とともに弘化二年刊「続近世叢語」に道徳者として紹介される。妻のゑちは、大助の立身出世を支えた内助の功の妻として、戦前の修身の教材となった。文政二年四月二〇日没（享年七七歳）（館柳湾「柳湾余唱」の「故二条留守小出君行状」、巻町双書第二一集『館柳湾資料集』収載、一九七四年）。なお、佐藤一斎「故二城留守小出君墓誌銘」（『佐藤一斎全集』二、一九九一年）は、小出の命日を文政二年四月二五日とする。また、下野国都賀郡奈佐原（現、栃木県小山市）には小出の善政を讃える生祠があった（加藤玄智『本邦生祠の研究』（明治聖徳記念学会、一九三一年））。
（14）これまでの関東郡代の諸研究（本間清利『関東郡代』埼玉新聞社、一九七七年、根崎光男『江戸幕府放鷹制度の研究』吉川弘文館、二〇〇八年、太田尚宏『幕府代官伊奈氏と江戸周辺地域』岩田書院、二〇一〇年）によれば、伊奈氏失脚後、関東郡代役所に詰めた大貫・篠山・大岡・伊奈・三河口の五人の郡代支配代官が代官職務（支配所）を引継いだとされるが、小出も伊奈支配所を含む武蔵・下総国境地帯の一部を支配地としている。

(15) 寛政五年・六年「御代官御預所書付」（大河内家記録、豊橋市美術博物館受託。大野瑞男『江戸幕府財政史料集成』上巻、吉川弘文館、二〇〇八年に翻刻収録）。「寛政九巳年御代官并御預所御物成納払御勘定帳」（「戊申雑綴」九に所収。大野瑞男『江戸幕府財政史料集成』下巻、吉川弘文館、二〇〇八年に翻刻収録）。

(16) 寛政一〇年七月「御代官柘植又左衛門手付出役之儀ニ付相伺候書付」（京都大学文学部閲覧室蔵長坂氏記録、西沢淳男「寛政改革期における手付制度導入と運用の諸問題」『日本歴史』六三八、二〇〇一年に引用）。

(17) 寛政四年「御用留」（土生津家文書三四三九、埼玉県立文書館収蔵）。

(18) 森潤三郎「飛驒国に於ける支配者の変遷と郡代小出照方の事蹟」（『伝記』三―一一、一九三四年）、村上直『天領』（人物往来社、一九六五年）、『小山市史　通史編Ⅱ　近世』（一九八六年）、西沢淳男『幕領支配と代官支配』（岩田書院、一九九八年）、石井昇「代官小出大助照方覚書」（『埼玉地方史』四一、一九九九年）、『徳川幕府全代官人名辞典』（東京堂出版、二〇一五年）など、先行研究ではいずれも小出を「代官」としている。

(19) 「続編孝義録料二」（国立公文書館内閣文庫）。

(20) 寛政五年、日光道中間々田宿助郷でもある野州都賀郡乙女川岸問屋らの願書には、「御支配様之儀は御勘定御組頭ニて、道中方御組頭御兼役ニ付、日光道中定助郷之村々御支配被遊候」ともある（『小山市史　史料編　近世一』九二五～九二六頁）。

(21) 天明七年四月付千住・草加・越ヶ谷・粕壁・杉戸・幸手・栗橋宿役人願書（『越谷市史』四、三二五頁）。

(22)　『越谷市史』四、三二一頁。
(23)　山口家文書三〇七(埼玉県立文書館収蔵)。
(24)　本間清利『関東郡代』(埼玉新聞社、一九七七年)一九三頁。
(25)　寛政四年「御用留」(土生津家文書三四三九、埼玉県立文書館収蔵)。
(26)　下総国葛飾郡上金崎村名主文書である土生津家文書(埼玉県立文書館収蔵)には、寛政三年~九年、同一一年の御用留がある。
(27)　「大沢町古馬筥」(『越谷市史四　史料二』一八〇頁)。
(28)　『春日部市史　近世史料編』Ⅲノ二、九七〇頁。
(29)　『草加市史　資料編Ⅱ』六一八頁。天保一三年の書き上げ。
(30)　『春日部市史　近世史料編Ⅱ』七一五頁
(31)　『牧民金鑑』下巻、五五四頁。
(32)　吉岡註(6)論文。
(33)　土生津家文書三四三九、正月三日付廻状。
(34)　土生津家文書三二五〇、一一月一五日付小出大助役所の廻状。
(35)　寛政六年「御用留」(土生津家文書三四五九、埼玉県立文書館収蔵)。
(36)　榊田氏収集文書(春日部市郷土資料館所蔵)。
(37)　寛政六年「御用留」(土生津家文書三四五九、埼玉県立文書館収蔵)。
(38)　寛政七年「御用留」(土生津家文書二四八三、埼玉県立文書館収蔵)の正月二〇日付小出大助役所の廻状。

(39) 寛政五年六月「畑田成御改之節関根市太夫様織田権蔵様御泊り之節買物払立帳」（樋籠田中家文書6-冊9（1）、慶応大学文学部古文書室所蔵）、『春日部市史 近世史料編Ⅴ』七九二頁、「大沢町古馬筥」（『越谷市史四 史料二』二〇八頁）。
(40) 寛政五年「丑御年貢可納割付之事」（樋籠田中家文書3-B30、慶應大学文学部古文書室所蔵）。
(41) 「よしの冊子」（『随筆百花苑』九、三七五頁）。
(42) 寛政六年「御用留」（土生津家文書三四五九、埼玉県立文書館収蔵）。
(43) 寛政七年「御用留」（土生津家文書二四八三、埼玉県立文書館収蔵）の正月一四日付小出大助役所の廻状。
(44) 寛政七年「御用留」（土生津家文書二四八三、埼玉県立文書館収蔵）の卯二月付小出大助役所の廻状。
(45) 寛政六年「御用留」（土生津家文書三四五九、埼玉県立文書館収蔵）。
(46) 『牧民金鑑』上巻、二五六・二五七頁。
(47) 拙稿「近世中川低地における水害と水防―下総国庄内領と江戸川を中心に―」（『関東近世史研究』八五、二〇二〇年）。
(48) 土生津家文書二四八三、七月二七日付小出大助役所廻状。
(49) 風俗取締については、吉岡孝「近世後期関東における長脇差禁令と文政改革」（『史潮』四三、一九九八年）、同『江戸のバガボンドたち』（ぶんか社、二〇〇三年）。
(50) 寛政六年「御用留」（土生津家文書三四五九、埼玉県立文書館収蔵）。
(51) 「宿用留」（『春日部市史 近世史料編Ⅲの一』二五～二六頁）。
(52) 榊田氏収集文書（春日部市郷土資料館所蔵）。
(53) 寛政六年五月触（『日本財政経済史料』六、九七一頁）

(54)「よしの冊子」(『随筆百花苑』八、二六六頁)。天明八年一一月二〇日頃の記事。
(55) 高澤憲治『松平定信と寛政改革』(清文堂出版、二〇〇八年)第六章(初出一九八三年)。
(56) 柏村哲博『寛政改革と代官行政』(国書刊行会、一九八五年)、太田尚宏「寛政期における代官手附制の成立過程」(『史海』四五、一九九八年)、西沢淳男「寛政改革期における手付制度導入と運用の諸問題」(『日本歴史』六三八、二〇〇一年)。
(57)「よしの冊子」(『随筆百花苑』九、三七五頁)。
(58)「続孝義録料 二」(国立公文書館所蔵)、『三和町史 資料編 近世』。
(59)「続孝義録料 一」(国立公文書館所蔵)。
(60)「日光道中粕壁宿喜蔵外壱人御褒美之儀ニ付相伺候書付」(孝義録料一、国立公文書館内閣文庫)。
(61) 小野将「女性褒賞と近世国家」(高埜利彦編『近世史講義』ちくま新書、二〇二〇年)。
(62)「公用鑑下」『春日部市史 近世史料編Ⅱ』七〇八頁。
(63)「公用鑑下」『春日部市史 近世史料編Ⅱ』七一二〜七一三頁。
(64) 前出の「幸手宿文左衛門儀ニ付申上候書付」(続編孝義録料二、国立公文書館内閣文庫)。
(65) 寛政五年九月「日光道中粕壁宿喜蔵外壱人御褒美之儀ニ付相伺候書付」(続編孝義録料一、国立公文書館内閣文庫)。
(66) 拙稿註(47)。
(67) 寛政六年正月「願書其外覚」(土生津家文書一五八、埼玉県立文書館収蔵)。
(68)「村鑑雑集下」(藤塚村文書、慶應義塾大学文学部古文書室所蔵)。
(69) 同右。

(70) 寛政六年一二月二二日付「覚」では、野廻り役遠藤郡治の扶持米請取・送付を通知する（藤塚村文書 村・村政一五、慶應義塾大学文学部古文書室所蔵）。
(71) 寛政一二年六月「貯穀改帳」（土生津家文書一六八、埼玉県立文書館収蔵）。
(72) 拙稿註(47)。
(73) 「宿用留」（『春日部市史 近世史料編Ⅲの二』二七頁）。
(74) 「宿用留」（『春日部市史 近世史料編Ⅲの二』二七〜二八頁）。
(75) 拙稿「近世地域社会における野廻り役の職務と機能―武州八ヶ領筋捉飼場を中心に―」（『葦のみち』二六、二〇一五年）。
(76) 『春日部市史 近世史料編Ⅱ』七一四頁。
(77) 取締役八郎左衛門の活動は詳しくわからないが、小出役所からの廻状により持場村々から請書をとるなどの動向が確認される。寛政一一年九月に、八郎左衛門の持場村々である梅田村・内牧村のほか、計七人が小出に召出され、取締方に命じられており、また八郎左衛門は病身を理由に役儀を勤められないと申し立て、享和元年三月に退役している。享和三年九月、野田源五郎代官所では「先御支配より」「御申送り」として、八人が召喚され、取締役が命じられているが、粕壁宿からの選出はなかった。
(78) 寛政五年九月「日光道中粕壁宿喜蔵古河宿助郷下総国結城郡恩名村又兵衛御褒美奉願候書付」（「続編孝義録料一」国立公文書館内閣文庫）。
(79) 「宿用留」『春日部市史 近世史料編Ⅲの一』二九頁〜。
(80) 「宿用留」『春日部市史 近世史料編Ⅲの一』三九頁〜。

(81) 見川喜蔵墓(春日部市粕壁・成就院、春日部市指定有形文化財)。

(82) 争点は、①問屋安兵衛より助郷大場村名主一老左衛門にかかる日〆帳返却の訴え、②助郷二九か村惣代より問屋平次右衛門・本陣見川安左衛門に対する人馬負担に関する訴えで、同一二月に内済となる。

(83) 寛政末年に元名主(関根)八郎左衛門が取締役に就任すると、子の次郎兵衛が名主復帰。喜蔵の生前には、両名主家の確執は顕在化しなかったが、小出の転任、さらに喜蔵の死没も重なって、見川家の政治基盤は揺らぎ、やがて見川家と関根氏の対立、あるいは宿—村の対立が顕在化することになった。喜蔵以来の宿財政・行政について嫡子安左衛門が追及され、争論へと発展した。

(84) 天保期から水戸藩領の大山守(中間支配機構)を勤めた須田家では、農政に関する蔵書を蓄積し、領内検地に関する献策書を提出している。須田家の最も古い農政関係の蔵書は寛政九年写である(拙稿「藩政をめぐる村役人の蔵書と献策」『茨城県史研究』九八、二〇一四年)。

第二部　『令聞余響』の世界

『令聞余響』にみる中川忠英の交際

井上　翼

はじめに

本稿は、寛政期から文化・文政期にかけて活躍した幕臣中川忠英の交際関係の一端を、忠英の言行録である『令聞余響』の記事をもとに明らかにするものである。

旗本中川家(1)は、両番（小姓組番・書院番）の家筋で、摂津・上総・下総に一〇〇〇石を領した旗本である。初代忠幸は小姓組番・小納戸・書院番を歴任し、元和三年（一六一七）に家光に拝謁して小姓組番となり、廩米三〇〇俵を拝領、小納戸時代の寛永一一年（一六三四）には五〇〇俵に加増され、書院番時代の承応三年（一六五四）年に明正上皇付となり、摂津国に五〇〇石を拝領している。二代忠雄は、小姓組番・進物番・徒頭・目付・清水奉行・寄合・先弓頭を歴任し、寄合時代の元禄一〇年（一六九七）に廩米を改められ、上総・下総に五〇〇石を拝領、先代以来の五〇〇石と合わせて、都合一〇〇〇石となった。三代敷忠は小姓組番・小普請を務め、四代忠易は書院番を務めている。

本稿で取り上げる忠英(2)は、中川家の五代目であり、忠易の五男として宝暦三年（一七五三）九月に生まれ、重三郎・牛五郎・馬五郎・勘三郎などと称した。明和三年（一七六六）一〇月に一〇代将軍家治に初めて拝謁し、翌四年九月の先代忠易の死去を受け、同一一月に遺跡を相続する。安永六年(一七七七)一二月に小普請組頭となり、天明八年(一七八八)九月に目付に抜擢され、同一二月に布衣の着用を許されている。その後、寛政七年(一七九五)二月に長崎奉行となり、同七月に従五位下・飛騨守に叙任される。同九年二月には勘定奉行となり、同六月に関東郡代兼帯となる。文化三年(一八〇六)正月には大目付となり、文政五年(一八二二)六月に留守居、同八年四月に旗奉行へと進み、同一三年八月に死去した。以上の経歴からは、長崎奉行就任以降、忠英は先代忠易以前には見られない要職を歴任していることがわかる。

中川をめぐる先行研究については、吉岡孝・白井哲哉・岩橋清美・高澤憲治の各氏により、寛政期から文化期にかけての幕政史や、個別政策史研究のなかで、幕府官僚としての中川の具体的動向や役割が明らかにされてきた(3)。とくに、勘定奉行兼帯関東郡代時代には、近世後期以降大きな変容を遂げた地域秩序の再編成を目的とした民衆「生活」の実態把握や、対外危機意識の高まりを背景とした日本地理再掌握の一環など、多様な政策意図が指摘されている江戸周辺地域の廻村調査と明細帳の徴収を担っていたことが、明らかにされている。また、地域政策としての、在村知識人による地誌編纂事業の後援や、松平定信解職後の幕政において、海防、蝦夷経営、関東農村の治安問題などに対応する動向が明らかにされている。

また、中川の事績や経歴に注目した研究も見られる。小川恭一は、『柳営譜略』『柳営事略』『監察故談』などを著わした中川を、幕府の礼典や職制、徳川家の内廷制度や譜牒に関わる事項＝「柳営学」「柳営故実」に取り組んだ先駆的人物として評価している(4)。また、鈴木康子は、中川の幕臣としての通時的な経歴と業績から、中川が寛政から文政期の幕政において「人材登用」「対外交渉」「編纂事業」の三方面で成果を挙げたことや、さまざまな事業を通じて、官僚から医者・儒者、文化人・知識人に至る幅広い人脈を有していたことを指摘し、当該期の政治・学問・文化を支えた人物として中川を位置づけている。[5] このように、中川については、寛政から文化・文政期における幕府官僚としての具体的動向や役割、その事績・人脈が明らかにされてきているといえる。

これらの研究に学びつつ、本稿では、『令聞余響』から中川の交際関係について考察していきたい。『令聞余響』は、中川の死去直後にあたる文政一三年九月に、藤方安清によって著わされた中川の言行録である。作者の藤方については、後掲の村上瑞木による解題を参照していただきたいが、「文事」を通じて中川に仕えた人物で、実際に同書の内容は、中川の言行の顕彰を目的としつつ、中川の文芸活動や交際関係の一端もうかがえる。

従来の中川に関する研究において、岩橋清美が『令聞余響』の存在について触れているものの、[6] 実際に同書を利用した研究は、管見の限り見出せない。そこで本稿では、『令聞余響』から、中川の交際関係の一端、とくにこれまで十分に明らかにされてこなかった目付抜擢以前から目付抜擢当初にかけての交際関係と、その背景となる中川自身の意識について考察したい。

一　『令聞余響』に見える中川の交際関係

中川の交際関係を示すものとして、『令聞余響』には、次のような記事が確認できる（以下、本書第三部翻刻編所収の項目番号を（　）で記す）。

【史料1】（4）

一公、天資聡明にして仁義を重し、文武兼備へ、外敬礼を修させ給ひ、内親睦の御志深く、上王侯《カミ》の権を避す、下黎庶の志を奪ハす、博学洽記にして、下問を恥給わさりけれハ、友愛親善の道ひろく交遊せさせ給ふ処、挙て数

ふへからす、就中、少将源定信朝臣松平越中守後号楽翁・源忠道朝臣酒井雅楽頭・少将源治政朝臣松平内蔵頭後号一心斎・侍従源信明朝臣松平伊豆守・侍従源忠進朝臣酒井若狭守・紀正敦朝臣堀田摂津守・紀正穀朝臣堀田豊前守後号方叟・橘長光朝臣神保佐渡守・源忠房朝臣石川左近将監・源景漸朝臣曲渕甲斐守・源廣民朝臣久世丹後守後号一鷗・源信好朝臣間宮筑前守・源義禮朝臣村上肥後守・源衡朝臣林大学頭・源義行朝臣荒川土佐守・平助弼朝臣曽我豊後守等、ミな列朝の名臣賢大夫にて、善士俊乂のときに至てハ瀬名貞雄・柴野邦彦・大久保忠寄・黒澤正甫・上野資徳・鵜殿長快・窪田勝英・中井積善・村井米倘・塙保己一・斎藤若狭守・福島図雄など、是ミな一時の豪傑なり、

右の記事では、中川の資質について、生まれつき聡明で仁義を重んじ、文武を兼ね備えていること、外面では敬意をもって人と接し、内面では親睦の志が深いこと、上に対しては王侯の権威に屈せず、下に対しては庶民の志を奪わないことが述べられ、「博学洽記」で下問を恥じない中川は、幅広い交遊関係を有したとされる。そのうえで、中川が交際した具体的な人名として、松平定信ら「列朝の名臣賢大夫」とともに、瀬名貞雄ら「善士俊乂」が挙げられている。『令聞余響』には、ここに挙げられている人物すべてとの具体的な交際関係は記されていないものの、一部の人物との交際のあり方を示すものとして、書籍をめぐる交際、学問・芸術の師弟関係、詩歌の贈答を通じた交際などが確認できる。

詩歌をめぐる交際についての検討は村上論文に譲り、以下では書籍をめぐる交際と、学問・芸術の子弟関係を通じた交際について検討していきたい。

【史料2】(9)

一書籍を好させ給ふ事、尋常《ヨノツネ》におわさゝりしかハ、尾侯群書治要を賜ひ、紀侯貞観政要を賜ひ、水府ハ源流綜貫およひ視聴日録を許借し給ひ、田府名公画譜其余画帖を賜ふ、黒澤萬新先生御年譜を授けまいらせ、斎藤若狭守近衛家司

東鑑を奉り、中井積善親《ミツカ》ら逸史を写して捧げ、豆州郷学秋山章も伊豆志稿を手書して呈す、其余求めすして得給ふ書甚多し、実に好文の栄といふへし、図書千箱に余れるも、ミな　公の終身集させ給ふ所也、

右の記述では、書籍を好む中川が、尾張徳川家から『群書治要』、紀伊徳川家から『貞観政要』を拝領し、水戸徳川家からは『源流綜貫』『視聴日録』を拝借し、田安徳川家からは『名公画譜』（『歴代名公画譜』か）などの画帳を拝領したことが述べられており、御三家や御三卿田安家との書籍の拝領・拝借を通じた交際がうかがえる。このほか、中川が学問で師事した田安徳川家の儒者黒澤萬新（雉岡）から『御年譜』、五摂家近衛家の家司斎藤若狭守から『東鑑』、中井積善（竹山）から『逸史』の写本、伊豆の豪農秋山章（富南）から『伊豆志稿』の写本が贈られており、求めずとも多くの書を得て、一〇〇〇箱を超える図書を蔵したという。また、幕臣との貸借を示す事例として次のような記述も見られる。

【史料3】(30)　傍線引用者、以下同じ。

一平生の御手沢正格なり、怱卒の間といへとも略書し給ふことなし、寸楮短簡も文意峻ならす、又陋ならす、上野資徳君に送らせ給ふ和牘を撮書して左ニ掲く、

先達而恩借之御秘書永々忝奉存候、謄写卒業仕候ニ付、則返壁（璧カ）仕候、御落手可被下候、尚心得ニも可相成御秘書は拝借之義奉懇祈候、且又御馴染の一種昨日拝受仕候ニ付、誠乍少入貴覧申候、御嫌嗜之程忘脚仕候、先々入貴覧候、扨先頃も貴酬ニ被仰下候得は具承知肺肝ニ銘置候義ニ御座候、夫ニ付失礼を不顧申上候ハ、知過不改謂之過と申候へは、只々慎之一字御守本尊と被思召、御家内様方朝暮御信仰御座候ハヽ、朝恩循降之期無之事も有之間敷、短慮功を不成とも申候へは、一旦之人口御忍ニ而御家内様御和順之程祈候義ニ御座候、佐野豊州御加増、其上御留守居迄ニ至り候義も眼前の義、兎角御長寿之御謀専一奉存候、何も早々申上残候、呉々長

舌失敬之段御用捨可被下候、

資徳君是を得て和牘帖に粘して秘蔵す、

右は、中川の文意の明確さを顕彰する記事であるが、書簡の冒頭で幕臣上野資徳から書籍を借り出し、筆写を終えて返却したこと、また、なお心得となる秘蔵の書があれば、拝借したいと願っていることが確認できる。中川は、大目付時代の文政二年(一八一九)、上野が著わした『兵法手引草』に序文を寄せていたことが指摘されている(7)。同書は、「北条流兵学一騎前の心得、小業兵の手引を記したもの」で、北条流兵学者福島圀雄も文政元年一二月付の序文を寄せているという(8)。後述のように、中川は福島に兵学について師事しており、福島・上野・中川の三者の繋がりが確認できる。

このほかにも、中川は依頼に応じて、後述する岡崎宿の知識人金澤子匹の『春秋左伝国次』や、秋山孟舒『止戈正要』(村上義雄の依頼)に序文を寄せている(附録一3・4)。また、中川の事績として書物編纂が指摘されているが、『令聞余響』にも、有名な『清俗紀聞』や『柳営事略』『柳営譜略』のほか、中川自身の編纂物・著作として、『補正御系略』『政門紀省』『憲法捷覧』『本朝年鑑』『両面年表』『女訓百鑑』『唐土年鑑稿』『甕牖漫録』などが挙げられている。このほか、「跡部氏の問に答え給ひし書」として、『歴代帝王譜略』『帰崎路説』『戒鹹録』を、また「村岡某」の求めに応じて編纂した書として、『救疹便覧』『奇工方法』『宮社遷礎考』を、さらに『寛政重修諸家譜』の編纂などで活躍した夏目信平からの「問に答えさせ給ふ処の書」として、『寰内雑載』『大統類事稿』『教童始筆』を、それぞれ残している(6)。また、書籍をめぐる交際として、次のような記述も見出せる。

【史料4】(10)

一塙保己一検校、群書類従功成るの後補続の志あり、嘗て公に告て云く、桑楡の年終に再選の功竣《オワ》ることあたわじ、願ハくハ君此志を憐せ給ひて、他日遺稿を全し給ハ、黄泉の下何の悦か是に過ん、偏に是　公と我私ならす実に吾朝万世の幸ならすやと、　公、其志を感賞し給ひ、却て追補の事を肯し給わす、おもふに是検校か嗣子次郎か為に諾し給わさりしか、

中川は、和学講談所を創設した塙保己一が文政二年に惣録職辞職のため上京するに際して和歌を贈るなど、塙と交流を有していた。右の記事では、塙は『群書類従』の後補を志したが、晩年であったため、その事業を中川に託そうと願ったが、中川はその志を感賞しつつもこれに応じなかったという。その意図について『令聞余響』の著者藤方は、塙の嗣子次郎を思ってのことであろうか、と記している。

鈴木康子は、中川が官僚としてさまざまな事業に携わったことで幅広い人脈を有していたことを指摘したが、『令聞余響』からもそうした交際の一端がうかがえ、とくに書籍の拝領や貸借・呈上、序文の執筆や編纂依頼などを通じて、大名や旗本、公家、学者、地方文人などとの広範な交際関係を展開していたことが確認できる。

二　抜擢以前の交際

本節では、抜擢以前の中川の交際関係についてみていきたい。まず、『令聞余響』には次のような記述があり、中川が学問・芸術で師事した人物が明らかとなる。

【史料5】（3）

一剣法を雲州の原田寛満に学ひ、其温（蘊カ）奥を究めさせ給ふ、兵を和合某に問ひ、後福島圀雄に従わせ給ふ、総角の御

時学を須田公輝鴻漸と号の門に受け、後黒澤萬新に従遊し給ひ、和歌をはしめ内山淳時賀邸と号に学ひ、後朝比奈昌始朝臣にはからせ給ふ、博古の学を瀬名貞雄につきて問ハせ給ひ、殊ニ　幕府の典故を研究し給ふ、故に秘巻密冊多く収め給ハさるなし、

中川は、剣術を原田寛満、兵学を福島圀雄に師事し、学問は幼少時には須田公輝（鴻漸）、のち黒沢萬新（雉岡）に学び、和歌は内山賀邸、のちに朝比奈昌始に学び、有職故実は瀬名貞雄に師事して幕府の典故研究に努め、「秘巻密冊」を多く蔵したという。以下では、「柳営学」・「柳営故実」に通じた中川を考えるうえで、瀬名との関係に注目したい。

瀬名は、延享四年（一七四七）一一月に先代俊光の致仕を受けて家督を相続、翌延享五年（一七四八）三月に将軍家重に初めて拝謁し、同五月に大番となるが、天明二年（一七八二）七月に辞している。その後、寛政元年（一七八九）八月には奥右筆組頭格となり、『藩翰譜』続編の編纂に従事し、翌二年には、平岡資模による『九族記』の編集に関わった功で時服二領を拝領している。同八年一〇月には職を辞して寄合となり時服三領を拝領、翌一一月に死去している。(9) 瀬名は、有職家として武家故実に関する書物を多く編纂している。また、江戸の地理情報の第一人者でもあったとされ、大久保忠寄（酉山）や大田南畝らとの地理・歴史考証を通じた交流は、一九世紀初頭以降の考証随筆流行の前提としてその重要性が明らかにされている。(10)

目付抜擢以前の中川と瀬名の交際を窺わせる風聞として、『よしの冊子』に次のような記事が確認できる。(11)

【史料6】

一瀬名源五郎、大久保市郎右衛門、小ブシン朝比奈六左衛門、右三人おなじ仲間の由。其後中川勘三郎仲間入いたし候由、朝比奈死去仕候後、土井平九郎（新番組頭）這入候由。中川ハ御目付ニ相成候付、当時ハ仲間にハ入不申候

由。其内瀬名源五郎一番委き由、唐ノ本ハ中川よめ申候、文盲ナルハ朝比奈ノ由。
一瀬名源五郎、此間西下へ召候由、又一説ニ西下ヤラ何所ヤラ、何でも丸ノ内の権門方へ召候とさた仕候由。其頃源五郎も駕籠等新キニ拵候由。すべて支度ニ廿両計かかり候由、源五郎事西下へ召候ニ付、近日之内御小納戸格ニ相成り、奥詰ニ被仰付候さた仕り申候。
○源五郎人物ハ随分宜き由、但し術者のよし、田沼も古き事ハ此源五郎ニ被聞候由のさた。

右は天明八年一一月から翌寛政元年二月ごろの風聞の一つである。瀬名は大久保市郎右衛門（忠寄・酉山）、朝比奈六左衛門（泰有）と「仲間」と認識されている。その後、中川が「仲間入」りし、朝比奈の死後には土井平九郎が加入したとされるが、目付に抜擢されて以降、中川は「仲間」から抜けたとされる。この「仲間」のうち、瀬名は以前から古事に通じた人物として、中川は「唐ノ本」に通じた人物として、それぞれ評されている。大久保についても、別の記事で「和学者にて好事家の由」とされている。

「文盲」と評されている朝比奈の幕臣としての経歴は、享保一五年（一七三〇）一〇月に八代将軍吉宗に初めて拝謁し、延享元年（一七四四）四月に先代昌盈の致仕を受けて家督相続、同一二月に大番、宝暦九年（一七五九）六月に同組頭、明和三年（一七六六）八月に田安家用人となり、同一二月に布衣の着用を許され、天明七年（一七八七）六月に死去している。(12)

朝比奈と中川の具体的な交際関係は不明だが、大田南畝は、「一話一言」のなかに「古来侠者姓名小伝」という書物を筆写しているが、その伝来について、「此書者蜷川親音子之蔵本也、朝泰有子写之、再予写者也。于時安永四乙未二月廿八日　瀬名貞雄　天明五年乙巳十二月廿三日写　南畝子」との記載がある。(13) ここからは、蜷川親音→朝比奈→瀬名→大田という経路で筆写されていることがわかり、安永四年（一七七五）段階における朝比奈と瀬名の交流がうかがえる。

なお、蜷川親音（親豊）は、享保一二年（一七二七）七月に先代親遥の遺跡を相続、元文二年（一七三七）一二月に西丸小姓組番を務め、寛保元年（一七四一）七月に西丸小納戸、同一二月に布衣着用を許され、延享三年（一七四六）八月に大御所吉宗の命により、家蔵の足利家政所日記、弓馬の書、書状類一一〇一枚を台覧に供し、寛延二年（一七四九）一〇月に返却され、紗綾三巻を拝領している。宝暦一〇年（一七六〇）五月に本丸小納戸、明和六年（一七六九）一一月に西丸広敷用人となったが、安永四年（一七七五）二月に職を辞して寄合となり、同九月の隠居に際しては隠居料として三〇〇俵を拝領している。同六年一〇月に死去しており、(14)先祖伝来の古記録を多く所蔵している人物であった。

中川は、瀬名に加え、大久保酉山とも交際していた。大久保の幕臣としての経歴は、宝暦一三年（一七六三）一二月に西丸書院番となり、安永四年四月に先代忠眞の遺跡を相続、天明八年（一七八八）八月に西丸書院番を辞し、翌寛政元年（一七八九）四月に致仕している。大久保は蔵書家として知られ、寛政五年七月に幕府から文庫修補料として金一〇〇両を拝領し、幕命に応じて家蔵書籍目録を献上しており、(15)『江都好古記』などの地誌を著わしている。

三橋広延は、旗本内藤家を介した中川と大久保の縁類関係・交流を指摘している。(16)また、国立公文書館所蔵の内閣文庫に含まれる松平定信旧蔵『公卿補任』一〇三巻の巻末に、「右公卿補任原本並附録乞求大久保忠寄之蔵本而写之寛政元己酉季秋七月卒業　中川忠英（花押）」とあり、(17)書籍の貸借・筆写を通じた両者の交際が見出せ、中川の目付抜擢による「仲間」離脱後も両者の関係の継続がうかがえる。

中川が目付抜擢以前から交際していたとされる「仲間」の実態解明は今後の課題だが、天明八年九月に中川が目付に抜擢されると、先述のように、寛政元年八月に、瀬名が奥右筆組頭格として藩翰譜続編の編纂事業に参画しており、同一一年三月には、大久保が『寛政重修諸家譜』の編纂事業に参画している。(18)目付登用以前の中川が、寛政期の書物編纂事業に貢献した瀬名や大久保らと「仲間」として交際していたことは注目される。

抜擢以前における、中川の瀬名や大久保ら好学の旗本との交際を考えるうえで、勘定奉行兼帯関東郡代時代の享和二年（一八〇二）に中川が記した『再版古本太閤記』の跋文を検討したい。

【史料7】（附録一5）

〇再版古本太閤記跋

余有㆓嘗好古之癖㆒、雖㆓諸器玩細瑣之物㆒、有㆘苟可㆑観㆓于古㆒者㆖則莫㆑不㆓収而蔵㆒焉、而観㆓風俗之変革㆒知㆓下民之情態㆒、則莫㆑若㆓稗説野史之古者㆒、故募㆑之最勤、応古者愈好㆑之、所㆘以残篇尺楮亦収而㆑不㆖㆑遺也、頃者書肆某、以㆓宝永中所㆑彫太閤記者㆒来、閲㆑之則稗史之流而素為㆓俳優㆒設也、然其風調之棄廃也已久矣、印本存㆓于書肆之【之】庫隅㆒、今也新加㆓標飾㆒而再出㆑焉、可㆑謂㆑幸歟、実所㆓以世人之癖猶㆑余者之多㆒、而書肆亦乗㆑之而射㆑利也、嗚呼余之好㆑古固非㆑雷㆓同世人之癖㆒也、而世人之癖何必傚㆓余之為㆒也乎、実気運之所㆑嚮固有㆑然也、蓋世人之所㆑好余未㆑解㆓其意㆒、世人亦焉得㆑解㆔余所㆓以好㆑之乎、苟有㆘知㆓余之此言㆒者㆖可㆓與共譚㆑古者也、

享和二年壬戌季秋　捜錦閣主人誌

大意　自分には以前から好古の傾向がある。どんなつまらない物であっても、少しでも古を感じさせる物であるならば、手に入れなければいられない。風俗の変化を知り、民衆のあり様を知るには、巷談や民衆の歴史の古いものに及ぶものはない。そのためそれを集めることに力を入れ、古いものをなおさら好むようになり、断簡であっても入手して残すようになった。

先日書肆某が宝永年中に印刷された太閤記を持ってきた。みると稗史の一種で元々は俳優の為に作成されたようだ。しかしその風調は随分以前に失われている。この本は書肆の蔵の片隅にあったが、今や装丁を新しくして再び出版されるこ

とになった。幸運というべきか、本当に世の中の人の傾向は、自分のような好古の傾向のある者が多い。そして書肆もこれに便乗して儲けようとする。ああ、自分が古を好むのは素より世の中の人の傾向とは関係なく、合わせたからではない。そして世の中の人の傾向もどうして自分に合わせたといえようか。本当に気運の向かうところが合致したのだ。思うに世人の好む所は自分には理解できず、世の中の人もどうして自分が古を好む理由を理解できるであろうか。かりそめにも自分のこの言葉を理解する者がいたら、一緒に古を語るのに相応しい人物といえよう。

右の跋文のなかで、中川は、以前から「好古之癖」があり、些細なものでも「可観于古者」であれば収集したと述べている。「風俗之変革」や「下民之情態」の把握には、古い「稗説・野史」に勝るものはないとして、その収集に注力したと述べている。ある日、書肆がもたらした宝永期ごろの『太閤記』を見た中川は、同書を「稗史之流」れで、俳優のために作成されたものと判断し、その風調はすでに廃れて久しいとする。そして、今回書肆の倉庫の片隅に置かれていた同書が新装の上再版されることを述べ、幸いに当時は中川自身と同様、「好古」趣味の人が多いとするが、それは中川が世間に雷同したためでも、世間が中川を倣ったためでもなく、「気運」の然らしめるものとする。勘定奉行時代の中川は、自身とは異なる意識のもと、世間で「好古」趣味が広がりを見せていることを認識しており、これを理解するものはともに語ろうと述べている。

右の跋文からは、中川の「好古」趣味の背景には、風俗の変化や下民の情態の把握という意識があり、それにもとづき「稗説・野史」の収集に努めていたことがわかる。中川の「好古」趣味については、『令聞余響』の「公、職に在し日、四方に巡視して経歴し給ふの地、六十余州の半に過く、其間勝区・名境・霊社・宝閣・故家・遺逸・旧聞・佳話、瑣屑《スコシ》の事といへとも、必是を求め、是を筆し、是を図し、常に天下の賞観を友とし給ふ」という記述からもうかがえる(8)。抜擢以降、幕府官僚として各地を巡見する機会をもった中川が、各地の「勝区・名境・霊社・宝閣・

故家・遺逸・旧聞・佳話」を収集し、記録したという。

右のような中川の「好古」趣味や意識は、抜擢後の幕府官僚としての中川の事績だけでなく、抜擢以前からの瀬名や大久保ら好学の旗本との交際を考えるうえでも示唆的であるといえる。

三　目付抜擢時における中川の意識と交際

松平定信政権の初期にあたる天明八年（一七八八）九月二八日、中川は小普請組頭から目付に抜擢される。抜擢以前、中川は他職への就任が取り沙汰されているが、実際には異例となる目付への抜擢が実現した(19)。抜擢に先立つ同正月晦日、中川は若年寄本多忠籌の屋敷に赴き、本多本人と「人払」で面会し、供連れを含め上下ともに丁寧な扱いを受けている(20)。若年寄本多により中川の人物の吟味が行なわれたうえで、抜擢がなされた様子がうかがえる。

中川の抜擢が実現した定信政権下の役人登用は、「此節ハ人々の器量発明で立身をするから手数ハ一向役に立ぬ。夫だから立身をする人がきまつてゐる様だ」、「田沼時分の立身ハ賄賂を権門不残取候て、賄賂の能方へ被仰付ニ付、よほど取溜る迄ハ被仰付無之故、夫迄ハ手間が懸り申候由。当時ハ賄賂ハ一向ないが、人の善悪を御吟味で被仰付迄ハ手間がかゝる。きつい違ひじや」との評判が示す通り、「手数」ではなく人物の「器量発明」や「善悪」が重視されると認識されていた(21)。

こうした方針のなかで、中川抜擢以前には、同五月一〇日に佐渡奉行の久保田政邦が加増の上で勘定奉行に、二の丸留守居飯塚英長が佐渡奉行に任命されたことや、同九月一〇日に、町奉行柳生久通が勘定奉行に、平賀貞愛・坂部広孝が目付に任命されたことが好評を得ている(22)。

中川が目付に抜擢された九月二八日には、ほかに目付伊藤忠移が普請奉行、持筒頭大久保教近が甲府勤番支配、徒頭仙石政寅が浦賀奉行、西丸目付新庄直内が鑓奉行、中奥小姓松平乗森が小普請組支配、先手弓頭堀秀隆が持筒頭、小姓山本茂孫・寄合松平定寅・大番組頭朝倉俊長が先手頭、寄合建部広寛が徒頭になっている[23]。この人事についても、「去年中ハ御役替に篤実者多く被召出候処、此間ハ篤実実躰元気才略武芸おしなべて残る所なく被仰付候事、有がたい事じやと申候よし」と、非常に好評であったことがわかる[24]。

とりわけ、中川の目付抜擢は、上記の定信政権下の役人登用を象徴する人事として注目されていた[25]。

【史料8】

一中川勘三郎飛越て立身仕候故誹り候ものも御座候へ共、又随分よい御見出しだ、小普請組頭でハ森山源五郎と中川計だが、森山より中川がよい。すべて今迄の様に先例々々と計公義で御吟味が有も一躰御狭い事だ。夫でハ幾ら才略の人が有ても埋れてゐる様ナものだ。此御時節にあまり御先例々々といふいきづまつた事がないから、大に人が励む。是も西下の御器量だ。中々外のものでハ出来ぬ。違たものだと評判仕候よし。

中川の目付抜擢は、定信政権初期の目玉人事の一つとして注目され、抜擢当時から賛否の声があったことがわかる。文中、中川は森山孝盛とともに有望な小普請組頭とされていたことがうかがえるが、中川の抜擢は、先例が重視され、才略ある人物が見出されないという当時の人事の閉塞状況を変えるための定信の措置として認識されている。中川抜擢に象徴される当該期の人材登用は、先例打破により幕臣の奮起を促す定信の方策と評されているのである。以上のことから、中川の目付登用は、「手数」や「先例」よりも、人物の「器量発明」や「善悪」を重視して抜擢する定信政権下の象徴的人事として位置づけられる。

目付在職中の中川は、「機務凡三十余」とある(1)ように、非常に多くの職務に従事した。鈴木康子は、目付時代の中川が、日記方、医学館、学問吟味、女房懐妊御用、旗本系譜編纂事業、河川普請見分、海岸巡見など、多様な職務に携わっていたことを明らかにしている。[26]『令聞余響』には、目付時代の中川について、次の記述が見出せる。

【史料9】(13)

一一宵《アルヨ》の御話に我若きより書を好めとも得ことなし、唯昔観察の任にありし日、国家の大儀に及てまゝ貞観政要の当世に裨益あるを覚ゆ、今に及て心常に忘れされとも、年馳せ老末て空しく其糟粕を嘗るのミ、然れとも幸にして公室の憲法を侵さす、人倫の綱維を失さるハ書の徳なりと覚ゆ、二三の弟子貞観政要を読すんハあるへからす、

中川が「一宵の御話」として藤方に語ったところによると、中川は若年のころより書を好んだものの、当初はそこから得ることはなかったという。しかし、目付（「観察」）在職中に「国家の大義」にあたるに際し、『貞観政要』の世に益があることを認識したと述べており、目付抜擢後の幕府官僚としての立場から、若年時に読書を通じて得た知識の有用性を再認識している様子がうかがえる。

また、抜擢後の幕府官僚としての中川の意識と、それ以前の活動が結びついた事例を、以下の記述で確認したい。

【史料10】(7)

一公、官事ある毎に必先蹤を考へ遵行し給ふ、其徴するなきに至てハ常に文献の足らさるを嘆し給ふ、故に御系略・憲法捷覧・政門紀省・柳営事略等を撰し給ひ、梓に鏤めて世に行ひ、後進の制度の弁を助け給ふ、

中川は、官事の遂行に際して、「先蹤を考へ遵行」することを旨とするも、先例の文献の少なさを嘆じ、『御系略』のほか、『政門紀省』『柳営事略』などを編纂し、後進たちの「制度の弁」を助けたという。抜擢後の中川が職務の遂

行に際して、先例となる記録類の保存・整理の必要性を痛感したことがわかる。こうした幕府官僚としての意識は、中川個人の関心や活動と結びつき、記録類の保存・整理に向かうことになったと考えられる。この点、大目付時代の文政三年(一八二〇)に成立させた、時代ごとに幕府法令の条目をまとめた『憲法捷覧』の例言は注目される。[27]

【史料11】(35)

一公、御年十五にして書を好ませ、壮なるに及ひ典籍を渉猟し給ひ、深く　国家の制令・法度の世に知るもの希なるを歎かせ給ひ、憲教の書を提要集成し給ふへき雄志おハしましけれと、機務御いとまなきものから果し給わす、晩にやゝ憲法捷覧一巻を撰し、昔時の御志をおわせ給ふ、其書例言にいわく、

御当家追々被　仰出所之御条目・壁書・御法度書之類、家々に写し置て所持すへきハ勿論、人々　御教諭の御趣意を記憶すへき事と雖も今におよひて二百五十年に近く令条万数を以て算ふへきに至る、此故に強記の人なりとも悉く知覚する事かたく、又加るに、火災・水難・蠹食に滅ひ、家を継ものゝ幼弱衰老病痾によりて廃筆するものありて、古へありて今なく今有て古への考かたきに至るものすくなからす、其中もしくハ憲法の禁をしらす、是を犯すものあらんにハ尤ふかく恐れ歎くへき事ならすや、予若年ゟ憲法の書を好ミ輯録して座右に置、自鑑とせんと欲し、猶普く是を求といへとも下る所の御書付十の一も纂輯する事を得す、然れとも年次に於てハ少しく連続の姿を得たるに似たり、猶此蔵する所の憲法の条目を刻行し、諸士の一閲を経る事を得ハ不良を未萌に救ふの万分の一助にもならんかとの結草の微意によつて此挙におよふ所也、予か管窺贏(蠡)測を以て棄ることなくハ幸甚、以下撰例略之、

まず、藤方の言として、中川は一五歳から書物を好み、壮年期には典籍を渉猟したが、世に伝わる「国家の制令・法度」の少なさを歎じ、「憲教の書」の編纂を志したという。しかし、職務に忙殺されなかなかその志は叶わず、晩

年にようやく編纂が叶ったのが『憲法捷覧』だという。同書の例言のなかで、中川本人は次のように述べる。

幕府の発した「御条目壁書御法度書之類」は、各家において筆写され、また人びとは「御教諭」の趣意を記憶しているべきである。しかし、幕府がなってすでに二五〇年に近く、その令条は万数に及び、どんなに記憶力が優れている人でもその全てを記憶するのは難しくなっている。加えて、自然災害・害虫による記録類の被災や、当主の状態による筆写の途絶により、かつて存在していたものが現存せず、現在から過去を把握することが困難で、そのために意図せず制禁を犯すことは恐れ嘆じるべきことである。そのうえで、自身は若年より「憲法の書」を好み、収集して座右に置き亀鑑としたいと思ったが、幕府が発した書付の一分にも満たなかった。しかし、年次においては連続する程度にはなったので、自身が所蔵する憲法の書付の条目を刻行し、「不良」（先述の禁制を意図せず犯すことを指すか）を未然に防ぐことになれば幸いである。

右の例言によれば、中川は若年のころから「憲法の書」を好み、収集に努めていた。『憲法捷覧』は、令条が膨大となり、それらの保存・把握が追いついていないために、意図せず禁制を犯すことを防ぐべく編纂されたものだが、参照すべき先例の保存という点では、記録類の保存・整理の活動の一環に位置づけられる。それを可能としたのが、若年時から続けていた、自身の亀鑑とすることを目的とした幕府法令の収集であった。

抜擢後、中川は記録類の保存・整理の必要性を痛感し、「後進の制度の弁」を助ける書を複数残したとされるが、その前提として、若年時の中川の「憲法の書」への関心と、それに基づく幕府法令の収集活動を挙げることができる。

また、『憲法捷覧』執筆に先立つ、目付時代の寛政五年（一七九三）、中川は『監察故談』(28)を著わしている。その序文には、次のようにある。

【史料12】

微臣忠英、不才蒙昧且早宦を以て擢挙せられ、当役に起遷し、任せ辱る事こゝに六年の久しきを経たり、是微臣の其任に堪たる故にあらす、深く　寛仁の恩恵によつて微臣の蒙昧の故を以て捨るに忍ひ給ハす、厚くその澤に浴し、　神武の　洪威によつて人亦予か蒙昧を辱しむる事なし、然れとも自からその任に堪へすして、　君の明を損へきを知る、此故に戦兢ニ堪へす、こゝを以て宦を罷ん事を願んと思ふ事も亦こゝに六年なり、いまた其時至らす、遇の厚きいかんともする事不能、予か不才を以てすら洪恩によつて安く勤る事五年、況也後の此官【を】〔に〕挙らるゝ人、皆予にまさるへけれハ勤る事のいよ〳〵安かるへし、安き時ハかならす私意を以て折衷する事多からんか、況や方(才カ)いよ〳〵高を(きカ)人をや、此時に於て当役の作法を守る事、今予か偏に守るにはしかさることもあらんか、是作法の敗るゝにハあらす、賢者の敗るなれハ其時宜に随ふへけれとも、後より今を見るの助にもならんかと予か寮師神保佐渡守に聞く所の仕来といへるを今こゝに思ひ出る侭僅にその二ツ三ツを書載ぬ、然れとも不才にして記憶すくなけれとも、伝へし事をも多くハ遺忘しぬ、唯そのたしかに覚へしと思ふ事のミをのせぬ、後の賢者卓識を以て是を棄敗する事なく幸に旧に因てなを正し、補ふ事あらハ又復古の万分の一助にならんものなりといふ事□り、寛政五年癸丑の春、海浜鎮防の策を命せられ、東南七国巡視の暇津湊の滞泊に於て記之、

中川忠英記

右によれば、『監察故談』は、後世のため目付の職務上の「作法」「仕来」を守り伝えることを目的に、かつて「寮師」の神保長光から聞き取った事柄を記憶のままに記述したものであることがわかる。参照されるべき先例の保存という意識は、ここからも看て取れる。

神保は、宝暦五年（一七五五）九月に九代将軍家重に初めて拝謁し、同一二年九月に書院番となり、明和七年（一七七〇）四月に先代長勝の致仕を受けて家督を相続、天明元年（一七八一）七月に徒頭となり、同一二月に布衣の着用を許される。同四年四月に目付、寛政二年（一七九〇）九月に小普請奉行となり、同一一月に従五位下佐渡守に叙任される。同八年二月に普請奉行、翌九年八月に作事奉行、同一二年五月に大目付になっている。(29)

神保は、史料1の通り、『令聞余響』のなかで中川ととくに深く交際した人物として名が挙げられている。目付・大目付時代には中川の先役であり、縁戚関係も形成しており、公私にわたり関係の深い人物であったことがわかる。「よしの冊子」の風聞からは、神保は目付部屋の仕来に通じていたことがうかがえ、(30)先例の保存には、有識な先役との交際を通じた知識の吸収が前提となっているといえる。

以上のように、中川は、目付抜擢以降、幕府官僚として先例となる記録類の保存・整理の必要性を痛感し、後進のための記録の執筆・編集を進めたが、その背景として、中川の若年時からの「憲法の書」への関心と、それに基づく幕令の収集活動が挙げられ、執筆・編集の前提として、神保長光のような、有識な先役との交際を通じた知識の吸収が行なわれていたことがわかる。

四　抜擢以降の中川の活動と交際

幕府官僚としての中川の大きな事績として、勘定奉行兼帯関東郡代時代における地域の詳細な歴史・地理情報の収集が挙げられる。この動向の背景には、当該期の社会変容や対外危機が指摘されている。(31)岩橋清美は、寛政期以降、中川（幕府）が秋山富南や内山真龍ら地方文人による地誌編纂を支援したことを明らかにし、地域民衆の歴史への関心を背景に、彼らを支援することで変容する地域社会の把握・再編を図ったことを論じている(32)。

先述のように、中川は勘定奉行兼帯関東郡代時代に世間の「好古」趣味の広がりを認識しており、また自身も「好古」趣味をもっていた。地域との歴史意識の違いによって生じる矛盾を抱えつつも、当該期の幕府が、地域民衆との交流と協働を通じて歴史・地理情報の収集・把握を進められたのは、中川の役割が大きいと考える。

また、長崎奉行時代にも地方の知識人との交流を行なっていることが、次の金沢子匹の『春秋左伝国次』への序文執筆からうかがえる。

【史料13】（附録一3）

○左伝国次序

寛政丙辰秋、余、自二長嵜一還二江戸一、宿痾新癒、長途無レ事、於レ是命二所レ経舘人一、有二書画珍器之可レ観者一、使レ出レ之而観レ之以慰二旅況一、云、参州岡崎舘人出二一書一曰、僻地野人不レ知レ所二以応一レ需、此書也、隣舎金澤休者所レ撰、而編集有レ年、年適脱レ稿幸賜二一覧一、且得二執事一言一以冠二巻首一、則草莽之栄、不三啻得二拱璧一也、余取視レ之、題曰二春秋左伝国次一、其為レ書也、区二別列国一而以レ事繋レ国、成敗存亡之機、祥異豊耗之跡、粲然可レ観矣、伝義可二得而解一也、経理可二得而会一也、夫春秋之為レ書也、聖人筆二削之一、以為二万世之亀鑑一、而義理之深遠、文辞之謹厳、学者未レ易二通暁一也、於レ是乎有二三伝一、亦皆先秦之作而其文簡古、亦未レ易二通暁一也、於レ是乎諸家有二註解一、雖レ然此書以レ事繋レ国者未二之有一也、今而有二此挙一、可レ謂レ有レ補二于学者一矣、嗚呼吾儕、執レ笏立レ朝、職在二治民一者、猶且不レ能レ有下学以稗中益于世上焉、今休也、田野之人、而其用レ意如レ是、豈可レ不二恥且賞一乎哉、余於レ是有レ所二深感一也、因題二数言一以與、

寛政九年丁巳九月

従五位下飛騨守藤原朝臣忠英撰

大意　寛政八年秋、自分は長崎より江戸に帰る時、持病が癒え、長い旅も何事もなかった。そこで泊まった宿屋の主人に命じ、書画・珍器の観るべき物があったら、これを出させて鑑賞して旅情を慰めた。参州岡崎宿の旅宿の主人がある本を出して言うには、「僻地の田舎者なのでわけもわからず需めに応じます。此の本は、隣りの金澤休なる者が撰定したもので、編集に多くの時間を費やし、今年ちょうど脱稿しました。幸運にも一覧を賜ひ、その上中川様の言葉を得て、巻首を飾れれば、民衆の栄光にして、単に良い飾りを得るだけに留まりません」と。自分はこの本を取ってみた。題は春秋左伝国次といった。その本は列国を区別し、事項ごとに国を関連づけた。勃興するか滅亡するかの機微、変兆や豊凶の軌跡がはっきりと看て取れる。伝えたい筋道は理解することができる。正しい意義も理解することができる。そもそも春秋という本は孔子がこれを筆削し、万世の亀鑑とした。そして正しい道筋は深く遠く、文章表現は謹厳であり、学ぶ者がすべて明らかにするのは簡単なことではない。そのためか三つも注釈がある。またすべて先秦の作なのでその文章は簡潔である。しかしながら本書のように事項で国を関連づけることは今までなかった。今この本を出版することは、学ぶ者の助けになるといえるであろう。ああ、自分は官位をいただいて、民衆を治める役職にある。それでもなお学問で世に稗益することはできない。ところで休は民衆である。しかしその心を用いて有益な本を出版することは以上の通りである。どうして自分を恥じ、そのうえ休を賞賛しないでおられようか。自分はそこに深く感ずる所がある。因って数言を題して与える。

金沢家は、岡崎伝馬町の旅宿柏屋の主であり、同町成立以来の家で、代々岡崎宿の問屋を勤めており、子匹は寛政二年（一七九〇）に岡崎宿通行の琉球使節と詩を応酬するなど、漢詩に優れた在町文人として知られる。(33)

右の序文によれば、寛政八年の秋、長崎から江戸への帰路、岡崎宿に到着した中川は、旅宿の主人に対し、旅の慰めとして「書画・珍器」の観覧を所望している。この求めに応じて提出されたものが、金沢が編集した『春秋左伝国次』であった。編集に多年を要し、今年たまたま脱稿したとして、一覧のうえ、中川の言を巻首に掲載することができれば百姓にとっては栄光であると序文の執筆を求めている。

中川が一覧したところ、『春秋』の注釈書である『春秋左氏伝』を、国ごとに事項を分類し、各国の興廃や出来事を把握しやすくしたものであった。孔子筆削の『春秋』は難解であり、この理解を助ける注釈書として「春秋三伝」があるが、こちらも簡古に過ぎ、さらにその注釈書も作られたが、『春秋左伝国次』のように国ごとに事項を分類したものはなく、中川はそこに有用性を見出している。そのうえで、政治に関わり、治民の職にありながら、依然として学問を通じて世に稗益することができない自身の現状を顧みつつ、百姓の金沢が同書を完成させたことを称賛し、序文を贈っている。

さらに、白井哲哉は、中川による、武蔵国葛飾郡栗橋宿近辺における静御前伝承の再発見を指摘しており(34)(17)、中川が同地の静御前伝承に注目し、墓碑建立や袱紗寄付などを行なったことを機に、知識人や作家の紹介により徐々に当該地域が名所化していく動向を明らかにした。幕末には、同伝承は在村知識人の地誌でも紹介されるなど(35)、地域の名所としてアピールされていくのであり、中川による地域の伝承への注目が名所化へと繋がり、地域による主体的なアピールの前提となる動向も地域の支援の一事例として重要である。

一九世紀の社会変容や対外情勢の緊迫化を背景に、幕府官僚として歴史・地理情報の収集に努める過程で、中川は地方文人と交際し、彼らの学問活動を支援していたことが指摘されているが、『春秋左伝国次』の序文からも、そうした中川の地方文人との交際と支援の姿勢を見出すことができる。

おわりに

本稿では、『令聞余響』をもとに、従来幕府官僚としてその公的動向や事跡、経歴が明らかにされてきた中川忠英について、交際関係、とくに抜擢以前の交際関係にも注目しつつ考察してきた。

まず、第一節では、中川が展開した、大名・旗本、公家、学者、地方文人との広範な交際関係の一端を確認した。第二節では、書籍や学問・芸術の子弟関係をめぐる交際関係から、目付抜擢以前における瀬名貞雄や大久保酉山ら好学の旗本たちとの交際関係や、中川の「好古」趣味を指摘した。

第三節では、まず目付抜擢以降、幕府官僚として、先例となる記録類の保存・整理の必要性を痛感したことを確認した。そのうえで、そうした幕府官僚としての中川の意識が、若年時からの「憲法の書」への関心や幕府令条の収集という活動と結びつき、後進のための記録類の保存・整理へと向かったことを論じた。また、参照すべき先例などの保存は、目付時代の神保長光のような、有識な先役との交際を前提としていたことを論じた。

第四節では、中川が、主に勘定奉行兼帯関東郡代時代、在地社会の変容や対外情勢の緊迫化を背景に、歴史・地理情報の収集に努める過程で、地方文人と交際し、彼らの学問活動を支援していたことを確認した。そのうえで、岡崎宿の知識人である金沢子匹の『春秋左伝国次』への序文から、長崎奉行時代にも民衆の学問活動を支援する姿勢が見出せることを指摘した。

本稿で確認したように、『令聞余響』からは、中川の幅広い交際関係の一端がうかがえ、また中川の「好古」趣味や若年時からの「憲法の書」への関心が、抜擢以降の動向や事跡を考えるうえで重要な要素であることが認識できた。今後も、引き続き中川の交際関係や、その背景としての学問的関心や意識を明らかにしていきたい。

註

（1）以下、『新訂寛政重修諸家譜』五巻（高柳光寿ほか編、続群書類従完成会、一九六四年）三八～四〇頁、『令聞余響』。
（2）右同。
（3）吉岡孝「江戸周辺における地域秩序の変容と「生活」―勘定奉行兼帯関東郡代役所の活動を通じて―」（村上直編『幕藩制社会の地域的展開』雄山閣出版、一九九六年）、白井哲哉『日本近世地誌編纂史研究』（思文閣出版、二〇〇四年）二部四章「寛政～文化期の書物編纂と江戸幕府」、高澤憲治『松平定信政権と寛政改革』（清文堂出版、二〇〇八年）二部五章「寛政九年老中松平信明の勝手掛専管」、岩橋清美『近世日本の歴史意識と情報空間』（名著出版、二〇一〇年）二編一章「江戸幕府の地誌編纂における寛政期の意義」。
（4）小川恭一「「柳営学」の人々（1）三田村鳶魚翁と中川忠英」（『日本古書通信』八一六、一九九七年）。
（5）鈴木康子「長崎奉行中川飛驒守忠英について―寛政～文政期における知識人官僚の果たした役割―」（『花園大学文学部研究紀要』四九、二〇一七年）。
（6）岩橋註（3）書。
（7）有馬成甫『北条氏長とその兵学』（明隣堂書店、一九三六年）第二編第一「士鑑用法註釈」一般的解説。
（8）右同。
（9）『新訂寛政重修諸家譜』二巻、二三四頁、濱田義一郎編『大田南畝全集』一七巻（岩波書店、一九八八年）三八七頁。
（10）小林ふみ子「江戸の歴史のたどり方―考証の先達、瀬名貞雄・大久保忠寄と大田南畝―」（法政大学江戸東京研究センター・小林ふみ子・中丸宣明編『好古趣味の歴史　江戸東京からたどる』文学通信、二〇二〇年）。
(11)『よしの冊子』上（林銑三・野間光辰・中村幸彦・朝倉治彦編『随筆百花苑』八巻、中央公論社、一九八〇年）二七四～二七五頁。
(12)『新訂寛政重修諸家譜』一二巻、二六五頁。
(13)『大田南畝全集』一二巻、三二二～三三三頁。
(14)『新訂寛政重修諸家譜』一八巻、九六～九七頁。
(15)『新訂寛政重修諸家譜』一二巻、二二頁。
(16)三橋広延「国史大系『日本逸史』付載資料の内容と伝来」（『国史学』一五五、一九九五年）。
(17)国立公文書館内閣文庫元老院旧蔵『公卿補任』（請求番号一四六–〇七四九）一〇三。
(18)『大田南畝全集』一一巻、五四三～五四四頁、『新訂寛政重修諸家譜』一巻、一四頁。
(19)『よしの冊子』上、一四三・二〇七頁。
(20)『よしの冊子』上、一〇〇～一〇一頁。鈴木註(5)論文。
(21)『よしの冊子』上、一九九・二〇三頁。
(22)『続徳川実紀』一篇（黒板勝美編『新訂増補国史大系』四八巻、国史大系刊行会、一九三三年）六七・七五頁。『よしの冊子』上、一九五・一九八頁。
(23)『続徳川実紀』一篇、七七頁。
(24)『よしの冊子』上、二二〇頁。
(25)『よしの冊子』上、二三二頁。

(26) 鈴木註(5)論文。

(27) 『憲法捷覧』は、文政三年(一八二〇)成立。『柳営事略』は、大目付時代の文化一四年(一八一七)成立。著者名は城北隠士。幕府の年中行事、衣服についてまとめたもの。

(28) 東京大学史料編纂所所蔵。

(29) 『新訂寛政重修諸家譜』一八巻、一三一〜一三二頁、『続徳川実紀』一篇、四三五頁。

(30) 「よしの冊子」に次のような風聞が見出せる。

一去る十三日(天明八年一一月一三日)、越中様中ノ間へ御目付を御呼被成、御目付勤方唯今迄随分宜く御座候へ共、猶又此上相慎、部屋等ニても念比に申合被相勤候様ニと御意御座候処、奉畏候と一通り申上候へバ宜候処、神保喜内兼而存寄も御座候哉ニて、御目付部屋の事抔、其訳ハか様〳〵其儀ハか様〳〵と申ニ付、曲淵勝二郎、牧野織部もそれに取付、段々右の訳を申上候由。越中守様にハ只一ト通り、此已後尚又申合よろしく勤候様ニと被仰渡候計、趣意を御尋被成候思召ニてハ無之処、とはず語りを御職より申出し、段々申上候ニ付、越中様ニも御顔色不宜、甚御立腹の御様子に御座候ニ付、菅沼新三郎委細奉畏候と御受申上、皆々退候由。就右神保、牧野よりはじめ桑原迄五人御役御免で可有之と沙汰仕候由。其内にも神保ハ別てお職ニて、部屋不取締りと申事聞候事を相恐れ、今日召スか明日召歟と甚あんじ居候由。曲淵牧野ハ部屋ニて元気ものさわぎの先生故、是又相恐罷在候由。当日伝通院御修復見分ニ可参と神保申上候処、御沙汰無之、平賀式部に見分被仰付候ニ付、猶々神保相恐極めてしくじるだろふと恐入候由。河野勘右衛門ハ六番めに御座候付、此度の事ハ先ヅおれが取計ハねバならぬと、彼是部屋のセ話を仕候由。坂部十郎左衛門も存寄入候を仲間へ差出候由。就右御目付部屋上へを下へと大騒ニて、俄に夜具を入候つゞらを小サクいたし、釣台ニて運び候を一人持ニいたし候抔、弁当も一入麁末ニ相成候由。坂部抔の存寄ハ、弁当ハ命を養ふものだから大概に致すがよいと申、平賀ハ何も元の通りで何もかもよいと、あまり騒ぎ不申由。永井伊織、中川抔ハ内心甚相悦、別而伊織など申候ハ、とふにこふしたかつたが、どふも部屋の風がわるかつた。是で雨降て地かたまるといふものだと、甚有がたがり候よし。御目付部やの坊主へも歳暮に弐両ヅヽ遣候が、弐両も止にしてことし計で来年からハやらぬがよいとも申、直に今年から止るが能とも申し、いづれニも御目付部屋ハ大騒ニ御座候よし（『よしの冊子』上、二六一～二六二頁）。

右は、定信による目付への一通りの御意に対して、神保や曲淵、牧野らが「とはず語り」を始めたため、定信が立腹し、後日神保らの免職の風聞が流れたことで、意見した面々が狼狽した、という主旨の風聞である。このなかで、神保は、「兼而存寄も御座候哉ニて、御目付部屋の事抔、其訳ハか様〳〵其儀ハか様〳〵と申ニ付、曲淵勝二郎、牧野織部もそれに取付、段々右の訳を申上候由」と、定信に対し、目付部屋の風儀について「とはず語り」の口火を切った人物とされている。

（31）吉岡註（3）論文、白井註（3）書。
（32）岩橋註（3）書。
（33）『新編岡崎市史一三　近世学芸』（新編岡崎市史編集委員会編、同会、一九八四年）九八四～九八六頁。
（34）白井哲哉監修・久喜市教育委員会文化財保護課編『静御前の伝承』（久喜市教育委員会、二〇一七年）。
（35）『利根川図志』（赤松宗旦著・柳田国男校訂、岩波書店、一九三八年）八〇～八五頁。

中川忠英の文芸活動とその役割

村上瑞木

はじめに――和歌と権威をめぐる問題――

和歌は中世以来、インドや中国など対外的な他者の認識に対応した「日本意識」を表象し、対内的にはその固有性から共同幻想を生み出す手段として用いられた(1)。また和歌を詠む行為は統合的な「公」秩序の認識を齎し、鎌倉期には和歌により結ばれる秩序が鎌倉武士へも広がりを見せ、王朝和歌の再現が鎌倉でも行なわれた(2)。このような秩序形成は、より政治的にみると君臣関係を和歌が媒介する「歌徳システム」により成立していた(3)。

加えて、和歌に景観と季節的事物が歌枕として結びつきイメージ化され、名所をも形成する。近世に至るまで多くの事物が和歌に詠み込まれ、名所が生み出されてきた(4)。特に大名家では和歌への景観の詠み込みにより、領内に名所を新たに創出する事例が多くみられる。陸奥中村藩では、領内に「松川十二景」を創出するため、東山天皇の勅免を受けた公家歌人に和歌を詠ませ、名所創出による新藩主相馬昌胤の正統性の確立をめざす意図があったと指摘されている(5)。また秋田藩では、菅江真澄が藩主佐竹義和の命を受け領内に名所を見立て、佐竹氏と藩領との歴史的関係性の創出により統治空間の認識が齎されたと明らかにされている(6)。このほか土浦藩でも、藩主土屋家の関与による土浦八景の創出がみられる。(7)筆者も水戸藩主徳川斉昭による偕楽園の名所化の意図を明らかにするなかで、領内にみられた旧来の「仙波湖八景」や、新たに斉昭が創出した「水戸八景」と、庭園との相関性を指摘した。(8)

さらに、大名家に限らず将軍家においても徳川吉宗による名所化の事例がみられ、墨田川における和歌を用いた将軍の理世撫民的イメージ化や、(9)飛鳥山における将軍権威の表象が指摘される。(10)これら、将軍が創出した名所を意識するなかで、在村でも「村方旧記」などの地域の歴史を具現化する形で新名所が創出されていた。(11)このような、過去の歴史をもとに創り出された新しい名所は、エリック・ホブズボウムが提唱した「創り出された伝統」に近い構造を示しているともいえるだろう。(12)

ともかく、これら近世武家による名所創出では、近世初期には天皇や公家による和歌の歴史的正統性が求められ、鎌倉武士以来の「公」秩序の認識に近い。その後、和歌に詠み込まれる「名所」を領内に創出し、古式復興による統治上の歴史的正統性が求められるようになる。

これらの視点を踏まえ本稿では、旗本が詠んだ和歌の機能的側面として、上記のような権威性や政治性の発見を最終目標とする。具体的な検討としては、長崎奉行や勘定奉行・関東郡代を歴任した中川忠英の言行録『令聞余響』を題材に、幕臣の職務上いかに文芸活動が位置付けられるかを検証する。

幕臣の文芸活動については大田南畝が特筆されるが、彼を対象とした研究では、狂歌の解釈や狂歌サークルの人的ネットワーク、考証家としての活動などが注目されている。(13)このほか関東郡代手代の狂歌歌壇への参加なども指摘されているが、(14)人的ネットワークに重きを置いた研究となっている。本稿でも中川忠英の和歌を検討する前提として、松平定信（楽翁）を中心とする「楽翁文化圏」における和歌ネットワークと、忠英の周辺人物による和歌活動を検討した。

中川忠英に関する先行研究では、彼の文事に関する研究がみられる。[15]特に『清俗紀聞』をはじめ多くの著作が知られ、『令聞余響』にも引用されている。また、彼と地方文人との関わりから、地誌編纂が行なわれた事例も挙げられている。[16]その一方で彼の詩歌はほとんど知られておらず、よって文芸活動に目を向けた研究も現在のところみられない。

しかしながら、忠英の子孫への教戒を目的に編纂されたと考えられる『令聞余響』には、[17]彼が吟詠した詩歌に加え、彼に贈られた詩歌も所収されている。これらから特に中川忠英が長崎奉行や関東郡代兼帯など在地支配を担うなかでの、赴任地における和歌活動の傾向の分析が可能となるだろう。また、旗本の言行録において、どのような和歌が採録されているか、その一例として編者藤方安清の意図も確認していきたい。

一　『令聞余響』にみられる詩歌の分類

1　『令聞余響』所収詩歌の分析

本書では中川忠英の言行録『令聞余響』を扱っているが、その編纂過程や意図については、本書所収の拙稿「解題」で述べたとおりである。『令聞余響』本文の出典の多くは、中川勘三郎家の外部から齎されたと考えられる文献で構成されて、出典となっており、そこには編者藤方安清の立場や、中川家内部での事情が想起される。以下では解題での分析結果も踏まえつつ、『令聞余響』附録部分での「詩歌文章」の出典と、撰集状況について確認する（以下、本書第三部翻刻編所収の項目を（　）で記す）。

『令聞余響』編纂者の藤方安清は、「公、詩歌文章ハ専務とし給わさる所なれとも、折にふれ、時にのそミて、咨嗟

内 容	分類	所 在：国書データベースより ＊備考
徳川氏の事績伝記	柳営	【写】国会(6冊)、内閣(安政3写、2冊)(5巻5冊)(2冊)(1冊)、静嘉(1冊)、宮書(6冊)、東博(7冊)、京大(7巻7冊)(「柳営略譜」2巻2冊)、教大(3巻3冊)、慶大(2冊本2部)、慶大幸田(2巻2冊)、東大(2冊本2部)(1冊)(遠山景晋補、1冊)(遠山景晋補、2巻2冊)、東北大狩野(1冊)(抄、1冊)、明大(5巻5冊)、日比谷東京(3巻1冊)、山口(2冊)、上田花月(1冊)、豊橋(2冊)、大橋(1冊)、神宮(1冊)、尊経(3巻3冊)、無窮神習(1冊)、仙台伊達家(2冊) 【複】〔活〕未刊随筆百種15
徳川氏系図か	柳営	—
為政	柳営	—
為政	柳営	【写】国会(鶯宿雑記の内)、内閣(天明元～文政9、1冊) 【版】宮書(天明6～文化14、1冊)、教大(巻5、1冊)、慶大幸田(巻5、1冊)、無窮神習(1冊)、[補遺]内閣(「御書付見出」巻5、天明6～文化14、1冊)
将軍家年中行事、「年中衣服略記」	柳営	【写】大阪市大森、東北大(仙台藩法制史料六七)、千葉、長崎 【版】東博、学習院、京大、早大、東大、東大史料、日大、広島大、石川李花、日比谷加賀、茶図成簣、無窮神習、旧浅野、旧海兵
国史か	歴史	【版】東北大狩野、学書言志、宮書、教大、早大、宮城、旧彰考、学書言志
年表	歴史	—
清人の年中行事、民俗	文化	【写】東大(1冊)、[補遺]慶大富士川(抄、1冊) 【版】国会、内閣、静嘉、東洋小田切、宮書、香川大神原(巻1・3～5欠、4冊)、金沢大、九大、京大、教大、神戸大、東大、東北大狩野、日大(巻13欠、5冊)、一橋大、石川李花、大阪府、長崎、日比谷加賀、足利、岩瀬、刈谷、蓬左、米沢興譲、金刀比羅、神宮、竹清、茶図成簣、無窮織田、無窮真軒、無窮神習、礫川、旧浅野、旧三井本居、仙台伊達家、延岡内藤家、学書言志、津田繁二、中山久四郎、[補遺]東博、愛知学芸、岡山大池田、学習院、鹿児島大玉里、京大潁原(欠本、5冊)、慶大、東洋大哲学堂、竜谷(1冊)、京都府、日比谷市村、日比谷東京、宮城養賢堂、長崎博、古靭、天理、薬師寺、祐徳 【複】〔活〕清俗紀聞(明治9)(明治27)
女教訓書か	教育	—
中華王朝年鑑か	歴史	＊『本朝年鑑』に対応する。
—	—	＊「跡部氏の問に答え給ひし書なり」
皇統の事績伝記か	歴史	—
紀行文か	文学	—
塩の効果について	医学	【写】『令聞余響』、【版】杏雨＊「村岡某か索めに応して輯させ給ふ」
麻疹医法	医学	【版】内藤くすり大同
民間療法書	医学	【版】京大富士川＊参考典籍は『奇工方法』、書者名不明。
神社	神道	＊「夏目信平朝臣の問に答えさせ給ふ処の書なり」
直轄領に関する記載か	柳営	—
統治に関するものか	柳営	—
手習書か、初等教育書	教育	『令聞余響』

【表１】中川忠英著作目録（『令聞余響』(6)をもとに作成）

No.	題	数量	作者	版	年　代
1	柳営譜略	1	中川忠英謹撰	写本	—
2	補正御系略	1	—	版本	—
3	政門紀省	1	—	版本	—
4	憲法捷覧	1	常山子信「印」	版本	［自序］文政三庚辰十二月
5	柳営事略	1	城北隠士「印」	版本	［自序］文化丁丑季冬
6	本朝年鑑	1	常山雨斎	版本	［自序］文化丙寅冬日
7	両面年表	1		版本	
8	清俗紀聞	6	中川駿台 窃恩館蔵版	版本	［林述斎序］寛政十有一年秋八月 ［黒澤惟直撰］寛政己未秋九月 ［中井蕉園序］寛政戊午七月朔 ［刊記］寛政十一年己未八月新鐫
9	女訓百鑑	3	—	版本	—
10	唐土年鑑稿	1	—	（原稿）	—
11	甕牖漫録	1	—	—	—
12	歴代帝王譜略	1	—	—	—
13	帰崎路説	1	—	—	—
14	戒鹹録	1	—	版本	（文政11年秋）
15	救疹便覧	1	—	版本	（文政７年春）
16	奇工方法	6	（捜錦閣）	写本	—
17	宮社遷礎考	1	—	—	—
18	寰内雑載	3	—	—	—
19	大統類事稿	—	—	（原稿）	—
20	教童始筆	1	寂堂誌	—	［跋］文政己卯十一月

詠歎の言の葉にのべ給へるものあり」（附録一1）と述べており、中川忠英が和歌・俳諧・漢詩文を専門としていなかったが、「呇嗟詠歎」を述べるため折にふれて詩歌を吟詠したと語っている。実際に『令聞余響』所収の和歌では掛詞が用いられている例が四首のみであり、「呇嗟詠歎」を読み取れる和歌も少ないため、技巧的にも優れて得意とは言い難い。

また、「公麗藻をもて事とし給ハさりけれハ、吟稿の御もふけなし、故に今わつかに臆記する所の御詠を右に出すのミ」（附録一106）と、中川忠英はほとんどの和歌を「麗藻」（短冊などに清書か）とせず、草稿もなかったため、『令聞余響』編纂でも僅かに安清が記したものを掲載したという。すなわち、附録の詩歌についても外部からの収集に依拠せざるを得ない状況にあったとうかがえ、撰集にもある程度の偏りが生じると予想される。以上から彼は地誌・柳営・医学関係の書物の編纂を行ない文事に優れた人物だが（表1）、一方で詩歌文章などの文芸活動が特筆して多いとは言い難い。

このような編纂状況は、実際に『令聞余響』への収録数にも影響しており、和歌五八首、俳諧三七首、漢詩文二四文で、附録には部立ても存在しない。これらの事情から本稿では便宜上、和歌・俳諧を「季節」「所感」「職務」「交友」「その他」の五つに分類し、比較分析を行ない、併せて漢詩文についても検討した（図1）。

まず和歌では、贈答を主とした「交友」が最多数を占め、次に「季節」「職務」が多い。一方の俳諧は、「季節」が半数近くを占め、和歌で多くみられた「交友」「職務」の割合が比較的少ない。ただし、俳諧でも三人で吟作する「三吟」がみられるため、和歌と同様に何らかのコミュニティに加わっていた可能性がある。すなわち、俳諧も「交友」のツールとして機能していたとみなされるが、忠英の俳号が不明であるため、本稿ではこれ以上の展開は見込めなかった。以上から、特に和歌が中川忠英の「交友」を示す言語的ツールとしての役割が大きいと評価できる。

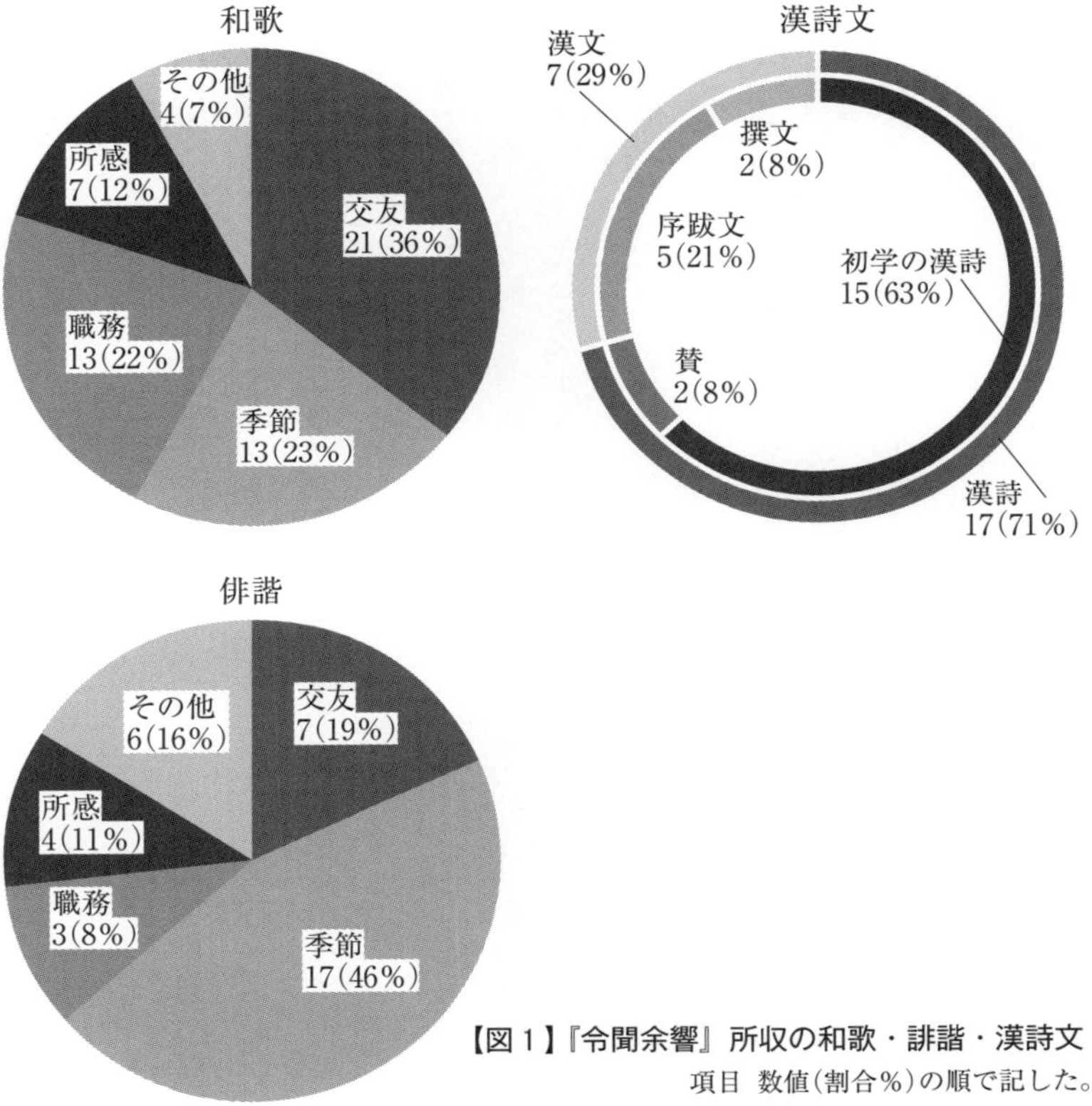

【図１】『令聞余響』所収の和歌・俳諧・漢詩文
項目　数値（割合％）の順で記した。

『令聞余響』所収の漢詩文について、藤方は「公、終身詩を賦し給わす、蓋右に載る所は初学の御作にして、艸稿存するもの数首に過す」（附録一21）と述べており、中川忠英は漢詩を賦さず、附録部分一七首の漢詩のうち初学以外の漢詩は二首の「賛」のみとなっている。また、漢詩のほか漢文七文もあり、うち五文は著作物の序跋文、二文が神前や祠堂の撰文となっており、「令徳神前額」[18]（附録一26）のような扁額も含まれる。以上から、和歌でみられた「交友」の役割をもつ中川忠英の漢詩文は確認できず、初学の作が中心となるため、明確な偏りが生じている。

このほか『令聞余響』本編にも多くの漢詩文が引用されているが、いずれも撰文や序跋文が多い傾向にある。ただし、中川忠英と漢詩文の関わりは次のような事例も見られる。

【史料1】(31)

一御閑居といへとも端座人に対るかことく造次も堕状おわさゝりき、御平生の座器誡詞を題し給ふ、楊枝の筐に楊枝須レ磨レ歯、諫諍須レ磨レ心、又食箸の匱に、一思二国恩一、一察二民苦一の語を清人蔣恒をして書セしめ給ふ、往々鑑言を書して座右の銘とし給ふ、倹以安レ衆、素以保レ寿、また婆心一発百事廃、また愛レ衆而疎二於親一者不レ識二愛情一也、愛レ親而不レ及レ衆者亦不レ識二愛情一也、情愛於レ中而自為二厚薄一、また人皆謂二其家一曰二吾家一、謂二其身一曰二吾身一、是皆非也、其家其身皆君之有也、不レ可レ不レ慎也、この余猶多し、闕て不録、

忠英は常日頃用いる道具に「誡詞」を題したといい、楊枝入には「楊枝須レ磨レ歯、諫諍須レ磨レ心」、箸箱に「一思二国恩一、一察二民苦一」と書かれており、彼はこれらの語を座右の銘としていたという。これらの題は忠英ではなく、「清人蔣恒」なる人物が書いている。この蔣恒は忠英が編著したという『清俗紀聞』末尾の編纂協力者に「清国蘇州」「蔣恒」とあり、寛政期に長崎を訪れた清国商人と考えられる。このように漢詩文を用いた交流は確認されるが、先に述べたように、中川忠英自作の漢詩文が贈与された事例は管見の限りみられない。

以上から、中川忠英にとって「交友」を担う言語ツールとして作用したのは「和歌」と位置付けられるだろう。その一方で、「詩歌文章ハ専務とし給わさる所なれとも」(附録一1)と、和歌を得意としない彼が用いた和歌の役割こそ、旗本の和歌を捉える好例となるのではないだろうか。

2 中川忠英の和歌知識

『令聞余響』では中川忠英の知識形成にまつわる項目がみられ、和歌については「和歌をはしめ内山淳時賀邸と号に学

ひ、後朝比奈昌始朝臣にはからせ給ふ」(3)とみられる。ここでは、当初は内山淳時に和歌を学び、その後は朝比奈昌始の和歌を手本としたとされている。内山淳時は「賀邸」「椿軒」と号した狂歌師・歌人であり、大田南畝の師にあたる人物として知られるが、他にも川井久敬・岡田恕（寒泉）・久世広民・朝比奈昌始ら幕臣が門下に見られる。(19)中川忠英がいつから内山淳時門下となったか定かではないが、忠英が目付となった天明八年（一七八八）に淳時は死去し、これ以降は朝比奈昌始の和歌を参考としたという。

なお、内山淳時門下が、朝廷文化などの雅を仮装的に模した「天明狂歌」において先駆的に出現したとされており、(20)天明期の狂歌を牽引するグループであった。中川忠英についても『令聞余響』に次のような狂歌がみられるため、左に掲げたい。

【史料2】(44)（傍線引用者、以下同じ）

一公、もとより釈氏の道を好ミ給わす、殊に当時緇侶の不如法なるを悪ませ給ふ故に、千歳の御後御法諡の格、祖考の先蹤に踰えん事を憂ひはからせ給ひ、嘗て達如上人の道徳おわしけるを知らせ給ひ、上人につきて御諱をもて追諡と定め給ハんことを乞わせられしかハ、やかて御染筆ありて　釋忠英とそ遊されけり、此一軸をおさめ置給ふ筐にそへさせ給ひし御歌、

文化十四うしとし霜月

御門主よりのりの名給わりけれハ

生死をわくる心そ迷ひなる生て忠英死《テル》てちうゑゐ

これは中川忠英が文化一四年（一八一七）に東本願寺の達如から賜った諡号染筆に関する記載であり、これに続いて文化六年（一八〇九）に得た「南無阿弥陀仏」の名号染筆を収める軸の箱書の引用もみられる。箱書には忠英が名号染

筆を達如に依頼した過程が書かれており、[21]中川家先祖が「神君」(家康)の命により東本願寺(浅草)[22]の信徒となった経緯から、染筆が授与されている。このような達如との関係性が、文化一四年の謚号染筆授与にも繋がったのだろう。ここで詠まれている狂歌は謚号染筆の軸を収める箱に添えられ、生前の「忠英《ただてる》」と法号「釋忠英《ちゅうえい》」をかけて詠まれており、「於此余か宿志はしめて遂け」(44)た喜びが表わされたといえる。なお、中川忠英が墓所に寿蔵碑を建てたという話も『令聞余響』(46)にみられ、生前から自身の死後に備えていたとうかがえる。

　ここまで和歌に関する中川忠英の知識形成を概観し、内山淳時の影響を垣間見たが、忠英の和歌観についても『令聞余響』にみられる。

【史料3】(36)

一中世以降和歌の宗匠家々に深秘口決の伝あり、　公、常に是を歎してのたまわく、和歌ハもと咨嗟詠歎の余りに出るものなれハ、花になく鶯、水にすむ蛙もいつれか歌をよまさりけんと書り、されハ秘授なといふ事のあるへきや、すへて本邦後世の俗、万つの道にさせる事なきを、人に伝るを忌ミ憚り、終に其人亡ひ、其伝の残らさる多し、是　吾邦風習の弊にして、唐山《モロコシ》に及ハさるの一なりと示し給ひき、

中川忠英の和歌観では、中世以降の和歌の宗匠には「深秘口決の伝」があるが、忠英はそれを嘆いている。彼は和歌を「咨嗟詠歎の余り」に出るものと位置づけ、そうであるなら「秘授」があるべきであろうか、と疑問を投げかけていた。すなわち、和歌宗匠家が「深秘口決の伝」の流布を忌避することで、その相伝者の死去により秘伝が失われている点を問題視しており、これこそ日本の風俗の弊害にして、中国に及ばないものの一つである、と示している。なお、宗匠の相伝による歌道の衰えについては、本居宣長が指摘しているが、中川忠英への宣長の影響を示す史料は管見の限り見られない。[23]一方、史料3後半で示された、和歌の秘伝が日本文化の弊害であり、中国に及ばないとす

る考えは、まさに本稿の冒頭で示した「日本意識」の表象としての和歌の在り方に近く、忠英の考えでも漢詩（中国）との対比がみられる。

このような和歌観は、吉宗政権において統治理論として取り入れられた古式復興の要素との関係性が考えられる。中国文明に価値を置きながら、それに匹敵する「歴史」を日本のなかに発見しようとする動向の一環が和歌であり、和歌がもつ「理世撫民」の統治理念が江戸幕府の正統性を主張する根底にあったとされる(24)。すなわち、史料3から、中川忠英にも同様の和歌観があったといえるだろう。

二　交際と和歌

1 和歌サロンと中川忠英・佐野義行

中川忠英の交際関係の考察は本書所収井上論文に譲るとし、本項は彼の和歌からみられる人間関係を明らかにしていく。忠英の和歌をみるうえで重要なのは、彼が活躍した寛政～文政期における幕臣の和歌の傾向である。当該期には松平定信を中心とした古典主義的な和歌サロンが幕臣を中心に広がったとされ、そのなかで幕府歌学方北村季文による活動が目立つとされる。

松野陽一(25)によれば、季文の活動は松平定信の文人圏（松野はこれを「楽翁文化圏」と呼ぶ）を「場」としており、本格化したのは定信致仕後の「浴恩園」での文雅サロンであったという。また季文の公的活動の一つに、柳営の礼典整備の一環として、『幕朝年中行事歌合』編纂が挙げられ、定信・季文のほか堀田正敦や林衡（述斎）らの共同作業があったと明らかにされている。

【表2】「詠源氏物語和歌」参加者一覧

No.	題	前半			後半		
		詠者氏名	詠者	詠者肩書	詠者氏名	詠者	詠者肩書
1	桐壺	伊達斉宗	斉宗	仙台少将	大久保忠真	忠真	大久保加賀守
2	箒木	牧野忠精	忠精	長岡侍従	山本季鷹	季鷹	山本安房守
3	空蟬	土井利厚	利厚	古河侍従	小笠原貞哲	貞哲	小笠原備後守
4	夕顔	**松平定信**	**楽翁**	**白川少将入道**	津田将胤	将胤	津田壮之助
5	若紫	**植村家長**	**家長**	**植村駿河守**	高木正剛	正剛	高木主水正
6	末摘花	稲葉氏喜代子	多豆子	有馬左兵衛佐室	溝口直静	直静	溝口摂津守
7	紅葉賀	京極高備	高備	京極周防守	—	松平淡路守室	—
8	花宴	松平信順	信順	松平駿河守	—	白川少将入道末娘	—
9	葵	松浦清	静山	松浦	永井直常	直常	永井大之進
10	榊	阿部正精	正精	阿部備中守	尾崎雅嘉	雅嘉	尾崎春蔵
11	花散里	青山忠興	忠興	青山恒之助	中島貫一	貫一	中島勾当
12	須磨	巨勢利和	利和	巨勢日向守	津守国礼	国礼	津守
13	明石	**佐野義行**	**義行**	**佐野肥前守**	三輪久和	久和	三輪十左衛門
14	澪標	水野忠通	忠通	水野若狭守	—	海侃	感応寺
15	蓬生	成嶋勝雄	勝雄	成嶋仙蔵	堀利邦	利邦	堀尚三郎
16	関屋	**中川忠英**	**忠英**	**中川飛驒守**	羽倉信美	信美	羽倉豊前
17	絵合	**朝比奈昌始**	**昌始**	**朝比奈河内守**	井辻尚監	尚監	井辻仁兵衛
18	松風	石川忠房	忠房	石川右近将監	水野為長	為長	田安　水野左内
19	薄雲	根岸鎮衛	鎮衛	根岸肥前守	久世広景	道空	久世安芸守父
20	朝顔	成嶋司直	司直	成嶋邦之助	—	成子	堀大和守室
21	乙女	肥田頼常	頼常	肥田豊後守	—	永隆院	岡部因幡守母
22	玉鬘	近藤孟郷	孟郷(孟卿)	近藤吉左衛門	坪坂直好	直好	京東本願寺家来　坪坂右内
23	初音	秋山維棋	維棋	秋山内記	三原喬矩	喬矩	浪華　三原彦次
24	胡蝶	松平氏	嘉豆良子	植村駿河守室	林厚明	厚明	醍醐家臣　林為三郎
25	螢	清水浜臣	浜臣	清水玄長	田上政玄	政玄	浪華　田上利右衛門
26	常夏	有馬誉純	誉純	有馬左兵衛佐	上田元彊	元彊	同上(浪華)　上田松斎
27	篝火	一柳千古	千古	一柳	久志本常夏	常夏	久志本外記

28	野分	—	千枝子	築地本願寺塔頭真光寺祖母	上田重威	重威	浪華医　上田哲斎
29	御幸	安田躬弦	躬弦	松平越前守医師　安田一庵	町田永清	永清	浪華　町田綾右衛門
30	藤袴	横瀬貞征	貞征	横瀬侍従	江馬邦満	邦満	江馬道嘉
31	真木柱	長谷川安辰	安辰	長谷川弥右衛門	長谷川元岳	元岳	浪華　長谷川丈助
32	梅枝	屋代弘賢	弘賢	屋代太郎	久保田元久	元久	京　久保田勘兵衛
33	藤裏葉	山本正邦	正邦	山本原八郎	和田三斎	三斎	伏見　和田
34	若菜上	西田忠礼	忠礼	西田五郎右衛門	遠藤昌信	昌信	仙台家臣　遠藤勘解由
35	若菜下	中神守躬	守躬	中神悌三郎	石田準直	準直	同上(仙台家臣)　石田豊前
36	柏木	久貝蘭斎	蘭斎	久貝	福原資氏	資氏	同上(仙台家臣)　福原縫殿
37	横笛	**北村季文**	**季文**	**北村**	庄野良敬	良敬	酒井河内守家臣　庄野曹平
38	鈴虫	小笠原逸阿	逸阿	小笠原	福田定在	定在	板倉越中守家臣　福田真市
39	夕霧	岩城隆恕	隆恕	岩城伊予守	—	理子	九鬼和泉守室
40	御法	幡随意院斎阿	斎阿	幡随意院	—	古梁	仙台瑞宝寺
41	幻	佐々木花禅	花禅	佐々木	木下利徳	利徳	木下紀後守(紀伊守ヵ)
42	雲隠	—	興海	増上寺大僧正教誉上人	—	清寿尼	佐藤氏
43	匂宮	松平堯山	堯山	松平	—	富子	小島安芸守妻
44	紅梅	松平輝延	輝延	松平右京亮	九鬼隆国	隆国	九鬼和泉守
45	竹河	内藤正弘	正弘	内藤外記	三枝氏安幾子	安幾子	土屋紀伊守妻
46	橋姫	村田氏たせ子	たせ子	村田春海養女	有賀長収	長収	京　有賀
47	椎本	土岐頼庸	頼庸	土岐侍従	有賀長基	長基	同上(京)　有賀
48	総角	坂昌成	昌成	坂	遠藤庸信	庸信	仙台家臣　遠藤大内蔵
49	早蕨	戸田氏倚	氏倚	戸田侍従	齋藤永図	永図	同上(仙台家臣)　斎藤勝守
50	寄生	佐竹義和	義和	秋田侍従佐竹	大松澤実富	実富	同上(仙台家臣)　大松沢軍記
51	東屋	横田袋翁	袋翁	横田	八乙女盛章	盛章	同上(仙台家臣)　八乙女善助
52	浮舟	大関増業	増業	大関土佐守	清野定雄	定雄	同上(仙台家臣)　清野内蔵治
53	蜻蛉	塙保己一	保己一	塙検校	茂木義質	義質	同上(仙台家臣)　茂木勘十郎
54	手習	小野近義	近義	小野安芸守	猪苗代謙庭	謙庭	仙台家臣　猪苗代
55	夢浮橋	**堀田正敦**	**正敦**	**堀田摂津守**	遠藤胤統	胤統	遠藤但馬守

「詠者」「詠者肩書」は史料表記のまま。

佐佐木信綱「源語帖について」(『國學院雑誌』40–6、1934年)を参考とした。歌合とされるが評者不明のため、記載順の前半・後半で分割した。**太字**は本稿に多く登場する人物を指す。

この「楽翁文化圏」で行なわれた歌会のうち、堀田正敦が主催した「詠源氏物語和歌」（文化一一年〈一八一四〉）は参加者が諸大名や旗本で構成されており（表2）、松野は、この参加者を文化圏の構成メンバーとみている。[26]そのなかの一人に中川忠英の名前もみられ、『令聞余響』にも次の和歌がみられる。

【史料4】（附録一30）

○ある人の源氏の歌合、勧進せし時　　関屋

はからすもけふこそめくり逢坂や関のこかけに車とゝめて

史料4は「詠源氏物語和歌」に所収される中川忠英「関屋」の和歌と同一であるため、[27]「ある人」とは主催者の堀田正敦が該当する。このように、忠英は「楽翁文化圏」の一員であったとうかがえる。なお、サロンの中心人物の一人であった堀田正敦は、忠英とともに文化四年に蝦夷地の巡検を行なうなどの関係性が『令聞余響』[28]（1）でも語られるが、和歌については次の事例がみられる。

【史料5】（附録二8）

○文政十年の冬、御譲り受させ給ひしよりして、六十一年にあたりけれハ、親戚を集め、宴を設けて、嗣家の長久なるを祝わせ給ひける時、堅田侯堀田正敦朝臣より

七十五をことほきて

程もなく八十瀬の波をせき入て千代も施せし中川の宿

子むまこまてもをこたりなく奉仕する心を

末葉までいやさかえつゝくれ竹のよゝにかハらすさかへまつらむ

かくよみておこせ給ひけれハ、其ゆゑよしを肥前の守義行朝臣に乞わせ給ひしに、やかて千載遺志詞一まきを

そ記し給ひけり、

文政一〇年（一八二七）は中川忠英が家督を相続して六一年の節目にあたり、親戚を集めて祝宴が催された。その席上に堀田正敦が、中川忠英の七五歳を祝う和歌と、その子・孫を称える和歌の二首を贈っている。さらにこの和歌が贈られた経緯については、佐野義行に依頼した「千載遺志詞」にまとめられている。

【史料6】（附録二8）

千載遺志詞

世に果報いミしき人、おほくは陰徳をつミ、あるハ勤労の功によりてミな介福を得るなり、こゝに飛騨のかミ中川の忠英ハ、明和四のとし丁亥の十一月四日十五歳にて父の家を継き、安永六のとし丁酉の十二月十八日小普請の組頭に　命せられ、数多の官をすゝミへて御留守居までにのほり、万石の格に至り、蓑の筥《ハコ》をもたせ、老ぬれハ御あはれミくわゝり、文政八のとし乙酉の六月廿四日御籏の奉行にうつされ、是まで采地にそえてくたしをかれし五千石の高にむすひたるたしよねもとのまゝに賜りぬ、四のうみなみたゝぬ　御代には何のしわさもなく、たゝ致仕の身にひとしく心のとかは、あした夕のおきふし、老体安養の広恵をかしこみあふき思ふ、そのうへに子・うまこ繁茂し、世つきの弾正少弼忠宜も御かたはらちかうめしつかはれ叙爵して、世ににになき御めくみ、山高からす、海深からす、たとへむにものなし、さて去年ハ家督たまハりし支干相当のよろこひ、齢すてに古稀の余り五つになりしを祝ひ、莫太無比の朝恩を拝伏し、親族をあつめて賀宴を催むあらましを、参政の摂津のかミ紀の正敦朝臣聞つたえ、二首の祝詠をおくらる、そのふたひらのたにさくを表装し、賀筵のかへにかけて歓喜をのへ、かつ万世のすゑまで家につたえて子孫にしめし、国恩の厚義を永久忘れさらしめむとなり、されハその事のよしをしるしつけよとのもとめに応して、思ふにかの陰徳勤功のむくひをハ

顕したる老のこと、そのまめなるを感してこゝろたらされとも、
かしこさはめくみそふかき中川のなみ〳〵ならぬ老のゆくすえ
　肥前のかミふちハらの朝臣義ゆき、七十のうへ二とせの春、ちひれ筆をもてしるす、時ハ文政十一年つちの
　ゑ子のむつまし月野辺のワかなつミはやす日、

この「千載遺志詞」は主に三つの部分に分かれる。はじめに、家督相続をした明和四年（一七六七）以降の忠英の栄転が語られ、文政八年の御旗奉行就任に至っている。つぎに、致仕に等しい忠英の長閑な様子と、嫡子中川忠宜をはじめ子孫繁栄が述べられている。最後に、史料5でみられた文政一〇年の祝宴の様子と、堀田正敦の和歌の由縁が記される。また、堀田から贈られた和歌は「ふたひらのたにさく」（二枚の短冊）に書かれ、中川家では掛け軸に装丁し、祝宴の席で掛けられたとわかる。すなわち、この「千載遺志詞」は短冊に添えて作成された文章と理解でき、堀田の和歌を「万世のすゑまて家につたえて子孫にしめし、国恩の厚義を永久忘れさらしめむ」目的があった。この点が題名の「千載」に通じており、「遺志」は後世に残る忠英の意向を示すといえる。さらに「千載遺志詞」文末で佐野義行が詠んだ和歌では、「くむ《汲む》」「川」「なみ〳〵」がかけられており、また「ふかき《喜》」「ゆくすへ《寿》」など縁起の良い字母を用いるなどの表現もみられる。

「千載遺志詞」の筆者佐野義行もまた、先の「楽翁文化圏」に属しており、「詠源氏物語和歌」にも名前がみられる。[29]義行は、大和高取藩主植村家道の三男として生まれ、下野佐野家当主佐野徳行の長男久次郎が早世したため、徳行娘を妻として、安永二年（一七七三）四月八日に佐野家を相続した。同年一二月二二日に将軍家治に御目見得をし、天明元年（一七八一）四月二一日に小納戸役、同年一一月二八日御小姓となり、天明三年一二月一八日従五位下兵庫頭に叙任している。その後寛政九年（一七九七）に小普請組支配となり、寛政一〇年西ノ丸御小姓組となっている。「寛

政重修諸家譜」以降の経歴は定かではないが、「千載遺志詞」を執筆した翌年、文政一二年一〇月二〇日に七三歳で死去したとされる。(30)

なお、「寛政重修諸家譜」(31)での義行の経歴には将軍親筆や絵画の拝領が多くみられ、家治親筆〈富士に登り龍〉（天明三年三月二九日拝領）、家斉親筆〈水仙〉（天明七年六月朔日拝領）、家斉親筆〈野猪亀野馬〉（拝領時期不明）、狩野養仙院の掛幅（寛政四年八月一九日拝領）が下賜されている。このほか天明八年には家斉弟で一橋家世子の徳川治国に「帝範」を進講し、さらに仰せによりこれを浄書するなど、学問的素養が高い点もうかがえ、徳川将軍家との文化的関わりが強い人物といえる。

文芸活動も多くみられ、徳川家斉が寛政五年三月二三日に尾張藩下屋敷（戸山荘）を訪問した際の庭園遊覧記「とやまの春」(32)を義行が執筆している。他にも、寛政七年三月に家斉が行なった御鹿狩を和文体で記した「小金御鹿狩記」(33)もみられ、将軍の行動に伴う公的な著作が多い。さらに、民間治療法書である多紀元徳著『広恵済急方』(34)の序文を記すなど、幕府編纂物への関与も確認される。

以上のように、佐野義行は「楽翁文化圏」の一員であり、その文芸活動の多くは幕府や将軍家に関わる内容が多かった。他にも、次に掲げるように文雅サロンにおける活動がみられる。(35)

【史料7】

元文のころ、此道のすき人、飛鳥山の景勝十二を撰て、藤原資親の題をこひ得て、源信遍かともから、大和歌よめるに、狩野の友信か画図をそへ、梓にのほせて今に残れり、又その頃林祭酒のから歌十二首あり、かの信遍か仰ことによりて、此山の由来を石に表せしもおなし頃とそ、ことし寛政ミつのはる、御かりにしたかひ奉り、かの風景を見てかの事ともをおもひ出、朝夕むつミあふ人々にかたらひ、をの〳〵題を探て、ことの葉をつらね、粟田口直隆か墨かきをそへ、今もむかしをうつすことゝハなりぬ、もとより人にミせんとにもあらす、かの跋に魯庵かいへりし、国家承平文物の盛なると、東都の風月のおほきをほめしハ、今はたむかしにかはらねは、ことのはの拙を恥す、いさゝか其意を巻の後にのふるゝことしたり、

ふちハらの朝臣よしゆきしるす、

「元文のころ」とは、徳川吉宗により飛鳥山に千本桜が植えられ、「飛鳥山碑」が建てられた元文四年（一七三九）前後を指す。飛鳥山は徳川吉宗により設定された新興の行楽地とされ、[36]さらに幕府の権威を示す空間としても理解され、幕末期には初代広重の「江戸近郊八景之内　飛鳥山暮雪」のように幕府の衰退を風刺するモチーフとなっていく。[37]また王子権現は紀伊の熊野権現から勧進されたとされ、「飛鳥山碑」も紀州産の石を使用するなど、紀州徳川家の出身である吉宗との地縁的関係性が指摘されており、[38]飛鳥山一帯は将軍家所縁の名所地と位置付けられる。

史料7は、寛政三年刊『飛鳥山十二景和歌』（以下「寛政本」）に佐野義行が記した跋文である。この「寛政本」は、元文期に成嶋道筑（源信遍）を中心とした旗本歌人により編纂された『飛鳥山十二景詩歌』（以下「元文本」）の後継歌集となる。義行は跋文のほか、詠者としても名前がみられるため、「寛政本」編纂の中心人物であった。

跋文では、「御かりにしたかひ奉り、かの風景を見てかの事ともをおもひ出、朝夕むつミあふ人々にかたらひ、をの〱題を探て」と、将軍の狩りに伴い飛鳥山近辺を訪れた際に、かつて「元文本」で描かれた風景が思い出されたので、親しい人とともに題を探り編纂したと述べており、「寛政本」が「元文本」を意識して執筆されているとわかる。また跋文末尾では、魯庵龍常義友賢甫が「元文本」の跋で、国家の平和を示す文物が盛りとなり、江戸の風月が多い様子をほめているが、いま（「寛政本」の時期）もその様子は変わらない、と述べている。

なお吉岡孝は、享保期に吉宗の側近たちが曲水の宴を催すなど、和歌で古式復興を行なったことを明らかにし、そ

れらを徳川家の永続性を寿ぐための「平和の儀礼化」として位置付けている。(39)

佐野義行が挙げている「元文本」も、吉宗が名所化した飛鳥山において、田沼意行ら吉宗の側近により和歌・漢詩が詠まれ、跋文では魯庵龍常義友賢甫が「乃今可以観国家承平文物之盛而東都風月之有人也、美矣哉」と述べるなど、まさに「平和の儀礼化」の一環と位置付けられる。それを踏襲した「寛政本」も、佐野義行を中心に林信敬（錦峰、述斎養父）や新見正登（正路父）・成嶋峰雄（成嶋司直の父、道筑曽孫）など、「元文本」関係者の子孫や、「楽翁文化圏」にみられる人物の親世代で構成されており、吉宗政権から連続した徳川家の永続性が示されているといえる。

話を中川忠英に戻せば、彼が属した「定信文化圏」は、冒頭で述べた鎌倉武士以来の武家の和歌の流れに位置づけられ、吉宗政権以来の和歌による統治認識が、先述の忠英の和歌観にも影響したのだろう。

ここまで中川忠英の和歌による交際の展開として佐野義行の例を示したが、ほかにも次の交際事例が見られる。

【史料8】（附録一59）

○文化十一年の秋、新見賀州君の家の歌合に　神楽

舞ふ袖もはへある色に見ゆる哉しける榊にうつる篝火

【史料9】（附録一60）

○同じ年（文化十一年）の秋、植村駿州君六十の賀に　松樹契久

立ならふ松のときハの色そひて契る千とせの齢ひ尽せし

【史料10】（附録二2）

○文政五年、留守の職にのほらせ給ふ時、朝比奈河州君より官途すゝミて、よの常にこえ給へることをすくし奉りて

よるひるもやますつかへて中川のなミならぬ名や世にたちにけむ

これらの和歌も、先の定信を中心とした文化圏にみられた人物や、定信と深く関わった人物が多い。史料8の「新見賀州君」は、西丸小姓であった新見伊賀守正路が該当する。正路は後に大坂町奉行や徳川家定の御側御用取次をつとめており、『飛鳥山十二景和歌』の詠者新見正登の子である。また正路の嗣子は新見正興であり、忠英の孫小栗忠順とともに外国奉行としてアメリカへ渡っている。[40]この史料8は、新見正路家にて文化一一年(一八一四)に行なわれた歌合で「神楽」を題に忠英が詠んだ和歌である。

続く史料9の「植村駿州君」は高取藩主植村家長であり、彼は佐野義行の実兄である。家長も先の「楽翁文化圏」の一人で、義行とともに詩集「並顎百絶」も編んでいる。[41]

次の史料10の「朝比奈河州君」は朝比奈昌始であり、彼は内山淳時門人で忠英が和歌の手本とした人物だが、彼もまた「楽翁文化圏」の一員である。この和歌は文政五年(一八二二)に忠英が大目付から留守居となった際に、同じ大目付であった昌始から贈られた和歌である。[42]和歌では忠英の並々ならぬ出世が讃えられており、役職の節目に関わる和歌がやり取りされていた。

これらに加え中川忠英の和歌による交際では、塙保己一や谷文晁のほか、高家旗本中條信復、小倉新田藩主小笠原貞顕などもみられる。『令聞余響』に所収されている忠英作の和歌は役職や人生の節目に贈る例が多く、また史料10のように逆に忠英の役職の節目にも贈られた。和歌の多くは史料4のように「ある人の」と書かれる場合が多いため、その全容を明らかにするのは叶わないが、本項で確認した和歌のほとんどは「楽翁文化圏」に属する人物のものであった。

2 在地歌壇との関わり

ここまで、中川忠英に関わる和歌ネットワークを確認したが、続いて彼が在地支配を担う官吏として派遣された先での和歌の交際についても触れていきたい。なお、幕臣の赴任地における文芸交流の広がりについては既に高橋章則が論じており(43)、本稿で扱う中川忠英も、地誌編纂における文事ネットワークが岩橋清美により示されている(44)。高橋が示した例は、幕臣個人の主体的な文芸活動によるネットワークだが、以下本節で示す長崎諏訪神社の事例では、中川忠英個人の特性だけではなく、長崎奉行補任者による文芸交流とも位置付けられる事象であり、忠英に関しては和歌を贈られるという受動的な様態を示すのみであるため、先行研究とは異なった視点を示せるだろう。

中川忠英は寛政七年(一七九五)二月五日に長崎奉行に任命され、相役となったのは、かつて目付をともに務めた平賀貞愛であった(45)。なお、長崎奉行在任中に執筆したとされるのが『清俗紀聞』だが、鈴木康子によれば、これは長崎手付出役として忠英が引き抜いた近藤重蔵が執筆したという(46)。鈴木によれば、このほか忠英の著作として『長崎記』もみられ、彼が長崎奉行に在任した時期には多くの御用書が輸入されたとも指摘されている。このような活動が見られる一方で、和歌による長崎住民との関わりを示す事例は少ない。

【史料11】（附録二6）

○諏訪の大宮司永勇か謝し奉るの歌に

　　長崎前鎮台

　中川侯の太守たりし時、やしろのまつりの具のいとふそんしたる、修造の事ともこゝろかけ給ふけるに、のこらすことゝのひて、きら〱しきを、うちつ人もことさらにあふき奉りけるに、

ゆふたすき露の恵ミをかけはへて光をみかく神の玉垣

従四位下大宮司陸奥権守　藤原永勇

この和歌は、「従四位下大宮司陸奥権守　藤原永勇」こと長崎諏訪神社大宮司青木永勇から、中川忠英が勘定奉行に転任する際に贈られたと思われる。青木永勇は天明五年（一七八五）に諏訪神社大宮司となり、吉田家から正五位に叙されている(47)。その後、寛政七年に従四位下陸奥権守を叙され、さらに八朔には長崎奉行所へ熨斗目裃着用で祝儀を申上げるようになった。通常青木家は正六位〜従五位に叙されるところ、永勇は歴代宮司で唯一の四位となっている(48)。彼は長崎の町人を中心とした和歌集『瓊浦集』（中島広足編、櫨園社中蔵版）に名前がみえ、「櫨園社中」の関係者とわかる。

また、青木家と長崎奉行との和歌による関係性を示す例が、青木家の庭中に植わっていた正月元日に花を咲かせる「元日桜」を巡ってみられる(49)。「元日桜」が花を咲かせると、青木家でそれを手折り神前に供えると同時に長崎奉行へも進上されている。さらに、長崎奉行や唐人・公家らが青木家に招かれ、宴や管弦、和歌会などを「元日桜」のもとで催していた。中川忠英の例はみられないが、彼の前後に長崎奉行となった久世広民・水野忠通・朝比奈昌始らの「元日桜」の和歌が確認できる(50)。

さて、史料11の和歌は、中川忠英が長崎奉行として祭礼具の修繕に協力した感謝のしるしとして青木永勇から贈られており、光り輝く祭礼具の様子が詠まれている。祭礼具の修繕に関しては次の史料がみられる(51)。

【史料12】

諏訪社取締掛リ

寛政八辰年、中川飛驒守様御在勤之節、諏訪社神輿并神器及大破候ニ付、市中寄進銀を以修復相加え候処、平日取扱方等神主え任置候ては、追年破損ニおよひ可申ニ付、取締之ため諏訪社取締と申名目ニ而、乙名之内壱人、

乙名頭取之内、石本幸四郎儀相談相手被仰付、其節被仰付候御趣意を以相勤申候、尤勤方大意左ニ申上候、

一諏訪社之儀は、他国と違ひ唐・紅毛人共見えニも相拘リ候場所柄之儀ニ候間、宮造リ其外一体麁抹成儀無之様可有御座儀ニ付、破損所等有之候歟、又は端々不取締之儀等、心付候節は神主え申談、品ニ寄年番町年寄え申立候事、

一神輿其外之品損シ等有之候節は修復相加え、為御手当寛政八辰年、平賀式部少輔様・中川飛騨守様両御殿様より、御銀三貫目宛、

一都合六貫目御寄附有之、神輿其外神器等破損仕候節は、右利銀を以修復相加え候様被仰付候ニ付、御銀之儀は於長崎会所貸附ニ相成、神器修復入用之節は、年番年寄え申立、右利銀請取、年々修復相加え候事、

（中略）

右は諏訪社取締方之大意書面之通御座候、尤諏訪社ニ付、諸用向之儀は相談相手申談候儀ニ御座候、以上

丑《（文化二年）》八月

諏訪神社の祭具修復が中川忠英により行なわれたのは、史料12から寛政八年と判明する。この史料は長崎の町乙名への触書などをまとめた「長崎乙名勤方附御触書抄」に掲載された、祭具の取り扱いに関する文化二年（一八〇五）の取り決めであり、主に町乙名への加役勤方が決められている。二重傍線部は、神輿や神具が破損した場合に修復を加えるべき旨の取り決めであり、寛政八年五月に長崎奉行平賀貞愛・中川忠英より手当としてそれぞれ銀三貫目を与えられ、手当銀の利殖により得た利銀を修復費に充てるよう申し付けられたという[52]。

以上のように、修復に関する取り決めには長崎奉行の関与が強くうかがえ、さらに諏訪神社側が費用を負担するのではなく、手当銀を長崎会所で利殖し、その利銀により修復が加えられるシステムが構築されており、神社・町方に

経済的負担を強いない特徴がある。そして、この取り決めは、史料11で和歌が贈与された点、史料12冒頭で「中川飛騨守様御在勤之節」と言及されている点から、中川忠英の主導によりまとめられたと理解できるだろう。

また、史料12傍線部では「諏訪社之儀は、他国と違ひ唐・紅毛人共見えニも相拘リ候場所柄之儀ニ候間」とあり、出島に出入する中華人・オランダ人の目に触れる神社であるため、粗末な様子をみせないようにという、対外的な問題意識も祭礼具修繕の意義として注目される。先行研究で挙げられるように、中川忠英が対外政策・海防政策を担った点や、『清俗紀聞』『長崎記』[53]による海外情報の収集などから、対外的危機意識の高まりと、海外への関心がその背景として考えられるだろう。しかし、当該期の長崎奉行の動向を鑑みると、次の史料のように対外的意識のほかに対内的な問題も浮上する。[54]

【史料13】

（吟味内容省略）

右吟味仕候趣書面の通御座候、一件の内重立相勤候彦左衛門・由兵衛は先年致死失、兵助は当時中症にて言舌不相分、久三郎は致病死、其外存命の者共は無証拠申争迄にて聢と取留候儀無之、此上証拠を以引当吟味可仕手懸無御座候儀は茂助名前有之候間、若源左衛門所持の品にも有之哉、幷画像の儀も兵助居宅近辺より取出候儀に付、同人隠置候品にて有之哉、何れ異宗吟味手懸りにも可相成と差出候儀にて異宗一件預等に相成居候者共取扱候儀は存不申旨、逸平・正次右衛門・紋助・泰山・永左衛門申之、尤一覧仕候様子其上邪宗門にて信仰可致物にも相見不申、異宗吟味の証拠には難取用、源左衛門は不存旨申之、七太郎も兄源左衛門申し出候者も有之候に付、右は前の者候由吟味候前白状不仕候双方申争迄にて証拠無之、尚又別紙に申上候仏像と申立候品は持主利助儀神共仏共不相弁旨申し候に付、右像一覧仕候処、邪宗門にて信仰可仕物にも相見へ不申、都て此度異宗信仰仕候風聞一件取留不申儀には御座候得共、右様風聞も御座候上はいつれ子細も可有御座、以来村方宗門取締のためにも可相成と奉存候に付私共見廻の所を以御仕置の儀黄紙下ケ札にて奉伺候、且兵助儀は是迄の通村預致置、追て若快気仕候は丶、改めて吟味の上猶又申上候様可仕奉存候に付此段奉伺候、以上

（寛政八年）
辰　月

平賀 式部少輔
中川 飛 騨 守

寛政二年、肥前国彼杵郡浦上村庄屋高谷永左衛門らの密告により、村民一九人が「異宗」の疑いで捕縛された一件に端を発し、以降寛政七年にかけて村民が長崎奉行所に検挙された、いわゆる「浦上一番崩れ」が起こった(55)。事件は長崎奉行水野忠通・永井直廉が精力的に捜査を行なったが、永井の死去と水野の閉門により、寛政四年三月以降は永井の娘婿である平賀貞愛が主に「異宗」の者の審問を行なっていた(56)。

史料13は、浦上崩れに関する吟味書に付された長崎奉行所の黄紙下札であり、平賀と中川忠英の連名にて幕府へ上申されている。大橋幸泰はこの下札を長崎奉行所による最終判断として理解し、「最終的に長崎奉行は「異宗」容疑者の行為を「異宗」とは無関係として幕府に報告し、「異宗」はなかったものとして処理された(57)」と述べている。しかし史料13傍線部では、信仰を示す証拠がみられないため特段取り立てる事案ではないが、風聞があった点は看過できないため奉行による巡検をもって仕置としたい旨が述べられており、その後の処置を江戸の老中に伺う内容とみるのが正確であろう。

では実際の吟味書ではどのように書かれているだろうか、次の例をみてみよう(58)。

【史料14】

浦上村　散使

一深堀安左衛門　辰四十五才　子二月入牢、同十一月十六日重病ニ付下宿村預、卯十一月十五日出牢之上村預、
辰十二月十九日踏絵誓詞申付、同十二月廿三日居村之外他所徘徊差留二十日押込、巳正月十三日押込差免候節散使役差止候旨申渡、

其方養父彦左衛門儀、先年大村領浦上村吉兵衛・勝五郎江不取留宗旨之体之儀を勧候場所ニ居合、其方も信仰いたし候由右両人之者申立、其方は決而覚無之旨申ニ付、対決をも為致候処申争而已ニ而双方証拠無之、此度誓詞もいたし候上は其方申立候趣実事ニ可有之候得共、右体如何敷名差ニ逢候は平日不慎之儀も有之故と相聞、其上代々散使役相勤助成米をも取候身分ニ乍罷在、墓所ニ切立候形変候石塔を居置、戒名等有之石塔を不建置段、養父等之致置候とは乍申異風之儀、殊ニ親ニ対麁末之取計故外より疑をも請候儀、一体仏事之儀は不軽筋ニ候処、右体等閑之始末ニ至候段旁不埒ニ付居村之外他所徘徊差止押込申付、
（朱書）「江戸表江御届遣ス」

史料14は「平賀式部少輔在勤」の「犯科帳」にみられる浦上村散使深堀安左衛門への申渡書であり、深堀の名前下にみられる処遇経緯を示す書付から、寛政八年一二月二三日の申渡とわかる。また処遇経緯には続きがあり、寛政九年正月一三日に押込を免じ、同時に在地の警備を担う散使の職を解かれているため、「犯科帳」へはこれ以降に記載されたと理解できる。

この申渡では、寛政八年一二月一九日に深堀が踏絵誓詞を行なったため、異宗を信仰しているという申立てに対する「決而覚無之」という深堀の主張が事実と認められているが、日頃の不慎みと、墓所に「異風之」石塔を建て「親ニ対麁末之取計」を行なうなど、疑わしい行為が咎められている。特に散使という奉行所から扶持をもらう立場にあった深堀の場合、その養父彦左衛門の行為についての咎めも受けており、史料13での伺の通り、風聞たりとも看過

しない長崎奉行の姿勢が示されている。また申渡の末尾のように、「江戸表江御届遣ス」と書かれている人物が他にも「犯科帳」に多くみられ、これら「風聞」に対する老中・長崎奉行間での強い危機意識があったとうかがえる。

これら長崎における対内的問題は、先に触れた長崎諏訪神社も無関係ではない。弘治年間（一五五五～五八）に創建されたこの神社は、キリシタンからの迫害により破壊・廃滅した状態であったとされる。長らく廃滅状態が続いたが、近世に入り再興の機運があり、寛永二年（一六二五）に長崎奉行より社地を賜っている。

近世初期には長崎住民の多くがキリシタンであり、幕府の禁教政策を受けても改宗する者も少なかった。その対策として行なわれたのが日本の神のデモンストレーションである諏訪祭礼であり、現在の「長崎くんち」に繋がるという(59)。そして、その祭礼を担ったのが、博多から移転してきた非キリシタンの遊女屋とされている(60)。すなわち、諏訪神社は長崎における禁教政策のシンボルともいうべき場所であり、浦上崩れ後に異宗風聞の取締りが強化された寛政八年に、同社の祭礼具の修復が長崎奉行主導で行なわれたという点も、これら禁教政策の意義を表わす施策の一環と位置付けられる。よって青木永勇から中川忠英に贈られた史料11の和歌は、対外的・対内的問題にあたって、長崎奉行・諏訪神社の強い紐帯を示す事象として捉えられるだろう。

三　職務における和歌

ここまで、長崎における和歌の分析を行なったが、これは中川忠英の長崎奉行在任中の施策に関わる和歌であると判明した。すなわち、旗本にまつわる和歌は、その職務にあたり作成された事例がみられるのではないだろうか。以下では中川忠英作成の職務に関する和歌の分析を試みたい。

1　望陀郡久津間村での和歌

寛政九年（一七九七）、中川忠英は長崎奉行から勘定奉行に転じ、さらに関東郡代兼帯を仰せつけられる。以降、彼は関東地域の巡検を行なっており、次にみられる「知らせ給ふ地をしたしくめくらせ給ふ時に」詠まれた和歌もその一環とみられる。

【史料15】（附録一64）

○寛政十年の秋、知らせ給ふ地をしたしくめくらせ給ふ時に、かみつふさもうたの郡久津間村の民の妻かよのつねならぬミさほの正《マサ》しきを聞しめし、禄にそへて給わりける御歌

ミたるなよ操をたてし賤はたハ錦にまさる麻の小衣

人も見よ人にも見せよ朝夕にみかく心の鏡てらして

寛政一〇年秋、中川忠英は「知らせ給ふ地」を巡検した際に、上総国望陀郡久津間村（現在の木更津市）の住民の妻の「よのつねならぬ」貞淑と勤勉を讃えた和歌を詠んでいる。中川忠英が訪れようとしていた「知らせ給ふ地」の巡検については、複数の解釈が可能となる。

一つ目は、中川家の知行が九十九里沿いに点在しているため（表3）、知行地の巡検を目的としたという解釈である。ただし中川家の上総国知

【表3】中川勘三郎家所領一覧

国	郡	村	村高（石）	相給数	中川知行高（石）	国別総計（石）	現在地
上総	埴生	米満	390.19	3	106.28	611.1	千葉県長生郡長南町
	山辺	小沼田	548.92	5	323.88		千葉県東金市
	山辺	清名幸谷	457.22	5	79.89		千葉県大網白里市
	山辺	上谷新田	56.08	2	36.2		千葉県大網白里市
	武射	小松	567.02	5	21.73		千葉県山武市
	武射	新堀	877.86	13	43.12		千葉県山武郡横芝光町
下総	香取	粟野	455.25	3	150.37	150.37	千葉県香取郡東庄町
摂津	島下	安威	1165.01	4	172.38	500	大阪府茨木市
	島下	桑原	996.96	2	170.51		大阪府茨木市
	島下	十日市	157.11	1	157.11		大阪府茨木市
総　計					1261.47		

「旧高旧領取調帳データベース」、「上総国村高帳」（紀元二千六百年記念房総叢書刊行会編刊『房総叢書』1942年所収）を参照し作成

行の多くが相給村落であり、忠英が領主として「したしくめくらせ給ふ」地だったのか少々疑問が残る。

二つ目の解釈は、先に述べた関東郡代としての巡検である。史料15で忠英が訪れた久津間村は前橋藩の飛び地であり、中川家の知行地ではない。すなわち、中川忠英が移動中に立ち寄り、その場で和歌を詠んだと理解できる。同様に彼が自領外の民衆を褒賞する事例は下総国東葛飾郡でも確認でき、享和三年（一八〇三）に関東郡代として巡検を行なった際に(61)、八幡村で梨の生産を始めた川上善六を孝子として褒美を与え(62)、このほか利根川開削を行なった人物への褒賞も確認できる(63)。よって、これら東葛飾地域での褒賞と同様の動向として、久津間村の事例が位置づけられ、また後述のように勘定組頭が同行していたため、関東郡代としての巡検とみてよいだろう。

さて、この久津間村の住民の妻に対する褒賞は、資料によっては「貞婦たけ」として確認される。『千葉県君津郡誌』によれば、寛政一〇年八月、関東郡代中川忠英と勘定組頭金沢瀬兵衛が南房総を巡検した際、望陀郡久津間村里正の十郎右衛門宅に宿泊した。その夜更けに隣家の機の音を聞き怪しんだ忠英が十郎右衛門に問うと、次のような回答を得たとされる(64)。

【史料16】

十郎右衛門曰く、隣家に利八といふ者あり家貧しく且病疾あり、其妻をたけといふ、嫁して既に七八年一子を生み午之助といひ六歳なり、たけ貞節にして婦道あり、夫の悪疾を憂ひ薬として芣苢《ヲホバコ》を採りて与へ其他医療に手を尽せども治せず、利八嘗て妻に曰ふに、汝能く順ひて吾を棄てず、昼は撫育し夜は機を織りて倦まず、其心力を竭すこと寔に切なり、然れども汝未だ年三十に満たず宜しく吾を去て他に嫁すべし、吾が悪疾は命なり、汝必ず辞するなかれと、たけ泣て曰ふ、貧しければ離れ病めば棄つ、これを偕老の契といふべきか、若し妾悪疾あらば良人これを棄て給ふか、妾に取るべきなしと雖も、稍々人の践むべき道を知れり、焉ぞ両夫に見へんやと、聞く

者感嘆し郷党其貞女を称すと

この話に忠英は大いに感銘を受け、翌朝使いの者に利八の家をうかがわせ、十郎右衛門の話の通りであったという。以上の経緯から史料15の「人も見よ人にも見せよ朝夕にみかく心の鏡てらして」を詠み、利八の療養代として金二〇〇疋を与えている。和歌には貞女の行ないを「人も見よ」「人にも見せよ」と、周囲の人々の「朝夕にみかく心の鏡」（手本）となる旨が詠み込まれており、教諭の内容が含まれている。なお、『千葉県君津郡誌』では、「ミたるなよ操をたてし賤はたハ錦にまさる麻の小衣」の和歌は、金沢瀬兵衛が詠んだとされている。

ここで忠英が「たけ」を貞女として称えた理由は、利八が自身を棄てて他へ嫁すべしと述べたのに対し、彼女は「貧しければ離れ病めば棄つ、これを偕老の契といふべきか」と述べ、再婚しない旨を主張した点である。柳谷慶子の研究[(65)]によれば、近世の「家」における看病や介護が男性当主を主体に行なわれたとされ、看病・介護を理由に未婚や離婚となるケースが多かったと明らかにしている。さらに柳谷は、「貞節」により表彰された女性の多くが、病身の夫の看病をし、働けない夫に代わり生計を支えた人物とされていたという分析結果も出しており、まさに本稿で扱った「たけ」の事例が当てはまる。

ところで、当該期には中川忠英の『官刻孝義録』編纂事業への関与が確認できる[(66)]。

【史料17】

孝行奇特者紮方一件

掛り　岸彦十郎
大田直次郎

孝行奇特者書上紮之儀ニ付申上候書付

林大学頭

孝行奇特者書上之内相糺申度儀共、御料は御代官手代、私領は領主地頭之家来を昌平坂学問所え呼出、相尋申度旨先達而申上候処、申上通相心得候様長谷川弥左衛門を以被仰聞候に付、同人え、左候はゞ一統御触出有之候哉之段承候得ば、其儀は無之旨申聞候、一体昌平坂献納品等之儀に付、諸家え申達有之事有之候節は、万石以上之家来等私宅え呼出候儀も御座候得ば、今度孝行書上之儀は最初御勘定所に而取集候儀、当時私始御儒者中□調候段は外々に而存不申事故、其事に付尋之儀御触も無之、学問所に而相糺候而は、前段之訳とも違ひ候御□人々呑込兼可申候間、何れ御触出無之候ては整不申候儀と奉存候、乍去新規之儀御触出シ之御沙汰に難被及御趣意も御座候はゞ、一向に御勘定奉行え取扱之者壱人に御定被仰渡、扨支配勘定大田直次郎、此節右御用出役相勤罷在候事故、其者を御勘定所・学問所両所往来仕らせ、其糺方を取扱はせ候方にも可有之哉に奉存候、何れ右一件取掛り居り不申ものに而は、尋方等一向行届申間敷奉存候、尤直次郎壱人に而専伝文も相認、此上御勘定所におゐて右御用之取扱仕候はゞ、手張可申は勿論に候得共、前書之通之次第故、手段を替申上候儀に御座候、以上、

未七月（寛政十年ナリ）　林大学頭

（右伺下札）
書面孝行奇特者糺之義林大学頭申上候趣を以取扱可申旨被仰渡奉承知候、

未八月七日　中川飛騨守

（太田備中守宛請書）
書面申上候通り相心得取計可申、御勘定奉行は中川飛騨守え被仰渡候旨被仰聞、承知仕候、

未八月八日　林大学頭

この史料は『孝義録』編纂の御用出役をつとめた大田南畝（直次郎）が書き残した「孝義録編集御用簿」の冒頭にみられる文面である。ここでは、新規に「孝行書上」を各領主が差し出すべき触書を出すにあたり、その取りまとめ方を林衡（述斎）が上申しており、老中太田資愛への取次が中川忠英である（下札）。以降、昌平黌と勘定所において御用

を取り扱い、両所の往来を大田南畝が担っており、各領主への申渡しは中川忠英が行なっている。

このような忠英の『孝義録』への関与がみられる一方で、久津間村「たけ」は『孝義録』や『続編孝義録料』に掲載されていないのである。ここには久津間村が中川忠英の所領ではないという点もあるが、支配が錯綜する南房総地域において、前橋藩による孝行奇特者の把握が追い付かなかった可能性や、そもそも『孝義録』編纂の手続き上、彼女の上申が間に合わなかったとも考えられる。少なくとも、『孝義録』に漏れてしまった孝行奇特者を褒賞する意図が中川忠英の巡検にあったと考えられ、先に触れた川上善六なども同様に未掲載である。

このほか、中川忠英が関わった教諭書の例が、大田南畝著「一話一言」のなかにみられる。(67)

【史料18】

八丈島教諭

凡人と生れて我身より大切なるものはなし、わが身を養はんがためにつねの住所をもとめ、夏冬の著物をもとめ、朝夕の食をもとむるも、みな我身を大切に思ふが故なり、しかるにそのわが身のもとは親よりうけ得たるわが身なり、わが身を大切に思はゞうみつけし親ほど大切なるものはなしと思ふべし、人人(衍)生れおちてよりいとけなきうちは、親の手をはなるゝ事なく、親ほど大切なるものはなしと思へど、やうやく年をとりをのれが手足の自由にはたらくにしたがひて、親をそまつにし親のいふ事をきかず親の心にそむくもの多し、をのれが親をそまつにするならはしにては、わが身も次第に年よりゆけば、又わが子にそまつにさるゝものなり、されはわが老人を大切にする心もちにて、人の老人をもうやまひ、わがいとけなきものをそだてあぐる心もちにて人のいとけなきものをあはれむべし、老人の中にて耳目もうとく、手足もかなはざるものは、ことさらに大切にいたはりてかいほうすべし、これみな人のためにする事と思ふべからず、めん〳〵年よりて後思ひあたる事あるべき也、

中川飛騨守奥書

右之通おしゆる上は殊さらにあつく存じ父母老人を大切にすべし、若此後かく別の孝行のきこへあらば御ほうびも被下、品によりては父母へも御手あて被下べし、若又かくのごとくおしへ置といへどもなを父母をそりやくに致すもの相聞ゆるに於ては、きつと御咎にも仰付けらるべき間、よく〳〵こゝろへちがひ無之様相守べし

右御勘定奉行の命によりて予が草する所なり、八丈島の高札に書有之、此文を文化元年長崎にゆきし時紅毛通詞〔志筑忠次郎〕に見せしかば、転じて加比丹ヘンデレキドウフに見せしに、加比丹よき教諭なりとて、蘭語になして予に贈りしを家に蔵す

別の翻刻例では中川忠英奥書に「亥八月廿九日」とあり、(68) 享和三年に成立したとされるため、これも関東郡代時代の活動として位置付けられる。南畝の奥書によると、教諭書は忠英の命で作成し、八丈島の高札として掲げられたという。また、文化元年（一八〇四）に南畝が長崎へ行った際に、通詞志筑忠次郎を介してオランダ商館長ヘンドリック・ドゥーフ（Hendrik Doeff）が「八丈島教諭」を蘭語訳したという。(69)

この教諭書で南畝は、自分の身の大切さと、その大切さの基である親への敬愛を説いている。忠英も「右之通おしゆる上は殊さらにあつく存じ父母老人を大切にすべし」と説き、格別の孝行があれば孝行した者のみならず、場合によってはその親まで褒美を与えると述べている。八丈島は一般的に流刑地として知られるが、この教諭で説かれる親孝行を流刑者が島で実践できない点を鑑みると、むしろ島の住民を対象とした内容といえ、関東郡代としての孝行者の褒賞の意図がみられる。ここには八丈島で頻発した飢饉や疱瘡の流行、寛政期の流刑者の増加など、さまざまな要因による生活苦が考え得るだろう。(70)

以上から、中川忠英が関東郡代をつとめた時期には、和歌のほかにも民衆を教化し、孝行者に褒賞を与える方針が

一貫してみられた。このような和歌による教化の概念は本居宣長により取り入れられ、寛政改革で庶民教化と合致していったとされている。(71) 実際に第二節で触れた佐野義行も、自領民に対して勧農を目的とした和歌の下賜の事例がみられ、(72) 彼らと同じ「楽翁文化圏」に属する北村季文も、文化六年に孝女に対し褒賞和歌を贈っており、(73) 当該期の旗本の和歌の一特徴ともいえるだろう。また、中川忠英の事例は、関東郡代として行なった巡見のなかで詠まれており、当該期の巡見は幕府による「地域社会」の把握が目的とされていたため、幕府権力の強化にかかわる事項といえる。(74)

但し、本稿で触れた久津間村「たけ」のストーリーは、『令聞余響』以外の近世史料には確認できず、明治四五年刊行の『和歌俳句家庭訓話』、さらにこれを引用する形で大正期の『千葉県君津郡誌』にて語られているだけである。即ち貞女「たけ」のストーリーは中川忠英の同時代にはあまり普及せず、何らかの形で近代以降に掘り起こされたと考えるのが妥当であろう。中川忠英による教化は現地で語り継がれず、同時代にその効果があったと見做すには疑問が残るが、近代以降の良妻賢母像と合致する形で君津郡に逆輸入されたといえる。

2　筑波山周辺における紀行文

次に、同じく忠英が関東郡代として筑波山周辺を巡検した際の紀行文を確認する。この紀行文は寛政一二年（一八〇〇）に筑波郡の巡検を行なった時のもので、その意義については本書所収布川論文に譲りたい。本稿では巡検にあたり忠英が記した紀行文を分析し、その執筆の意図を考えてみたい。なお、『令聞余響』では同一の紀行文と推定される部分が分割して記されているため、史料19〜史料21の三つに分けて掲載する。

【史料19】（附録一104）

○ある書のはしめに

いてや此世に生れてハ、ねかハしかるへき事こそ多かめれ、あるか中に、風雅の道こそいとねかハしけれ、竹藪の鶯に梅酒のたしなきをかこち、秋の夜の月にすミ田川の居酒をしたふ、いつれか心をなくさむるワさならぬハあらし、しかあれとも風雅のこゝろなきは、花にめて、月にうそふくもミないたつらに心をいたましむるたねとなりて、玉のさかつきのそこなきかことく、くミてしるあわれもあらし、猿に小ミのを着せ、後の月に木曽のやせをいとわぬこそ、実に風流の手からならすや、いきとしいける人々の旅のあわれも此道よりそしらん、去年の秋某々海山と雁のワかれをつけて、遠く二あれの山に詣ふて、ふミのはす足をつゝしミて、誠を神鏡にうつし、身ハ風にまかせて、往来の道すから紫の筑波に野々草を染、雁の声に腸をあらひ、つひにおきまとふ露の玉をつらねて冊子となし、窓のうちにいく度か風雅のたましゐをきたへて、光りを月日にならへ、夢のうへなき教へ草ともならんといと感するにあまりあれは

千とせまて囀り清し鳥のあと

一つ目は紀行文の前書部分に該当するとみられ、傍線部にて「遠く二あれの山に詣ふて、（中略）往来の道すから紫の筑波に野々草を染」とあり、二荒山参詣にあたり往来の途中である筑波付近を訪れたと理解できる。さらに「露の玉」（和歌を指すカ）を連ねて冊子とし、何度か推敲を重ね、「風雅のたましゐを」鍛えたという。また「去年の秋」とあるため、享和元年に執筆されたと推定できる。この前書では、紀行文の執筆意図として、この世に生まれて願望が多くあるが、風雅の道を究めるのを第一としたい旨が述べられており、この道から人びとの旅のあわれが知られるという。

【史料20】(16)

一関東の貧民多く子を育すること能ざるもの、生るゝに臨ミて是を殤札す、諸民又ならひて恒とす、官禁たりとい

へ共往々やます、尤常毛の地甚し、　公、是を深く歎かせ給ひ、上に告け任をもふけ令して厳に是を戒め給ふ、風習、年々に化して、大に生育の道を得たり、又関左の民放逸にして農事を勉めす、遊手無頼のもの多し、故に廃亡の地漸々に多し、　公、又官に乞ひ無告の氓《タミ》をして荒蕪の田を発せしむ、民今に至て其賜《タマモノ》を受く、深仁広沢国家に益あること概《オホムね》かくのことし、此二事、公、巡視の日、惶惕し給へること紀行の中に載す、その徴すへきか為に左に掲く、

十八日、常陸の国上郷村は子をまひき親失て田畑の見わたすかきりあれ果たるを見てそゝろに哀れを催しけれハ、

摘人も涙のたねとあれ果し田つらに生ふる艸のワか葉は

【史料21】（附録一66）

○関のひかしなる国々打めくらせ給ふける時に、常陸国上郷村にて〳〵《（ママ）》つむ人もの御詠前に出す、過し日の雪、山々になを消やらて見へ侍りけれハ

かさなれる春を見せてや山の端も雪と霞にへたつ遠近

かさなれる春の深山きへ残る雪やすそ野の霞なる覧

十九日、道にて雉子の声を聞て

そことしもしらぬ野末の声たてゝあまるきゝすの妻やこふらん

筑波山の麓なる桜川を渡りて

筑波根のふもとにつゝく桜川時よりさきに流す花の名

廿日、筑波山に詣ふて、まつ宝珠山といへる峯にいたりぬ、此所は古来より地震なき地なりと聞て

動きなき御代のひかりもいちしるき宝の珠の峯の神垣

筑波山女体山にもふて侍りて

国たミをうみし筑波の神代よりしける梢もあふくミやしろ

同男体山に詣ふてゝ

あめつちにひらけし代より筑波山しけきあゆミをミねのミやしろ

同ミなの川にて

筑波根の峯のしら雲なかるらしミなの川水いと白くミゆ

時ならて花も紅葉もミなの川つもるおもひや渕と成らん

廿一日、桜まちといへる所を通りけるに、住捨し賤かふせ屋の床の下より草むら生茂り、ひさしかたふきていと哀れを催しけれハ

あるしたに今ハ涙の床に生ふ草のミ深くあれし賤か家

続いて示した史料20・史料21は、それぞれ『令聞余響』本編・附録に所収されているが、日付が「十八日」〜「廿一日」と連続しており、「十八日」の和歌はいずれも忠英が訪れた筑波郡上郷村で詠まれているため、この二文については同一の紀行文とわかる。紀行文では、常陸国筑波郡上郷村から桜川を渡り、筑波山(女体山・男体山)に登り、男女川を経て、下野国芳賀郡桜町に至っている。このうち、筑波山や男女川は古来の歌枕であり、同地の古歌としては百人一首の陽成院「つくばねの峰よりおつるみなの川恋ぞつもりて淵となりぬる」が知られるだろう。しかし、紀行文にみられる忠英の和歌には、歌枕「筑波」「男女川」に導き出される「恋」の要素がみられず、ただ景観を詠んだものが目立つ。また、ここでの和歌は筑波の神を讃え、その恩沢を詠む傾向にあるが、黒髪山などとの権威的対比

もみられないという特徴もあるだろう[75]。

紀行文執筆の背景には次のようなことがみられる。史料20は、前半が編者藤方安清による本文、「十八日」以下が紀行文の引用となっており、本文では関東郡代として忠英が在村復興を目指した事蹟が語られ、民衆を哀れむ姿と、それを原動力として在村復興がなされたと言及されている。この史料の解釈は本書所収布川論文に詳しいが、引用されているのは巡視で訪れた上郷村での間引きや農地の荒廃を憂いた和歌であり、関東郡代として行なった巡検のなかで詠まれた和歌と理解できる。なお、上郷村は北関東地域の典型的な荒廃村であり、寛政五年以降は代官竹垣三右衛門直温により上郷陣屋が置かれ、以降は上郷人足寄場が設置されるなど、民政の中心地となっていった[76]。同様に、史料21の「廿一日」でも下野国桜町領の荒廃を嘆いた和歌が詠まれており、これらの点が史料19の前書にみられた、「いきとしいける人々の旅のあわれ」に繋がるのだろう。因みに、桜川上流域に位置する桜町領は、小田原藩主大久保家から分知した旗本宇津家の知行地であり、文政四年から二宮尊徳の報徳仕法により在村立て直しが図られた地として知られている[77]。無論、中川が訪れたのはそれ以前の寛政一二年であり、荒廃化が進んだ時期となる。すなわち、巡検の目的として荒廃村の実態把握があったといえる。

忠英が行なった在村把握は、村方に詳細な村明細帳を提出させる手法をとっており、上郷村でも「寛政十二年申十一月　村明細書上帳　上郷村上下両村」と題された明細帳が確認される[78]。この時期に作成された村明細帳の特徴は、寛政一二年一〇月に中川忠英から出された寺社の由緒についての問い合わせをもとに作成されているため、村内の寺社の由緒も詳細に記されているという点である。この傾向は先に触れた東葛飾郡の村々の明細帳にもみられ、特に同郡鬼越村では中川忠英の巡検にあたり、その案内役が作成しているため、村内を巡るなかで明細帳が用いられたとわかる[79]。すなわち忠英は寺社を含めた村内の実態把握を目的に巡見を行なったといえ、その中で近辺の由緒にも注目していたのである。

ところで中川忠英の蔵書目録には、筑波山周辺の地誌書として①「常州筑波郡朝望東成寺由来記布留屋草紙」、②「古今類聚常陸国誌」、③「筑波山名跡誌」がみられる。このうち①③は寺社の由緒に関する記載が目立ち、筆者が僧侶である点が特徴であり、由緒調査にあたり周辺の寺院の情報源であった可能性がある。このうち③では次のようにみられる。(80)

【史料22】

安座常社《あざとこのやしろ》　素盞雄尊《そさのおのミことちんざ》鎮座し給ふ。此社地ハ地震《ちしん》なし。仍《よつ》て安座常《あざとこ》と号《ごう》す。社《やしろ》の下《した》に宝剣石《ほうけんせき》あり。末社に稲田媛《いなだひめ》を弁財天《べんざいてん》と祀《まつ》り。大己貴命《おほあなむちのミこと》を大黒天《だいこくてん》と祭《まツル》日本の大黒天。ハ大己貴命也（中略）

○大黒石　宝珠之嶽《ほうしゆがだけ》と号《ごう》す。自然《じねん》の岩山大黒の形《かたち》あり大己貴命《おほあなむちのミこと》事《こと》八岨神《やそのかミ》と倶《とも》に。稲羽国《いなばのくに》へ行給ふ時《とき》の装《よそをひ》なり。肩《かた》の袋《ふくろ》を左に持《もち》右の手ハ腰《こし》に安ず。

③「筑波山名跡誌」は筑波山中禅寺の僧侶上生庵亮盛が執筆し、安永九年（一七八〇）に刊行された地誌書である。中禅寺は「将軍家の御崇敬浅からず、神社仏閣涌が如くに興隆し、人法繁昌古しへの千倍なり」と、徳川家の庇護を受けた寺であり、同書の冒頭には第二節で触れた「飛鳥山十二景詩歌」（元文本）より田沼意行の「筑波茂陰」が掲出されている。

史料22は筑波山女体山の記事の一部であり、ここでは大黒石を「宝珠之嶽」と呼ぶ旨と、その付近の「安座常社」は地震がないためにその名で呼ばれているなどの由緒がみられ、史料21傍線部「此所は古来より地震なき地なり」と共通した内容となっている。

すなわち、巡視に際して、あるいは紀行文執筆にあたって、筑波山近辺の由緒を念頭に置いていたとわかる。加えて巡視の前後に寺社の由緒を中川が尋ねており、その対応として、村方が作成した「村明細帳」には詳細な寺社の由緒が記載されたため、紀行文執筆背景にはこれら由緒調査が関係するとみられる。

柳田國男は紀行文を①「詩歌美文の排列」、②「風土観察の書」に分類したが[81]、これは彼が「専ら我国土の前代生活を、如実に語り伝へようとした見聞録風」の紀行文を見定めるための区分であった。本稿で見た忠英の紀行文では「風雅の道こそいとねかハしけれ」史料19と①に近い傾向を述べているが、史料21・史料22での宝珠山の事例のように、風土を観察する目もあったといえるだろう。

以上から、中川忠英が作成した筑波山周辺の紀行文は、関東郡代として巡検を行なうなかで詠まれた和歌であり、巡検の翌年である享和元年に成立したとみられる。このなかでは、巡検で訪れた村での「いきとしいける人々の旅のあわれ」が描かれるとともに、彼が在村把握で重視した寺社の由緒調査に関わる記述が確認された。久津間村の事例のような意図して与えられる和歌とは異なるが、職務のなかで作成された和歌と位置付けられるだろう。

おわりに

本稿では中川忠英を例に、和歌の作成背景から旗本にとっての和歌の役割を明らかにしてきた。

第一節前半では、言行録『令聞余響』から、彼の和歌・俳諧・漢詩文の傾向を確認した。そもそも『令聞余響』編纂は中川家外部からの文献収集に依拠せざるを得ない状況にあり、さらに編者藤方安清が語るように、忠英は詩歌を得意としていなかったため、これら編纂状況が同書への詩歌文の収録数に内容的・数的に影響していた。特に和歌・俳諧は「季節」「所感」「職務」「交友」「その他」の五つに分類し比較分析を行なったが、和歌では贈答を主とした「交友」が最多数を占めており、次に「季節」「職務」が多い結果となった。俳諧は「季節」が半数近くを占め、「交友」

「職務」の割合が比較的少なくなった。また、漢詩文は中川忠英がほとんど賦さず、原典文献の残存状況から初学の漢詩文に偏重が生じていた。以上から、忠英にとって不得手な「和歌」が彼の交友関係を担う言語ツールとして作用したと位置付けられた点に、旗本にとっての和歌の特徴が現われると考察した。

後半では中川忠英の和歌に関する知識形成を確認した。彼は初め、狂歌師であり歌人の内山淳時門下に入り、淳時没後には同門の旗本朝比奈昌始の和歌に倣っていた。また彼の和歌観では、和歌とは「咨嗟詠歎」を行なうとしつつも、和歌における宗匠の弊害が中国の漢詩に遠く及ばないとする優劣性の問題がみられ、この優劣性には享保期以来の和歌にみられた「理世撫民」の概念が関わると推測した。また、中川のみならず大田南畝にも同様の視点があったと指摘されており[82]、当該期には対外的危機の増加により和漢の対比がより一層意識された可能性があるだろう。

第二節以下では中川忠英の和歌の具体的検討を行なったが、その前提として第1項にて彼を取り巻く和歌ネットワークの存在を指摘した。当該期には松平定信・北村季文を中心とした「楽翁文化圏」における幕臣コミュニティのなかで、歌合など和歌による交友が確認された。はじめに、この「楽翁文化圏」に名前がみられる中川忠英・佐野義行・堀田正敦の三者による和歌のやり取りを確認し、佐野が中川に書き与えた「千載遺志詞」の内容を分析した。さらにこのうち佐野義行が関わった『飛鳥山十二景和歌』の編纂過程から、当該期の旗本による和歌の在り方についても確認した。ここでも、享保期以来の和歌の在り方としてみられた、古式復興により徳川家の永続性を寿ぐ「平和の儀礼化」としての和歌の要素があり、中川忠英が加わったコミュニティにおける傾向として位置付けられた。

ここまで取り上げたコミュニティは、江戸を中心とした幕臣による交友であったが、第2項では在地における和歌の交友を確認した。例として取り上げたのは、長崎奉行退任時に和歌の贈答があった長崎諏訪神社大宮司青木永勇の例である。元来、長崎諏訪神社はキリシタン禁制に対応するなかで再興されたという歴史があった。天明五年（一七八五)に同社の大宮司となった永勇は前代未踏の官位昇進を遂げ、神社興隆の最盛期を迎えたといえ、さらに歴代長崎奉行との和歌による交友も確認された。そのなかで中川忠英は長崎奉行として同社の祭礼具の修繕と、長期的な修繕システムを構築しており、その礼として贈られたのが分析対象の和歌であった。

当該期は外国船の到来や入津事件が頻発し、さらに忠英の在任中には、長崎奉行所管轄内で浦上崩れによるキリシタンの風聞取締りが行なわれた時期でもあった。このような内憂外患が顕在化するなか、かつてキリシタン統制を担った神社の祭器具の修繕が「唐・紅毛人共見えニも相拘リ候場所」として意識されており、和歌の贈答に諏訪神社・長崎奉行間での和歌であったことを示す強固な紐帯と考察した。

第三節では長崎奉行の事例に関連して、特に関東郡代の職務のなかで作成された和歌について分析を加えた。「貞女」の事例は関東郡代として行なった巡見のなかで詠まれており、当該期の巡見は、幕府による「地域社会」の把握が目的とされたため、幕府権力の強化にかかわる事項といえる(83)。また、忠英は享和三年(一八〇三)には下総国での孝行者の褒賞を行ない、同年には八丈島で孝行者褒賞の意図を示すなど、関東郡代として民衆教化を行なっていた。なお、『孝義録』編纂は中井竹山が定信に上申した『草茅危言』にて説かれており(84)、竹山自身も豊後国杵築城下の孝女はつのエピソードを知人に披露し、弟中井履軒がその評伝を記すなど、竹山主催の懐徳堂周辺での孝子・孝行者の顕彰が確認されている(85)。

本書所収布川論文に詳しいが、中川忠英は長崎奉行として赴任する途上で竹山から「治民互市の要」を説かれ、「誠」の一字を授けられるなど彼の薫陶を受けている。この「治民互市」の内容は定かではないが、竹山の教えが、中川忠英による地方民政や孝行者褒賞に影響したと想定されるだろう。

最後に、筑波山近辺における巡検のなかで作成した紀行文を検討した。中川忠英の紀行文は「風雅の道」をきわめる目的だったが、詠まれた和歌には筑波山に導き出される恋の歌枕の要素がみられないという特徴があった。一方で作中、荒廃村を詠んだ和歌では民衆への憐憫を示し、筑波山では土地の由緒や風土を観察する目も垣間見られた。中川忠英が訪れた筑波郡上郷村は寛政期以降民政の中心地となっており、また当該地域の巡検にあたり村の寺社の由緒を調査するなど、彼の行動にも紀行文と同様の傾向がみられた。

以上の行論を踏まえ、中川忠英にとっての和歌について考えてみたい。既述のとおり、中川忠英は技巧的に不得手であったにもかかわらず、「交友」のなかで作成された和歌が多く確認された。忠英の和歌観には幕府権威を表象する言語的ツールとしての理解がみられ、同時に「咨嗟詠歎」を行なうものであったが、実際には「楽翁文化圏」のようなコミュニティのなかで和歌を詠み、さらに在地支配のなかでも和歌を詠み与えて地域社会を把握していた。特に長崎においては対外的・対内的問題に関わる事項で和歌の交際がみられ、幕府権威の強化にかかる贈答と位置付けられる。よって、彼の在地での職務には、住民や自治に関わる町役人との交流、民衆教化を目的に和歌が用いられており、地域社会を把握する一手段たりえたと位置付けられる。

このような民衆教化の概念は本居宣長にもみられ、寛政改革のなかで庶民教化と合致していった[86]。すなわち、不得手であっても和歌を詠んだ背景には、「交友」に加え、和歌観にみられた幕府権威の強化による「日本意識」の表象、民衆教化と在地把握の必要性が考えられ、寛政期の革新官僚たりうる特徴の一つといえるだろう。

このような和歌による民衆教化の近世における一つの到達点に、水戸藩主徳川斉昭が勅撰集を視野に編纂を行なった『明倫歌集』が挙げられ、寛政期における中川忠英が貞女に与えた和歌は、その先駆的事例の一つといえるだろう。その一方で、与えられた貞女の地元久津間村近辺では、和歌の下賜と教化の意図が語り継がれた形跡はなく、中川忠英の和歌による教化の実効性は認められない。以上から、寛政期には和歌による教化の浸透は難しく、その下地としては、本書所収吉岡論文にて詳述されている心学道話の普及が挙げられるだろう。

註

（1）前田雅之「日本意識の表象―日本・我国の風俗・「公」秩序―」（浅田徹・勝原晴希・鈴木健一・花部英雄・渡部泰明編『和歌をひらく 第一巻 和歌の力』岩波書店、二〇〇五年）。
（2）小川剛生『武士はなぜ和歌を詠むか 鎌倉将軍から戦国大名まで』（角川選書、二〇一六年）。
（3）小川豊生「和歌と帝王―述懐論序説あるいは抒情の政治学へ向けて」（浅田ほか註（1）編書）。
（4）水江漣子「近世初期の江戸名所」（西山松之助先生古稀記念会編『江戸の民衆と社会』吉川弘文館、一九八五年）、鈴木章生『江戸の名所と都市空間』（吉川弘文館、二〇〇一年）など。
（5）伊藤紫織「新名所の虚実―「松川十二景和歌色紙帖」（相馬市教育委員会）をめぐって―」（尚美学園大学芸術情報学部『尚美学園大学芸術情報研究』二九、二〇一八年）。
（6）錦仁『なぜ和歌を詠むのか 菅江真澄の旅と地誌』（笠間書院、二〇一一年）。
（7）土浦市立博物館編刊『第三八回特別展　土浦八景―よみがえる情景へのまなざし―』図録（二〇一七年）。
（8）拙稿「水戸藩領内における徳川齊昭の名所創出―「水戸八景」と偕楽園好文亭を中心に―」（『國學院雜誌』一二四―六、二〇二三年）
（9）吉岡孝「吉宗政権における古式復興と儀礼」（国史学会『國史學』二〇〇、二〇一〇年）。
（10）太田尚宏「王子飛鳥山にみる新興「行楽地」の形成」（『地方史研究』二九八、二〇〇二年）、増田由貴「「飛鳥山暮雪」」考」（『北区飛鳥山博物館研究報告』一六、二〇一四年）。

(11) 岩橋清美「歴史環境の生成」（同『近世日本の歴史意識と情報空間』名著出版、二〇一〇年、第一編第四章）。

(12) エリック・ホブズボウム、テレンス・レンジャー編（前川啓治・梶原景昭ほか訳）『創られた伝統』（紀伊國屋書店、一九九一年）。ホブズボウムは書中で「創り出された伝統」の三類型を示しており、そのうち「(a)集団、つまり本当のないし人工的共同体の社会結合ないし帰属意識を確立するか、象徴するもの」「(b)権威の制度ないし地位、権威の関係を確立するか正当化するもの」に該当すると考えられる（同書二〇頁）。

(13) 「参考文献」（たばこと塩の博物館編刊『没後二〇〇年　江戸の知の巨星　大田南畝の世界』二〇二三年）を参照した。同書は年代毎に南畝の先行研究を網羅する。なお、同館で「没後二〇〇年　江戸の知の巨星　大田南畝の世界」展（二〇二三年四月二九日～六月二五日）が開催された。

(14) 高橋章則「武家役人と狂歌サークル」（横田冬彦編『〈シリーズ本の文化史1〉読書と読者』平凡社、二〇一五年）。

(15) 鈴木康子「長崎奉行中川飛騨守忠英について―寛政～文政期における知識人官僚の果たした役割―」（『花園大学文学部研究紀要』四七、二〇一七年）。

(16) 岩橋清美「江戸幕府の地誌編纂における寛政期の意義」（岩橋註(11)書）。

(17) 拙稿「『令聞余響』解題」（本書所収）。

(18) なお「令徳神前額文政癸未春」とのみ書かれており、詳細不明である。特に漢詩文の撰集は苦しいものがあったとうかがえる。

(19) 玉林晴朗『蜀山人の研究』（畝傍書房、一九四四年）六〇・六一頁。

(20) 石上敏「天明狂歌とは何か―その逆説的本質について―」（『岡大国文論稿』二五、一九九七年）。

(21) 文化六年の箱書については、本書所収松本論文を参照されたい。

(22)　中川忠英の先祖については「太祖忠幸公ハ市右衛門忠重公の第三子にして、元和三年廩米をあらたに賜ひ」(1)とある。「寛政重修諸家譜」二六一巻(『新訂寛政重修諸家譜　第五巻』続群書類従刊行会、一九六四年)では、「市右衛門忠重」の項目に「神田の本願寺に葬る。のちこの寺を浅草にうつさる。代々葬地とす。当寺の檀越となることは東照宮の仰によりてなり」とある。以降、本家筋の忠次系、忠重実子の忠保系・忠幸系、忠次次男の忠政系の計四家の菩提寺となっている。

(23)　田中康二『本居宣長の国文学』(ぺりかん社、二〇一五年)第三章より。ただし中川忠英の蔵書には本居宣長の著作は確認できない。『捜錦閣蔵書目録』(国立公文書館所蔵、内閣文庫二一九―〇一六一)。

(24)　吉岡註(9)論文。

(25)　松野陽一「幕府歌学方北村季文について」(『東北大学教養部紀要』三九、一九八三年)。なお、『文学』七―一(岩波書店、二〇〇六年)にて特集「松平定信の文化圏」が組まれたが、「湖月亭寄題詩」の募集を明らかにした池澤一郎「定信の風流を支えた人々」以外には人的範囲は示されない。

(26)　詠者一一〇人については、佐佐木信綱「源語帖について」(『國學院雑誌』四〇―六、一九三四年)を参考とした。「詠源氏物語和歌」は前半五五人、後半五五人に分かれており、前半は松野が述べるように旗本が中心だが、後半は「仙台家臣」や「浪華」の歌人が多くみられ、伊達家出身である堀田正敦関係者の割合が多い(松野註(25)論文)。

(27)　佐佐木註(26)論文を参照した。

(28)　「斯て文化三年正月晦日大目付に転し給ひて、明る四年夏蝦夷に乱おこりてけれハ征《ユキ》て沙汰し、且ハ海防の事なと鈞令をうけさせ給ひ、紀正敦朝臣とともに彼辺境を巡撫し給ふ」とある。

(29)　以下、佐野義行の経歴については「寛政重修諸家譜」八五〇巻(『新訂寛政重修諸家譜　第十四』続群書類従完成会、一九六五年）を参照した。
(30) 荒木矩編『大日本書画名家大鑑　伝記　下編』（大日本書画名家大鑑刊行会、一九三四年）二二〇三頁。
(31) 註(29)「寛政重修諸家譜」八五〇巻。
(32) 『外山御別野略記』（宮内庁書陵部図書寮文庫所蔵、内題「とやまの春」）。なお、研究としては小寺武久『尾張藩江戸下屋敷の謎　虚構の町をもつ大名庭園』（中公新書、一九八九年）がみられる。
(33) 佐野肥前守義行『小金御鹿狩記』（宮内庁書陵部所蔵）ほか。
(34) 多紀元徳撰・多紀元簡校『広恵済急方』（東都書肆須原屋茂兵衛・須原屋伊八・須原屋善五郎・須原屋嘉助発行、一七九〇年）
(35) 佐野義行『飛鳥山十二景和歌』（寛政三年刊、東京都中央図書館（東京誌料）四一五―三一）。
(36) 太田註(10)論文。
(37) 増田註(10)論文。
(38) 太田註(10)論文。
(39) 吉岡註(9)論文。
(40) 蜷川新『維新前後の政争と小栗上野の死』（日本書院、一九二八年）二頁。
(41) 『高取町史』（一九六四年）三〇七頁。
(42) 小川恭一編著『寛政以降旗本家百科事典　第一巻』（東洋書林、一九九七年）。
(43) 高橋註(14)論文。
(44) 岩橋註(16)論文。

(45) なお彼は、中川忠英とともに目付を勤めており、寛政三年六月一一日に吹上御庭で行なわれた上覧相撲の掛に中川・平賀の名がみられる。鎌原桐山「朝陽館漫筆巻之十」(『北信郷土叢書　巻二』一九三四年)。
(46) 鈴木註(15)論文。
(47) 長崎市役所編『長崎市史　地誌編　神社協会部上』(長崎市、一九二九年)一二〇頁。
(48) 註(47)『長崎市史　地誌編　神社教会部上』一二四頁。
(49) 香月薫平『長崎地名考　下之巻』(安中書店、一八九三年)。
(50) 香月註(49)書。
(51) 「文化二丑年改　乙名頭取惣町乙名勤方并諸加役大意書」(森永種夫校訂『長崎乙名勤方附御触書抄』長崎文献社、一九七八年)。
(52) 註(47)『長崎市史　地誌編　神社協会部上』一二五・一二六頁。
(53) 鈴木註(15)論文。
(54) 片岡弥吉「浦上異宗徒一件」のうち「市兵衛ら御仕置伺」(谷川健一編『日本庶民生活史料集成　第十八巻　民間宗教』三一書房、一九七二年)八三二頁。
(55) 大橋幸泰「キリシタン民衆の潜伏と村社会—寛政期浦上一番崩れをめぐって—」(『論集きんせい』一七、一九九五年)。
(56) 中川忠英と相役している時期の「犯科帳」では、主に「平賀式部少輔在勤」の帳面に「如何敷宗旨致信仰候風聞有之」者たちへの申渡しがみられる。平賀貞愛在勤「犯科帳　自寛政八年九月至寛政九年三月」(森永種夫『犯科帳』第五巻、犯科帳刊行会、一九五九年)。

(57) 大橋註(55)論文。
(58) 註(56)「犯科帳　自寛政八年九月至寛政九年三月」。
(59) 註(47)『長崎市史　地誌編　神社協会部上』一九～五二頁。
(60) 赤瀬浩『長崎丸山遊郭　江戸時代のワンダーランド』(講談社現代新書、二〇二一年)。
(61) この東葛飾地域では「享和三癸年正月、御郡代中川飛騨守様御廻村ニ付　若宮村・中山村明細帳」、「享和三癸亥年正月、御郡代中川飛騨守様御廻村ニ付村方明細帳」(鬼越村)がみられ、享和三年に巡検が行なわれたとわかる。市川市史編纂委員会編『市川市史　第六巻上』(吉川弘文館、一九七二年)二一八～二二二頁・二二四～二二六頁。
(62) 「葛飾誌略」(文化七年頃成立)に「孝子。此梨子(筆者註「八幡梨子」)を始めたる川上何某は、貞実にして孝子也。先年中川飛騨守様御通行の砌、御聞きに及び、御褒美を被下置し也。元は貧也と雖も、今は富貴也」とみられる。紀元二千六百年記念房総叢書刊行会編刊『紀元二千六百年記念　房総叢書　第六巻地誌其二』(一九四一年)四五三頁・四八四頁。
(63) 同右、四五三・四八四頁「葛飾誌略」(文化七年頃成立)に「溜。古き溜也。昔は此所より海へ水を落せしと也。故に押切りと呼ぶとぞ。(中略)此所利根川開いてより北樋に成りしとぞ。先年、中川飛騨守様御巡見の砌、及川氏の相を御覧有りて賞美し給ひしとぞ。中川公は相学に通じ給ふなるべし」とある。
(64) 「貞婦たけ」(千葉県君津郡教育会編刊『千葉県君津郡誌　下巻』一九二七年)四四一頁。なお同書は足立四郎吉編『和歌俳句家庭訓話』(中外出版社、一九一二年、「下の巻第一」)を参考としており、この文献でも「阿竹(おたけ)」とされる。
(65) 柳谷慶子「近世の「家」と扶養・介護―『仙台孝義録』の分析から―」(同『近世の女性相続と介護』吉川弘文館、二〇〇七年)。

(66) 大田直次郎「孝行奇特者調一件(孝義録編集御用簿)」寛政十一年九月条(大田南畝著・浜田義一郎ほか編『大田南畝全集』十七巻、岩波書店、一九八八年)。なお、史料の性格を理解するため、( )註記を付した。

(67) 大田南畝「一話一言」巻二十八(『日本随筆大成　別巻下』日本随筆大成刊行会、一九二八年)。

(68) 土岐政孝纂述『學藝叢談』二篇(報告社、一八七八年)六丁ウ～八丁オ。なお、同書では「南畝子の教諭ハよく彼の島の時俗に適ひたるものといふべし」と評価されている。

(69) なお、ルール大学ボーフム校所蔵シーボルトコレクションに「Hachijōjima kyōyu 八丈島教諭」([Belehrung über die konfuzianische Tugendlehre, verfaßt von Bakufu, vermutlich für Verbannte auf Hachijōjima.](幕府により作成された儒教的な道徳の教訓、八丈島の罪人に向けたものか、資料番号：RUB-1.368.000、日本語史料)が存在する。このほかシーボルトの末裔であるブランデンシュタイン＝ツェッペリン家に「幕府の八丈島へ流刑となった罪人に対する警告文」(断簡)三点(資料番号：SAB-K3F1-60～62、独語・蘭語・日本語混合)もみられる。石山禎一の解説によればシーボルト旧蔵『八丈島教諭』には「癸亥八月」の日付があり、天和三年と推定され、両親を「天地にひとしきたふとき者とおもふへし」と一部引用がされている(以上、国立歴史民俗博物館シーボルト父子関係資料データベースdatabase Search Results(rekihaku.ac.jp)より)。引用と同文の箇所は史料18にみられないが、シーボルト旧蔵が「2pp.」(一紙一枚)と短い分量である点や、『八丈島教諭』がドゥーフにより蘭語訳された事実、親の敬愛を説くなど内容の共通性、享和三年が「癸亥」である点などを考えると、南畝作のテキストである可能性が高い。すなわち、ドゥーフやシーボルトをはじめ、来日外国人の間でのテキストの普及が考えられるだろう。

(70) 東京都編刊『江戸時代の八丈島—孤島苦の究明』(都史紀要一二、一九六四年)一六三～一八五頁、伊川公司「近世」(八丈町教育委員会編刊『八丈島誌』一九七三年、第三章)。

(71) 青山英正「近世後期の和学における和歌と教化」（同『幕末明治の社会変容と詩歌』勉誠出版、二〇二〇年）。
(72) 佐野義行は鍬・鎌・縄を描き、「わするなよひる八田かへし草かりてよるなはなへといひし教を」と和歌賛を添えている。厚木市秘書部市史編さん室編『厚木市史　近世資料編二（村落一）』（一九九三年）七四〇頁。
(73) 北村季文は『続編孝義録料』の編纂にあたる上申「私知行所　武蔵国都筑郡池辺村百姓次右衛門娘行状書」にて、次右衛門娘まちによる父への看病に対し、玄米三俵と和歌二首が褒美として与えている。和歌は「孝女まちか行ひをきゝてものとらするつゐてに」の題にて、「ふみも見ぬをとろかおくのすミかたにおやにつかふる道はありけり」「つゆさむきさゝのしのやのおきふしもおやをそ思ふ身をはおもはす」がみられる。「続編孝義録料　廿五」（菅野則子編『続編孝義録料　第二冊』汲古書院、二〇一七年）三六一・三六二頁。
(74) 吉岡孝「江戸周辺地域における地域秩序の変容と生活」（村上直編『幕藩制社会の地域的展開』雄山閣出版、一九九六年）。
(75) 吉岡註(9)論文。
(76) 豊里町編刊『豊里の歴史』（一九八五年）、本書所収布川論文。
(77) 早田旅人「二宮尊徳における「仁政」と「助合」―領主と富者の再分配論―」（『人民の歴史学』二三三、二〇二二年）、「桜町陣屋阯」（『史蹟調査報告』七、文部省、一九三五年）。
(78) 上郷村の明細帳としては、上郷村上下両組「村明細書上帳　下書」（寛政一二年）（『つくば市史　史料集　第二編　村明細帳　下』二〇〇四年）があり、このほか中川忠英の巡見に関わる史料として、坂入善右衛門栄宗「関東御郡代中川飛騨守様より寺社諸寺院え御紕ニ付開闢古代旧記井当様共ニ書上留帳」（寛政十二年）（『つくば市史　史料集　第八編　村の年代記』二〇一一年）がみられる。

(79) 鬼越村の「享和三癸亥年正月、御郡代中川飛驒守様御廻村ニ付村方明細帳」では、作成者が「鬼越村御案内人」となっているため、中川忠英に村内を案内するにあたり作成された帳面と判明する。前掲註(61)『市川市史　第六巻上』二二四〜二二六頁。
(80) 上生庵亮盛『筑波山名跡誌』(安永九年刊)一九ウ・二〇オ。なお、早稲田大学図書館所蔵本(市島謙吉旧蔵：ル04 00284)を参照した。
(81) 柳田國男「解題」(柳田國男校訂『紀行文集』博文館、一九三〇年)。
(82) 宮崎修多「大田南畝の「日本」」(註(13)書)。
(83) 吉岡註(74)論文。
(84) 清水光明「『草茅危言』と寛政改革」(『歴史評論』七九三、二〇一六年)。
(85) 小野将「女性褒賞と近世国家―官刻出版物『孝義録』の編纂事情―」(高埜利彦編『近世史講義―女性の力を問いなおす』ちくま新書、二〇二〇年)。
(86) 青山註(71)論文。

武家社会に対する中川忠英の問題意識と中川家親類

松本日菜子

はじめに

中川忠英（以下、忠英）は、宝暦三年（一七五三）九月一八日に中川忠易の五男として生まれた。幼くして母方千葉家の養子となったが、兄の早世により中川家の跡継ぎとなり、明和四年（一七六七）一一月四日、父の死去をうけ中川家の家督を継いだ。その後、小普請組頭、目付、長崎奉行、勘定奉行、関東郡代、大目付などさまざまな役職に就き、文政一三年（一八三〇）に七八歳で死去した（『令聞余響』（1）。以下、本書第三部翻刻編所収の項目番号を（　）で記す）。忠英は、松平定信に見出され出世を果たし、寛政七年（一七九五）には飛騨守に叙任されている[1]（1）。

藤方安清の著書『令聞余響』には、忠英に関するさまざまなエピソードが収録されている。そのなかの一つに、忠英が親類男子の教育・交流の場として睦順講という会をつくり、掟書を残したという部分がある。本稿では、この掟書の内容を分析することで忠英が有した問題意識を明らかにし、さらに睦順講設置の背景を中川家とその親類に注目し考察していく。

近世後期の武士については、下級幕臣には俳諧をはじめとする遊興に夢中になる者も多く存在し、為政者としての自覚の喪失が顕著となった、(2)だとか、武士が遊興や博奕、出奔などあらゆる悪行不品行を重ね、士風頽退の状態であったと指摘され、(3)こうした士風の退廃は田沼時代に顕著な特徴として理解されてきた。また、藤田覚は、一八世紀末には、町人社会との接点を持った下層武士たちが町人と共に都市文化の創造者となった点や、民衆の力は高まる一方で経済的困窮を原因に武家は弱体化した点を指摘し、定信政権期にもこうした特徴が続いていたことに言及している。(4)

以上のように通史では、宝暦〜寛政期における武家の退廃がクローズアップされがちである。しかし、武家の退廃は、この時期に限った問題ではなかった。

高野信治は、武士の奉公を論じるなかで、勤務をさぼる武士の姿に言及している。(5)武士には、家計窮乏により士分の本意を忘れ、勤務を厭い、「御奉公」を疎み、病気を申し立てて引き籠るものも多くいた。また、武士・家臣は、奉公の過程で諂いや賄賂を当然に行なっており、武士にとって役儀の意味合いが報酬の獲得へ変化していた可能性を指摘する。高野が引用する史料の年代は幅広く、怠惰な武士の存在は、田沼期前後に限った問題ではない点がうかがえる。

さらに、根岸茂夫は、『大名行列を解剖する 江戸の人材派遣』で、大名行列などの分析から武家奉公人の実態に迫った。(6)同書によれば、大名や幕臣は、供を連れて登城するが、一七世紀中頃から供廻りや中間の風俗や行動が無作法であることが問題視されはじめ、幕末に至るまで武家奉公人に関するさまざまな禁令が出され続けた。元禄期には、欠落者を奉公人として幕臣に斡旋する人宿が存在するなど、奉公人の質がさらに問題となった。こうした武家奉公人に対する武家の姿勢がどうであったかというと、大方見て見ぬふりであった。同書では、享保一二年（一七二七）閏正月に江戸の名主から出された上申書の内容が紹介されているが、そこには「武家も慈悲深くなって、以前は成敗していたのに近年は給金さえ戻れば何の処分もしなくなった」とあり、(7)武家は奉公人の放埒な態度を統制できずにいた。そのような武家の態度は、武家奉公人による主人の軽視をさらに助長させた。中間部屋で仲間を集めて博奕を行ない、負けた者が欠落したり、中間らが異様な風体で供を勤めたり、他家の行列と行き会うと喧嘩口論に及ぶなど、江戸では武家奉公人による「がさつ」な行為が蔓延し、幕末期に至るまでそうした状況が続いたのであった。根岸が指摘した、武家奉公人による「がさつ」な振る舞いや、武家も幕府も強権的に奉公人を取り締まることができない状況は、まさしく退廃した武家の姿を物語っている。

同書には、本稿で取り上げる中川忠英に関する記述も見られる。寛政三年（一七九一）、忠英は江戸城年賀の登城の途中、小納戸八木補之の行列に押しのけられた。奉公人同士の喧嘩に発展するような状況で、忠英は八木に殿中で話したいと伝えてその場を収め、その後、不法を働いた徒士を処分すれば問題にはしないと毅然とした態度で対応した。(8)この事例からも彼の実直さがうかがえるが、忠英は、武家を取り巻く当時の状況に対してどう感じていたのだろうか。そこで、第一節では、忠英が書いた睦順講掟書をもとに忠英の考えを読み取っていく。

武家の勤務と学問については、中田喜万が、武士教訓書の検討から、武士の学問に期待されたことは、「事務処理能力、とりわけ文書の読み書き能力（手習）の訓練」と「組織で働くために必要な、規則の遵守、行動や発言の慎重さ、人間関係のストレスへの忍耐力（堪忍）、柔和で礼儀正しい態度・協調性」とであり、特に中下級武士には一種の教養として儒学や兵学が学ばれたと指摘した。(9)また、前述の高野は、九州諸藩を中心に諸藩の学問政策について分析し、学問・教育が家格相応の資質形成や人材確保を目的に必要とされた点、反対に試験やそれをもとにした人材登用が武家社会の根幹である家格制に抵触した点などを明らかにした。(10)

武家の子弟教育については、太田素子が、下級武士の子育てについて桑名藩・土佐藩の事例から検討している。大田は①家の後継者を育てることは父親の社会的な責務と認識されていたこと、②勤務時間が比較的短く、職住接近のため父親たちはよく子供に接したこと、③親族・近隣・サロン仲間との相互扶助関係があったこと、④初歩教授をめぐる家族と藩（藩校）の綱引きは、緩やかに学校化・集権化の方向に進んだことを明らかにした(11)。また、藤方博之は、旗本と桑名藩士の事例を分析し、どちらも初期段階で手習いと素読を学び、家庭内で父や祖父によって教えられ、外部の師匠へ入門する流れであった点を指摘した(12)。

太田・藤方は、親類の子育てへの参加に言及しているが、集団を形成するまではいかない規模であり、睦順講のような親類を中心とした学習サークルは珍しいのではなかろうか。そこで、第二節では、中川家親類に注目し、睦順講設置の背景を考察する。

一　中川忠英と睦順講掟書

中川家の親類を対象とした睦順講は、「学問を通じて友となし、友を通じて人格を高める」という忠英の考えから創設された。睦順講では、志と行ないを高めるため、修身治家から経世済民まで幅広い問いを書き出し、その得失を議論させていた(32)。忠英は、どのような背景からこの睦順講をつくったのだろうか。そこで本節では、忠英が睦順講に対して作成した掟書の内容を分析し、この問題に迫りたい。なお、睦順講で行なわれた教育活動の具体的内容は、史料的制約のためここでは触れない。

1　睦順講掟書

文政三年（一八二〇）、忠英は睦順講に対する掟書を作成した。『令聞余響』掲載の睦順講に関する記事を引用したのが次の史料1である。

【史料1】(32)

一公、諸子姪の為に会をもふく、名つけて睦順講といふ、一月一次親戚の家相匝《メク》りて賓主の礼をなす、又会することに修身治家より経済等の問目を親書し給ひ、其是非得失を議せしめ、可否を裁判して志行を琢磨し給ふ、偏に文をもて友を会し、友をもて仁を輔くの賢意なるへし、其規則一巻の文を左に掲く、

掟

睦順は何そや、誠信を以親戚の情を尽すなり、親睦和順にして始て安泰永続を量るへし、依之今耄言を作して各位の子弟に授け、睦順の意を示す事左のことし、

睦順の専務第一に

御当家の御掟を守り、聖賢の教を奉し、孝悌の道を尽し、質素節倹を勤て享保の　御令を守り、謙遜を厚く心かけ、下人邑民にハ惰弱の恩を施さす、深く憐愍を加ふへし、是等常の心かけとして怠らす、互に切磋琢磨して人に譏らるゝ事なかれ

一身の為に御奉公すへからす

一賄賂を以て出身を求むへからす

一親戚に隔意を存すへからす

一妻妾ハ衣食の外家事に預るへからす

一衆子に愛情依怙すへからす
一声色飲食に耽るへからす
一華美形容を事とすへからす
一嗜欲の為に財を尽すへからす
一百姓に対し苛刻の沙汰すへからす
一神仏を信仰すとも其法を行ふへからす
一武芸の外柔弱の芸道修行すへからす
一医陰陪臣等縁を結ふへからす
一嗜欲を助る人を親しむへからす
一養子縁辺にハ利に趨るへからす
一人の見聞を憚る事をすへからす
凡右条目、親戚の中一事なりとも犯ものあらハ、講中幾度も教諭すへし、若家名に障るへきの萌あらハ必是を幽居せしめ、三ヶ年過て初に復すへし、然とも再故態を発せハ、猶又幽居せしむへし、如斯ならハ家をうしなひ、身をほろほすの憂ひなく子孫永続すへし、是予か各位の子弟に求るの微意なり、講中それ是を察し是を捨る事なくハ幸甚ならん
文政三年庚辰十一月十三日　　中川飛騨守忠英述

『令聞余響』の著者藤方安清によると、睦順講は月に一度開催される子弟のための会合であり、修身治家や経世済民まで、つまり自分自身や家の統制といったごく身近なことから国家や政治に関することまで幅広い内容を議論し、

知識や思考力の向上を目指した。睦順講は、「文をもて友を会し、友をもて仁を輔く」とあるように、学問交流を通じて精神修行をするという忠英の考えに基づき創設されたのであった。

では、忠英が記した掟書の内容検討に移ろう。序文には、「睦順は何そや、誠信を以親戚の情を尽すなり、親睦和順にして始て安泰永続を量るへし」とあり、睦順は、親戚に情を尽くす事であり、親しく穏やかな関係を築くことで家の安泰永続を目指すことができると主張されている。続いて、幕府法令の遵守、儒学の学習、忠孝の実践、将軍吉宗が奨励した質素倹約の遵守、目下の者への憐憫などが、常に心掛けるべき生活規則として掲げられている。

次に各条目を見てみると、条目は一五か条にわたり、各条目では序文で示された基本理念に基づいたより具体的な内容が端的に記される。これらは、主家奉公と治家【第一～五条】、倹約の推奨【第六～八・一三条】、領民の統治【第九条】、文化活動の制限【第一〇・一一条】、交際【第一二～一五条】の大きく五つに分けられる。以下では、これら五つの内容を当時の社会状況や忠英の考えも確認しつつ、詳しくみていく。

【第一～五条】　主家奉公と治家

第一条と第二条は、「一身の為に御奉公すへからす」、「一賄賂を以て出身を求むへからす」と、幕臣としての職務に関する内容となっており、立身出世を目的とした勤めや賄賂による出世の禁止が説かれる。

文化期の世相を批判した随筆『世事見聞録』では、堕落した当時の武士の姿が鮮明に記されている(13)（以下、頁数のみ記す）。武士の奉公については、能力に似合わない役職を望み、足高によって身上の不足を補おうと目論む者も多いことが嘆かれ、「折角仰せを蒙りたる御役儀なれば、大切に守り、いついつまでもその所を守り勤むべきはずを、さやうにもあらず、いまだその場の御用にも爾と立たざる内に、またその上へ転役すべき手段にのみ打ち掛かり、遮りてその時の役立ちにはならず、奉公は五、六分に勤め、立身は十分にせんとす」（二七頁）と、出世には熱心だが、奉公には手を抜く武士の勤務態度が問題視されている。

続く第三条では、「一親戚に隔意を存すへからす」とあり、親戚と良い関係を築くという睦順講の目的に反する親戚とのわだかまりを戒め、第四条では、妻が衣食以外に関与することを禁止する。

第五条では、子供たちに愛情を不公平に与えることを禁止している。『令聞余響』には、「一公嘗て偏愛の子孫なく、特寵の臣妾なし」(19)とあり、忠英は自身の子供に対しても公平に接していたと推測される。前掲の『世事見聞録』では、身上を取り乱す者の例として、大酒飲み・喧嘩好き・遊女狂いなどと並んで、「幼稚より親の寵愛に余り、我儘放逸に育ち、少しも堪忍の情なきもの、継親などに懸かり邪見に育ち、人情備はらずして不作法なるもの」(三九頁)と、我儘放逸や人情の不備といった性格が挙げられ、親からの愛情の偏りがこうした人格を形成する原因であると記される。

【第六～八・一三条】　倹約の推奨

第六条では、「一声色飲食に耽るへからす」と、宴会や遊興に耽ることを禁止している。第六条に関しては、『令聞余響』で「一公、性酒を好させ給わす、然れとも水鳥記の後に附言して、いにしへの酒薫勧盃予楽の興あるを賞して当時遊宴会飲の殺風景なるを譏り給ふ、寔に悪無て其善を知らせ給ふといふへし」(34)と記されている。忠英は、酒を好まなかったが、古来の儀礼的な宴会は興味深いと賞賛し、現在の宴会は殺風景であると非難した、という内容である。ここから、忠英にとって、当時行なわれていた宴会に対する評価は低く、奢侈を助長する低俗なものだと認識していた点がうかがえる。

続く第七条では、華美に着飾ることを禁止している。第七条についても『令聞余響』掲載の、昇服をめぐる幕府祐筆屋代弘賢と久留米藩家臣松岡辰方との書簡に対する忠英の加筆内容(29)から、彼の考えが垣間見える。

屋代は、官服を本来の公家風のものに戻すことで却って華奢につながることを危惧し、それにより武備が緩むことを恐れていた。これに対し、忠英は、「武備が緩んでいるのは、衣服や武器の良し悪しの為ではない。遊女が派手になり、民衆が髪結床を設け、銭湯に入浴するといった奢侈の広がりこそ武備が廃する根源である。この風俗を改めず、服飾を抑制しても無益である。」と述べ、武家儀礼に公家の風習を取り入れることで武備が緩むのではなく、民衆が華美形容を重視し、華奢な風俗が広がることで、武備が緩むのだと主張した。つまり、忠英は、民衆への奢侈の広がりこそが武家の堕落の原因であると認識し、睦順講に対しても奢侈を戒めたのであった。

【第九条】　領民統治

第九条では、「一百姓に対し苛刻の沙汰すへからす」とあり、序文で述べられた「下人邑民にハ惰弱の恩を施さす、深く憐愍を加ふへし」に関連して記されたと考えられる。

当時の武士の領地支配について『世事見聞録』を確認すると、「これ国郡を領しながら、生涯その身に預りたる所の実事を知らず、身に行ふべき政事を施さず」（二一～二二頁）、「一体、武士の貯ふる所のものは、元はみな民の汗の上より産み出したるものなれば、容易に他所へ漏らし施しなど致すべきものにはあるまじきなり。有余あらば、元の民を救ふべきはずのものなり。施すべき筋に施さずして、あるいは身の栄花を求むるための欲に惑ひて、寺社へ寄付し、神仏を饗応し、あるいは身の栄耀に、物数寄・遊興の事に費し、または朝暮慈愛する所の小童侍女などへ格別の物を与ふるなり。右の困窮なる民に対しては、甚だ依怙贔屓の仕方、心なき事どもなり」（二三頁）などと記され、武士は領主でありながら、領地の実情を知らず、領主として行なうべき御救いをはじめとする政事を放棄し、さらには領民の汗の結晶ともいえる年貢収入を領民の救済のために使うのではなく、寺社への寄進や自身の遊興にばかり費やす者がいることが問題視される。

また、忠英は、「一思二国恩一、一察二民苦一（国恩を思うことは民の苦しみを知ること—引用者注、以下同様）」、「倹以安レ衆、素以保レ寿（倹約により民心を安心させ、質素により寿命を保つ）」、「愛レ衆而疎二於親一者不レ識愛情一也、愛レ親而不レ及レ衆者亦不レ識二愛情一也、情愛於レ中而自為二厚薄一（民を慈しみ、身内を疎かにする者は愛情を知らない、身内を慈しみ、民に及ばない者もまた愛情を知らない、慈しみの中において自然とその度合いが決まるのだ。民は身内と同様に慈しむものである）」といった質素倹約や民衆への慈しみに関する言葉を座右の銘とし、日頃目につく場所に書いていた(31)。

これに関連して、『世事見聞録』では、「領地の事は、恩賞に給はりたる地なれば、その地所へ金銀を御貸付けあつて、利潤を加へて、余計に御取立てあらんなどは、いかんの御沙汰なり。その上納しかぬるものを、責め誣げ取らるるなど、なほさら御仁徳を失ひたる事にて、君臣の間、貸借・損益の争ひをなし、止まる所は主君に利を奪はるる事にて、御威光にも拘はるべき事なり」（二九〜三〇頁）と、領主である武家が贅沢をすることにより、そのしわ寄せとして領民へ貸付が課され、百姓の負担が増大している現状が記される。さらには、主家の「御仁徳」「御威光」に関わる大問題であると指摘している。

このように、忠英は領主として百姓を慈しむことを意識し、質素倹約は民衆を救う手段であると認識していた。先に述べた睦順講への倹約の推奨は、子弟たちに領主として百姓に対して倹約の手本を示すことを意識させるという目的もあったと考えられ、武家の華美な生活により百姓の負担が増加していた当時の社会問題に対する忠英の姿勢が垣間見える。

この他に、第八条では欲望のままに財を尽くすこと、第一三条では欲望を助長する人と親しくすることを禁止している。これらの条目も、序文で述べられている「質素節倹を勤て」に反する事柄として、具体的に提示されたものといえる。

【第一〇・一一条】　文化活動の制限

第一〇条では、「一神仏を信仰すとも其法を行ふへからす」と、仏法を行なうことを禁止している。『令聞余響』では、「一公、もとより釈氏の道を好ミ給わす、殊に当時緇侶の不如法なるを悪ませ給ふ」(44)とあり、忠英は、仏教を好まず、特に僧侶が戒律を守らないことを嫌っていたことがわかる。

一八世紀末～一九世紀初頭にかけて、僧侶による不祥事がたびたび発生していた。寛政四年(一七九二)八月には、僧侶が起こした訴訟により、将軍家斉の側室おまんの方をはじめ、大奥女中が処罰される事件が起きた。当時、浅草門前で「聖天の法」を行なう僧が大奥女中に取り入っており、僧はおまんの方が男子を出産するように「法」を頼まれ、礼金として一〇〇〇両を要求した。だが、礼金は支払われず、寺社奉行へ訴え出て訴訟へと発展した。その結果、おまんの方は本丸での御目見を禁止され、大奥年寄をはじめとする大奥女中らも処罰された(14)。

また、『耳嚢』には、寛政八年、女犯をした僧侶が大勢召捕られ、流罪や日本橋で三日間晒されるなどの処罰を受けたとの記載がある(15)。享和三年(一八〇三)には、延命院事件が起き、日暮里にある日蓮宗延命院の住職日道が、参詣に来た婦女と淫楽に耽ったとして処罰された。文化二年(一八〇五)には、事件の顚末を記した『観延政命談』の存在が発覚し、著者を含む関係者が処罰されている(16)。このように、寛政～文化期には、僧侶による事件や戒律破りによる僧侶の処罰がたびたび発生しており、忠英も僧侶を嫌悪するに至ったのだろう。

第一一条では、「一武芸の外柔弱の芸道修行すへからす(17)」と武芸以外の芸道の修行を禁止している。この条目がさす「柔弱の芸道」とは、能楽や茶の湯、聞香が該当したと考えられる。天明七年(一七八七)に書かれた植崎九八郎による上書でも、茶人・俳諧師・花差の増加が指摘され、「富貴の人に追従する事を心がけ、若者を放埒にし(18)」ていると述べられ、問題視されていた。

以上のように、江戸市中における破戒僧や遊芸を行なう者の増加は、寛政期以前からの社会問題であり、忠英もこれらに対して問題意識をもっていた点がうかがえる。

【第一二〜一五条】　交際

第一二条では医師・陰陽師・陪臣らとの縁組、第一三条では欲望を助長する人との交際、第一四条では利益を優先した養子・縁組を禁止している。

特に第一四条については、前述の植崎九八郎上書でも「御禁制の第一に御座候得共、当世養子縁組共に其徳儀によらず、土産の多少支度の善悪によりて取極候風俗に定候様に御座候」[19]とあり、養子自身の能力よりも持参金を優先した養子縁組が横行し、社会問題となっていた。『世事見聞録』にも、「養子縁組など整ふるにも、人物の善悪を次にし、実方の家柄をも構はず、持参金の多分なるを善しとし」(四三頁)、「行状を見届けたるうえにて家督を譲るべきはずなるに、当時は持参金を多く取ることを是として、後のなりゆきをも構はず、あるいは親族同姓の内に、養子致すべき筋目のもの、または厄介等の内、随分相応の人物ありといへども、持参金の望み叶はざるものゆゑ、表向き病身と偽りこれを除き、先祖の血脈を絶やし、とかく他姓のものの財用のたよりあるを好みける」(四三〜四四頁)とあり、武家の養子縁組では、人柄や能力、家柄よりも持参金の金額が重視され、親類に養子として相応しい人物がいても持参金のために候補から除くことも行なわれた。また、持参金を目当てとした養子相続を行なうと、「養子の行状、養父の気に入らずして、離縁致したくも、持参金を多分取り置きし上なれば、これを返すべき力なくて、是非なくそのままになし置けば、養子はその虚に乗じてなほもつけ上が」(四四頁)るなど、当主として不相応でも離縁できないという問題も発生した。

睦順講掟書の冒頭で「睦順は何そや、誠信を以親戚の情を尽すなり、親睦和順にして始て安泰永続を量るへし」と記される通り、睦順講設置の目的の一つは親類との関係強化であり、親類との交流を重視したからこそ、交流をもつ人物を選ぶよう諭す必要があった。特に持参金目当ての養子縁組は武家に蔓延しており、忠英は自身の親類中でもそのような相続が行なわれる点を危惧していたと考えられる。

第一五条では、「一人の見聞を憚る事をすへからす」とあり、人の見聞を取り入れることを奨励している。これは最初に述べられた「文をもて友を会し、友をもて仁を輔く」という学問を通じた人との交流により、人格を高めるという理念に基づき示された。

第一五条にみられる忠英の理念は、彼自身の交友関係に起因したと推測される。忠英は、松平定信・酒井忠道・池田治政・松平信明といった諸大名や、石川忠房をはじめとする幕臣、林述斎や塙保己一といった儒者や国学者、その他に有職故実家や兵学者など幅広い交流があった(4)。『令聞余響』では、「博学洽記にして、下問を恥給わさりけれハ、友愛親善の道ひろく、交遊せさせ給ふ処、挙て数ふへからす」(4)と、知識を得るためには年齢や身分に執着しない忠英の謙虚な姿勢が交流を広めた要因だと記されている。

このように、学問による人びととの豊かな交流を通じて見識を深めていった忠英自身の経験から、「文をもて友を会し、友をもて仁を輔く」という考えに至ったのだと考えられる。

2　中川忠英の遺訓

忠英は、文政一三年(一八三〇)八月一七日に死去した。忠英の死後、遺訓に類する紙面が三枚見つかる。その内容が史料2である。

【史料2】(45)

一公、あらかしめ尽縁を観し給ひけん、ことし夏の初、御いたわりのことおわしてより、万つ御心を用ひさせ給ハさりしか、初秋過る頃より御なやミもそひて、つひにはかなき御ワかれのきわ迄も御心ミたれされ給ハす、御後の事なと露計もおゝせ給ハさりしかハ、細々と御遺書なとおハしけんと申あへりけるに、初の御忌日御遺訓ともなり残させ給ひし御筆の跡、三ひら見出させ給ひ、次の日、近く仕へまつる輩に拝読をゆるさせ給ふ、おの〳〵なミたなから に読ミ奉るその御書に、

世の中の覚悟ある人々ハ、終りに臨ミていと細やかにいゝのこして、永く久しく子孫の栄んことをおもわさるハあらし、しかあれと子孫の智愚・賢不肖によりて父祖の遺訓にもたかひもて行、或ハ時移り俗換りて父祖の遺訓もいつしかいたつら言に移り、子孫たる者も亦不孝をもて呼るゝにいたらん、是其のこす所の言の葉、時の移り換るを知るによしなきのいたす所ならんか、ワれもとより不肖にして、遺言をなさん事をしらす、しかあれとも、もし終にのそみて遺言なせしとも、我子孫ワれより賢智ならハ、何としてか吾ことをまつへけんや、若又子孫ワれよりおろかにまた不肖ならんにハ、千万言いゝのこすといへとも何としてか身を全ふなす事のなるへきや、たゝにいく百とせをふるとも、時の智賢そなわりし人を朝な夕な師ともたのミ友ともなして交り、おしえをうけ愚不肖の人に遠さかりなハ、一生ハ安かるへし、

忠英は、世の中の覚悟ある人は死を前にして事細かに遺言し、子孫の繁栄を思うものであるが、子孫の智愚・賢不肖によって遺訓に背いたり、慣習や言葉の意味の変化によって遺訓の価値はなくなる、と遺訓を残す必要性を否定する。そのうえで、数百年を経ても、その時々の知識ある賢い人を師として頼り、友として交流して教えを受け、愚者にならなければ、一生は安泰だと述べている。

要するに、忠英は、知識のある賢い人との交流によって自らを高めることこそが子孫にとって必要なことだと考え

ていた。忠英は、遺訓は不用としながらも辞世の句を残すのではなく、知識のある人との交流によって自身を高めよという教訓を残した。これこそが、忠英が自らの死に際して子孫に伝えたかった「遺言」といえよう。このように、忠英が、学問を通じた人との交流によって良い人格を形成するという理念を生涯大切にしていた点が、遺言からうかがえる。

以上、第一節で分析した睦順講掟書の特徴について、判明したことを簡単にまとめておく。

忠英は、親戚と親しく穏やかな関係を築くことで家の安泰永続を目指すという考えのもと睦順講を設置し、儒教の学習、公儀法令の遵守、質素倹約、目下の者への憐憫を睦順講の基本理念としていた。睦順講掟書一五か条の内容は、主家奉公と治家、倹約の推奨、領民の統治、文化活動の制限、交際の五つに分けられ、序文で述べられた基本理念に即した事柄が多くを占めていた。また、条目の内容には『令聞余響』に関連するエピソードが掲載されているものもあった。これらは忠英自身が日頃心がけていた事柄であると考えられ、掟書は彼の経験や日常的な意識を反映させた内容となっている。睦順講で特に重視されたのが、睦順講設置の最大の目的でもある「文をもて友を会し、友をもて仁を輔く」という学問を通じた人との交流であった。忠英は、人物が優れていれば、身分や年齢を気にせず交流した。遺訓でも掟書と同様に知識ある人との交流を推奨しており、学問を介した交流による人格形成を生涯最も重視していたと指摘できる。

さらに、掟書からうかがえる忠英の問題意識は、当時の武家を取り巻く社会問題とも共通しており、定信政権以降、長年幕府中枢で政策を主導し、幕臣を指導する立場にあった忠英の特徴を物語っているといえる。忠英は、世間に蔓延る堕落的な武士の存在を苦々しく思っており、退廃した武家社会に対する焦りや、そのような社会に身を置く親類子弟への不安が表出したのが、この掟書であった。

二　中川忠英とその家族

前節では、忠英が作成した睦順講掟書の内容の特徴と、そこからうかがえる彼の教育理念および問題意識を検討した。この第二節では、睦順講の対象となった忠英の家族や中川家親類について確認し、睦順講設置の意図を考察する。

1　『寛政重修諸家譜』にみる中川忠英の家族

中川忠英家の同姓は、『寛政重修諸家譜』[21]（以下、『寛政譜』）で三家確認できる【系図1】。中川家の本家である中川忠義家、本家二代忠重の長男で分家した忠保を祖とする中川忠和家、本家四代忠次の次男で忠政を祖とする中川忠常家である。なお、本家二代忠重の三男忠幸を祖とするのが中川忠英家である。睦順講の対象範囲について『令聞余響』には明記されていないが、少なくともこれらの家々の子弟が該当したと考えられる。

次に忠英の家族について確認する。忠英には実子がおらず、四人の子はすべて養子であり、中川家同姓からではなく他家から養子を貰っている【系図2】。

一人目の養子は、仁木守安の次男で忠得という。忠得は寛政四年（一七九二）に将軍家斉に拝謁するが、その後仁木家へ戻った。二人目の養子は、忠英の後を継いだ忠宜（宣）である。忠宜は、内藤忠豫の三男で、寛政九年に二八歳で将軍家斉に拝謁した。その後は、西丸小姓組や西丸小納戸、家定公小姓頭取を歴任した[22]。彼らの他に養女が二人おり、一人目の養女（以下、養女①）は神保長光の娘で、忠英の養女となったのち忠得・忠宜の妻となった。二人目の養

【系図1】中川家系図　（数字）は禄高。……は養子。①は忠重長男、③は忠重三男であることを示す。❶❷はそれぞれ先妻、後妻を示す。

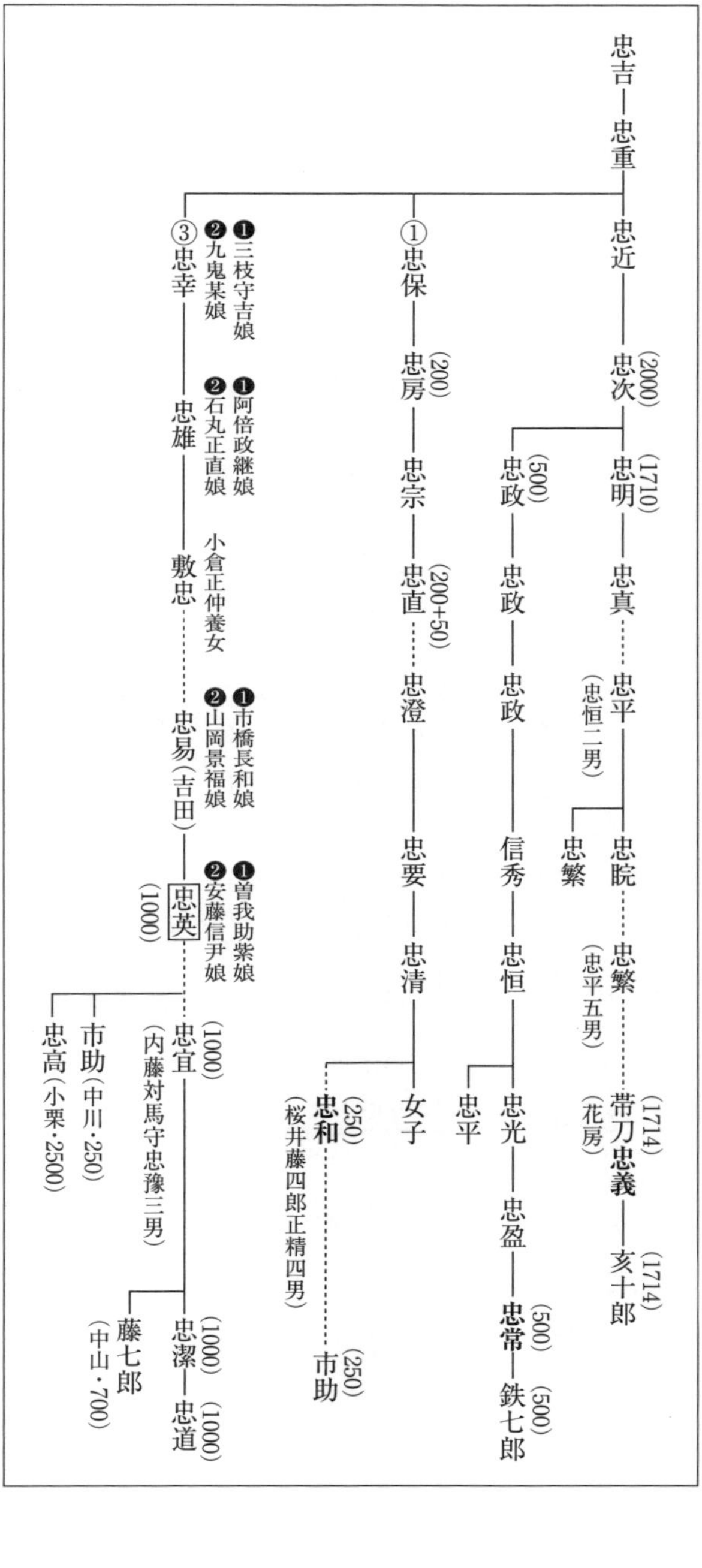

『寛政重修諸家譜』を基に作成。

【系図2】中川・吉田・曽我・仁木家系図 （数字）は禄高。……は養子。太字は婚姻・養子入りによって三家から中川家の一員になった者を示す。

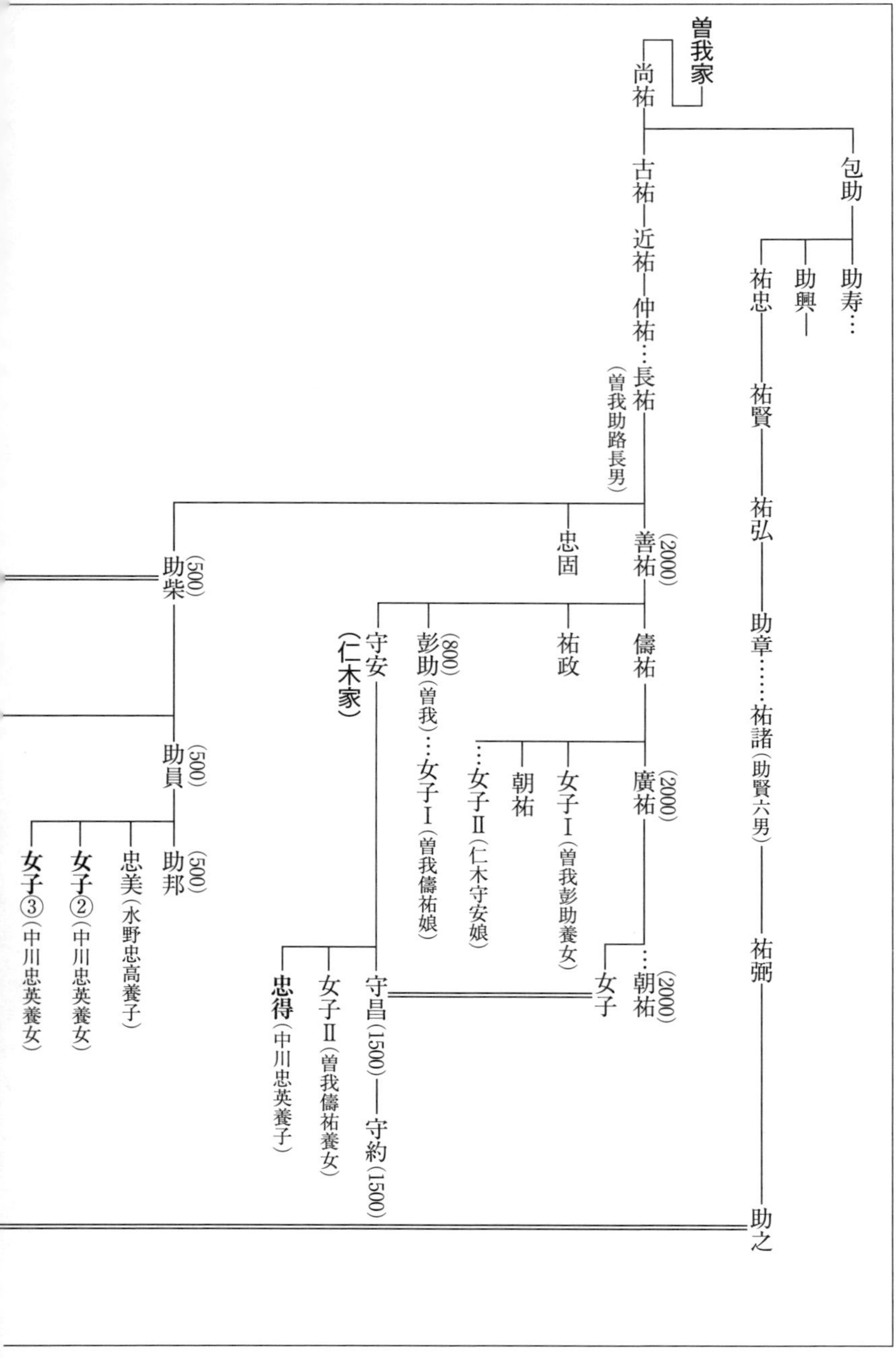

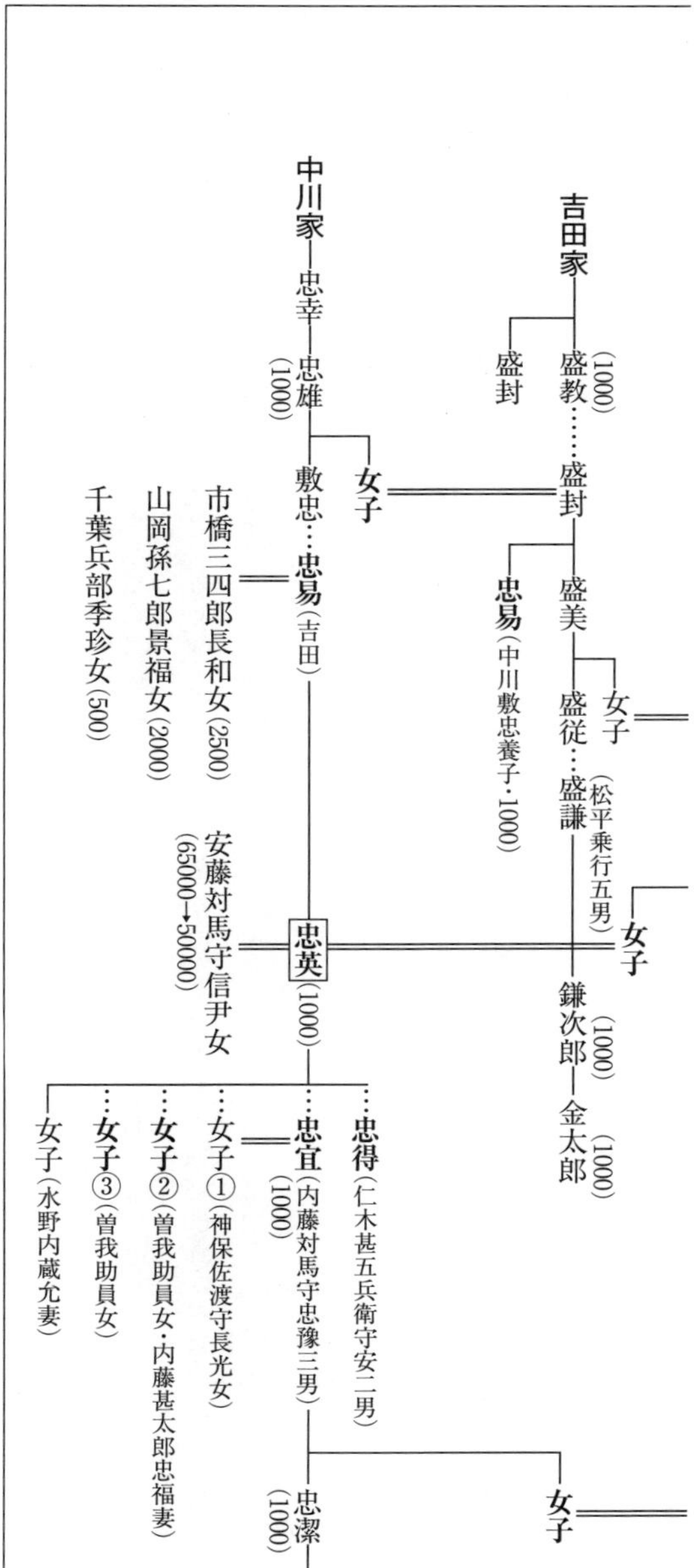

『寛政重修諸家譜』『寛政譜以降旗本百科事典』「大目付手留　同役身分之部や壱　中川飛騨守出之」をもとに作成。

女（以下、養女②）は曽我助員の娘で、忠英の養女となったのち内藤忠福へ嫁いだ。このように、忠英は計四人の養子・養女を貰っているが、すべて同姓以外の家から養子入りしていた。

忠英の養子・養女の生家について、『寛政譜』をもとに家系を復元すると、中川家と仁木家（忠得生家）・曽我家（養女②生家）とは、彼らの養子入り以前から血縁関係が確認できる（系図2）。関係の起源となったのは、忠英の曽祖父忠雄の娘が吉田盛封の妻となったことであった。その後、吉田盛封の次男が中川家の養子となる。吉田盛封の孫娘は、曽我助柴の妻となり、助柴の娘が忠英の妻、助柴の孫娘が忠英の養女（養女②）となっている。曽我助柴の甥にあたるのが、仁木家の婿養子となった守安であり、守安の次男が忠英の養子となる忠得である。以上のことから、忠英の養子忠得・養女②は、中川家との血縁関係を理由に養子として選ばれたことが判明する。

一方、養女①の生家神保家とは、血縁関係は確認できない。神保長光は、『令聞余響』冒頭で忠英と親交の深い人物として名前が挙がっており、忠英と神保長光との個人的な繋がりを起源として血縁関係が結ばれた可能性が高い[23]（4）。このように先祖からの血縁関係以外にも個人的な繋がりが養子入りの理由となった[24]。神保家から来た養女①は、忠得・忠宜の妻となることで中川家に留まるが、一方で、曽我家から来た養女②は内藤家へ嫁入りしていることから、当主自身の個人的な繋がりの方が重視されたといえるだろう。

忠英は、実子への家督継承が叶わず、養子によって家を継承させた。男子のみでなく、女子も他家から養女を貰い、一人は忠宜の嫁、もう一人は、忠宜の生家内藤家へと嫁いだ。以上をもとに養子・養女の存在が、家の継承、親類との関係強化に貢献していたと指摘できる。

2 『大目付手留』にみる中川家子女の婚姻

『寛政譜』掲載分以降の縁組については、断片的にしか判明しないが、埼玉県立文書館所蔵の『大目付手留　同役身分之部や壱　中川飛驒守出之』(25)（以下、『大目付手留』）では、縁組をした際の忠英の動きが確認できる。

【史料3】

二十二　一文化八未年九月廿五日、飛驒守娘縁組願書、備前守殿江専阿弥を以用番美濃守被致進達候処、無滞御受取相済、勿論松平豊前守ゟも縁組願、今朝相届出羽守殿江進達有之候処、是又無滞御取出来候、且又御受取相済候、為御礼備前守殿江相越不申候

縁組奉願候書付
　　　　　　中川飛驒守

　　　　　　大目付
初縁　　　　中川飛驒守娘
　　　　　　御小姓組
　　　　　　松平豊前守組
　　　　　　水野甚五兵衛惣領
初縁　　　　水野内蔵允

右之通縁組仕、又甚五兵衛方江引取置、追而婚姻相整度、此段奉願候、以上

九月

中川飛騨守

同十一月廿一日、明日四時登　城可仕旨、御切紙大炊頭殿林阿弥を以御渡、同役衆御目付衆江も吹聴申達、退出ゟ麻上下ニ着替大炊頭殿江為御受罷越申候

同廿二日、服紗小袖麻上下着用例刻早メ登　城致し大炊頭殿御差図ニ付、罷出候段若狭守ゟ口上ニ而申上之、於御白書院縁頬備前守殿計御出座引取置、縁組願候書付口演有之、相済而退出ゟ西丸江罷出、本番村上主殿江謁御礼申上之、夫ゟ両丸御老中方・若年寄衆不残為御礼罷越、且下野守殿ニは産穢中ニ付御礼罷越不申候

但御側衆江も罷越不申候

文化八未年十一月廿二日

中川飛驒守

文化八年（一八一一）九月、忠英の娘が水野甚五兵衛の忰内蔵允へ嫁ぐこととなった。史料中の「水野甚五兵衛」は、水野忠美だと思われ、彼は曽我助員の次男で水野家へ養子入りした人物であった(26)。

では、史料をもとに娘の婚姻における忠英の行動を整理してみよう。九月二五日には、縁組願書を老中牧野忠精(27)（「備前守」）へ、御用番の大目付井上利泰(28)（「美濃守」）が進達し受理された。婚家である水野甚五兵衛からも上役の小姓組頭松平康盛(29)（「豊前守」）を通じて縁組願が出され、こちらも受理された。一一月二一日には、翌日登城すべしとの切紙が老中土井利厚(30)（「大炊頭」）から届き、忠英は退出後に麻裃へと着替え老中土井のもとへ参上した。

翌二二日、忠英は服紗小袖と麻裃を着用して登城した。老中土井の指図により参上した旨を大目付水野忠通（「若狭守」）から申し上げた。江戸城白書院縁頬において、老中牧野忠精（「備前守」）のみ出座し、縁組願書が読み上げられた。退出後、忠英は西丸へ参上し、西丸目付村上正名(31)（「主殿」）へ拝謁の御礼を申し上げ、老中・若年寄の元へもお礼

を申し上げに参上した。このように、婚姻する両家からの縁組願の提出、江戸城白書院での拝謁、西丸目付・老中・若年寄への挨拶回りなど、娘の婚礼に際していくつか儀礼が行なわれたことが史料から確認できる。

同史料には、文化八年一二月に行なわれた、忠英の孫娘と曽我助弼[32]（「七兵衛」）悴の婚姻についての記事もみられる[33]。『令聞余響』冒頭には、忠英と交流があった人物として曽我助弼の名前も挙げられている（4）。一二月四日、忠英の孫娘にあたる忠宜の娘と、曽我祐弼の悴助行[34]との縁組願を提出した。同二八日には、翌日参上するようにと老中松平信明（「伊豆守」）から忠英へ通達があった。翌二九日、忠英は平服にて参上し、老中松平信明の指示で参上した旨を申し上げた。そして、孫娘の縁組の許可が申し渡され、その場から退出した。その後、忠英は麻裃に着替え、老中・西丸老中松平乗保[35]（「能登守」）・西丸若年寄へお礼に参上した。娘の婚姻では、服紗小袖と麻裃を着用して登城したのに対し、この時は、平服で登城しており、娘の婚姻の時と比べ、儀礼が軽度であったことが確認できる。なお、この時も老中・西丸老中・西丸若年寄に対してお礼の挨拶回りをしている。

この他、文化五年には、曽我助員の娘を中川家の養女に迎え、大目付御用番へ書付を提出している[36]。

忠英の娘・孫娘の婚姻では、儀礼後に老中らに対して御礼の挨拶参りが行なわれていたが、その際に相応の献上品が必要であったことは想像に難くない。また、婚礼には調度品の準備をはじめ、多額の費用がかかった。そうした費用を支払ってでも縁組を行ない、関係を構築する必要があったと考えられる。

3　親類との相互支援

以下では、中川家とその親類との間で行なわれた相互支援に関する事例を検討する。

まず、中川家から内藤家に対する支援について確認していく。内藤家は、中川家を継いだ忠宜の生家であり、忠英の二人目の養女の嫁ぎ先でもあるが、もともと血縁や忠英個人との交流もない家であった。そうではあるが、『大目付手留』には、忠英と内藤家との交流の一端を示す次の史料が残されている。(37)

【史料4】

三十七

他向江為対談罷越候儀申上候書付 中川飛驒守

私聟西丸御小性組小笠原安房守組内藤伊織、家事之儀近来内藤大和守方ニ而引請、世話仕候処、先達而中右世話相断候得共、大和守取計方、於私相分り兼候儀有之候ニ付、其砌ゟ懸合罷在候処、此度私養女病死仕、伊織江之続は切候得共、私養子勘三郎実家之儀ニも有之、殊ニ此節懸合中ニも御座候間、右懸合之趣相片付候迄は是迄之通申談、品ニ寄大和守方江罷越、対談仕候儀も可有御座と奉存候、私儀御役柄之儀ニも御座候間、此段申上置候、以上

午十二月　　中川飛驒守

右之趣文化七庚午年十二月廿七日、御用番青山下野守殿江御直ニ出之

史料4は、文化七年(一八一〇)に忠英が大目付の職務の一環で、内藤伊織家(38)と高遠藩主内藤大和守家(39)との間で調整をした際の上申書である。内藤伊織は、同家の家事について内藤大和守家の世話になっていたが、先日その世話を断られ、この件について、大目付であった忠英が両者の間を取り持つこととなった。文化七年時点で、内藤伊織へ嫁いだ忠英の養女は死去していたが、内藤家は忠宜の生家でもあったため、忠英が担当したのであった。

内藤伊織家が世話を断られた、ということは、高遠藩内藤家との関係が悪化していたと推測され、親類同士がうまくいっていなかったことの証である。まさに睦順講掟書にある「親戚に隔意を存すへからす」な状況が忠英の身近で起きていた。また、この内藤伊織家への世話が再開されたのかどうか、結果は定かではないが、この事例は、忠英が自身の親類に対して行なった援助の一つとして捉えることができ、親類との助け合い、協力関係の構築を重視していたといえるだろう。

次に、中川家が親類によって恩恵を受けた事例として、中川忠和と忠英との交流の様子を確認しよう。

【史料5】(44)

余嘗て　達如上人の碩徳あるを聞て大字名号の染筆を仰き思ふこと久し、幸に同姓忠和二条の警衛として彼地に至るに会ぬ、依て忠和に就て大字名号の染筆を乞奉るといへとも、本願寺歴世大字名号の筆を染られし例しなきによつて許容し給ふへきにあらす、され共当家の祖先
神君の　台命によつて檀家に附せられしちなみあるによりて、上人にも黙止し給ひかたくて、歴世例しなき所の大字の名号を筆を染られ表装を加へて恵ミ給ふ、於此余か宿志はしめて遂け、
神徳のいよ〳〵新たにして　上人の感動し給ふ事のいとも有かたくて事のよしをしるし、家に伝へて子孫永々その冥福を蒙らんことを願ふものなりし、

文化六年己巳春三月

史料5は、『令聞余響』に掲載された忠英と仏教に関する記事の一部である。忠英は、以前から東本願寺の門主達如上人の高徳さを耳にし、「南無阿弥陀仏」と大きく書いたいわゆる大字名号の染筆を長らく欲しがっていた。幸い中川忠和が二条城の警備の任に着いたため、彼を介してそのことを依頼した。はじめは前例がないと断られるが、家

康の命で中川家が本願寺の檀家になったことなどから、大字名号の染筆を頂戴することとなった。このように、忠英は自身の立場を利用して親類の援助をするだけでなく、忠英も親類を頼って自身の願望を実現させていた。

最後に、以上の検討で明らかとなった内容を簡単にまとめ、本節を締めることにしよう。まず、中川家の縁組についてである。中川忠英の場合、同姓よりも、より身近な血縁者や彼と親しい人物の子である点が養子を選ぶ基準であった。また、子供や孫の養子縁組や婚姻を繰り返すことによって親類との関係が強化されていった点を確認した。縁組によって構築された親類との関係は、日常的な活動のなかでも意識されていた。内藤家の事例にみられたような親類との相互支援は、睦順講設置以前から存在し、それぞれの立場を利用して自身および家にとっての利益を実現した。その一方で、内藤家の事例からは、親類が常に親しく協力的であったとは限らないという、関係の脆さも垣間見えた。ここから、睦順講設置には、親類間の結束を強めるという忠英の狙いがあったのではないかと考察できる。

おわりに

本稿では、中川忠英が設置した学習サークル睦順講を取り上げ、真面目な能吏として知られる中川忠英が当時の武家社会に対してもっていた意識の解明を目的とした。具体的には、忠英自身が定めた睦順講掟書から彼が退廃した武家社会に対してどう感じていたのか明らかにし、さらに親類を構成員とする睦順講の設置意図を中川家親類との関わりから考察した。

第一節では、中川忠英が自身の子弟を教育するために設けた「睦順講」における掟書の分析を行なった。掟書の序文では、掟の遵守、儒学の学習、公儀法令の遵守、質素倹約、目下の者への憐憫などの理念が示された。

序文に続く一五か条の条目では、序文で述べられた基本理念に関連する事柄が簡潔に示され、忠英自身が日頃心がけていたことを掟書として子弟に授けたと考えられる。特に、「睦順講」を設けた目的でもある学問を通じた交流によって優れた人格の形成を目指すという考えは、忠英の遺言にもなっており、忠英が特に重視していた理念であった。

さらに、掟書からは、当時の武家を取り巻く社会問題との関連もみられた。これは、忠英が定信政権以降、長年幕府中枢で政策を主導し、幕臣を指導する立場にあったため、より問題意識を強くもったと推測できる。以上のことから、退廃した武家に対する忠英の焦燥感の表われとしてこの掟書が位置付けられる。

第二節では、睦順講設置の背景を中川家と親類との関係から探った。

忠英の子供はすべて養子であり、忠英自身と血筋が近い者や学問による交流のあった者の子が養子や養女として迎えられた。こうした養子縁組や婚姻を繰り返すことで親類との関係が強化され、日常的な親類との相互支援も行なわれていた。以上のような親類との交流は、睦順講設置以前から行なわれていたが、親類子弟を対象とした睦順講の設置は、親類間の結束をより強める忠英の思惑があったことは想像に難くない。また、忠英自身、母方である千葉家の養子となった経験があり、養子当主の困難さを認識する機会があったと推測され、より後継の指導に積極的になったと考えられる。

『寛政譜』によれば、中川家同姓の家々では、寛永期以降、家督相続前に役職に就くことは珍しくなり、家督相続も先代当主の死亡が理由であった。そうした状況が長く続き、忠英の親世代には、中川家同姓のどの家でも当主が役職に就く頃には、父親は既に死亡していた。つまり、役職に就いても実父から職務に関する指導を受けることが困難な状況であったといえる。睦順講への参加は、若輩の当主にとっては、実務経験のある親類から助言を受ける機会が得られ、さらに養子入りした者へは、養家の家意識を学ぶ場および養家親類との交流の場となったと推測される。

また、『世事見聞録』では、「さてまた小身の厄介なるものの制度、当時たえてなく法外なり。家督の者は親類また頭支配などの差略にて、取り締まる事もありけれども、伯父甥・兄弟姉妹等の厄介なるものには、差し構ふものなく、不行状我儘なる事、制外とはなりぬ」(二九～四〇頁)と、日ごろの生活態度について、当主であれば、親類や出仕した際の上役から指導を受ける機会があるが、次三男以下で出仕が叶わなければ、その機会がなく、品行が悪く我儘なまま過ごしている点を問題としており、これを取り締まるような制度も、彼ら部屋住みが活躍できるような仕組みもないと指摘する。要するに、当主は出仕することで、その行状を正す機会を得られるが、部屋住みではそのような機会がないために野放しとなり、堕落した武士の蔓延に繋がっていた。睦順講掟書には、「右条目、親戚の中一事なりとも犯ものあらハ、講中幾度も教諭すへし、若家名に障るへきの萌あらハ必是を幽居せしめ、三ヶ年過て初に復すへし、然とも再故態を発せハ、猶又幽居せしむへし」(32)と、違反者への教諭、さらには三年間の幽閉という罰則も設けている。つまり、睦順講の設置は、当主のみでなく次三男以下も含めた生活指導の場をつくることも目的としていた。

睦順講掟書から、忠英は、忠孝や修身治家、倹約など儒教思想に基づき、武家が為政者としての役割を果たすことを理想としていた点がうかがえる。老齢となった忠英は、武家社会が崩壊していくなかで、睦順講を通じて理想の武士像を親類子弟に授け、あるべき武士の姿を継承しようとしたのではないだろうか。

注

(1)『新訂寛政重修諸家譜』第五巻三九～四〇頁。忠英は、安永六年(一七七七)一二月に小普請組組頭、天明八年(一七八八)九月に御目付となり、その後、約三〇年間勤めたとされる。寛政七年(一七九五)二月、長崎奉行となり、同九年二月に勘定奉行となり、同年六月から関東郡代も兼任した。文化三年（一八〇六）正月、大目付となり、翌年蝦夷地の巡検を行なった。忠英は、大目付を一七年勤め、その後、文政五年（一八二二）に御留守居、同八年に御旗奉行を勤め、文政一三年八月一七日に死去した。享年七八。法名は釈忠英。中川家で叙任されたのは、忠英以前には初代忠幸のみであった。

（2）竹内誠「寛政改革」（『岩波講座　日本歴史一二　近世四』岩波書店、一九七六年）。
（3）深谷克己「一八世紀後半の日本―予感される近代―」（『岩波講座日本通史　第一四巻　近世四』岩波書店、一九九五年）。
（4）藤田覚「近代の胎動」（藤田覚編『日本の時代史一七　近代の胎動』吉川弘文館、二〇〇三年）。
（5）高野信治『武士の奉公本音と建前　江戸時代の出世と処世術』（吉川弘文館、二〇一五年）。
（6）根岸茂夫『大名行列を解剖する　江戸の人材派遣』（吉川弘文館、二〇〇九年）。
（7）同右、九八頁。
（8）同右、一六六～一六七頁。
（9）中田喜万「武士と学問と官僚制」（苅部直ほか『日本思想史講座三　近世』ぺりかん社、二〇一二年）二二二頁。
（10）高野註（5）書。
（11）太田素子『近世の「家」と家族』（角川学芸出版、二〇一一年）一〇八～一二〇頁。
（12）藤方博之「近世後期の武家社会における後継者育成―大名家家臣層を中心に―」（鈴木理恵編『家と子どもの社会史　日本における後継者育成の研究』吉川弘文館、二〇二二年）。
（13）武陽隠士著・本城栄治郎校訂『世事見聞録』（岩波書店、一九九四年）を参照した。以下同様である。

(14)　三井文庫編『三井文庫史料叢書 大坂両替店「聞書」一』(三井文庫、二〇一一年)一五三～一五六頁。
(15)　根岸鎮衛著、柳田国男・尾崎恒雄校訂『岩波文庫 耳嚢』(岩波書店、一九三九年)。
(16)　国史大辞典編集委員会編『国史大辞典 第二巻』(吉川弘文館、一九八〇年)四二四頁(山口啓二「延命院事件」)。
(17)　「近世に入り、十七世紀以降、江戸をはじめ城下町の武家が貴族化し、武芸・能楽・茶の湯・聞香、その他芸道各種の教養を志す人が莫大な人口となり、芸を修得する新しい文化社会が多様に創出された」とある(『国史大辞典 第五巻』吉川弘文館、一九八五年、六三～六四頁、西山松之助「芸道」)。
(18)　(天明七年)未七月「植崎九八郎上書」(瀧本誠一編『大日本経済大典 第二十巻』明治文献、一九六八年、四九四頁より引用)。
(19)　同右、四九六頁より引用。
(20)　本書所収井上論文参照。
(21)　『新訂寛政重修諸家譜』第五巻三三～四〇頁。
(22)　小川恭一『寛政譜以降 旗本家百科事典』(東洋書林、一九九七～九八年)第四巻一九四七頁。
(23)　ここでは、血縁関係と対照的な関係として「個人的な繋がり」と述べたが、井上論文では、神保長光とは目付・大目付時代の同僚、つまりは公的な関係であることが述べられている。
(24)　西沢淳男「旗本子女の婚姻について」(高崎経済大学地域政策学会『地域政策研究』一九―四、二〇一七年)二五四～二六八頁)でも、父親である当主と親交の深い家へ嫁入りした事例が紹介されている。
(25)　「大目付手留　同役身分之部や壱 中川飛騨守出之」(埼玉県立文書館所蔵「稲生家文書」二二〇〇)。
(26)　『新訂寛政重修諸家譜』第九巻一五三頁。『新訂寛政重修諸家譜』第六巻一〇一頁。

(27)　文化八年に老中を勤めたのは、牧野備前守忠精（享和元年七月～文化一三年一〇月）、土井大炊頭利厚（享和二年一〇月～文政五年七月）、青山下野守忠裕（享和四年正月～天保六年五月）、松平伊豆守信明（文化三年五月～文化一四年八月）の四人である。西丸老中は、松平能登守乗保（文化七年六月～文政九年七月）が勤めた。『大日本近世史料　柳営補任二』一〇頁。

(28)　文政八年（一八一一）に大目付を務めたのは、井上美濃守利泰（寛政一〇年八月～文政三年正月）、伊藤河内守忠移（寛政一二年四月～文化一三年正月）、中川飛驒守忠英（文化三年正月～文政五年六月）、桑原遠江守盛倫（文化五年二月～文化八年一一月）、水野若狭守（のち主殿頭）忠道〔通〕（文化七年一二月～文政六年九月）の五名である。『大日本近世史料　柳営補任二』二二頁。

(29)　松平豊前守康盛。文化八年（一八一一）八月から同一三年一一月まで小姓組番頭を務めた。『大日本近世史料　柳営補任一』）三〇七頁。

(30)　『大日本近世史料　柳営補任二』一〇頁。

(31)　村上主殿正名。文化五年一二月から同一〇年一〇月まで西丸目付を務めた。『大日本近世史料　柳営補任三』一四一頁。

(32)　曽我七兵衛祐弼。文化七年から西丸目付を勤める。註(22)『寛政譜以降　旗本家百科事典』第三巻一五三三頁。

(33)　註(25)「稲生家文書」二〇〇。

(34)　『寛政重修諸家譜』には「助之」とある。『新訂寛政重修諸家譜』第九巻一五八頁。

(35)　『大日本近世史料　柳営補任二』一〇頁。

(36)　註(25)「稲生家文書」二〇〇。史料上には「御書院番高井但馬守組曽我熊之助娘」とあり、註(22)『寛政譜以降　旗本家百科事典』第三巻では、曽我助員が天明四年～文政一〇年まで書院番を勤めたと確認できる（一五三三頁）ため、曽我助員の娘だと比定した。

(37) 註(25)「稲生家文書」二〇〇。

(38) 内藤忠福か。『寛政重修諸家譜』には、中川忠英の養女が忠福の妻だと記されている。『新訂寛政重修諸家譜』第十三巻二三二頁。

(39) 内藤頼以。陸奥福島藩主板倉勝矩の五男。内藤長好の養子となり、寛政三年（一七九一）信濃高遠藩主内藤家六代。大坂加番、奏者番を勤めた。安政三年（一八五六）二月死去。上田正昭ほか編『日本人名大辞典』（講談社、二〇〇一年）一三四〇頁。

中川忠英編纂の医療関連書

西留　いずみ

はじめに

鈴木康子は、中川忠英の出世を松平定信政権に移行してからとし、「松平定信が目指す典型的な文武両道に優れた旗本」と述べ、定信政権下で昇進を重ねていくなかで、諸分野において多くの成果をあげたと評価している(1)。森山孝盛らとともに目付四天王とも呼ばれていることからも(2)、中川の有能さは了解される。

中川に関する研究は断片的なものが多く、まとまったものとしては、鈴木康子が彼の幕府官僚としての事績・功績等を生涯を通して概観した「長崎奉行中川飛驒守忠英について―寛政～文政期における知識人官僚の果たした役割―」が唯一といってよい(3)。鈴木は当該論文で、上述したような中川の履歴を追いつつ、それぞれの立場で果たした詳細な役割を論じ、寛政期から文政期にかけての有能な幕府官僚の姿を浮き彫りにした。

今回、使用する『令聞余響』という史料は、中川に近侍していたと思われる藤方安清という者の手によって書かれた伝記的書である。同書には中川編纂として二〇の著作が挙げられており、その中に医療関連書三点がみられる（『令聞余響』(6)。以下、本書第三部翻刻編所収の項目番号を（　）で記す）。具体的には中川忠英が文政七年（一八二四）の麻疹流行に際して発行した『救疹便覧』という印施、民間療法等について諸方をたずね、聞き取りを重ね編んだという『奇工方法』、塩の害について説く『戒鹹録』の三書である。『令聞余響』には中川が「済生をもて勤とし給ふ」たとの記述があり(15)、寛政年間に創設された幕府の医学館に孤児を紹介した話なども掲載されている(11)。

本稿では、中川の編んだ医療関連書三書についてそれぞれの内容を紹介し、それらの書を編むに至った背景・動機・意義を考察する。近世の麻疹を扱った研究としては、鈴木則子の「江戸時代の麻疹と医療—文久二年麻疹騒動の背景を考える—」が最も詳細で、近世期における麻疹という疫病の実態と社会に及ぼした影響をさまざまな角度から分析している(4)。本稿では麻疹に関しては鈴木則子の成果によりながら、これまで医療と関連付けた研究のなかった中川の新しい一面を紹介・検討したい。

一　『令聞余響』とその時代

『令聞余響』についてみる前に、まず中川忠英が活躍した時代の幕府の医療政策はどのようなものであったのかをみていきたい。近世で医療政策と言えば、まず名前が挙がるのが八代将軍徳川吉宗である。『令聞余響』のなかに、中川忠英は享保の善政と称していたとの記述があり(14)、中川が徳川吉宗の政治を称えていたことが了解される。中川を重用した松平定信は吉宗の孫であり、吉宗が定信の医療に対する姿勢になんらかの影響を与えたであろうことは想像に難くない。まずは吉宗の時代の医療政策から概観してみよう。

徳川吉宗は幕政において医療を重視し、小石川養生所などいくつかの医療政策を展開した将軍として知られる。具体的には、享保五年(一七二〇)以降、本草学者を登用しての本格的薬草政策の開始、享保七年の小石川養生所設置、享保一四年、医官の林良適と丹羽正伯に指示して疫病の手当をまとめさせ（翌一五年『普救類方』として発刊）、同年には丹羽正伯に命じて『庶物類纂』の増補作業に取り組む一方で、諸種の人参栽培を奨励、試作させたこと等が挙げられよう。(5)中川は、将軍吉宗の孫で白河藩主でもあった老中松平定信のもと、登用され頭角を現していった。吉宗の医療政策が定信を経由して幕府官僚としての中川にも影響を与えたことは容易に想像できる。

それでは、松平定信のもと展開された寛政改革期の医療関連政策はどのようなものであったのか。岩渕佑里子は定信の行なった寛政の医制改革について、「医制改革は、寛政改革の一翼を成す主要課題であったが、これは改革推進者たる松平定信の医制への高い関心と問題意識ゆえであった」としている。(6)以下、岩渕の研究によって定信が打ち出した医制改革について簡略にまとめたい。

まず寛政元年（一七八九）に、医療技術が拙劣である者は家督を譲り受ける際に減禄し、能力が向上した後に復禄・加禄する触れが出された。同三年には多紀氏の医学館が官立となり幕府の財政援助を受けるようになったため、名高い講師の招聘や施設拡大によって受講者が増大、教育の質が上がり、年二回の考試も実施されるようになった。同四年には二の丸製薬所が設立され、公の場で薬の調合が行なわれることにより薬種の質が向上した。岩渕は注目すべき点として、これらの政策がすべて多紀安長（元簡）の建言と主導のもとに推進されたことをあげ、この後、医学館が幕府医制改革の中心的存在となり、同氏が松平定信の厚い信任を受けていたことによって医学館の勢力がさらに増大したことを指摘している。(7)

更に寛政四年二月には医学館に世話役三人を置き、六月には御目付中川勘三郎（忠英）・間宮徳左衛門に医学館掛を命じた。一二月には医学館に薬種料一〇〇両を給し、寛政八年、倍の二〇〇両に増額された。寛政一〇年には世話役を一人増置し、翌一一年、多紀安長が医学館を引き受けて世話したことに対し、御手当として毎年一〇〇両給される

こととなった。(8)

次に、『令聞余響』についてみていこう（同書については本書所収村上「解題」参照）。同書には中川の経歴として医学と関わりのある役職の記載はないが、実際は前述したように寛政四年六月に間宮徳左衛門とともに医学館掛を命じられている。(9) 同年一〇月に医学館で医業考試が始められた際にも、医学館担当であった中川がなんらかの形で関わっていた可能性を鈴木康子が示唆している。(10) 同じ時期に松平定信の命で湯島聖堂で学問吟味を行なうことになり、中川は森山源五郎孝盛とともにその担当にもなった。(11)

『令聞余響』には定信のみならず、中川忠英が幕府医学館の長であった多紀安長と懇意であったことを示す出来事が記されているので、左にあげてみよう。

【史料1】(11)

一とせ関左巡視の時、窮婦児を携へて駕前に愁訴して云、もと某の邑の民の妻也、夫医を業とせしか不幸にして先に死せり、今鰥と孤と飢寒に堪へす、且孤をして家業を継しめんことを願へとも、荒邑いかんともするに由なし、伏して願ハくハ孤か命を助け先人の箕裘を継しめ給へと、公、其無告にして継志あるを深く憐ませ給ひ、孤を第に召し養わせ給ひ、典薬司多紀安長に属て医を学しむ、且学ハ困勉せされは成立しかたきを慮はからせ、孤を諸吏の使令《コツカヒ》たらしめ、もつて激励憤発せしむ、学や、進む、姫路侯忠道嘗て公と好《ヨ》し、孤を召し試ミ問ひ、其学の得たるを驚嘆して称するに、神童をもてす、後、公に送る神童の詩あり、今佚すミな是　公の慈恵なり、此児長するに及て介して岡山侯の侍医となる

中川の関東巡見の際のエピソードである。母親と子供が中川の籠の前に直訴して言うに、医者だった夫が亡くなり、飢寒に絶えず、家業を継がしめることもできない、子供の命を助け家業を継げるようにしてほしいと願ったのを引き取り、多紀安長に預け医学を学ばせ、その後、子どもは神童と呼ばれるほどになり岡山藩の侍医となったとい

う。同様の逸話は『耳嚢』にもあり、そちらでは、中川が下野国の真岡あたりを通行していた際、子どもがぜひ江戸で学び医者になりたいと籠の前で直訴したため、江戸へ連れて行き医学館の多紀安長に托したという話となっている。[12]どちらにしても寛政四年、医学館の掛りとなった経歴のある中川が、医学館の多紀安長と交流があったことを示す逸話である。

前述したように、『令聞余響』には中川が編纂したとして二〇の著作が挙げられているが、そのうち三部が医療関連著作と見受けられる。現代の感覚では医療そのものとは言い難いが、当時は医療に近い感覚であったと考えられるため、ここでは「医療関連書」と呼ぶことにし、次節以降、順に紹介していく。

二　『救疹便覧』

『令聞余響』には、文政七年（一八二四）、麻疹が大流行した際に中川が編んだ『救疹便覧』という麻疹に関する印施についての記述がある。この印施の写は、現在では順天堂大学図書館山崎文庫と、内藤記念くすり博物館の大同薬室文庫、早稲田大学の三か所が所蔵しているが、そのうち、山崎文庫の方は四〇×五五センチの一枚、大同薬室文庫のものは六丁の小冊子の体を為している。どちらも文久二年（一八六二）刊行となっており、中川が発行した文政六年の初版ではなく、三八年後の文久二年に再び麻疹が大流行した際に写されたものと考えられよう。

『令聞余響』には、中川忠英がこの印施を編んだ動機とその序文が写されているので、左に紹介する。

【史料2】(15)

其序にいはく、

享和癸亥年麻疹大流行、方二此時一士子有二普救広慈之志一者、印二刻救方避法一而広施レ之、都鄙蒙二其沢一者多矣、予亦得レ之蔵二筐中一焉、今茲復将レ有二此灾一、其徴既見二於孟春一、予於レ是継二先子慈愛之志一、折二衷数幅之印刻一為一書一、名曰二救疹便覧一、施二諸四方乏医之郷一、以為二救養之一助一云、

大意をまとめると以下のようになろう。「享和癸亥、つまり享和三年（一八〇三）に麻疹が大流行し、この時広くこれを救おうとする志のある者がいて麻疹から逃れる方法を印刻し世に伝え、都でも田舎でもその恩恵にあずかる者が多かった。自分もその本を秘蔵しておいた。今その災いが再び起ころうとしており、この初春にその兆しがみえたので、先人の慈愛の志を引き継いで一書にまとめ、『救疹便覧』と名付けた。広く行き渡り、無医村においても麻疹から救われる一助になって欲しい」。

一方、平戸藩藩主松浦静山がその著作『甲子夜話』の中で、左のように『救疹便覧』について触れている(13)（『甲子夜話』二〇四頁。以下、頁のみ記す）。

【史料3】

今年春江都に麻疹流行せしは一般のことなりし。このこと蚤や前年の秋初か、予が西辺の領邑に已にありと聞たれば、かねて知る観音柳（一名御柳）の庭前なるが、はや霜葉せんと見ゆるを、採てその療用に設けよとて、紙袋の大なるに三つ四つ貯置たりき。然るに其年の末には、都下も少しづゝ患る者ありと聞しが、春になれば盈々たり。此とき御医中川常春院、一小冊を刻して世に施す。予もその冊を得しが、今後年の為に茲に記す。

簡単に大意を述べると、「今年の春、江戸で麻疹が流行した。前年の秋の初めに自分の領地で既に麻疹が流行っていると聞いたので、以前から薬効があることを知っていた庭の観音柳の霜葉しようとする葉を採って、薬用に使おうと大きい紙袋に三つ四つ貯めておいた。年末になって次第に江戸でも患者が出始めたと聞いたが春にはもう大流行と

なった。この時に医師中川常春院が一小冊子を発行し、私もそれを持っているが、後の世のためにいまここに記す」というものである。以下、麻疹の禁忌について行動や食べ物について詳細に言及している。

松浦静山は『救疹便覧』の作者を御医中川常春院と書いている。鈴木則子もこの『甲子夜話』の記述を典拠として、その論稿の中で『救疹便覧』を幕府医官中川忠英、幕府医官中川常春院による印施としており[14]、中川忠英は幕府の医師であると捉えている。実際は中川常春院という人物は別に存在しており、中川忠英とは別人と言わざるを得ず、中川忠英の肩書を御医としていることも誤認である。中川は幕府の医学館の掛りを担当したことはあるが、それは官僚としてであり医師としてではない。

寛政三年（一七九一）に医業考試が始められた際にそれを受験した医師のなかに御番医師中川隆玄という当時三九歳の人物がおり[15]、彼は後に文化六年（一八〇九）から天保二年（一八三一）まで中川常春院法印となのっている[16]。中川忠英は医業考試の行なわれた当時は三八、九歳であり中川隆玄と年齢はほぼ同じであるが文政一三年（一八三〇）に亡くなっているので[17]、天保二年まで法印であった中川常春院ではありえない。つまり、『救疹便覧』は幕府の医師が書いたものではなく、奉行まで務めた幕府の官僚が晩年に編んだ麻疹関連の印施ということになる。

次に実際に『救疹便覧』の内容についてみてみよう。『令聞余響』では序文が紹介されているに過ぎないが、前述した松浦静山の『甲子夜話』には全文が写されている。当時の麻疹書は古方派をのぞいて禁忌についての記述がほとんどを占めていたといってよいが『救疹便覧』もそれを踏襲しており、冒頭で左のように清浄の必要性を説く（二〇四頁）。

【史料4】

凡麻疹は陽に属し、清発を好む。此故に清浄の気を以て是を助れば順症となり、汚穢の気に触るゝ時は疹気抑られて逆症となり、内攻して救ひがたきに至る。依て清浄を貴び、汚穢を禁忌の第一とす。都て麻疹は禁忌を守る事至て大切なり。犯す事少しといへども、害を受る事尤も大也。深く慎み守るべし。

次に食物の禁忌について詳細に書き出す(二〇五～二〇六頁)。

【史料5】

一、つめたき物〔くず切、ところてん、ひやし物のるい〕
一、なま物類〔うり、すいくわの類〕
一、葷の類〔ねぎ、にらのるい〕
一、なまぐさき物〔魚、鳥のにく、ひもの、塩魚のるい〕
一、果もの類〔もゝ、なし、びわ、ぶどうのるい〕
一、酢幷あぢはひすきもの
一、酒幷酒気ある物
一、はちみつ、さとうの類
一、からきもの
一、あぶら気ある物
一、しぶきあぢはひある物
一、いりたる物幷こげくさき物
一、しほからき物
一、にほひある物

一、めんるい
一、きのこるい〔まつたけ、しいたけ、木くらげのるい〕
一、竹の子
一、餅るい并はたき物類
一、あめの類
一、さたう漬の類
一、米よりたきたるおも湯かゆ
飯を煮かへしたるはよし。
一、冷水をのまする事
かわき甚しきときは至て少しのましむるはくるしからず。
一、ねつさめざる内しゐて食をすゝむる事
麻疹はしよく気なきものなれば、不食といへ共くるしからず。

右の禁忌、熱さめて後も、軽きは五十日、重きは百日、きびしく忌慎しむべし。しからざれば余毒のこりて、さま〴〵の害を生じ、生涯の病者となり、命も随て損すべし。深く可慎事也。禁忌を守る日は少く、一生を全ふする日は長し。其長きをわすれて、少き禁忌の日におこたるは、不忠不孝の根本なれば、返〴〵も深く慎むべき事なり。
一、麻疹の内、しよくして能物
くろまめ、あづき、やへなり、いんげん豆、長いも、大こん、な、ふき、かんぴやう、しろうり、くずの

こ、みそ、せうゆ　あぢはいはみそ、せうゆ、やきしほのうち至てあまくあんばいすべし
同かせて後しよくして能物　とうふ、さより、かつをぶし、はぜ、いしもち、きす、つくいも、さゝげ
酒しほは少しに而も悪し

（後略）

以下、麻疹を避ける方法として、蒼朮・川芎・細辛・乳香・降真香を粉末にしたものや、胡荾子と唐蒼朮を刻んだものを焚き嗅ぐと麻疹にはかからない、芭蕉の葉を煎じて浴するとかかっても軽い、三豆湯と言って赤小豆・黒豆・菉豆を煎じて飲むと重い麻疹は軽くすみ、軽い麻疹は症状が出ない、といったことも記されている。実際にかかってしまった際の薬として、御柳（別名観音柳、西河柳）を煎じて飲む、稗を煎じて浴する等の対処法もあげられている（二〇六〜二〇七頁）。

同じ文政七年、幕府医官の多紀元堅が『禁忌一紙』という印施を発行している。(18) 医師としての多紀元堅の印施と幕府官僚としての中川の印施がどのように違うか比較のために左にあげてみよう。

【史料6】

癸亥ノ麻疫ニ、先君子禁忌一紙ヲ疏シ刊印シテ衆ニ施シ玉ヘリ、是歳予ヤ、増補ヲナシ、マタコレヲ印施セリ、今左ニ録シテ後攷ニ備フ

一風寒ヲ避ルコト第一ナリ、暑月ハ病間ヲ気ノ透ルヤウニシテムレサルヲヨシトス、

一冷物冷水ヲ用ルコトモアレ共、証ニヨルユヱ妄ニ与フヘカラス、果類橙梨ハヨロシ、魚鳥類、酒并一切ノ酸味、辛味、鹹味、葷、油膩、炒タルモノ、麪類、大麦キリウトンハ宜シ、粢、砂糖、少々ハ宜シ、極甘ハ不レ宜、蜜、以上食物禁忌、五十日忌ヘシ、重ハ百日モ忌ナリ、

一一切不浄ノ物并悪キ臭ヲ嗅ヘカラス、
一熱醒サルニ強テ食ヲ進ヘカラス、
一渇トモ湯茶ヲ飲ヘカラス、嘔吐泄瀉ヲナス、菉豆炊米燈心ヲ煮テ湯茶ニカヘテ用ヘシ、御柳二匁許ヲ煎シ代用ルモ亦佳、
一熱解シテ後諸証平愈セハ廿日モ過テ湯ニ浴スヘシ、生水ノ湯ハ不㆑宜、艾葉荊芥防風三味ヲ煮イタシテ其湯ニ浴スヘシ、
一房事ハ百日慎ヘシ、
一食テ宜品、ユリ、フキ、クハイ、干瓢、ゼンマイ、長芋、麩、冬瓜、白ウリ、葛、大豆、小豆、ヤイナリ、サ、ケ類、牛蒡、出ソロヘ後ハ忌ヘシ、大コン、ニンシン、右ノ類何レモヤワラ仕立用ユヘシ、香アルモノ、豆腐、菓子類、少々甘ミツヨキモ、鰹節、シイタケ、ナ、ウド、ミツハ、右十二日モ過レハ宜シ、熱ノトクト醒タル上ナリ、サカシホ、少々ダシニ用ユ飲酒ハ不㆑宜、小魚、小タイ、キス、サヨリ、アイナメ、小カレイノ類、当座漬、香物、茄子ハ不㆑宜、昆布、其外海草類、茄子煮ヌキ用ユ、右ニ十一日モ過レハ宜シ、余熱醒サルハイツマテモ麻疹中ノ禁忌ニ同シ、此外ハ五十日忌ヘシ、尤、証ノ軽重ニヨレ共、大略如㆑此、
一古人モ痘前疹後トイヘリ、別テ病後ノ禁忌大切ト知ヘシ、

この『禁忌一紙』が記載された『時還読我書』には、このあと麻疹に関する記述が続くが、印施自体はこの部分までと思われる。この印施は、『禁忌一紙』と名付けられているように、禁忌について民衆に知らせるべく書かれている。幕府医官が書いた印施も、慈愛の志からまとめた中川の印施と比較して、特に医者らしい特徴は見当たらない。民衆に配布するものとしては、禁忌と、彼らが手に入れやすい薬草による民間療法をまとめた情報が、印施として必

要最小限の体裁であるのだろう。

但し、多紀元堅の『時還読我書』には、前段に左のような記述がある。これをみると、元堅のその年の麻疹に対する分析や、治療に対する自身の意見、漢方を使用した詳細な治療法が記され、幕府医官としての医学的見地が披露されているので、参考として紹介する。(19)

【史料7】

文政癸未、霜月ノ頃ヨリ西国ニ麻疹流行ノ風聞アリシニ都下モ臘月ノ末ニハ芝辺ニテ患ルモノアリ、甲申正月初旬ヨリ漸々流行シテ、二月ニ至テハ満城皆コレヲ病ミ、三月マテニテ止ニケリ、大抵ハ軽証ニシテ薬セスシテ愈ル者亦少ナカラス故ニ予カ処療セシモノ三百人ニハ満ス、一人モ疑難措手ノ証ニ遇ス、享和癸亥ノ疫ニハ逆証モ多カリシト聞シニ、当年ハ事カハリ東西共ニ不治ノ証ヲ見ストソ、予ノ麻疹ヲ療スル一ニ家庭ノ遺式ニ奉遵シテ敢テ私見ヲマシヘス、但、生徒ノタメニ初中末ノ三法ヲタテ、発表清涼滋潤ノ三剤ニ就テ軽重ヲ分テリ、初治ハ発表ナリ、一応ノ順証ハ葛根消毒飲ヲ用ヒ、熱毒甚シキハ清熱透肌湯モシ、熱勢ハ劇シカラサレ共、発透シカヌルハ清揚飲子モシ表鬱スルモノハ王氏ノ麻黄湯、モシ稍虚シテ透シカヌルハ透邪煎ヲ与ヘ初治ヲ五等ニ分チタリ、大抵ハ葛根消毒カ清熱透肌湯ニテ効ヲ得タリ、中治ハ既ニ発透シ或ハ発透イマタ快ナラス煩熱スルノ際、清涼スルナリ、一応ノ軽証ニハ化毒清表湯モシ熱勢甚煩渇スルハ、竹葉石膏湯モシ表熱甚ク疹色殷紅ナルハ、大青湯更ニ一等甚ク便秘スルハ涼隔散、又熱アマリ甚シカラス、稟質ノ弱キハ門冬甘露飲亦五等ニ分テリ末治ハ既ニ収没シテ後ノ滋潤調理ナリ、収没快サルハ化毒清表湯ヲヒキツ、キ用ルコトアリ、大略ハ柴胡四物湯、此方ハ先君子余熱アルトコロニ用ラレシカ大抵疹後ハ清潤ヲ宜トスルユエ、予ハ多クハ此方ヲ用タリ、熱ノ胸間ニ遺テ欬スルハ門冬清肺飲胃気不和ナルモノハ繆氏和胃ノ一方、余毒アルハ連翹飲ナト四五等ニ分タリ、其余ハ証ニ随ヒ、薬ヲ施セシナリ、一体ニ軽証多キユエ余毒ノ証ハ少ク妊婦モ堕胎スルモノヲ見ス、タ、労瘵ニ変スル者ハ間コレアリ、此余熱留連スルヨリ発セシモアレ共、多ハ二三十日或ハ五六十日ノ後ニ見セシナリ、病後調理ノ宜ヲ失ヒシ故モアルカ、又麻疹ニヒキ続テ時気ニ感シ、ソレヨリ此証ヲナスモノ亦少カラス、又モチマヘ彼病ノ発セントセシモノ、麻ヲ得テ早ク発スルモノ亦多シ、

松浦静山は『甲子夜話』の中で自分自身、『救疹便覧』に書かれたとおり、中川の示した嗅薬を作り、藩内や家族たちにも嗅がせ、芭蕉や稗の浴法も行ない、三豆湯もお茶がわりに飲用したが皆、麻疹にかかった、しかし危篤になるようなことはなく皆軽症で済んだと述べている（二〇四頁）が、静山のこの感想は当っている。ただし、これは中川の麻疹養生法が効を奏したというよりは文政七年（一八二四）の麻疹が享和三年（一八〇三）に比べて全体的に軽症であったことを裏付けているともいえる。

三　『奇工方法』

中川忠英が称賛した八代将軍徳川吉宗は、済生をもって上に立つ者の勤めとしていた。[20]『令聞余響』には、中川忠英が同じく済生を勤めと捉えていたと書かれ、その考えのもと、『奇工方法』という書を編んだことに言及した一文がある。

【史料8】（15）

公、常に済生をもて勤とし給ふ、故に金匱の良剤、折肱の奇術、草莽の単方、児魘の易法、験《シルシ》あるもの聞見に随て御ミつから必是を筆記し給ふ、切に求め遠く尋て敢て蒭蕘の言をも遺し給わす、其書巻をなす、六題して奇工

方法といふ

大意を述べると、中川忠英は生命の救済を我が勤めとしていたので、金の箱に入るような良い薬、苦労して得た医法、民間に伝わる単純な治法、子供の夜泣きを治す易しい方法、効果があると見たり聞いたりしたものに従って自ら必ずこれらを筆記し、切実にこれを希求し、遠くまでたずねて身分の低い者の言うことも採用し、その書は功を奏した、書名は『奇工方法』であるとなる。中川が済生、つまり人の命を救うことに非常に関心をもっており、高価な薬から民間療法にいたるまで病の治療に役立つ情報を蒐集し著作としてまとめたことがわかる。

この『奇工方法』は京都大学富士川文庫が蔵しており、『近世歴史資料集成』(21)に翻刻されている。その解説では、「作者や成立年は不明」、「使用している用紙が『捜錦閣』の木版刷りの掛紙」、「作者は不明であるが、医者か学者等であろう」とされている。(22)不明であった成立年については文書中に「文化六年追記ス」という記述があるので文化六年(一八〇九)以前に書き始められていることは確かである。今回、『令聞余響』の記述により、作者が医者でも学者でもない幕府官僚の中川忠英であったことが明らかとなった。中川が捜錦閣という号をもっていたことは、『令聞余響』でも言及されている(2)。

『奇工方法』は、聞き書きを主体として病の処方や民間療法について書き記した書で、一三〇丁超にわたる。前述資料集では、「純粋な処方集というよりは、庶民の日常生活のために必要な便利帳とも言える内容」と解説されている。(23)実際、処方・治療に関すること以外でも、食に関することや調理法、植物の植え方などといった日常生活を送るうえでの知恵などが多分に含まれており、一概に医療に関する書とはいえない。「験あるもの聞見に随て御ミつから必是を筆記し給ふ」(15)とあるように、本文中には処方・情報を聞いた相手の名前を記したものも多数ある。全体像を把握するために、内容を分野別に一部紹介してみよう。(24)

【史料9】

①処方

・中田まめ薬　「中田は栗橋御園所の向ひ也、妙薬無双也」、赤にしの売白焼にして、粉にして糊に押しまぜて附る「中田は土井殿の領分にて此方大炊殿より伝を得ル」、

・疝気薬秘法　唐破胡紙四匁内「弐匁は酒製、弐匁はいり」、砂糖蜜「立」練り、日々用ゆ、［瀬君貞権伝］

・蘇命散　産後の諸症并月水の不順、都て婦人血症に奇効有り、「中嶋宇右衛門京師の医師より伝つて秘蔵し、普く用ゆ也、功を奏せさる事なし」、

・療毒湯　当皈・地黄・芍薬・紫根・反鼻［各中］、金銀花・草薢［各大］、黄芪［中］、以前服す、一切の腫物肩背疼痛に奇効あり、［多紀家伝］

・小児虫気の大妙薬、海人草［四匁］、莪朮［一匁］、檳榔子［一匁］、三稜［一匁］、茯苓［一匁］、甘草［五分］、右細々きざみ、十服に包分ケ、水煎して用ゆ、虫を下す事甚奇妙也、山田斉◇《ママ》家方妙薬なり、

・養生薬　「気力を増精分を強し長寿を保つ、根岸氏伝」、黒胡麻「壱升能いりて用」、白砂糖［八十目］、山薬［拾六匁］、狗杞子［十六匁］、白刀豆［拾六匁］、唐何首烏［拾六匁］、右何れも細末して惣懸目の二十分一焼塩を入レ、日々二三度つゝ用ゆ、久服する時は、大キニ其効能を覚ゆとす、

・痔疾奇薬　ホルトル油［二拾四匁］、唐蜜蠟［冬は四匁八匁］、金蜜陀［細末二両は酢にて練り、日に干乾カシ、又後ノ二味を入レ再ひ細末とす］、麝香［壱分］、龍脳［壱分］、右油と蠟を鍋に一度に入レ火にかけ、蠟蕩にて吉野紙にてこし、一時も冷し置、諸薬を入摺合せ、用ゆる時篦にてをして用る、広瀬周庵伝

・痰の薬［河野家法］　桔梗、防風、甘草、薄荷［二十目］、羌活、右五味各三分、宿砂八分三ツなり、

②民間療法

・誤て蛇を呑たる時の薬、串柹一味せんして用ゆ、享和元年五月、御先手森山源五郎中間、屋敷内掃除の節、誤て蛇口より入、腹内にてさわきし故、其痛しのふへからす、ほどなく死すへく見へしに、傍輩の内に此薬を覚へ居て用ひ候得は動く事なく、夫よりつゝけて用ひ候得は、終に蛇消して命つゝかなく愈けると、其◇《ママ》語りぬ、

・難産せさる薬　兎の頭を毛の侭黒焼にして、さんの時に臨み用ゆ、産軽し「うさきの頭斗にては薬沢山出来不申候に付、当時はうさきを丸の侭黒焼にして用、効能替る事なしと也、岸本武太夫伝」

・魚《いお》の目出来たる時、右うをの目の上へなめくじりをのせ、しはらく這せ取候へは、数日ならすして右の魚の目抜る也　小田切伝

・雷鳴時　右雷の声発るとひとしく、みご箒にていぼを撫れは、其疣程なく落る也、金沢伝

・畳たこの妙薬　乾柹「枝柹・串柹」の類を糊におしまぜ、紙にのべ疼所に附ル、立所愈る、「小笠原和泉守伝」

・ほうそうの眼に入候節、小ともの大便に交り出る虫ヲ雪隠に尋、右の虫のはらをわり、その中の水を眼に付候、早速愈候なり、

・下血大奇薬　をらんだのきせる「新きを用ゆ」を二三寸に折り、せんじ、度々用ゆ、両三日用て即効あり、「桜井氏経験の方也」

・歯の痛忽チ治す法　啄木鳥ノ口嘴を貯置き、痛歯を其嘴にてつゝキ候えは、忽チ痛治す事神のことし、高井成州伝

③生活の知恵

・鍋釜の新し鉄気出るには、蛤を弐三度煮候へは鉄気忽チ去りふたゝひ不出事妙也、釜屋七右衛門伝

④調理法

・うなきの蒲焼をするに、手まへにて焼時は、醤油の味ひあしく食するに不堪、此せうゆを拵るには、まづうなき一切レを擂鉢へ入、よくすりつぶし、又さけ少し、味噌少し入て同しくすりませ、夫よりせうゆ能ほどに入て用ゆ「山椒など　少し入も吉」、扨うなきを白焼にするに、随分こはりなき様焼、右のせうゆをたつふりとさじなどにてかけ、ざつと焼なり、誠に売店にて製るものと少しも替らす、

・紙に入れ焼くかすてらの伝、一温飩の粉百目「饅頭の粉宜」、一砂糖「百目より百廿匁迄」砂糖少き方火へり宜し、一鶏卵「十三より十五迄」玉子大小によるへし、玉子員少々余計入、半分程黄身抜候方色合風味共宜し、右擂鉢にて砂糖能摺候て温飩の粉入、大鉢に摺申候、かたさは匕へうけたらし見候てほと〳〵落候くらいの所宜し、扨紙筒朱引の所迄入レかすていら鍋へひしとならへ、夫より上へ火をかけ申候、（中略）焼上がり不申候内蓋をとり候ては不宜候、佐橋長州伝　（後略）

・たこをやわらかに煮る法、随分あたらしきたこ洗ひ不申、其侭鍋へ入レ水たつふと入レ、いもがら十筋斗も入レ水より炭火にかけゆて申候、（中略）さましかた真ン迄さめ不申候へは、又かたくなり申候、三枝甚四伝

・仙台家庖中瓜漬の伝、寒中に餅米五升を麹三升五合、塩壱升五合よくかきまぜて瓶にも桶にても入置、よく封をし、来夏土用中に至り、瓜を三日漬にして水をよくかはかせて、右の中え漬込、またよく封を致し置、四十日過て出し食ふへし、酒の具なくして甚甘美也といふ、

こうしてみると『奇工方法』は非常に庶民の日常に密着した情報で満ち溢れており、解説で「庶民の日常生活のために必要な便利帳」[25]と述べられたことは、的を射ているといえよう。難しいことは何も書かれていない。

大石学の研究に学べば、八代将軍徳川吉宗は享保一四年（一七二九）に医官の林良適と丹羽正伯に指示し、疫病の手

当ての方法をまとめさせ、翌一五年に『普救類方』として、一般向けに全国各地の本屋で売り出させている。刊行の目的は『徳川実紀』によれば幕領と私領の区別なく、また農民と町人の区別なく、山野に得やすい薬草を選び、困窮民の病気の苦しみを助ける、特に無医村の救済が最大の目的であったとのことである(26)。

さらに大石によれば、吉宗は享保一八年に、前年の西日本の大飢饉の対応の一環として疫病にかかった際の処方をまとめさせて全国の幕領に布達している。その内容は、「時疫にてねつ殊の外つよく、きちかいのことくさハきてくるしむニは、芭蕉の根をきつくたき汁をしほりて飲みてよし」、「一切の喰物毒ニあたり苦しむニハ、口鼻より血出てむたへ苦むニハ、いりたる塩をなめ、又ぬるき湯ニかき立食てよし」、「一切の喰物にあてられてねきをきさみて壱合水にてせんし、ひやしおきて幾度も飲へし、血出やむまて用ひてよし」など、一一か条にわたる(27)。いわゆる日常的に手に入りやすい植物等を使用して症状を抑える薬を、民が自ら作って使用するための指南書である。

『奇工方法』発刊において、享保の善政を称揚した中川の念頭に、吉宗の命で刊行された『普救類方』があったことは想像に難くない。果たしてこれらの処方が効果をあらわすのかどうかは別として、民の苦痛を癒す目的でこれらの書や印施が作られたことは、評価されるべきであろう。吉宗の『普救類方』は全国各地で売り出され、印施は幕領に配布されたわけだが、中川の『奇工方法』はどのように流布したのであろうか。管見では京都大学にしか原本が確認できない。

四　戒鹹録

次に、中川が塩の過剰摂取を戒めている書について述べる。これは『令聞余響』のなかで中川の著作として書名があがっており、緒言に関しては全文『令聞余響』でも紹介されているが、管見では現在確認できるのは杏雨書屋が所蔵している一冊のみである。(28)

『令聞余響』で中川の著作を紹介している部分では、この『戒鹹録』は「村岡某の索めに応して輯めさせ給ふ」(6)と記載されているが村岡某に関しては現段階では特定できていない。

杏雨書屋の写本では、緒言で中川の減塩に関する考えを述べ、後半では減塩について説いた本草書や医書名が挙げられ、害について述べた部分が抜き出されているが、『令聞余響』には緒言のみ記載されている。『戒鹹録』は管見ではこれまで活字化されていないが、予防医学的見地に立った珍しい内容であるため、塩の過剰摂取の害について述べている緒言部分を、『令聞余響』から全文左に翻刻する。常山耋童は中川忠英その人を指している。

【史料10】(15)

頃日聞く、医師あり、放言して曰く、近頃導引を業とするもの有、其主張する所を聴に塩味を絶、或ハ塩味を減する事を先として、摩擦これに継といへり、是なんの言そや、夫塩は百味の長にして、諸味是を以て調和し、人々食する事を得るもの也、是を滅絶して人身に何そ益あらん、今魚鳥の肉及ひ菜蔬の類、塩を以て浸し貯れは、久しきを歴て損する事なく、亦塩を加へす、生の侭に貯るときは、一両日を俟ず忽ち腐爛す、人身に於ても亦復如比、塩味を廃して人身壮健なる事を得んや、然るを治療に先たちて塩味を禁すること、是実に異端にして奇を売るといふへしとの譏言をいふこと口を不絶、衆医此説に雷同し奇を唱へ、信を厚ふするの術とす、我嘗て是を師に聞ことあり、夫塩は百味の長にして、人身におひて最も功能甚しく、其功大、人参温補の功のことし、然とも人参功大なりとて、日々朝夕、汁菜等に是を加へ用ひは忽迷眩して命を殞すへし、塩もそのことく功大なりといへとも、日夜朝暮、塩味を絶ことなけれハ、人身の害になる事尤深し、たとへ絶塩すといへとも、なを日々塩気に触ること絶る間なし、此故に塩味を遠さくるを以て第一の戒とす、殊に医の言に曰く、万物塩を以て貯る時ハよく久しきに堪ると、是いかなる分別なるにや、夫塩を以て久しきに堪るものハ、ミな枯死の後塩に浸す物なり、いまた生活の物を以て塩に浸し、能久しきに堪る事を聞す、今試に籠中の鳥に塩味を飼ふときハ忽ち殞す、池中に塩を投る時は諸魚悉く斃ん、虫類も亦塩味に忍ふものなし、草木も塩味を灌く時は忽枯失す、只獣類性を得る所厚し、故に人に畜るゝものは塩味に触るといへとも敢て傷るゝ事なし、然れとも深山幽谷の獣、曽て塩味を知らすといへとも、尤勁健多寿なり、如斯にてひとり人身のミ塩味を薄ふして却て衰疲に至るの理あらんや、死物を以て生活の上を論する事、かつて理なきに似たり、ワれ是を以塩味過多にして人身に害たるを信す、彼医師の言のことき、実に抱腹するに堪すといふへし、殊に末に抄出する所の断塩薄塩の戒鑑多く医書中に在り、衆医家門の書に疎くして猥に異端を以他門を譏る、寔に不学蒙昧を人に示すと云へし、亦儒士あり、絶塩の説を破して無稽の事とす、しかれとも和漢の鴻儒大医の著す所の書中、往々塩味多きハ人身に於て益少き事を詳に弁解せり、其他抄出する所の諸書、豈ミな寓言異端の説とせんや、然るを儒士の名を犯して是等の書を譏らす、猥に放言をなすは先哲を謗にひとし、嗚呼不識事ハ黙して可なり、しらすして猥に誹謗するハなを犬馬の嘶吠を伝聞て応之かことし、深く哀むへき事にあらすや、於是乎予師に聞ところの説を記して猥に放言するの諸生に示し、長生を得せしめん事を糞ふと云ふことしかり

文政十一年戊子重陽　　常山耋童述

まず、これが書かれた時期であるが、文政一一年（一八二八）と明記されているため、中川が文政八年に旗奉行に就任してから同一三年、七八歳で没するまでの期間であり、七〇代後半であったことがわかる。

要約すると以下のようになる。「ある医師が言うことに、按摩を業とする者が塩を取りすぎるのはよくないと言っ

ているが、塩は味をつけるのに必要であるし、肉類や野菜を貯蔵するにも欠かせない。塩味を廃してどうやって人が健康でありえるだろうか。治療に先だって塩を禁じるなど異端であると言って多くの医師も雷同したとのことであるが、私の師が言うに、確かに塩は百味の長で人身にも効能がある。（高麗）人参と一緒である。しかし、効能があると言って毎日（高麗）人参を摂取すれば命にかかわる。塩も同じでこれを取り続けると害になる、塩を避けていても自然と塩分は採っている。それ故、減塩することを戒めとする。塩で保存できるのは既に生きていない物についてである。生きている鳥獣、魚類、虫類、草木、みな塩を与えると死ぬ。人間を含め獣類は塩で死ぬことはないが、獣類は塩がなくとも健康である。人が減塩したからと言って疲弊するはずはない。死物をもって論じるのは理がない、これを聞いて私（中川）は塩の害を信じた。減塩・薄塩の効能については巻末に挙げた書物に書かれている。衆医は書に疎く、他門を誹り不学蒙昧である。また儒者の中にも絶塩の説を否定する者がいるが、和漢の書でも塩の過摂取が人体によくないことを詳細に述べている。巻末に掲載した絶塩を説く書はみな異端であろうか、これらを知らずにみだりに放言すべきでない。知らないことは黙っているべきで、みだりに誹謗するのは犬馬の咆哮に同じである。ここに（減塩の）所説を記した書を放言する諸生に示し、長生きしてくれることを願う」。

これは養生書的な内容と受け取れるが、広い意味では医療、予防医学ともいえる。中川が心を用いていた済生の分野であることは間違いない。冒頭で言及される導引は、正徳三年（一七一三）に書かれた貝原益軒の『養生訓』にも登場するが(29)、養生の一方法であり、主に按摩・指圧と考えてよい。その導引を職とする者が、減塩が第一で、摩擦、つまり按摩・指圧はその次であると述べるほど塩を控えるべきだと主張していることは、注目に値する。『養生訓』でも、塩と酢と辛いものを多くとってはいけないと述べられている。その理由としては、これらのものを摂取し過ぎるとのどが渇き水分を多くとってしまい、そうすると身体に「湿」を生じ胃腸を損なうとされている(30)。

後半であげられている塩害を説いた書としては、『本草綱目』『本草経疏』『大観本草』『本草従新』『家宝全集』『居家必用』『五雑俎』『太素正論』『東医宝鑑』『紫芝園漫筆』『養生論』『和漢三才図会』『大和本草』『医学入門』の一四書が挙げられている。[31] 医書・養生書・本草書の三分野の書籍になる。

五　近世の麻疹流行と医療関連三書

次に近世の麻疹流行について、鈴木則子の詳細な検討と『日本疾病史』[32] によりながら簡略にふれておきたい。麻疹は近世において一四回の流行をみている。その流行周期は長く一〇数年から二〇年以上の間隔で流行り、その時によって、死者が多く出るほど重病人を出す年と、軽く済む年があった。

本報告で対象とする近世後期についてみてみると、享和三年(一八〇三)、文政六年(一八二三)、天保七年(一八三六)、文久二年(一八六二)の四回流行しており、そのうち享和期と文久期が、死者を多数出すほどの重い麻疹が流行した年であった。[33]

麻疹の流行が社会に与えた影響は、単に疾病の流行という以上に大きく、鈴木の研究に依拠してまとめてみると、①多数の医療書・慈善的な印施の刊行、②麻疹商売の横行、③麻疹窮民の救済、③麻疹禁忌の拡大、④諸物価高騰、⑤戯作やはしか絵等、麻疹関連の娯楽印刷物の氾濫と言った状況が引き起こされたという。

つまり、麻疹の流行により中国医書を典拠とした麻疹対策の著作が刊行され始め、麻疹に材をとった滑稽本まで出版された、医者や薬屋、まじない師、麻疹を近寄せないお守り的な物などの商売が盛況を博す、その一方で幕府による無料の薬葉配布、長引く病で仕事に出られないその日暮らしの人びとに御救いが行なわれた、ほとんどの麻疹養生書や印施が行動や食物に多数の禁忌事項を書き込み、長期間にわたる療養期間を定めたために麻疹に良いとされる食物・薬草類は高騰し庶民の生活は多大な制限をこうむった、麻疹養生の印刷物が印施はじめ大量に出版されるようになった、ということである。(34)

鈴木によると、文政六年の麻疹流行は一一月に西国で流行り始め、一二月末に江戸でも流行し、翌文政七年三月には終息したという。(35)文政七年の正月に『救疹便覧』を出した中川の対応は非常に迅速であったといえよう。その他、この年は市門松蔭・人見任・竹田公欽らも、麻疹関連書・印施を発行している。(36)文政六年の前の流行は享和三年で、この年は死者も多く重い麻疹で苦しめられた。(37)そのせいもあってか同年には多数の麻疹書が出ている。松平定信の信任厚く、奥医師で医学館でも教えていた多紀安長も、禁忌一紙他、『麻疹纂類』『麻疹輯要方』『麻疹心得』を出している。(38)文政六年の次の流行期は天保七年だが、この年も大流行とはならず、文久二年が多数の患者を出した。(39)

そういった近世期の麻疹に関する社会情勢のもと、文政七年に発行された中川忠英の『救疹便覧』はどのような立ち位置にあったのか。本稿はじめにで述べたように、中川は「常に済生もて勤とし給ふ」た(15)。済生とは命を救うことであり、医療に近い概念ではあるが、決して学問としての医学ではない。

中川は蔵書家として夙に知られ、その蔵書目録には総計で一八〇九冊の書籍が記載されている。(40)筆者は未だ分析は為していないため概算でしか述べられないが、蔵書を分野別にみると、漢籍が一八五冊以上、地誌が一五〇冊以上、その他、漢学・戦記・雑史・伝記・有職故実等といったものがみられる。集められた書籍の分野が非常に多岐にわたっており、中川の知識欲とそれに付随した広範囲の見識が了解される。しかし、蔵書中に明確に医学書と考えられる書は『新註無冤録』以外見当たらない。同書にしても、「冤」という言葉からわかるように、一般的な医学書ではなく法医学の書である。先に述べたように済世に心を砕き、三つの医療関連書を編んだ中川であるから、蔵書に医学関係がほぼないということは、ある意味、注目すべき点かと思われる。ただし、本草書は所有しており、それは中国の李時珍『本草項目』と、小野嵐山『広群芳譜』の二冊であった。これも二冊というのはいかにも少ない。
以上のことから、中川は幕府の医学所の掛を務めたことがありつつも、蔵書目録の傾向を見る限りでは、学問としての医学に執心であった形跡はないことが了解される。ということは、彼が実際に関心をもっていたのは病そのものではなく、あくまで病が社会に引き起こす混乱の収束、つまりは民衆のより良い生、健やかな生を守ることだったのではないか。中川は病そのものに真っ向から向き合ったわけではなく、その視点はあくまで病に悩まされる人間に向けられていたと考えるべきであろう。
ここで別の史料に目を転じてみよう。「御廻状留帳」に掲載された寛政一二年（一八〇〇）に伊奈友之助が出した廻状である。(41)

【史料11】

此節疫病流行いたし候由ニ付、厄除札御郡代ゟ相渡候間、村々壱枚宛請取之、村入口欤、其外都合宜敷場所見計張置可申候、
一村々痢病流行之趣相聞候ニ付、御郡代ゟ御薬被下候間、其村々ニおゐても右様之病気有之候ハヽ、病人数取調早々可申出候、（後略）

当時の関東郡代中川忠英が疫病に際し、厄除けのお札を配ると同時に薬も配っていたことがわかる。当時の疫病に対する感情は、いま現在、我々が感じるものとは全く趣を異にしていたといってよい。安藤優一郎は麻疹に関して、「疱瘡と同じく、当時は有効な治療法も薬もなかった。そのため、麻疹が流行すると予防や治療に関する情報の収集に狂奔するのがお決まりの光景となっていた」と述べている。(42)民衆にとって疫病は治療可能な病なのか、神に与えら

れた罰なのかさえ定かではない、降って湧いた対処不可能な災難のようなもので、人々はそれから逃れる術を探して狂奔した。中川が民に薬法に関する書付やお札を配布したりした要因も、そこから了解されよう。

今、考えれば、効き目があるとは考えにくい民間療法的な薬を配る一方で、神頼みといえる厄除け札を配布することは、当時としては何の矛盾もなかったことを理解しなければならない。そういった行動は医療と呼べるものではないにしろ、済生と捉えることができる。身体を楽にすることと精神を前に向かせることが重要であり、なす術がないよりは、なにがしかの指針が与えられることが民衆の気持ちに沿うものであったろう。『養生訓』にも薬はときに慰めとなるとある(43)。薬の役目は実質的な身体に対する効能のみではない。

疫病は身分に関わらず、人間を襲う。中川は、誰しもが平等にもっている身体を生活の基本として考えるフラットな視点をもち、医学的観点から病に対峙するのではなく、病によって疲弊する人間、混乱する社会を鎮めること、併せて病の予防を、医師でない自分ができるひとつの使命と捉えていたと推察する。

前述したように、平戸藩主の松浦静山は中川の示した嗅薬を作り、芭蕉や稗の浴法も行ない、三豆湯も飲用した結果、麻疹にはかかったが皆軽症で済んだと述べている(『甲子夜話4』二〇八頁)。実際の効能はどうであれ、病に対し、何らかの対応ができるということが重要で、中川の医療関連書の意義は、まさにそこにあろう。民衆は与えられた指針をもとに、病や健康、生活の知恵を獲得すべく「主体的に」行動できる、それこそが中川が想定したことだったと筆者は考える。

最後に、『救疹便覧』を含め、今回考察した中川忠英の手になる著作三編について簡単にまとめてみたい。

まず、『救疹便覧』は、麻疹政策の一環として配布されたが、内容は中川独自の考えが反映されたものではなく、それまで麻疹流行時に配布された印施、主に麻疹の禁忌情報であり、それらを合わせて編んだものといえる。

『奇工方法』は、医学的処方も散見されるが、全体としては庶民の日常生活のために必要な便利帳の体裁であり、中川が自身で努力して情報を集め、一冊の本としてまとめ上げた。吉宗の『普救類方』は全一二巻に亘り、前編は身体の部位別の症状で分け、後編は症状で分類した、立派に医学書として通用する書物である。一方で中川の『奇工方法』は、全二巻一三〇余丁で、内容は思いつくままに聞き書きを記した体裁となっている。高名な幕府医師が編んだ全一二巻の医学書は、民が贖《あがな》いやすいように安価で売られたとされているが、代銀九匁八分といえば、現代で考えれば一万円を超す価格である。一般庶民にとってはハードルが高い。『奇工方法』は紹介した内容からもわかるように、庶民が受け入れやすい生活指南書であったろう。

『戒鹹録』は、ある医師が述べた減塩無用と言う説について、自分の師の話を引用して反論する形となっている。予防医学の観点に立っており、近世期に流行した養生書の一種といってよい内容かと思う。わかりやすい比喩や鋭い指摘がなされ、短いながらも質の高い養生論といってよいだろう。疫病や日常的に発生する身体の不具合以外にも中川の目は向けられていることがわかる。

いずれにしても、三編とも中川が人間を身体をもった生命体として捉え、それらがより良い生を全うするための知恵、工夫、心構えを提示したものといえる。それは民衆が病に立ち向かい、健やかな生を全うする方法を提供し、空間を問わず、読む者にいつでもその指針は与えられた。

この三書についてもう一点指摘しておこう。これらの書はいずれも情報を重要視し活用している。『救疹便覧』は、幕府が以前出した印施の情報をまとめて配布したものであるし、『奇工方法』は、見たり聞いたりしたものを中川が自ら集めて筆記したと書いているように、情報を自分自身で積極的に収集して編んだ書である。『戒鹹録』は、ある医師が述べた説を自分の師の話を引用して反論しているわけだが、こちらについても、ある伝え聞いた情報を別の情報で否定する形で語られている。

つまり、中川は民衆が健康でより良い生を送るために自分自身で積極的に情報を集め、それを提供したのである。著名な医学書に頼ることなく、民衆の生の声、つまり身体そのものの声を聴いたといえるだろう。吉宗の『普救類方』と中川が編んだ医療関連三作の最も大きな違いは、吉宗が幕府医師である林良適と丹羽正伯に命じて書かせたのに対して、中川は主体的に自身で情報を捜索し、民の生の声を聴き、自ら書いたという点にあろう。

鈴木康子の研究によると、中川は長崎の諸事・歴史などについて『長崎記』を編集している。長崎奉行が長崎の諸事についてまとめたものとしては、大岡備前守清相が享保元年（一七一六）に編集した『崎陽群談』が知られるが、それに比べると『長崎記』は史料的には良質だが量的にかなり少なく、各項目も断片的で短文のものが目立つという。鈴木は、この書について「現在把握出来ている諸事について編集し、記録を後世の長崎奉行や役人のために、役立てようとする意欲が現れている」(44)と指摘しているが、「把握出来ている諸事」とは情報であり、まさにこの医療関連三書にも同様の姿勢が現れているといえる。

おわりに

『令聞余響』では、中川が理想とする政治の一つに享保の善政があげられている。徳川吉宗は中川忠英を重用した松平定信の祖父で、さまざまな幕政改革のなかで医療政策全般においても特筆すべき施策を展開した。海原亮は、江戸時代を通じて、医療に関する課題が国家レベルで検討されることはほぼなく、唯一享保期に吉宗が漢訳洋書の輸入緩和、小石川養生所の設立、採薬調査、薬園整備、朝鮮人参の国産化等を実施していると述べている(45)。一方、孫の松平定信は、自身が医制に高い関心をもち、寛政の改革で医制改革をその柱の一つに据えた。[46]ただし、それはあくまで医制であって、済生としての医療・医学そのものではない。

中川の医療に対する姿勢は吉宗とも定信とも異なり、より民衆に近いものであった。それは、人間が身分に関係なく平等にもっている身体を重要視したフラットな視点に立った姿勢である。中川は済生に対する興味関心を下敷きに、民衆が健やかに生きるための情報を集め、わかりやすい形で提供した。[47]中川忠英は生権力を行使した為政者として、吉宗とも定信とも異質で稀有な存在であった。

『令聞余響』には、中川が『奇工方法』を編んだ際、蒭蕘《すうじょう》の言、つまり草刈りや木こりといった身分の低い者の言葉にも耳を傾け、験あるものは書き留めたとある。著名な漢方医たちの書からばかりでなく、身近な生活者の言を重要視したことも、生の人間の身体、生活そのものに着目した中川流の視点であったといえる。その視点のもとに、民衆が「主体的」に病に立ち向かい、さらには自身の健康を守る、その指針となるべく情報を収集、「現在把握出来ている諸事について編集し」、中川はこの三書を編んだと筆者は結論づけたい。

これまで中川忠英といえば、長崎奉行時代に近藤重蔵とともに『清俗紀聞』を編んだことや、蝦夷地の対ロシア政策や長崎における外国船対策などの外交面で活躍し、蔵書家でもあった有能な知識官僚として知られていたが、今回、済生に関心を寄せ、生権力を重要視した中川の別な一面を垣間見ることができたと考える。

註

（1）　鈴木康子「長崎奉行中川飛騨守忠英について―寛政～文政期における知識人官僚の果たした役割―」（『花園大学文学部紀要』四九、二〇一七年）五三頁。

(2)「よしの冊子十七」（『随筆百花苑　第九巻』中央公論社、一九八一年）三八三頁。
(3) 鈴木康子註(1)論文。
(4) 鈴木則子「江戸時代の麻疹と医療―文久二年麻疹騒動の背景を考える―」（『日本医史学雑誌』五〇―四、二〇〇四年）。
(5) 大石学『吉宗と享保の改革』（東京堂出版、二〇〇一年）一五九～一七九頁からまとめた。
(6) 岩渕佑里子「寛政～天保期の養生所政策と幕府医学館」（『論集きんせい』二二、二〇〇〇年）四五頁。
(7) 同右、四五～四六頁をまとめた。
(8) 倉沢剛『幕末教育史の研究』一（吉川弘文館、一九八三年）三三三頁。
(9) 同右。
(10) 鈴木康子註(1)論文、五五頁。
(11) 同右、五五頁。
(12) 根岸鎮衛『耳嚢』中巻（長谷川強校註、岩波書店、一九九一年）三〇四～三〇五頁。
(13)『甲子夜話4』（東洋文庫、平凡社、一九七八年）。
(14) 鈴木則子註(4)論文、五二八頁では、幕府医官中川忠英となっている。鈴木則子『江戸の流行り病　麻疹騒動はなぜ起こったのか』（吉川弘文館、二〇一二年）二二六頁では幕府医官中川常春院となっている。
(15) 戸出一郎「医学館における医学考試について（一）」（『日本医史学雑誌』四八―一、二〇〇二年）一〇頁。
(16) 戸出一郎「医学館における医学考試について（二）」（『日本医史学雑誌』四八―二、二〇〇二年）一九五～一九六頁。
(17) 鈴木康子註(1)論文、六九頁。

(18)　大塚敬節・矢数道明編『近世漢方医学書集成　52　多紀元堅(五)』(名著出版、一九八一年)四七七～四七九頁。
(19)　同右、四七三～四七六頁。
(20)　安藤優一郎『江戸幕府の感染症対策　なぜ「都市崩壊」を免れたのか』(集英社新書、二〇二〇年)三五頁。
(21)　浅見恵・安田健編『近世歴史資料集成　第3期　第1巻　民間治療(5)』(科学書院　一九九九年)。
(22)　同右、一〇四三頁。
(23)　同右。
(24)　同右から筆者がまとめた。
(25)　同右、一〇四三頁。
(26)　大石註(5)書、一七九頁。
(27)　同右。
(28)　『戒鹹録』(武田科学振興財団杏雨書屋蔵、杏雨―一三一六)。
(29)　桜宮光伸訳・註『口語養生訓』(日本評論社、二〇〇〇年)二〇七～二〇八頁。
(30)　同右、一二一～一二二頁。
(31)　註(28)『戒鹹録』。
(32)　富士川游『日本疾病史』(東洋文庫、平凡社、一九六九年)。
(33)　同右、一八二～一八八頁。
(34)　鈴木則子註(14)書の中から当該事項についてまとめた。
(35)　同右、一二三頁。

(36)　鈴木則子註(4)論文、五二六〜五二七頁(表3)。
(37)　富士川註(32)書、一八四〜一八六頁。
(38)　鈴木則子註(4)論文、五二六頁(表3)。
(39)　富士川註(32)書、八六〜一八八頁。
(40)　国立公文書館　デジタルアーカイブ(archives. go. jp)。
(41)　「御廻状留帳」(三)(青梅市教育委員会、一九八三年)二一〇頁。
(42)　安藤註(20)書、一九頁。
(43)　註(29)『口語養生訓』二六〇頁。
(44)　鈴木康子註(1)論文、六〇〜六一頁。
(45)　海原亮『江戸時代の医師修業　学問・学統・遊学』(吉川弘文館、二〇一四年)三〜四頁。
(46)　岩渕註(6)論文、四五頁。
(47)　本来、フーコーが提唱した「生権力」とは、概念的にきわめて曖昧で、その概念の使われ方が、そもそも多義的であると檜垣立哉は述べている(檜垣編著『生権力論の現在』勁草書房、二〇一一年)。ここで筆者が述べた生権力とは、「生に対して積極的にはたらきかけるものとして出現した」権力(慎改康之『フーコーの言説』勁草書房、二〇一九年)を意味する。慎改は、フーコーがかつての君主権的権力が人々の生に対して消極的なやり方でしかはたらきかけていなかったことを指摘している。

寛政期北関東農村の間引き抑制にみる「仁政」理念の変容
―兼帯関東郡代中川忠英の「治民」によせて―

布川　寛大

はじめに

本稿は、近世社会の領主―領民関係を規定した「仁政」理念[1]と、その実践を支えた諸要素について考察するものである。上記の考察にあたって注目するのは、寛政期の幕府勘定所系統による北関東地域への間引き抑制などの諸政策である。そして、この時期の勘定奉行こそ、旗本の中川忠英[2]であった。忠英は寛政九年（一七九七）二月から文化三年（一八〇六）にかけて勘定奉行を務め、同じ寛政九年六月からは関東郡代をも兼帯したことで知られている。

これまで忠英については、勘定奉行就任以前にあたる目付・長崎奉行時代の活動[3]や、勘定奉行就任以降にあたる関東在方への廻村と村明細帳の提出など[4]、個別具体にその事例が指摘されている。たとえば寛政一〇年から文化三年にかけての廻村では、寛政一〇年の相模国、享和三年（一八〇三）の下総国の廻村では、人員の基本構成を勘定組頭としつつも、忠英の同行が明らかにされている[5]。

これに対して本稿では、忠英による北関東地域への関与の事例として、常陸国筑波郡上郷村への廻村を検討する。こうした事例の検討は、当時においても荒廃が顕著とされた北関東地域への幕府勘定奉行の態度を明らかにする手がかりであり、そこでの忠英による実践は、まさに当該期の同地域における領主—領民関係を示す場面であるといえよう。ここからは、それ以前と比較して民衆の「生命」「生活」へより直接的に関与を強めていく一八世紀末から一九世紀初頭の、勘定所系統ないし幕府による「仁政」の実践と、こうした「仁政」を遂行させ得た新たな段階の民衆の在り方が見通されると考えている。

それでは上記の点を考慮して先行研究を整理しておきたい。

これまで、近世の「仁政」論、ないし「仁政」イデオロギーについては、深谷克己による領主—領民間の双務的な合意への注目以降、近世を通じて「仁政」がいかに機能または変容するかなど、多様な研究蓄積がある。(6) なかでも本稿との関連で注目すべきは、中後期以降になると「仁政」の内実が変容していくという議論である。(7) たとえば、米沢藩の中期藩政改革と学問・知識との関係を検討した小関悠一郎による一連の成果では、米沢藩寛政改革において「君家」と「四民」総体の利を表現する概念として「国益」理念が登場し、藩政改革では地域社会の要求を正当化する概念として機能したことが明らかにされている。(8)

この「国益」理念は、いわゆる「富国安民」の支配イデオロギーとして近世中後期以降には領主—領民関係を支え、さらには近代日本の「富国強兵」との関係性へと展開する。(9) また、幕府寛政改革での備蓄推進の政策基調からは、幕府が民衆との関係を安定化させるため、「御救」から「御備」へと「仁政」の性格を変化させたとみる成果も存在する。(10)

これらはともに、近世を通じた統治のイデオロギーとして「仁政」理念が内実を変化させつつも機能したことを共有するが、他方で幕末期には百姓一揆の作法が崩壊することを事例に、近世的「仁政」理念が霧散したとする評価も存在する。(11) しかし、本稿で重視する部分は、これらの成果が共に明らかにした、民衆とのせめぎ合いと合意形成の論理による「仁政」理念の非一貫性の側面である。しかしながら、これらの成果は個別藩を対象に事例蓄積が進んでおり、三大改革の一つとして著名な寛政改革期の事例など、幕府政策と「仁政」理念の変容との関係は、管見の限りで蓄積が十分とは言い難い状況にある。

他方で、寛政期の勘定所系統と地域社会との関係については、当時の代官交代に代表される行政機構の再編[12]をはじめ、村明細帳の提出や地誌編纂事業[13]などの成果が存在する。なかでも、吉岡孝による勘定奉行兼帯期の関東郡代を対象にした勘定組頭グループによる廻村と村明細帳の提出の分析では、当時の地域社会の発展を前提とした新たな段階の民衆を統治する方法として民衆「生活」の把握が目指されたことが指摘されており、当時の地域支配における政策基調として注目される[14]。

一方、ここで検討された忠英による直接の廻村先は相模国と下総国のみであって、関八州で最も荒廃が著しかった北関東地域への廻村は確認されていない。つまり、最優先で対策を講じるべき北関東地域に対する勘定所系統の態度は、依然として不明なままといえよう。

もちろんこの点については、いわゆる名代官を取り上げた一連の成果によって、個別代官をベースに、人口増殖策や赤子養育金、さらには他地域からの住民の移動など、多様な代官仕法の検討がなされている[15]。しかし、これらは共通して名代官個人の特殊性に力点を置いたものであり、当時の勘定奉行をも含む寛政期の勘定所系統による地方政策、ひいては幕府による地域支配と「仁政」理念の展開との視点から位置付けを試みた成果は少ない。

以上のように、近年の「仁政」理念の変容に関する研究は、「富国安民」などの理念を中心に個別藩領の事例が多く報告される一方、幕政の改革期にあたる寛政期などの政策と「仁政」理念との関係は、未着手な部分を多く残す。

なかでも、寛政期より勘定所が開始する廻村と村明細帳の回収は、当時の幕府とその膝下たる関東の地域社会との関係を考えるうえで重要な動向であるにも関わらず、最優先で対策を講じるべき北関東地域への廻村事例は確認されていない。同地域への政策については、代官仕法の分析など名代官個人に引き付けるかたちで検討されてきたといえる。

以上の先行研究の整理を踏まえて、以下の二点に本稿の目的をまとめる。

まずひとつが、寛政期には既に荒廃が進んでいた北関東地域に対する政策を、これまでの名代官研究の成果に加え、それら代官の上役にあたる勘定奉行を含めた幕府勘定所系統全体の政策基調という視点から検討することである。この点は、本稿の中心である関東郡代兼帯勘定奉行の中川忠英による常陸国上郷村巡見を事例に検討を試みたい。

もうひとつが、「仁政」理念の変容に関する問題群である。寛政期は幕府によって堕胎や間引きが厳しく規制されたことが知られるが、[16]本稿ではそれを「仁政」理念の変化という視点から考察する。幕府による堕胎の禁止や間引き抑制など一連の人命保護政策は、地域社会のひとびとの生活空間へより直接的に介入していく姿勢であると同時に、幕府があるべき規範意識を地域社会へ浸透させる行為でもあった。本書の中心にあたる忠英の言行録『令聞余響』にも、人命保護に対する忠英の積極的な姿勢が多く記録されるが、こうした動向をその著者である藤方安清が「国益」と表現しているのも、変容する「仁政」理念という文脈で捉えるならば非常に興味深いといえよう。

以上のように、本稿は一八世紀後半から一九世紀前半における「仁政」理念の展開を検討するが、その過程では、忠英がいかなる人間関係のなかで、地域社会へ対する姿勢、つまりは「治民」の術を獲得したのかにも注目する。当時の地域支配の統括者がどのような思想的背景を有していたのかも、合わせて検討を試みたい。

一　『令聞余響』にみる中川忠英と「治民」

本節では基礎事項の整理をしたうえで、『令聞余響』中の「治民」に関連する記述を手がかりに、忠英がいかなる人的関係のなかで「治民」に関する知識や態度を涵養したのかを検討する（以下、本書第三部翻刻編所収の項目番号を（　）で記す）。

1　「治民」にみる中川忠英と中井竹山

ここからは、実際に『令聞余響』から「治民」に関係する記述を抜き出して検討を加えていく。その際に注目するのは、大坂懐徳堂の儒学者中井竹山との関係である。竹山は自身の著作『草茅危言』を老中定信へ献上するなどして、寛政改革の諸政策へ一定の影響を指摘される人物[17]だが、忠英との関係も『令聞余響』から確認できる。早速、両者が対面したとされる記述から確認しよう。

【史料1】（5）

一公、長崎の任に赴かせ給ふ路難波に至り、中井積善か居をとひ、治民互市の要を聞せ給ふ、積善誠の一字を書して授けまいらす、　公、瓊浦《ナカサキ》を治め給ふ釐務こと〳〵くこれによらせ給ひ、流徳布化後世に伝ふ、後豊後守助弼朝臣京師の尹にうつり書を寄せて　公に為政の要を問ハせ給ふ、是に答ふるに誠の一字を釈してもつて示し給ふ、助弼朝臣又治民の名あり、

史料には、忠英（＝「公」）が長崎奉行として任地へ赴く道すがら、大坂にいた竹山を訪ね「治民互市の要」を聞いたと

するエピソードが紹介されている。そして、竹山より「誠」の一字を授かった忠英は、その教えに基づき長崎奉行の職務を遂行し、その素晴らしい実績は後世へも伝わったとされる。この記述だけでは詳細が不明だが、両者は忠英の長崎奉行就任前後にあたる寛政七年(一七九五)二月ごろに対面でこのやり取りをしたであろうことが読み取れる。

もちろん、これが両者による交際の開始かといえば、そうとも限らない。竹山は、天明期に定信への自著の提出による献策で幕府との結びつきを強めており、寛政四年には焼失した懐徳堂の再建資金の工面と後の官学化を企図して出府するなど[18]、史料1以前から両者が知り合いであった可能性は排除できない。しかし、これらから確認しておきたいのは、寛政期における両者の接触は、少なくとも竹山にとっては、自身が定信個人との関係から幕府との関わりを強めていくなか、自身の私塾の保護を要求する状況下で実現したことである。竹山側が何かしらの意図をもって忠英と接触したかは不明だが、少なくとも幕政関係者との接触は、竹山にとって歓迎される時期であった。

他方で、目付時代の忠英は、当時官学化された昌平黌の御用掛を務めており[19]、そうした関係から、忠英は儒学者竹山との関係を構築していったと考えられる。この両者の関係からは、学問と政治の密接不可分の関係をうかがうことが可能だろう。

改めて史料1から、忠英と竹山を繋ぐ「治民」の系譜についてみていこう。忠英が自身のキャリアとして初めて「治民」を実践する長崎奉行就任に際して、著名な儒者であった竹山は、具体的には不明ながら「治民」についての教授をしたとされる。そして、史料の後半部には、「豊後守助弼朝臣」が「京師の尹」へ就任するに際して、忠英へ「為政の要」を質問し、忠英は「誠」の一字をもって応えたとする出来事が付記されている。

この「豊後守助弼朝臣」は曽我豊後守助弼にあたり[20]、文政三年(一八二〇)から同六年まで京都西町奉行を勤めたのち、同年から天保六年(一八三五)にかけて勘定奉行を勤めている。ここからは、中井竹山→中川忠英→曽我助弼と連なる、儒者から幕政の実務担当者への「治民」の系譜をみることができるであろう。

改めて『令聞余響』の伝記という史料的性格を考慮すれば、これらの内容をそのまま事実として理解することには難しいものの、同書が作成された文政年間において、儒者中井竹山と旗本中川忠英らとの関係がひとつの系譜として認識されていたことは確かである。これは忠英による地域支配やそこに内在する姿勢に対して、何かしらの儒学的な背景が認められることによって成立した同時代的な認識であり、これもまた一八世紀後半の幕府のおける政治理念の問題として、重要な意味をもつものと考えられる。

2　中井竹山からみた忠英

つぎに竹山から忠英へ送られた詩歌から、両者の関係性の深浅を探ってみたい。引き続き『令聞余響』から、竹山が忠英へ宛てた詩歌を二つ紹介しよう。

【史料2】『令聞余響』（附録二―5）

○中井積善か詩に

中川使君見招席上賦呈（下平声八庚）

中井曽弘再拝

吏人影少宿鴉鳴　●○●●●○◎
官樹寥々暮色生　○●○○●●◎
黄巻開迎㆓翰墨侶㆒　○●○○○●●
青樽好慰㆓薜蘿情㆒　○○●●●○◎

喜看関内今時業　●○○●○○●
於レ是天涯昔日名　○●○○●●◎
楊柳堤辺三尺水　○●○○○●●
従来不レ若二使君清一　○○●●●○◎

中川使君有二弄璋之慶一賦レ此奉レ呈（上平声六魚）

獄事従来恵不レ疎　●●○○●●◎
好看熊夢慶祥余　●○○●●○◎
勧レ君更作二高門一待　●○●●○○●
他日揚々駟馬車　○●○○●●◎

前提としてこれら引用した詩歌には、作成年代や背景を確認できる情報が一切ない。ひとつ目の詩歌の作者は中井竹山であるが、忠英に上呈したのは「中井曽弘」である。彼は竹山の長男焦園である。彼は竹山の跡を継いで懐徳堂主になったが、享和三年（一八〇三）に死去している。当然この作品の成立時期はそれ以前である。[21]ふたつ目の詩歌に出てくる「使君」は国守を意味するので長崎奉行のことをいっているのであろう。また「弄璋」は男子が生まれることを指す。「獄事」、つまり長崎奉行の公務をしっかり務めれば「熊夢」、男子誕生を予告する霊夢をもたらすであろうというものである。このように考えると、竹山が忠英に詩を贈ったのは史料1にあるように、忠英が長崎奉行に就任した寛政七年（一七九五）頃と考えられるのではないだろうか。

以上、ここまでの第一節をまとめよう。寛政改革という時代状況のなか、忠英は老中定信を中心とした人的関係に身を置き、役人としての経験・知識を涵養させていった。さらに著名な儒学者で寛政改革への影響力もあった竹山とも交流した。このことは彼の「治民」思想に影響を与えたと考えられる。

二　中川忠英による常陸国上郷村の巡見

本節では、老中松平定信や儒者中井竹山など、寛政改革の指導者らの周辺で活動した中川忠英が、のちに勘定奉行、さらには関東郡代兼帯として、在地へいかなる姿勢をみせたのかを検討する。さきに触れた通り、これまで忠英の動向については、さまざまな事例が紹介されている。なかでも、当時の幕府と地域社会との関係性を示す事例としては、勘定所グループによる廻村と、それにともなう村明細帳の作成と提出が特筆される。繰り返しだが、忠英自身による廻村は、すでに相模国と下総国の事例が報告されているが、ここでは新たに常陸国の事例を取り上げたい。

北関東地域を取り上げる意義としては、同地域はとくに近世中期以降は農村荒廃が顕著な地帯として知られ、治安悪化や間引きの横行による人口減少などが特徴的であったことがあげられる(22)。こうした状況から、文化二年(一八〇五)の関東取締出役の設置では、直接的に常陸国を含む北関東の治安悪化への対処がその設置理由に盛り込まれることになる(23)。このように、勘定奉行にとっては、関東在方の地域支配における最前線ともいうべき北関東地域だが、一方で寛政期の同地域に対する幕府の仕法は、一部の名代官研究を除いてそれほど分厚いとはいえない。

忠英が勘定奉行を勤めたのは、幕政史上の画期にあたる寛政期から、地域社会と関係再編が進展する文化・文政期への過渡期にあたり、忠英による同地域への関与やその姿勢を解明することは、一八世紀末以降の幕府による地域支配を通時的に把握するうえで、欠かすことのできない作業といえよう。

以下では、忠英が廻村した常陸国上郷村を事例に、『令聞余響』の記述とそれ以外の史料とを突き合わせながら、忠英による北関東地域への関わり方を検討していく。

1　常陸国上郷村巡見と「国益」

はじめに、『令聞余響』中にある、忠英による常陸国上郷村の巡見の記述を引用する。

【史料3】(16)

一関東の貧民多く子を育すること能ざるもの、生るゝに臨ミて是を殤札す、諸民又ならひて恒とす、官禁たりといへ共往々やます、尤常毛の地甚し、公、是を深く歎かせ給ひ、上に告け任をもふけ令して厳に是を戒め給ふ、風習、年々に化して大に生育の道を得たり、又関左の民放逸にして農事を勉めす、遊手無頼のもの多し、故に廃亡の地漸々に多し、　公、又官に乞ひ無告の氓《タミ》をして荒蕪の田を発せしむ、民今に至て其賜《タマモノ》を受く、深仁広沢国家に益あること概《オホムね》かくのことし、此二事、公、巡視の日、惶惕し給へること紀行の中に載す、その徴すへきか為に左に掲く

十八日　常陸の国上郷村は子をまひき親失て田畑の見わたすかきりあれ果たるを見てそゝろに哀れを催しけれハ、

摘人も涙のたねとあれ果し田つらに生ふる草のワか葉は

まず、史料中にみえる常陸国上郷村について確認しておく。常陸国に上郷村の呼称は、久慈郡上郷村（水戸藩領）と筑波郡上郷村（代官支配所）の二か所が確認できる。詳しくは後述するが、忠英はこの上郷村での巡見ののち桜川沿いを進み筑波山を訪れている。また、支配関係からみても、勘定奉行が巡見すべきは代官支配所であるとすれば、ここ

での上郷村とは、筑波郡にある上郷村を指すものと考えて差し支えないといえる。

この上郷村は、古代には下総国に属し、文禄年間に常陸国へ編入された。その時点での地名は筑波郡台豊田上郷村であったが、享保二年（一七一七）に上郷村になったとされる。その後は、近世を通じて一部の小規模な寺社領を除き、村域の大半は代官支配所として明治維新を迎える地域となっている。この村も近世中後期には、他の荒廃した北関東農村と同様に著しい人口減少が問題視され、寛政期には代官の出張陣屋が設置されるとともに[25]、公儀による人足寄場が在地で唯一設置されるなど[26]、さまざまな対策がとられた場所であった。

幸い上郷村については、勘定奉行中川忠英を宛先とする村明細帳が残存しており、ここから当時の上郷村の状況を概観できる。それによると、村高は三〇〇〇石で周辺地域の村々と比較しても最大規模であり、村域は東西二〇町・南北五〇町で、こちらもかなり広大であったことがわかる。一方で、稲作よりも畑作の比重が高い地域で、その耕地すらも耕作に適さない川辺や高台にあり、飢饉の時には雑草を食しても足りない状況であった。先行研究では、寛政五年（一七九三）、この危機的状況の地域へ名代官竹垣三右衛門直温が着任したことは知られるが、その直温の上役にあたる勘定奉行忠英と同村との関係は知られていない。

改めて引用史料に戻ろう。『令聞余響』の記述は、基本的に作者が主人にあたる忠英の言行を記述する形態をとる。つまり、同書の記述内容の多くは忠英による筆ではないが、今回の引用部分の「十八日…」からはじまる部分は、本文から一字下げにすることにより引用史料として挿入した体裁をとっている。これは本文でも「公（＝忠英）」の「紀行」と書かれており、この部分は忠英自身による紀行文の抜き書きであると解釈できる。

内容を確認しよう。ひとつが「間引き抑制」に関する内容となっている。関東とくに常陸国と下野・上野の両国では貧民が多く間引きが横行しているとされ、これまでも禁令はあったが間引きが止まなかったという。これに対し、担当の役職を設け、さらに法令により教諭することで、これら間引きの弊習を改善した忠英の功績が記されている。もうひとつが「田畑の起こし返し」である。これは、関東は畑仕事をしない遊人が多く、そのせいで土地の荒廃が進んでいるとして、忠英はこれを公儀へ掛け合い、身寄りのない人や下層民を利用して荒廃した田畑の起こし返しを図ったとされる。これら「間引き抑制」と「田畑の起こし返し」は、根源的には年貢皆済を目的としたが、そのためには百姓成立を保証する必要があり、ここにイデオロギーとして「仁政」の実践にあたる「御救」が立ち現れることになる。

このように考えれば、この忠英による上郷村への諸政策は、典型的な「仁政」理念の実践として理解すべきだが、本稿で注目するのは、これらが『令聞余響』では特徴的な言説で表現されていることである。『令聞余響』の作者はこれらに対して「深仁広沢国家に益あること概かくのことし」、つまりは「仁政」の具体的実践にあたる上記の「間引き抑制」と「田畑の起こし返し」の二点を「国益」と表現するのである。

そもそもこの「国益」観念とは、主に経済思想史においては、元来の近世的な静態的安定平衡の経済から「国益」政策に代表される富の拡大や自給化を志向する経済への変化を示す概念として注目され、近代日本資本主義の成立における国家権力のイニシアチブを下支えしたものと考えられていた(27)。一方で近世の「国益」観念の多様な展開として、民衆思想史の立場からは、これまでの支配単位とは別の領域認識を民衆へもたらした地域の成り立ちとしての「国益」論などが指摘されている(28)。

これらは共に、近世的な支配・社会体制の変化に際して「国益」の語が果たした役割を論じる視点にあり、とくに近年は経済思想史からも、享保期から宝暦・天明期における江戸近郊農村の名主が自身の主導する新田開発や甘藷国産化の正当性を領主へ説明する論旨のひとつに「国益」を標榜するなど、この用語自体が民衆の側が積極的に利用した点が注目されている。(29) これらを踏まえれば、『令聞余響』で忠英の「仁政」の実践たる人命保護が「国益」の範疇として語られたことは、当時、領主が実践すべき「仁政」は「国益」の語に見合ってなければならず、その内実は直接的な人命保護であったことになる。より詳細な「国益」観念の検討は別稿を期すが、ここでは差し当たり、中期藩政改革での「富国安民」論に代表される「富国」が、普段に経済的な意味を超える近世独自の重要な概念であったことを指摘しておきたい。

2　中川忠英による常陸国の廻村

また話題を上郷村へ戻し、ここからは『令聞余響』以外の史料も利用しつつ、勘定奉行兼帯関東郡代を務めた忠英による廻村状況を検討していく。

まずは実際に上郷村が作成した「村明細帳」の表紙と前半部から概要を確認する。(30)

【史料4】

「（表紙）寛政十二年

村明細書上帳　下書

申十一月　上郷村上下　両組」

皆御料所　竹垣三右衛門御代官所

常陸国筑波郡

上郷村

一高三千四拾壱石五斗壱升壱合弐勺

但、東西弐拾町余、南北五拾町余

右古来は高千六百石余ニ御座候処、寛文十戌年曽根五郎左衛門様御再検ニて、高弐千七百弐拾七石弐斗六升壱号弐勺ニ相成、高外三百四拾石弐斗五升、先年見取場之処、享保十一年筧播磨守様御検地ニて、御新田御高入ニ相成候、

（中略）

一村内一体平地打開キ、内本新田ニて百町歩余ハ小貝川附低地水損場、残三百町余高台麁土之場所ニ御座候、

（中略）

一田方ハ少ク三分壱、畑勝ニて、稲草ハ晩稲多く作成候、

（中略）

一凶年之節食事ニ致候種類ハ葛藤の根、川藤之根致食事候儀も有之候得共、足シ合ニ不相成、せり菜並稗ぬか蕎麦花等足シ合ニ食事仕候、

この表紙からは、寛政一二年（一八〇〇）一一月に上郷村の明細帳が作成されたことが確認できる。これを回収するための廻村に忠英が同行したならば、忠英ないしは配下による廻村は、帳面が作成された寛政一二年一一月以降になろう。次の史料5は『令聞余響』である。

【史料5】（附録一66）

○関のひかしなる国々打めくらせ給ふける時に、常陸国上郷村にてへ（ママ）つむ人もの御詠前に出す、過し日の雪、山々になを消やらて見へ侍りけれハ

かさなれる春を見せてや山の端も雪と霞にへたつ遠近

かさなれる春の深山きへ残る雪やすそ野の霞なる覧

十九日、道にて雉子の声を聞て
そことしもしらぬ野末の声たて丶あまるき丶すの妻やこふらん
筑波山の麓なる桜川を渡りて
筑波根のふもとにつ丶く桜川時よりさきに流す花の名
廿日、筑波山に詣ふて、まつ宝珠山といへる峯にいたりぬ、此所は古来より地震なき地なりと聞て
動きなき御代のひかりもいちしるき宝の珠の峯の神垣
筑波山女体山にもふて侍りて
国たミをうみし筑波の神代よりしける梢もあふくミやしろ
同男体山に詣ふて丶
あめつちにひらけし代より筑波山しけきあゆミをミねのミやしろ
同ミなの川にて
筑波根の峯のしら雲なかるらしミなの川水いと白くミゆ
時ならて花も紅葉もミなの川つもるおもひや渕と成らん
廿一日、桜まちといへる所を通りけるに、住捨し賤かふせ屋の床の下より草むら生茂り、ひさしかたふきていと哀れを催しけれハ
あるしたに今ハ涙の床に生ふ草のミ深くあれし賤か家

これは、史料3で確認した忠英による紀行文からの引用と考えられる。まず日付に注目すると、先述の史料3で「十八日」となっていたのが、ここでは「十九日」から「廿一日」となっており、上郷村を離れて以降は、常陸国の

名所を周りながら和歌を詠んだことがわかる。一方、これらには年月の記載はなく、唯一「かさなれる春の深山きへ残る雪」、つまり、いまだ山には雪が残っているとの記述からは、春に廻村であったとの想像しかできない。

他方で内容へと目を転じれば、いくつか忠英による廻村・巡見の内容で興味深いものが確認できる。たとえば、一九日に上郷村から桜川を通過した一行は、翌日には筑波山を詣でたのち、周辺の山や川を訪れて和歌を詠んでいる。ここからは、在村の状況を視察するよりはむしろ、常陸国のうちで由緒ある場所を巡っているような印象をうける。もちろん、民衆の生活に直結するような地震に対する所感や桜町の荒廃した様子などを詠んだものも存在する。しかし、史料的制約は承知のうえで、民衆の生活状況を把握するといった一般的な廻村に加え、周辺の由緒を巡ることが目的のひとつであったことをうかがわせる。

次に見るのは、「村明細帳」と同時期に作成された「上郷村寛政十二年開闢古代旧記并当様共ニ書上」という留帳である。まずは表紙から確認していこう。(31)

【史料6】

（表紙）「　寛政十二年申十月

関東御郡代中川飛驒守様ゟ寺社諸寺院え御糺ニ付

開闢古代旧記并当様共ニ書上留帳

安永年中　伊奈半左衛門様ゟ御尋ニ付書上候

前々御裁許書写　　横町　　坂入善右衛門栄宗（花押）」

これは表題からも察しがつく通り、旧跡に関する古代の記録や現今の状況を村側が調べて書き上げたものである。忠英自身が周辺地域の寺社へ対して由緒や現在の状況の提出を求め、それに応じた上郷村の名主坂入善左（右）衛門がその内容をまとめたものと思われるが、さらに詳しくその内容を検討していこう。[32]

【史料7】

田中大宮司え善左衛門方より文通之趣、左ニ留メ置

一貴社大権現開闢来歴縁起旧記古書古画并霊宝物等何々之品等御座候哉、尤拝見為致候哉、不相成候哉、相糺シ候様被仰付候ニ付奉申候、

右は来酉春関東御郡代中川飛騨守様御廻村被遊、拙宅え五七日余も御滞留被為遊、村内井最寄村々諸事御糺被為遊、夫より筑波山・足尾・加波山・雨引山え御通行被遊、最寄旧記相糺シ御座候ニ付、内糺シ可致置旨、角内御役所より被仰付候ニ付、奉申上候、右之品々御座候ハヽ、委細御書付ニ御示可被下候、角内御役所よりも御内見ニ御出可有之候哉と奉存候、尤来春ハ御郡代様御道筋ニ付、御立寄御糺シ候と可有御座候、右之段角内御役所より被仰付候ニ付、態々以使札奉得御意候、以上

申十一月廿六日

上郷村坂入善左衛門

追啓申上候、来春御郡代様御廻村御立寄被遊候節、御馳走として毛氈等を敷、或ハ盛り砂等被成候義は却て不宜候間、左様思召可被下候、

田中庄大宮司

長田和泉守様

右之通り組頭忠右衛門ヲ申達候

これは、寺社の由緒調べを請け負った上郷村名主坂入善左衛門が、筑波郡のとなり新治郡田中村の日枝神社の大宮

司に対して、今回の寺社紀しの経緯を説明したうえで、その寺社の来歴や旧記・古書、ならびに宝物類の有無や閲覧の可否を問い合わせた文書の写しである。

ここには、「来酉春関東御郡代中川飛驒守様御廻村被遊」と、この留帳が作成された寛政一二年の翌年、寛政一三年（享和元年〈一八〇一〉）の春に忠英が訪れる予定と記されている。また、その際に忠英は善左衛門宅へ数日滞在し、そこから、最寄り村々の調査、ついで筑波山をはじめとする周辺名所への通行と由緒調査を行なうとしている。そして、これらの事前準備として、上郷村内の代官出張陣屋にあたる角内御役所から善左衛門へ「内紀シ」の仰せが出されたことにより、この写しの本来の文書やこの帳面自体が作成されるにいたったのであった。

さらに同史料からもう一つ事例を確認したい(33)。

【史料8】

北条町名主中え善左衛門方より文通之趣、左ニ留メ置

一其御地古城跡城主旧君は北条時政公ニ有之哉、且又外ニ御性名ニ有之候哉、古城跡要害容体等未厳然ニ御座候哉、但堀跡計位ニ御座候哉、右旧君旧記古書古画珍玩霊宝物等、其御地諸寺院方之内ニ相納り居候哉、当時何々之品御座候哉、一見為致候哉、且又不相成候哉之旨可相紀旨、角内御役所より拙者方え被仰付候ニ付、態々以使札申上候、委細御書付御返事可被下候、

右は来酉春　関東御郡代中川飛驒守様御廻村被遊、拙宅ニ五七日余も御滞留被為遊、村内并最寄村々諸事御紀御座候て、夫より筑波山・足尾・加波山・雨引山え御通行被遊候ニ付、御道筋御序ニ其御地も御紀可有候ニ付、先以内紀シ可致置旨角内御役所より被仰付候ニ付、態々以使札申上候、何分右之品々委細御書付被遣可被下候、尤角内御役所も為御内紀御出も可有御座候、右之段申上度如斯ニ御座候、以上

申十一月廿六日　　　　　　　上郷村 名主 坂入善左衛門

北条町　御名主中様

右之通り申十一月廿六日、組頭忠右衛門ニ文通差遣申候、

一右一件其後一切否無之候

一其後酉三月晦日御用ニて、角内御役人様并善左衛門其外筑波え参り之節、北条中町名主代組頭井ノ上善兵衛え立寄候処、右善兵衛申口

一先達てハ当町古城跡之儀御尋ニ付、名主共并外ニ村役人も打寄り評議仕候処、何ニても厳重之証拠等無御座候儘、御挨拶も不相成不本意之段申之候、乍然打寄評議之砌も申伝之儀ハ評判仕候旨ニ候、

一北条古城主は猛太郎義基と申候処、頼朝公平家追罰之節不罷出候常ニ付、其後鎌倉より被為追罰落城仕候ニ付、当時内町高台ニ五倫石塔有之候、則古城主之石塔ニ候由ニ御座候、其末孫水戸領ニ村と申処ニ、高六拾石ニて山方之役相勤、只今以有之由ニ御座候、元来可有之武家ニ付、水戸様ニて高六十石ニて御引上、山方役被仰付候由

一其後北条出雲と申、其跡ニ城主ニ相成候処、以前此辺一体小田天庵之旗下ニ有之処、水戸佐竹え致一味ニ付、小田天庵より追罰ニて致落城候、其末孫有之、右此系図ハ則堀田相模守之一類ニ有之と申由言伝ニ有之候、位牌所ハ当町無量院ニ有之段申伝、尤証拠等ハ何ニても無之段申口ニ御座候、

史料の構成は、善左衛門から古城跡が存在する北条町の名主衆への問い合わせと、寛政一三年三月、実際に代官出張陣の役人と善左衛門が北条町を訪れた際の北条町組頭の井上善兵衛からの回答で構成されている。もちろん、北条町も上郷村近隣に所在しているが[(34)]、こちらは前の事例よりも、より具体に善左衛門による問い合わせの内容が確認で

きる。

ここでは、寺社旧跡にまつわる宝物類を書面上で調べるだけでなく、実際に閲覧できるか否かにまで気が配られている。もちろん、こうした「内紕シ」の内容を忠英自身が直接指示したのかは定かでないが、確かなことは、忠英の巡見に関しては在地社会の状況把握にあたる「村明細帳」の回収に加え、常陸国では、周辺寺社旧跡の調査を支配の末端である代官所出張陣屋と在地の協力者とを活用して徹底的に実施していたことである。

以上、ここまでの史料から改めて忠英による常陸国巡見を整理する。まず、忠英の巡見時期は寛政一三年（享和元年）の春を予定していたことに加え、同年三月晦日の時点では北条村の「内紕シ」が継続していることから、少なくとも享和元年の三月晦日以降であることが推測できる。また、忠英が読んだ和歌の雪が残っていたとする記述から、雪解け前の頃までが下限であることも考慮する必要があろう。さらに、『令聞余響』での紀行文の存在や、忠英自身が巡見する旨を廻村先の代官や村役人へ仰せ渡していることも併せれば、勘定奉行兼帯関東郡代の中川忠英は、享和元年四月一八日あたりの数日間で常陸国を巡見したものと考えたい。

最後に巡見の内容についても改めてまとめておきたい。さきに確認した史料3には、荒廃した北関東へ対応する忠英の様子が記されていたが、一方で史料5の一九日以降の記述や寺社の由緒調べの様子からは、関東在方の民政を統括する勘定奉行としての姿というよりは、むしろ筑波山や周辺寺社などの由緒に対して興味を示す態度が確認できた。

ところで、岩橋清美は同時期の忠英を取り上げて、地方文人の支援を得て進められた地誌編纂の具体像や社会的意義を検討しているが、それによれば、忠英によるこれらの行為は個人の学問的興味を超えた政策としての意図があったという(35)。また岩橋は、これまでみてきた関東在方への廻村による広範な社会政策の実施については、近世中期以降

に自律化する新たな「地域」を編成すべく民衆生活の実態把握が必要とされたと評価している。(36)

本稿における忠英の積極的な寺社の由緒調べも、前述の指摘と軌を一にするものと考えられるが、この常陸国の事例からは、さらになぜ当該期の地域支配に寺社や旧跡が求められたのかが残された問題となる。その意味においても、この忠英による常陸国巡見の事例は重要なものといえよう。

改めて、『令聞余響』以外の史料からは、史料8にある「村内并最寄村々諸事御糺」のみで、史料3で確認したような間引き抑制や田畑起こし返しといった具体的な政策提言は確認できなかった。はたして勘定奉行としての忠英は、同地域に対して具体にいかなる政策を実施したのか。この点は直接的な民政の担い手にあった代官の動向も見逃せない。次の第三節では、勘定奉行と代官の関係性に留意しつつ、『令聞余響』の作者によって「国益」に連なる政策に位置付けられた間引き抑制と田畑起き返しについて、実際に上郷村に実施された政策との関係から検討する。

三　農村復興仕法にみる「国益」観念の拡大―「赤子養育金」と「百姓引き戻し」―

1　寛政期以前の間引きに対する認識

幕府は近世を通じて、時期による程度の差こそあれ、堕胎や赤子の間引きを問題視したことは、先行研究で明らかにされている。(37)しかし、本稿が扱う時期より以前の触書などは、江戸市中を対象としたものが大半であることに加え、具体的な罰則規定が定められてないなど、堕胎や間引きに対する幕府の問題意識は比較的低かった。そうした状況のなか、幕府は明和四年（一七六七）一〇月一五日付けで、全国を対象とした初めての間引き禁止に関する次の触書を出している。(38)

【史料9】

明和四年亥年十月十五日

出生之子取扱方儀御触書

水の壱岐守（水野忠韶）殿御渡

百姓共大勢子供有之候得バ、出生之子を産所ニ而直ニ殺候国柄も有之段相聞不仁之至ニ候、以来右体之儀無之様村役人ハ勿論百姓共も相互ニ心を附可申候、常陸下総辺ニ而ハ別而右之取沙汰有之由、若外ゟ相願（顕カ）ニおいては可為曲事者也、

この史料には、当時の社会状況と幕府による間引きへの認識が顕著に示されている。まず注目されるのは、明和期には既に、幕府は常陸国をはじめとする北関東地域を間引きが横行する地帯と認識していたことである。なお間引きについては『令聞余響』（16、史料3）でも、常陸国上郷村の例を記している。

幕府はこれら間引きに準ずる行為を触書のなかで「不仁」と規定した一方、その対策・予防は専ら村役人や百姓が担うべきものとした。ここからは、寛政期以前の幕府による間引きへの認識が、あくまでも地域社会の内部で解決すべき問題とされていたことが確認できる。これは裏を返せば、依然として間引きは、明和期でも幕府が直接関与すべき問題とは認識されていなかったといえよう。一方で、本稿では再三、忠英による間引き抑制への積極的な姿勢を指摘してきた。さらに、こうした忠英の人命保護的な活動を『令聞余響』の著者は「国益」と表現したことも重要であろう（「深仁広沢国家に益あること」（16））。

それでは、忠英が勘定奉行を務めた時期、北関東ひいては忠英の廻村が実際に確認できた常陸国上郷村では、いかなる「仁政」理念の実践の一形態である間引き抑制策がとられたのか。先行研究の成果に即せば、これはいわゆる名

代官を中心とした代官仕法の成果に詳しい[39]。定信が主導した寛政改革期には多くの代官が罷免され、新たな代官として早川正紀・竹垣直温・岡田寒泉・寺西封元のような名代官らの登場が知られ、忠英と同様に彼らは間引き抑制策を積極的に推進し、一定の効果を達成したことも明らかにされている[40]。しかし、こうした研究成果の多くは、あくまでも代官個人の力量を重視する立場をとるが故、当然として彼ら代官を統括する立場にある勘定奉行と名代官らの仕法との関係を意識した成果はそれほど多くない。

以降では、これまで代官個人の文脈で評価されることの多かった寛政期の関東幕領の地域支配の問題群について、忠英が勘定奉行を勤めた時期、常陸国を預かる代官として活動した竹垣三右衛門直温と忠英との関係から検討をしていく。

2　勘定奉行中川忠英と代官竹垣直温

寛政五年(一七九三)、関東郡代付の代官として常陸国を含む周辺約六万石を担当することになった竹垣直温は、同九年に下野国の真岡と常陸国の上郷へそれぞれ陣屋を設置することで、より直接的に地域社会への関与を強めていった[41]。以降、文化一一年(一八一四)まで、およそ二二年もの長期間にわたり同支配所の代官を勤め、後世ではいわゆる名代官の一人として評価される人物である。まず、寛政九年閏七月に直温が上郷村への出張陣屋設置を通達した次の達しから確認したい[42]。

【史料10】

別紙被仰渡候御箇条左ノ通

一其村々御手当定メ被仰付、右御手当減ノ内差出候分困窮為立直利信御貸付追テ御返シ被下候積リ、向入(尚又カ)、此度小児養育荒地起返シ、他参人並奉公人引戻シ百姓等儀被仰付荒地起返シ高役弁納無之様厚キ御仁恵ヲ以御手当有之儀、定テ小前ニ至迄憮難有可奉致事ニ候、然上ハ一時モ早ク往昔ニ立戻リ候様可致外ハ他事無之事ニ候、尤利害ノ趣致熟得、俄ニ立戻リ候儀心掛ケ候テモ是迄仕馴候事ニテ、当世ノ男女已前ノ風俗不弁事ニ候得者、其本意ニ墓（暮カ）兼可申候、乍去五十歳以上ノ男女随分承知ノ事ニ候間、当時ノ衣食其ノ外ノ事共往昔ト見競、先此事共ヨリ可相改事ニ候、然上ハ前々被仰出モ有之通リ百姓ノ衣類ハ木綿布ノ外着用致間敷、勿論帯半襟トテモ同様ノ事ニ候、綴（縦カ）令身元相応ノ者絹緬ノ類所持イタシ候間、此上ハ拵間敷有合候品故着シ候ナドト申候テハ、末々ノ者共ノ教ノ妨ニモ相成候間、唯ヒタスラニ上ノ御高恩ヲ奉報度ト原ハ致込着用致間敷候、其上近年女子共等愛紙張日傘又ハ塗緒塗下駄、男女ハ雪踏塗下駄等相用候類間々有之候不宜候間、以来ハ不相成候、縦令他領近村ニテ相用候共、他ニ無之難有御仕法モ立候上ハ、必ズ他ニ奢ヶ間敷風俗ニ迷ハサレ申間敷候、

一当巳年ヨリ寅年迄十ケ年間ハ格別ニ倹約ノ儀心掛候様小前組合不洩様可申合、尤村々神事祭礼仏事婚姻其外小児成長ニ付、諸祝儀事等都テ何事ニヨラズ吉凶共質素倹約ニイタシ聊奢ヶ間敷儀仕間敷候、万一右厚キ御手当有之甲斐モ無之不益ノ品等相調奢リケ間敷儀有之、困窮立直不申候テハ冥利ノ程モ不恐入儀ニ付、農業出精倹約第一ニ相心掛ヶ困窮立直リ百姓安堵ニ永続致候様常ニ心懸ケ可申、兎角他所ヨリ商候品ハ不自由候共当然堪忍相成候品ハ調申間敷、左候得共他所エ不益ニ金銭不出土地出産ノ品ハ他所エ成丈余慶売出シ候得共（者カ）自然ト富饒ニ相成候道理ニ付、衣食住ノ奢ハ不及申万端不用ノ品々ニ土地ノ金銭不差出様ニ可致、是等ノ儀共村役人ハ不及申長立候百姓ハ厚ク致熟得、前ヶ条ノ事ヨリ厳重ニ小前ノ者エ申教ヘ相改可申候、

右ノ趣相背族等有之者見当次第急度相糺事ニ候、

巳閏七月　日

右之通リ被仰渡逐一承知仕奉畏候、依テ為御請連印証文差上申処、如件

寛政九巳閏七月　日

常陸筑浪郡
上郷村下組
惣百姓
村役人

竹垣三右衛門
御役所

引用部分の史料は、直温の達しに対する上郷村からの請書のうち、前半部の三一にも及ぶ一つ書きを省略し、後半部の達しの写し部分のみを抜粋したものである。

まずはじめの一つ書きには、赤子養育や荒地の起こし返し、村から他所へ出ている者の引き戻しを、直温は「被仰付」と書いている。この場合、代官である直温へこれらを仰せ付けることができる者は、勘定奉行であるといえよう。そしてもちろん、寛政九年閏七月当時の勘定奉行とは、同年の二月に勘定奉行へ就任し、さらには同年六月に関東郡代を兼帯することになったばかりの忠英であった。

さて、こうした諸政策は、年貢皆済を目的とした「御仁恵」だと表現され、上郷村の百姓に対しては農業への出精や倹約の徹底、さらには風俗を往古へ戻すために年長者への協力を要請するなどその話題は多岐にわたる。

また、後半の一つ書きは、当年から一〇か年に及ぶ徹底した倹約が説かれており、そこには一般的な奢侈を諌める倹約に加え、在地社会への商品経済の浸透を前提として、自身の土地の金銭を他所へは出さず、他所へは自身の土地の生産物を積極的に売ることで自身を「富饒」にすべき旨が説かれている。そして、これらを村内へ共有させる手段

としては、村役人や村内の有力者が熟得したうえで、彼らが小百姓へ「中教へ」る方法が選択されるのであった。すなわち、『令聞余響』で忠英の実績とされた「間引き抑制」と「田畑の起こし返し」は、それぞれ赤子養育金と他所へ出ている村民の引き戻しという具体的な政策として展開しているのである。

そして、これらの仕法を実践するために、「当御代官所常陸下野両国、村々手余リ荒地オフク人少ニ罷成及困窮ニ付、此度小児養育荒地起返シ村柄立直シノ儀新規出張陣屋ニテ御取計有之候ニ付、左ノ通リ被仰渡候」(43)と、代官所の出張陣屋設置へと繋がるのであった。その後実施された赤子養育金仕法は一定の実績をあげたことが明らかにされており(44)、同様に他所へ出た村民の引き戻しも、これをそのまま実行した記録は見出せないものの、耕作人口の確保という観点からは、越後国からの集団移住(45)や、このあと触れる上郷人足寄場からの帰農など(46)、他の方法によって一定度の成果をあげたといえる。

つぎに確認したいのは、勘定奉行の忠英と直温との関係である。忠英が勘定奉行になったのは寛政九年二月であり、同年六月からは関東郡代を兼帯するが、直温の代官就任はそれ以前の寛政五年であった。一方で、上郷村への出張陣屋の設置は寛政九年閏七月であり、この仕法は形式上ではあるが勘定奉行の忠英から代官の直温へ仰せ付けられたものとなっていた。このことから、現段階では直接的な根拠は示し得ないが、寛政九年閏七月の段階をもって直温が出張陣屋設置に代表される代官仕法に取り掛れたのは、その直前にあたる六月の忠英の関東郡代兼帯の動向を無視することは出来ないのではないか。

ここでもうひとつ、忠英と直温との関係を検討する素材として、上郷村人足寄場の運営に関わる一件をみていこう。

享和三年(一八〇三)六月、上郷村と同じく代官直温の支配所であった筑波郡高須賀村の百姓文右衛門が、農業もせ

ず身持不埒であった息子の秀蔵を改心させるため、代官の直温へ上郷村人足寄場への収容を願う一件が発生した。(47)

この願いは、「入百姓小児養育等之儀、品々原御仁恵有之」と、同地域における仕法の実施との関係から、勘当をしたら無宿人となり治安を悪化させる可能性があることを理由に、文右衛門や親類・村役人は秀蔵を帳外れとはせず、「上郷村寄場人足之内江被差加、朝暮懸り役人ゟ教諭を請候はゞ、改心いたし候儀も可有之哉」と、人足寄場へ収容させ教諭による改心を企図して代官直温へ願いを出したものであった。

これを受けた直温は、勘定奉行であった忠英へ可否を伺うが、これに対して忠英は、「秀蔵儀、右体不埒之ものニ付、寄場江差入候而も改心不仕、若囲を破り逃去候歟、其外悪事仕出し可申も難計、左候節ハ、依願懲差入置候ものニ而も、其差別を以罪科を弛候儀ハ難相成、寄場逃去候もの、本罪死刑ニも被行候節ニ至り候而、願候親、後悔可仕哉と奉存候」と、秀蔵が寄場内で悪事をした場合、他の囚人同様に最悪の場合は死罪にもなりうるため、これでは親が後悔をすることになるだろうと、改めてその旨を秀蔵の両親へ確認するように、直温へ伝えている。しかし、文右衛門らは、「若寄場逃去候歟、其外悪事仕出し死刑ニ被行候とも、毛頭後悔仕候儀無之候間、寄場江差入之儀相願候」と、秀蔵が死罪となっても構わない姿勢をみせ、再度直温へ出願するのであった。

この答申を聞いた忠英は、「願之通、上郷村寄場江差入、外人足共同様可取計旨、三右衛門江申渡候様可仕哉、勿論、以来、右之通寄場江差入之儀相願候もの御座候節ハ、願候もの共之存念相糺候上、寄場江差入候様可仕候哉」と、願いの通りにすべきか、同様の事例は以降も同じように処理すべきかの二点を評定所へ伺う。

これに対し評定所は、昨年、江戸市中で発生した同様の事例では収監を認めなかったのとは異なり、「此度之儀ハ、江戸表とハ訳も違、在方之儀ハ壱人ニ而も人別相減候得バ、夫丈ヶ田畑手余ニも相成候儀、其上一体右国柄之儀ハ、人別少く、入百姓又ハ小児養育等之儀も、精々御世話も有之、其段竹垣三右衛門専承り、取計罷在候場所ニも御座候間、右申上候通取計、壱人ニ而も志を相改、追々農業出精仕候様罷成候得バ、御仁恵ハ勿論、一体之御趣法ニも相当可仕と奉存候」と、特別に人別が少ない常陸国で実施している入百姓や養育金政策などの仕法とも通ずるとして、秀蔵の人足寄場への収容を認めるのであった。もちろん、これらの行為は全て幕府による「御仁恵」であることはいうまでもないだろう。

以上がこの一件の過程だが、ここで確認したいのは、裁許にいたるまでの手続きとそこでの忠英と直温との関係性である。元来、当時の北関東におけるさまざまな仕法は、名代官直温の個性から語られる傾向にあったが、この一件にみる両者の関係を図式化して見えるのは、「秀蔵父文右衛門ら（村方）→代官竹垣直温→関東郡代中川忠英→直温→村方→直温→忠英→評定所→忠英→（直温）→（村方）」と、地域社会の民衆一人ひとりへ心配りをする忠英の態度であり、村方と勘定奉行忠英との取り次ぎに徹した名代官直温の姿であった。もちろん、「入百姓」と「小児養育」は直温が「専承り、取計」など、直温による仕法への積極性は確かに認められる。しかし、ここで確認したいことは、これら名代官による仕法も、名代官のみで完結することはなく、勘定奉行ひいては評定所一座など、代官に連なるその系統を総体で考察する必要があるのではないかということである。

3　中井竹山『草茅危言』にみる生命保護と「国益」

ここまでは、寛政期の常陸国における仕法やそれに連動した一件から、これまで名代官との関係で検討される傾向にあった当時の代官仕法について、改めて代官を統括する立場の勘定奉行を含む勘定所系統全体の問題として検討すべきとの指摘をした。

最後に、この代官仕法のうちで、『令聞余響』では「国益」と表現された仕法の一つとして、寛政改革を主導した定信や勘定奉行を勤めた忠英、さらには直温ら名代官らへ共有された間引きや堕胎など人命保護に対する直接的・積極的姿勢は、いかなる思想的な背景を有するのかを確認しよう。この点、やはり注目すべきは、寛政改革へ一定の影響を持ち、本稿の中心である忠英とも関係を有した、大坂懐徳堂の儒学者中井竹山であろう。彼が定信へ献上した『草茅危言』には、個別具体にさまざまな政策提言が記されている。今回はそのうちでも、「窮民の事」と題された一節から、当時の著名な儒学者による人命保護と「仁政」、さらにはこれらと「国益」との関係を検討する。(48)

【史料11】

一辺土・遠裔の窮民、子を挙げざるもの夥し。人倫の大変、禽獣にも劣りたることにて、言語道断のことなるに、沿習風をなして、□然怪しとせず。日向あたり別して甚だしく、その風、士大夫までも伝染したるは、飽くまで聞き及びたり。それのみに非ず。近国にても、作州あたりこの風専らなりといい伝う。東□もさぞや然るべし。洵に苦々しきことなり。これは厳禁を加えさせらるべきもの故、所在の官府それぞれの領主へも命令を伝え、恩威の二つを具えて、養育を遂げさするの方あるべし。

これまで循吏たる人、いろいろ方法を設けて、その風を□せしもありし。その一人に、相州小田原の家臣に、柳井太京というありし。その領地のわかれて、作州に在るの邑宰たること多年にて、その邑中、右の悪風ありしを、殊の外骨を折りて、威恵かね普くし、民風大いに変じたりし。もはや往年のことにて、今はいかがなりしや。いずれその違法は、今尚存すべし。これらの法をとり合わせ、その所々の人情に協うようの仕方あるべし。今煩わしく□々せず。何ぶん生下以後の、半年・一年の乳育の助けを、上より給しつかわし、坐草中一時の厄を免れば、親子天然の恩愛にて、その上不道のことはあるべきようなし。もし命を用いざるものあらば、五、七人も厳科に行なわるるというほどにあるべきか。当分上に少々は費やす所ありとも、その土地に人多くなりなば、おのずからその国益となるは大なることなり。これ義を行のうて利はその内に存すというべし。諸国の侯氏にもよくこの意を体せられ、等閑ならず心を用い専らに奉公ありたし。

ここには、儒学の論理から間引き・堕胎を戒めるべきとする議論が展開されている。竹山はまず、養育金を生後半年から一年の間支給すれば、儒学の根本たる「道」も違えないという。一方で、養育金の財源は領主に求められるため、これらは経済的な負担は避けられない。しかし、養育金の支給により一時は経済的負担が発生するものの、こうした制度をたてることで「土地に人多く」なれば、それは巡り回って「国益」となるとするのであった。

儒学において「利」を追求する行為は忌避されるが、ここでは、「国益」を達成するための手段としての「利」は、その行為の目的が「義」であることによって正当化される。したがって、竹山は「利」の追求を、「義」である「国益」の達成という儒学理念から正当化するのであった。それでは、はたしてこの文脈での「国益」は、「義」、つまりは「仁政」としての行為なのであろうか。竹山は、ここでの「国益」の達成を、あくまでも領主による体制維持に向けた人心掌握的な効果として期待していることがわかる。ここからは、まさに当時の地域社会における経済社会の浸透に即して、儒学理念の読み替えにより直接的な金銭の投入による人命保護を「仁政」として正当化し、これによる効果を人心掌握というイデオロギーとして編成する、竹山における当時の「仁政」理念のあり方を読み取ることができよう。

さらに、これまでの検討を踏まえれば、こうした態度や実践、さらにはそれを語る言説は、頂点的思想家の竹山にとどまらず、一八世紀末から一九初頭の地域支配における具体的実践として、当時の勘定奉行の忠英や直温ら代官、さらにはおそらく老中定信へも共有されたものであったと考えられる。つまりは、寛政期において、儒学理念の読み替えにより、当時の社会の実情に合わせた「国益」を目指す「仁政」理念が展開するにいたったといえよう。

これは一面では、実情にそくし、より直接的に民衆の人命保護に乗り出したものとして積極的に評価できるものの、一方で、人心掌握のイデオロギーとしての側面や、人命がより直接的に全体へ編成される可能性をも開いたという点で、その後の時代へのひとつの画期であったと考えられる。

以上、本節では、勘定奉行の忠英と代官の直温との関係から、寛政期の代官仕法を、勘定奉行ら勘定所系統全体の動向から検討すべきであることを指摘した。また、その仕法のうち人命保護的な政策へ注目し、儒学理念の読み替えを基礎として、一八世紀末から一九初頭には「仁政」理念が「国益」を鍵として、より直接的な人命保護へと展開したことを明らかにした。

おわりに

本稿では、中川忠英の言行録『令聞余響』を基礎史料として、忠英と常陸国上郷村との関係の検討から、以下の四つを指摘した。

まず一つ目は、忠英自身の廻村先として、これまで指摘のなかった常陸国への廻村事例を明らかにしたことである。この廻村では、明細帳の提出に代表される地域社会の把握に加え、周辺寺社旧跡の丹念な調査を特筆すべき点として指摘した。もちろん、廻村先での霊宝調査はこれまでも確認されており、その目的は、当時の無秩序な寺社と民衆の結合防止や幕府の地誌編纂事業との関連で説明されてきた。しかし、こうした霊宝調査の大半は、該当する旧跡や霊宝がないとして簡素な処理で済まされており、本稿の事例のごとく実際に霊宝などの古物調査が詳細に判明する事例は注目に値しよう。一方で、こうした動向が地域支配に対していかなる影響をもたらしたかは、改めて検討すべき課題として残された。

二つ目は、寛政改革を主導した松平定信の周辺に形成されたであろう、儒学者中井竹山と勘定奉行中川忠英との「治民」を通じた系譜関係である。これは、『令聞余響』で忠英の功績とされた常陸国上郷村における直接的な人命保護政策にも、その思想的な共通性を見出すことが可能である。さらには、そうした政策を実行した代官竹垣直温や、彼らを抜擢して寛政改革全体を推し進めた老中松平定信までをも含めた、寛政期における政治と儒学（学問）との密接な関係も見通すことができよう。

三つ目は、これまでの名代官個人に依拠してきた寛政期の代官仕法研究に対する新たな視点の提起である。本稿ではこれを勘定奉行の忠英と代官の直温との関係から検討したが、そこでは直温が出張陣屋設置を通して本格的な代官仕法実施へ乗り出す時期と、忠英の勘定奉行（さらには関東郡代兼帯）との時期的な整合性や、実際の一件での裁許にいたる手続き処理の問題などから、上記の指摘をした。一方で、寛政期の常陸国筑波郡では、本稿で取り上げた直温に加え、寛政六年（一七九四）にはそれまで聖堂付儒者であった岡田寒泉が代官として民政にあたっている。この寒泉と忠英との関係は今後の課題としたい。

最後の四つ目は、以上の検討を踏まえたうえでの、一八世紀末から一九世紀初頭における「仁政」の展開についてである。当時の商品経済が浸透した地域社会での「仁政」の実践は、生活実態に即したより直接的な対応が必要な段階になっていた。言い換えるならば、「仁政」を実践しようとした際に滞りなく実施できる環境整備も、重要な段階になったと表現できる。

もちろん根源的には体制の維持へ向けた年貢皆済が目的だが、それを成り立たせる環境整備で最も重要なのは、耕作人口の確保であろう。これには忠英による間引き抑制の方法や、代官直温による達し、さらには人足寄場での実践にみえる「教諭」による規範意識の醸成が重要であり、そもそもの「教諭」すべき人口の確保という意味において、忠英の実績として語られる間引きや堕胎への積極的な介入も、同様の視点から位置付けが可能であると考えている。しかし、当然これは元来の儒学理念の読み替えによる人心掌握のようなイデオロギー性をはらむものであった。また、こうした生活実態に根差した直接的な「仁政」の展開は、一方で地域社会の民衆一人ひとりの生命を保護する福祉的機能を有したが、他方で権力による「国益」へと民衆一人ひとりの生命が編成される道筋をひらいた点で興味深い現象といえる。

以上が本稿のまとめだが、依然として残された課題は数多く存在する。たとえば、本稿は寛政改革の政策基調を問題としつつも、その主導者である定信の検討を欠いている。さらには、断片的な史料しか収集できず、上郷村での忠英の廻村の状況や、同地域で実践された代官仕法の具体像にまで迫ることができなかった。これらの課題は別稿に記したい。

註

（1）「仁政」理念、ないしは「仁政」イデオロギー論については、宮澤誠一「幕藩制イデオロギーの成立と構造―初期藩政改革との関連を中心に―」（『歴史学研究』別冊、一九七三年）、深谷克己『増補版 百姓一揆の歴史的構造』（校倉書房、一九八六年）とに詳しい。

そもそも「仁政」理念とは、幕藩領主による百姓の支配を正当化させるイデオロギーを指し、その典型は、東アジア的世界観に基づく「天」に統治を委任された幕藩領主が、「天」に代わって百姓へ「仁政」を施すことにより「百姓成立」を保証する体制をいう。これは、本来ならば百姓の年貢によって存立し得る領主―領民関係を覆い隠すイデオロギー性をはらんでいると同時に、他方で領主―領民間での一種の双務的な社会的契約関係でもあり、七〇年代以降は、後者の観点からさまざまな検討が加えられている分析視角である。

近年では、一八世紀中葉以降における「仁政」のあり方の変容が注目され、早田旅人「近世後期における為政論・仁政論の変容―二宮尊徳の天道・人道と仁政―」(『アジア民衆史研究』二一、二〇一六年)、小関悠一郎「名君像の形成と「仁政」的秩序意識の変容」(『歴史学研究』九三七、二〇一五年)、同『上杉鷹山「富国安民」の政治』(岩波書店、二〇一一年)、須田努『幕末の世直し 万人の戦争状態』(吉川弘文館、二〇一〇年)、同「江戸時代の政治思想・文化の特質―「武感」「仁政」のせめぎ合いと「富国強兵」論―」(趙景達編『儒教的政治思想・文化と東アジアの近代』有志舎、二〇一八年)などがある。

(2) 中川忠英については、本稿の第一節で紹介するが、より詳細については、高柳光寿編『新訂 寛政重修諸家譜 第五』(続群書類従完成会、一九六四年)三九頁～四〇頁。鈴木康子「長崎奉行中川飛驒守忠英について―寛政・文政期における知識人官僚の果たした役割―」(『花園大学文学部研究紀要』四九号、二〇一七年)に詳しい。

(3) 筑紫敏夫「寛政改革における幕府の房総廻村について」(『千葉県立中央博物館 研究報告 人文科学』五―一、一九九七年)、梅澤秀夫「近藤重蔵論ノート㈡」(『清泉女子大学人文科学研究所紀要』三五、二〇一四年)、鈴木註(2)論文。

(4) 吉岡孝「江戸周辺における地域秩序の変容と「生活」―勘定奉行兼帯関東郡代役所の活動を通じて―」(村上直編『幕藩制社会の地域的展開』雄山閣出版、一九九六年)。

(5) 吉岡註(4)論文。

(6) 註(1)を参照。

(7) 註(1)を参照。

（8）小関悠一郎『〈明君〉の近世—学問・知識と藩政改革—』（吉川弘文館、二〇一二年）。
（9）小関悠一郎「近世日本の政治理念とその変容—「仁政」・「富国」理念を中心に—」（『明治維新史研究』二一、二〇二二年）。
（10）宣芝秀「「御救」から「御備」へ—松平定信「寛政の改革」にみられる社会安定策—」（『日本思想史研究』四四、二〇一二年）。
（11）須田努『幕末の世直し 万人の戦争状態』（吉川弘文館、二〇一〇年）、同註（1）「江戸時代の政治思想・文化の特質」。
（12）柏村哲博『寛政改革と代官行政』（国書刊行会、一九八五年）。
（13）白井哲哉『日本近世地誌編纂史研究』（思文閣出版、二〇〇四年）。
（14）吉岡註（4）論文。
（15）重田定一『岡田寒泉伝』（有成館、一九一六年）、高橋梵仙『日本人口史之研究』（三友社、一九五五年）、佐藤行哉『関東における寛政の名大官 竹垣、岸本両君事蹟』（真岡史談会、一九六三年）、須永昭「寛政期における幕府代官の地方支配の展開」（『栃木県史研究』一六、一九七九年）。
（16）中央社会事業協会社会事業研究所編『堕胎間引の研究』（中央社会事業協会社会事業研究所、一九三六年）。
（17）清水光明『近世日本の政治改革と知識人—中井竹山と「草茅危言」—』（東京大学出版会、二〇二〇年）。
（18）清水註（17）書。
（19）鈴木註（2）論文。
（20）小川恭一編『寛政譜以降旗本家百科事典』第三巻（東洋書林、一九九七〜一九九八年）一五三三〜一五三四頁。
（21）長澤規矩也監修・長澤孝三編『改訂増補 漢文学者総覧』（汲古書院、二〇一一年）三一九頁。

(22)　平野哲也『江戸時代村社会の存立構造』(御茶の水書房、二〇〇四年)。
(23)　田渕正和「関東取締出役設置の背景」(関東取締出役研究会編『関東取締出役―シンポジウムの記録―』岩田書院、二〇〇五年)。
(24)　豊里町史編纂委員会編『豊里の歴史』(豊里町、一九八五年)。
(25)　村上直編『竹垣・岸本代官民政資料』(近藤出版社、一九七一年)、西沢淳男『幕領陣屋と代官支配』(岩田書院、一九九八年)。
(26)　丸山忠綱「加役方人足寄場について(二)」(『法政史学』八、一九五六)、重松一義『日本獄制史の研究』(吉川弘文館、二〇〇五年)。
(27)　藤田貞一郎『近世経済思想の研究―「国益」思想と幕藩体制―』(吉川弘文館、一九六六年)、同『国益思想の系譜と展開―徳川期から明治期への歩み―』(清文堂出版、一九九八年)。
(28)　藪田貫「国訴・国触・国益」(同『近世大坂地域の史的研究』清文堂出版、二〇〇五年)。
(29)　落合功『国益思想の源流』(同成社、二〇一六年)。
(30)　「上郷村明細書上 下書」(つくば市教育委員会『つくば市史料集』第2編 村明細帳下、二〇〇四年)八三～八九頁。
(31)　「上郷村寛政十二年開闢古代旧記并当様共ニ書上留帳」(つくば市教育委員会『つくば市史料集』第8編 村の年代記、二〇一三年)一七二頁。
(32)　註(31)書、一八八頁。
(33)　註(31)書、一八八～一八九頁。
(34)　『日本歴史地名大系』八巻(平凡社、一九八二年)。

(35)　岩橋清美「江戸幕府の地誌編纂における寛政期の意義」（同『近世日本の歴史意識と情報空間』名著出版、二〇一〇年）。
(36)　岩橋清美「地域史「範型」の成立」（同註(35)書）。
(37)　註(16)書。
(38)　「出生之子取扱方儀御触書」（『徳川禁令考』第五巻　第四十四農家）二七六～二七七頁。
(39)　註(15)参照。
(40)　註(15)参照。
(41)　須永昭「寛政期における幕府代官の地方支配の展開」（『栃木県史研究』一六、一九七九年）、柏村註(12)書、村上直『江戸幕府の代官群像』（同成社、一九九七年）。
(42)　寛政九年閏七月「徳政ノ箇条書ニ対スル請書」（村上編註(25)『竹垣・岸本代官民政資料』）六～一八頁。
(43)　同右、六～一八頁。
(44)　註(16)書。
(45)　小野寺淳「北陸農民の北関東移住」（『歴史地理学紀要』二一、一九七九年）。
(46)　丸山註(26)論文。
(47)　「享和三亥年御渡」（高柳真三編『御仕置例類集』一、岩波書店、一九三四年）二八六～二八九頁。
(48)　『草茅危言』巻之四「窮民の事」（山住正己・中江和恵編『子育ての書』3、平凡社東洋文庫、一九七六年）二六五～二六九頁）。

第三部　翻刻『令聞余響』

凡　例

一、根岸茂夫氏所蔵の「令聞余響」(全一冊)を底本とした。

二、村上瑞木による史料解題を附した。

三、史料の翻刻にあたり、底本の体裁を残すように努めたが、編集の都合上、また読者の便を考慮し、原本の意味を損じない程度に次のように取り扱った。

1 漢字は原則として常用漢字を用いた。

2 変体仮名は原則として平仮名に改めたが、「ゑ」「ゐ」はそのままとした。また、助詞に用いられる「而」(て)・「江」(え)・「之」(の)・「与」(と)もそのままとした。

3 合字は原則として使用しないが、「ゟ」(より)はそのままとした。

4 ルビは底本のままとした。

5 欠字はそのまま一字空きとした。

6 判読不能な文字について□(一字)、字数が推定できない場合は［　　］であらわした。■は塗抹を示す。

7 読者の理解の便を図るため読点を打ち、本文及び附録一・二ごとに通し番号(〇)を付した。

8 底本の明らかな誤りと思われる箇所には、(　)を用いて編者が付記した。

9 使用した符号及び用例は次の通りである。

『　』朱書の部分を示す。

【　】抹消部分を示す。訂正がある場合は、訂正部分を抹消部分の右側に記した。

〔　〕訂正部分を示す。

10　底本では漢文の訓点・読点は朱書で記されているが、特に注記しなかった。

四、翻刻文は草山菜摘・窪田絢乃・町田美穂が、吉岡ゼミで解読した翻刻文を編集、松本日菜子・村上瑞木が校訂を行なった。

（表紙）

「　令聞余響　」

（1）

先飛州刺史中川忠英公姓藤原重修の譜清和源、氏頼光流に作る　字ハ子信、常山と号し給ふ、其先参州に出つ　太祖忠幸公ハ市右衛門忠重公の第三子にして、元和三年廩米をあらたに賜ひ、親衛御小性組を云に挙られ、後年　仙宮台徳公姫君後水尾帝の皇后東福門院なりの傅に転し采邑を加賜せられ、従五位下して飛騨守に任せらる、病をもて官を辞し、尋て京師におわらせ給ふ、御子　忠雄公家つかせ給ひて親衛に列せられ、幾程なく御目付にうつらせ給ひて、後駿河清水口の事奉行すべき旨　命蒙らせ給ひ、後年御先手頭にして官におわらせ給ふ、　敷《ミチ》忠公家の譲りうけさせ給ふ、是より前親衛に列せらる、御子おわさゝりければ、吉田盛封君の二男忠易君を養ひ嗣とし給ふ、忠易公享保二十年家つかせ給ひ、其とし書院衛に列せらる、千葉季珍君兵部と云の女を娶らせ給ひて六男三女をもふけさせ給ふ、　忠英公ハ其第五男にそあたらせ給ひける、時に宝暦三年癸酉九月十八日をもて江都麻布鷺の森の邸に生させ給ふ、御小字《オサナ、》を重三郎君と申後牛五郎君又馬五郎君と改給ふ　いとけなふして御外戚千葉君の家に養われ給ふ程に、はからすも御同胞ミな世を早うし給ふものからやかてむかへとらせ嗣とならせ給ひぬ、斯て年立て明和四年の秋　先君かくれさせ給ひける、其年の十一月四日家つかせ給ひ御名を勘三郎と更《アラタ》めらる、安永六年十二月十八日小普請組の与頭に擢られ、天明八年九月廿八日御目付に挙られあつからせ給ふ、機務凡三十余事に至る、此年十二月十六日布衣に列せらる、寛政七年二月五日長崎奉行にうつらせられ、おなし秋七月朔日従五位下に叙し飛騨守に任し給ふ、幾程なく同き九年二月十二日御勘定奉行に転し給ひ、重ねて関東の御郡代をも兼させ給ふへき旨、六月六日

台命ありて、やかて伯楽街《ハクラウテウ》の衛舎《ヤクショ》にうつらせらる、斯
て文化三年正月晦日大目付に転し給ひて、明る四年夏
蝦夷に乱おこりてけれハ征《ユキ》て沙汰し、且ハ海防の事な
と
鈞命をうけさせ給ひ、紀正敦朝臣とともに彼辺境を巡
撫し給ふ、凡此職におわしますこと十七年にして、文
政五年六月十四日御留守居にうつらせらる、いくばく
もなう同し八年四月廿四日、御旗奉行に転し給ふ時に
秩録元のことく賜る、同十三年庚寅夏のはしめよりし
て病に染せ給ひしが、つひに八月十七日未の下刻はか
りに駿臺の第《ヤシキ》にかくれさせ給ひける、御齢七十有八
算、御法諱は昔本願寺御門主達如上人に乞わせ給ひ
て、早う釋忠英とそおくられける、　公はしめの命婦
は曽我丹波守助紫朝臣の女にして先たゝせ給ひし後、
侍従安藤対馬守信尹朝臣の女をむかえさせ給ふ、

（2）

一公、一に雨斎と称し給ふ、其余白楽・寂堂・城北隠士
の諸称あり、又竊恩舘・照成窗・捜錦閣・不昧菴の諸
号あり、晩に耋童と称せらる、

（3）

一剣法を雲州の原田寛満に学ひ、其温（蘊カ）奥を究めさせ給
ふ、兵を和合某に問ひ、後福島圀雄に従わせ給ふ、総
角の御時学を須田公輝鴻漸と号の門に受け、後黒澤萬新に
従遊し給ひ、和歌をはしめ内山淳時賀邸と号に学ひ、後朝
比奈昌始朝臣にはからせ給ふ、博古の学を瀬名貞雄に
つきて問ハせ給ひ、殊ニ　幕府の典故を研究し給ふ、
故に秘巻密冊多く収め給ハさるなし、

（4）

一公、天資聡明にして仁義を重し、文武兼備へ、外敬礼
を修させ給ひ、内親睦の御志深く、上《カミ》王侯の権を避す、
下黎庶の志を奪ハす、博学洽記にして、下問を恥給わ
さりけれハ、友愛親善の道ひろく交遊せさせ給ふ処、
挙て数ふへからす、就中、少将源定信朝臣松平越中守後号楽翁
・源忠道朝臣酒井雅楽頭・少将源治政朝臣松平内蔵頭後号一心斎・侍従
源信明朝臣松平伊豆守・侍従源忠進朝臣酒井若狭守・紀正敦朝臣
堀田摂津守・紀正穀朝臣堀田豊前守後号方叟・橘長光朝臣神保佐渡守・源忠

房朝臣石川左近将監・源景漸朝臣曲渕甲斐守・源廣民朝臣久世丹後守後号一鷗・源信好朝臣間宮筑前守・源義禮朝臣村上肥後守・源衡朝臣林大学頭・源義行朝臣荒川土佐守・平助弼朝臣曽我豊後守等、ミな列朝の名臣賢大夫にして、善士俊乂のごときに至てハ瀬名貞雄・柴野邦彦・大久保忠寄・黒澤正甫・上野資徳・鵜殿長快・窪田勝英・中井積善・村井米侪・塙保己一・斎藤若狭守・福島圀雄など、是ミな一時の豪傑なり、

林祭酒、清俗紀聞の序に子信余忘レ季交也、天資高朗夙耽二墳籍一、其才之学之優将二大有レ所レ為、といへる、肥前守義行朝臣の文にかの陰徳勤労のむくひを顕したるとかける、中井積善か楊柳堤辺三尺水、従来不レ若使一君清、と詠せし、姫路侯の四目開二明徳一、一心皆股肱、と賦し給へる、皆 公を知るもの丶言にして、敢て虚文諛辞にあらす、

(5)

一公、長崎の任に赴かせ給ふ路難波に至り、中井積善か居をとひ、治民互市の要を聞せ給ふ、積善誠の一字を書して授けまいらす、 公、瓊浦《ナカサキ》を治め給ふ釐務こと〳〵くこれによらせ給ひ、流徳布化後世に伝ふ、後豊後守助弼朝臣京師の尹にうつり書を寄せて 公に為政の要を問ハせ給ふ、是に答ふるに誠の一字を釈してもつて示し給ふ、助弼朝臣又治民の名あり、

(6)

一撰述し給ふ処の書すべて戒鑑索古を旨とし給ふ、当世に裨益ある事よく人の知る処なり、今其目を左に掲く、

柳営【補】〔譜〕略　一巻　　補正御系略　刻成一巻
政門紀省　刻成一帖　　憲法捷覧　刻成一巻
柳営事略　刻成一巻　　本朝年鑑　刻成一巻
両面年表　刻成一帖　　清俗紀聞　刻成六巻
女訓百鑑　三巻　　唐土年鑑稿　一巻
甕牖漫録　一巻
　跡部氏の問に答え給ひし書なり
歴代帝王譜略　一巻　　帰崎路説　一巻
戒鹹録　刻成一巻

村岡某か索めに応して輯めさせ給ふ

救痧便覧　刻成一巻　奇工法方（ママ）　四欠六巻

宮社遷礎考　一巻

夏目信平朝臣の問に答えさせ給ふ処の書なり

寰内【記】〔雑〕載　三巻　大統類事稿

教童始筆　一巻

此余稿の半にして落成せさるもの多し、又官事の為に撰ませ給ふの書若干巻、今録すること能わす、右御撰の中清俗紀聞ハ寛政某年　政府に進献せらる、

（7）

一公、官事ある毎に必先蹤を考へ遵行し給ふ、其徴するなきに至てハ、常に文献の足らさるを嘆し給ふ、故に御系略・憲法捷覧・政門紀省・柳営事略等を撰し給ひ、梓に鏤めて世に行ひ、後進の制度の弁を助け給ふ、

（8）

一公、職に在し日、四方に巡視して経歴し給ふの地、六十余州の半に過く、其間勝区・名境・霊社・宝閣・故家・遺逸・旧聞・佳話、瑣屑《スコシ》の事といへとも、必是を求め、是を筆し、是を図し、常に天下の賞観を友とし給ふ、

（9）

一書籍を好させ給ふ事、尋常《ヨノツネ》におわさゝりしかハ、尾侯群書治要を賜ひ、紀侯貞観政要を賜ひ、水府ハ源流綜貫および視聴日録を許借し給ひ、田府名公画譜其余画帖を賜ふ、黒澤萬新先生御年譜を授けまいらせ、斎藤若狭守近衛家司東鑑を奉り、中井積善親《ミツカ》ら逸史を写して捧げ、豆州郷学秋山章も伊豆志稿を手書して呈す、其余求めすして得給ふ書甚多し、実に好文の栄といふへし、図書千箱に余れるも、ミな　公の終身集させ給ふ所也、

（10）

一塙保己一検校、群書類従功成るの後補続の志あり、嘗て公に告て云く、桑楡の年終に再選の功竣《オワ》ることあたわじ、願ハくハ君此志を憐せ給ひて、他日遺稿を全し給ハ、黄泉の下何の悦か是に過ん、偏に是　公と我私ならす実に

吾朝万世の幸ならすやと、 公、其志を感賞し給ひ、却て追補の事を肯し給わす、おもふに是検校か嗣子次郎か為に諾し給わさりしか、

(11)

一一とせ関左巡視の時、窮婦児を携へて駕前に愁訴して云、もと某の邑の民の妻也、夫医を業とせしか不幸にして先に死せり、今鰥と孤と飢寒に堪へす、且孤をして家業を継しめんことを願へとも、荒邑いかんともするに由なし、伏して願ハくハ孤か命を助け先人の箕策(裘)を継しめ給へと、 公、其無告にして継志あるを深く憐ませ給ひ、孤を第に召し養わせ給ひ、典薬司多紀安長に属て医を学しむ、且学ハ困勉せされは成立しかたきを慮はからせ、孤を諸吏の使令《コツカヒ》たらしめ、もつて激励憤発せしむ、学や、進む、姫路侯忠道嘗て公と好《ヨ》し、孤を召し試ミ問ひ、其学の得たるを驚嘆して称するに、神童をもてす、後 公に送る神童の詩あり、今佚す ミな是 公の慈恵なり、此児長するに及て介して岡山侯の侍医となる

(12)

一文化元年、武州鶴見川浚渠の事にあつからせ給ふ時に、役丁《ニンソク》地を鑿て枯骨数頭を得、 公、是を聞せ給ひ深く其地形を考させ給ふに、正長戦闘の場たるをもて忠勇の士の朽骸ならむもはかりかたきをふかく傷させ給ひ、 官に乞ひて壇越の好ミありけれハ、浅艸幸龍精舎の側に改座し為に修善す、院主其墓を封して恵心證護となつく、今時《コノトキ》都鄙伝へて香花を持し来拝するもの群集す、 公より是を禁し給ふ、

或問、 公か此事淫祠に近からすやと、小臣答云、しからす、唐宋の淫祠のことときハ巫蠱の俗を魘惑す、草鞋の類ひと日を同しうて論せんや、偏に是仁枯骨に及とい、けん、周家の恵政ならすやと、問者叩頭す、

(13)

一一宵《アルヨ》の御話に我若きより書を好めとも得ことなし、唯昔観察の任にありし日、 国家の大儀に及てま、貞観政要の当世に稗益あるを覚ゆ、今に及て心常に忘れさ

れとも、年馳せ老来て空しく其糟粕を嘗るのミ、然れとも幸にして公室の憲法を侵さす、人倫の綱維を失さるハ書の徳なりと覚ゆ、二三の弟子貞観政要を読すんハあるへからす、

(14)
一雅《ツね》に称し給ふハ頼朝の大度、清盛の功業、御三代の徳化、　享保の善政なり、

(15)
一公、常に済生をもて勤とし給ふ、故に金匱の良剤、折肱の奇術、草莽の単方、呪魘の易法、験《シルシ》あるもの聞見に随て御ミつから必是を筆記し給ふ、切に求め遠く尋て敢て蒭蕘の言をも遺し給わす、其書巻をなす、六題して奇工方法といふ、又先に文政甲申麻疹大に流行す、此春救疹便覧を著し広く世に施させ給ふ、其序にいはく、

享和癸亥年痧疹大流行、方二此時一士子有二普救広慈之志一者、印二刻救方避法一而広施レ之、都鄙蒙二其沢一者多矣、予亦得レ之蔵二篋中一焉、今茲復将レ有二此灾一、其徴既見二於孟春一、予於レ是継二先子慈愛之志一、折二衷数幅之印刻一為二一書一、名曰二救疹便覧一、施二諸四方乏医之郷一、以為二救養之一助一云、

又同し戊子の秋、村岡某か為に戒鹹録を輯して上梓し、衛生者に塩味の害あることを諭しめ給ふ、愛恵慈仁の世に普きこれ其一端なり、戒鹹録緒言にいはく、

頃日聞く、医師あり、放言して曰く、近頃導引を業とするもの有、其主張する所を聴に塩味を絶、或ハ塩味を減する事を先として、摩擦これに継といへり、是なんの言そや、夫塩は百味の長にして、諸味是を以て調和し、人々食する事を得るもの也、是を滅絶して人身に何そ益あらん、今魚鳥の肉及ひ菜蔬の類、塩を以て浸し貯れは、久しきを歴て損する事なく、亦塩を加へす、生の侭に貯るときは、一両日を俟ず忽ち腐爛す、人身に於ても亦復如此、塩味を廃して人身壮健なる事を得んや、然るを治療に先たちて塩味を禁すること、是実に異端にして奇を売るといふへしとの譏言をいふこと口を不絶、衆医此説

に雷同し奇を唱へ、信を厚ふするの術とす、我嘗て是を師に聞ことあり、夫塩は百味の長にして、人身におひて最も功能甚しく、其功大、人参温補の功のことし、然とも人参功大なりとて、日々朝夕、汁菜等に是を加え用ひは忽迷眩して命を殞すへし、塩もそのことく功大なりといへとも、日夜朝暮塩味を絶ことなけれハ、人身の害になる事尤深し、たとへ絶塩すといへとも、なを日々塩気に触ること絶る間なし、此故に塩味を遠さくるを以て第一の戒とす、殊に医の言に曰く、万物塩を以て貯る時ハよく久しきに堪ると、是いかなる分別なるにや、夫塩を以て久しきに堪るものハ、ミな枯死の後塩に浸す物なり、いまた生活の物を以て塩に浸し、能久しきに堪る事を聞す、今試に籠中の鳥に塩味を飼ふときハ忽ち殞す、池中に塩を投る時は諸魚悉く斃ん、虫類も亦塩味に忍ふものなし、草木も塩味を灌く時は忽枯失す、只獣類性を得る所厚し、故に人に畜るゝものは塩味に触るといへとも敢て傷るゝ事なし、然れとも深山幽谷の獣、曽て塩味を知らすといへとも尤勁健多寿なり、如斯にてひとり人身のミ塩味を薄ふして却て衰疲に至るの理あらんや、死物を以て生活の上を論する事、かつて理なきに似たり、ワれ是を以塩味過多にして人身に害たるを信す、彼医師の言のこときは、実に抱腹するに堪すといふへし、殊に末に抄出する所の断塩薄塩の戒鑑多く医書中に在り、衆医家門の書に疎くして猥に異端を以他門を譏る、寔に不学蒙昧を人に示すと云へし、亦儒士あり、絶塩の説を破して無稽の事とす、しかれとも和漢の鴻儒大医の著す所の書中、往々塩味多きハ人身に於て益少き事を詳に弁解せり、其他抄出する所の諸書、豈ミな寓言異端の説とせんや、然るを儒士の名を犯して是等の書を識らす、猥に放言をなすは先哲を誇にひとし、嗚呼不識事ハ黙して可なり、しらすして猥に誹謗するハなを犬馬の嘶吠を伝聞て応之かことし、深く哀むへき事にあらすや、於是乎予師に聞ところの説を記して猥に放言するの諸生に示し、長生を得

せしめん事を冀ふと云ふことしかり
　文政十一年戊子重陽　常山耋童述、

(16)
一関東の貧民多く子を育すること能ざるもの、生る丶に臨ミて是を殤札す、諸民又ならひて恒とす、官禁たりといへ共往々やます、尤常毛の地甚し、公、是を深く歎かせ給ひ、上に告け任をもふけ令して厳に是を戒め給ふ、風習、年々に化して大に生育の道を得たり、又関左の民放逸にして農事を勉めす、遊手無頼のもの多し、故に廃亡の地漸々に多し、公、又官に乞ひ無告の氓《タミ》をして荒蕪の田を発せしむ、民今に至て其賜《タマモノ》を受く、深仁広沢国家に益あること概《オホムね》かくのことし、此二事、公、巡視の日、惶惕し給へること紀行の中に載す、その徴すへきか為に左に掲く、
　十八日　常陸の国上郷村は子をまひき親失て田畑の見わたすかきりあれ果たるを見てそゝろに哀れを催しけれハ、
　摘人も涙のたねとあれ果し田つらに生ふる草のワか葉は

(17)
一公、常に遠きを追ひ廃たるを起させ給ふ、御志深かりしハ親戚故旧はいふも更なり、面識の人といへとも貴賤の別なく、辞世の後かならす其姓名を鬼簿《クワコテフ》に親書し給ひ、忌辰香火をもふけ奠饌す、其過去牒の序にいはく、
過去牒何也、記㆓死者之名㆒也、余
太祖清流公、起㆓於庶子㆒叙㆓大夫㆒食㆓千石之地㆒、齢七旬而没矣、自㆑此以降殆一百五十年、至㆑今五世襲㆓其封㆒、而其間兄弟親戚之辞㆑世者亦不㆑少焉、或名滅或失㆓葬地㆒、紛紜錯繆知㆑之無㆑由也、知㆑之無㆑由則亦祭㆑之無㆑由也、子孫者豈夫有㆘不㆓痛恨㆒者㆖哉、此所㆔以過去帳之起㆒也、而為㆓祭祀㆒以事㆓祖先㆒、誦㆓仏経㆒以祐㆓冥福㆒、蓋皆係㆑于㆑此者也、因茲-年新㆔修過去帳一帖㆒、列㆓書其親疎古今之戒諡㆒、以伝㆓不朽㆒、題㆓一辞於其端㆒為㆓之序㆒云、
　享和元年辛酉八月晦日

飛騨守従五位下藤原朝臣忠英謹書

と遊ハされけり、又下総州葛飾郡中田驛に源義経朝臣の妾静女か葬地あり、　公、巡視の日、この所を過させ給ひ、貞操の婦の旧址沈没して世に知らるゝことなきを深く憐させ給ひ、為に一頭の碑を建て其表に静女之墓と記させ給ふ、又崎陽に赴かせ給ふ日、道摂州兵庫に出給ふ時、平相國の筑島の功を感し、祭文を寄せて是を弔わせ給ふ、弔平相国清盛公文あり、今佚す　人やゝもすれハ好事をもて評す、然とも　公ハ惻隠の人に不忍御志より出る所なれハ敢て顧給ハざりき、

(18)
一公、常に其罪を悪ミて其人を悪ミ給わす、嘗て近藤守重擯擯せられ、司書よりして大坂の小吏に転し、又大に衆の悪ミをうけミつから狂を発す、　公その罪を悪ミて其才略【転】〔愽（博カ）〕学を愛し、時に書を送りて猶是を教諭し給ふ、然共改ること能わす終に免せらる、守重　公に報る書にいはく

僕今日蒙東書之命候、是究メ而旧臘極密御垂示之事発動と愚察恒然安心仕候、一体御沙汰無之候共、今二年過候は隠退と覚悟罷在候へキ、敢而不奉奉（衍）明海候ニテハ無之候へ共其砌申上候次第ニ而路費等差支、無拠荏苒罷過候事ニ御座候、鴻海御先見之明ハ感伏仕候、下略、

(19)
一公、嘗て偏愛の子孫なく、特寵の臣妾なし、

(20)
一公、雅に言ふ、人に施して謹んて云ことなかれと、其慈恵に浴する徒尤多し、然とも一も与り知り給ハさるかことし、

(21)
一公、遁辞をなすものを悪ませ給ひ、其事あれバ従て是が辞を為るものなりと仰られき、

(22)
一禍福の稟賦行状に相反することを問まいらす毎《コト》に、天道は是乎非乎、伯夷・叔齊首陽の下に餓え、盗跖ハ富て齢を終ふ、唯是千載の余名をいかんとのたまひき、

(23)
一公、常に云ふ、昔人千金を抛て千【馬】〔里〕の馬を求る者あり、適《タマ〳〵》人の千里の馬骨を進むるあり、是を購ふに直千金を費やす、しかして後終に千里の名馬を得たりと、賢をもとめ士を撰ふも又かくのことときのミ、吐哺握髪、倒履、築台、ミな是のミ、

(24)
一公、雅に漢高天下に臨ミて叔孫通を用ひ、蜀の先主三たひ孔明を茅廬に顧ミ、唐太宗納言を好ミ閨門諫をいるゝを称して、後世人に君たらんもの是を忘るゝことなかれと仰られき、

(25)
一又鄭成功か忠孝両全しかたきといへる、岳飛か文身して国に報するの志を称し給ひき、

(26)
一又君臣ハ義をもて合ひ、夫婦ハ情をもて遇す、義ハ背き易く情ハ忘れかたし、君臣の義難かなと仰られき、

(27)
一又雅に一人慶あり、兆民これ頼る、又名器ハ以て人に仮すへからすなと仰せられき、

(28)
一公、兵家者流の言多く実用なきを笑ハせ給ふ、唯伊勢貞丈か古実の精確なるを好し給ひ、多く其著書を収め給ふ、貞丈嘗て甲冑図解を撰していわく、甲冑近代ハ縫ひ堅くして便ならす、又云、或人云、甲冑ハ利用を専として製すへし、故実用るに不堪と、嗚呼愚なる哉、古代の製を貴ふは古人戦場に用て利方ありし製なれハなり、今世の人太平の世に生て、甲冑を着戦ひ試ミたる事もなく、席上に安座して意巧を運し、新作して利方と名付て猥に古製を改るハ笑ふへき事也と記せるを明弁し給ふ、其文左のことし、嗚呼貞丈又生るゝとも此言をかえむや、

按、貞丈之此言足レ解二千古之迷一也、然巻中往々曰下〔【知】其以二能屈伸者一為レ要貴中古代之式正上、則似乙未下知二其一〔二而知中〕二上者甲、夫古代戦闘之士、何有下捨レ便依二于不便一不

レ取レ要而招レ害者上乎、寿永建武之比、皆騎戦、宜下以二能屈伸者一為上レ要、建武之後、自二始製レ鎗以来、悉為二歩戦一、於レ此至レ不レ可レ用下式正之重大上、故略以貴二軽【少】〔小〕一、而又大永以来島銃入二于日本一至二于盛行一、其所レ触必砕、於レ此止二屈伸之便一而貴二堅固一以避二弾丸之害一、然猶不レ堪レ為二堅固一、終至レ製二無一レ盾奥州胴一而其堅極矣、可レ謂レ無下超一越無レ盾奥州胴一者上、是所一レ以レ不レ可レ用下古代之式正為二屈伸一者上也、貞丈不レ及二于此一、嗚呼惜乎、於レ是書二愚意一以補二貞丈之識一云爾、

戊申五月壬戌朔　戊申是天明八年也

(29)

一公、常に昇平日久しくして士民奢靡の風に趨るを歎し給ふ、文政丁亥　上即闕の極に昇らせ給ふ時に　幕府の記室屋代弘賢、久留米侯の臣松岡辰方高倉家の会頭にして関東有職家の惣裁たり　幕府事あれハ執政預め辰方に問吝して決すと昇服の事を議する往復の書の後に筆を加へさせ給ふ、其文に曰く、

頃日屋代・松岡両生の問答といへるふミを見しに、屋代生の武備の弛むを歎き、松岡生の礼の廃するを惜む、誠に屋代生の　国家に忠なる、松岡生の国朝を敬崇するの深き、倶に賞するに余りありといふへし、予かことき固陋短才の資を以何そ其問に言を加ふる事を得んや、然とも予か僻見を以て論るときは両生の問答中一二得失あるかことし、今試に是をいわんに、屋代生武備の弛むをいたミ、官服の式正に復して却て花奢の弊を生せん事を恐れ、有のまゝの官服を用ひて事闕事あらし、今堂上の風移らハ武備従て弛まん事を憂ひ、後弊を救ふの一端に発論せしものならんか、しかれとも官服有のまゝを用たりとも武備の主張すへきにもあらす、松岡生なんそよく文武の張弛を掌上にめくらす事を得んや、今武備を主張せんとならハ、屋代生幸ひ朝士の列につらなれる身なれハ、細かに時の得失を論し、執政の威を冒し、封事を奉らハ、花奢を抑へ武備を復するの小補なきことあらんや、昔より明君上に在す時は、農商野婦迄鈇鉞をおそれす、諫を奉る事なるを、屋代生

是を奉らさるハ、身の栄寵を失ワん事を怖るゝのいたす所ならんか、今夫武備の弛めるハ服飾・器械の美悪の為にあらす、妓婦の玉を飾とし農民の髪結床を設け銭湯に浴する類ひ、これ堂上の風を学ふにハあらされ共、奢侈浹洽の勢ひより武備の廃する根元となれり、此風をあらためすして服飾を以て抑制せんとするハ、猶失火に一滴の水をそゝくかことく、害なしといへ共亦せんなし、夫官服美を尽んとすといへとも、自《オノヅカ》ら制度ありて財を費とも又限りあり、然れハ諸侯にして貧富にかゝわるの論にあらす、又花奢を停め武器充足すとも、方今柔弱の士人何そ能施す所あらんや、武備の張弛ハ服飾・器械を以ていふへからす、只人気を引立るにあり、今のことき不教民をして戦しむるものならんか、又松岡子の言のことき軍旅の勝敗は軍器にあらす、将師にある事をいゝて、礼義ハ心行にありて服飾整正の謂にあらさる事をいはす、惜むへし、服飾ハ是礼節を整の具といへとも是を以て治乱の機とすへけんや、夫礼は貴賤尊卑をわかち親疎相分るゝの事にして是を心に得、身に行ふを以て本とすへし、子由弊衣すといへとも其徳を穢す事なし、弊衣・汚服いかんそ乱を招くの具とせんや、今諸侯官服を正しくなしたり共、常に　営中にありていさゝか敬慎の意あるを見す、高言大笑、右往左顧、実に猿猴に冠を着するに等し、然は服飾整たりとも礼節の廃立におゐて益なしとせん、有のまゝなる官服を着したりとも海内の乱に及ふほとの事ハあるまし、然れとも両生奢侈をにくむの意より発せし事、倶に一徹に出るかことく憂ふる所大にして問答する処小といふへし、松岡生ハ文華に流れ屋代生ハ耀武に急なりといふへし、然れとも幕府につかふる身の武事に急なるハ、文華を盛んにせんとするものに優れるか如くなれハ、ワれハ屋代生にくミせんものなり、

(30)一平生の御手沢正格なり、怱卒の間といへとも略書し給ふことなし、寸楮短簡も文意峻ならす、又陋ならす、

上野資徳君に送らせ給ふ和牘を撮書して左ニ掲く、

先達而恩借之御秘書永々忝奉存候、謄写卒業仕候ニ付、則返壁（璧カ）仕候、御落手可被下候、尚心得ニも可相成御秘書は拝借之義奉懇祈候、且又御馴染の一種昨日拝受仕候ニ付、誠乍少入貴覧申候、御嫌嗜之程忘脚仕候、先々入貴覧候、扨先頃も貴酬ニ被仰下候得は、具承知肺肝ニ銘置候義ニ御座候、夫ニ付失礼を不顧申上候ハ、知過不改謂之過と申候へは、只々慎之一字御守本尊と被思召、御家内様方朝暮御信仰御座候ハヽ、朝恩循降之期無之事も有之間敷、短慮功を不成とも申候へは、一旦之人口御忍ニ而御家内様御和順之程祈候義ニ御座候、佐野豊州御加増、其上御留守居迄ニ至り候義も眼前の義、兎角御長寿之御謀専一奉存候、何も早々申上残候、呉々長舌失敬之段御用捨可被下候、

資徳君是を得て和牘帖に粘して秘蔵す、

(31)

一御閑居といへとも端座人に対るかことく造次も堕状おわさゝりき、御平生の座器誡詞を題し給ふ、楊枝の筐に楊枝須レ磨レ歯、諌諍須レ磨レ心、又食箸の匱に、一【恩】〔思〕二国恩一、一察二民苦一の語を清人蔣恒をして書セしめ給ふ、往々鑑言を書して座右の銘とし給ふ、倹以安レ衆、素以保レ寿、また婆心一発百事廃、また、愛レ衆而疎二於親一者不レ識二愛情一也、愛レ親而不レ及レ衆者亦不レ識二愛情一也、情愛於レ中而自為二厚薄一、また　人皆謂二其家一曰二吾家一、謂二其身一曰二吾身一、是皆非也、其家其身皆君之有也、不レ可レ不レ慎也、この余猶多し、闕て不録、

(32)

一公、諸子姪の為に会をもふく、名つけて睦順講といふ、一月一次親戚の家相匝《メク》りて賓主の礼をなす、又会することに修身治家より経済等の問目を親書し給ひ、其是非得失を議せしめ、可否を裁判して志行を琢磨し給ふ、偏に文をもて友を会し、友をもて仁を輔くの賢意なるへし、其規則一巻の文を左に掲く、

掟

睦順は何そや、誠信を以親戚の情を尽すなり、親睦和順にして始て安泰永続を量るへし、依之今耄言を作して各位の子弟に授け、睦順の意を示す事左のことし、

睦順の専務第一に

御当家の御掟を守り、聖賢の教を奉し、孝悌の道を尽し、質素節倹を勤て享保の　御令を守り、謙遜を厚く心かけ、下人邑民にハ惰弱の恩を施さす、深く憐愍を加ふへし、是等常の心かけとして怠らす、互に切瑳琢磨して人に譏らるゝ事なかれ

一身の為に御奉公すへからす

一賄賂を以て出身を求むへからす

一親戚に隔意を存すへからす

一妻妾ハ衣食の外家事に預るへからす

一衆子に愛情依怙すへからす

一声色飲食に耽るへからす

一華美形容を事とすへからす

一嗜欲の為に財を尽すへからす

一百姓に対し苛刻の沙汰すへからす

一神仏を信仰すとも其法を行ふへからす

一武芸の外柔弱の芸道修行すへからす

一医陰陪臣等縁を結ふへからす

一嗜欲を助る人を親しむへからす

一養子縁辺にハ利に趨るへからす

一人の見聞を憚る事をすへからす

凡右条目、親戚の中一事なりとも犯ものあらハ、講中幾度も教諭すへし、若家名に障るへきの萌あらハ必是を幽居せしめ、三ヶ年過て初に復すへし、然とも再故態を発せハ、猶又幽居せしむへし、如斯ならハ家をうしなひ、身をほろほすの憂ひなく子孫永続すへし、是予か各位の子弟に求るの微意なり、講中それ是を察し是を捨る事なくハ幸甚ならん、

文政三年庚辰十一月十三日

中川飛驒守忠英述

(33)

一中川忠和君の女に教誡するの書に曰、

此度大久保氏へ嫁せられ候義、御両親様にもいか計御悦御安堵之御事と御同前目出度存候、夫ニ付大久保氏ニは御息女御両人まて御入候よし、右故あるましきことなから、若や末々御疎略の事なと御座候而ハ大久保氏御先祖へ対せられ候而も仰つけられも無之、御両親様御面皮ニも拘り候程の事にて何とも此義御安心不被成候由、心附候義ハ御教諭申し候様ニなされ度よし、此程二条より御申越され候得共、小子義もいたつらに年のミ経候而身の行も人に恥かしき事のミ多く候まゝ、中々人を諭すへきなと存もよらさる事ニは候へとも、御心遣ひのあまり遠国より態々中越され候事故、少しハ御心休にもなるへくやと、不肖を顧ミす存出し候まゝを申入候、小子のふつゝかにあはせ捨られす候ハヽ、此上之事と存候、

一婦人の夫の家に嫁するを帰寧と申候は、父母の家ハ居るへき家にあらす、夫の家こそ生涯居るへき家に候へは、はしめて我家に帰り寧《ヤスン》すると申事のよしに承候、左候へは、夫の家こそ生涯落つくへき家に候へは、嫁し候日よりはしめて婦人心を安んし候事ニ御座候まゝ、心を置へき事ニは無之候へ共いかやうなる婦人ニても嫁したる日ハ只はちらふ事のミ多く、心ふるまひの人の口のはにかゝらんことのミを思ひワつらふ外なく舅姑夫子のことときハいふも更に下人までも心に叶ふ事をのミ願ふへけれ、此日誰か舅姑の心に戻らんとおもひ、夫をなひかしろにせんと思ひ、義理ある子をにくミそしらんと思ひ、不義いたつらをせんとおもひ、下人をつらくつかふへしとおもふものあらんや、然ハ此こゝろをもていつ迄もかわらてあらハ誰かうとミそねミかけことをいふへきや、しかるに嫁してより一日〳〵と心とけむつミて彼ハかくあるまし、是ハさあるへしなと下人のしたしミよりしたしからぬはしもいて来て、月をかさね年を経るに随ひ、嫁せし日の心ハいつ地へか失はて舅姑の事をも心にをなしからぬ事をハとやかく思ひ続ることのミ多くなり其心言葉にも出、行ひにも出て、むつましき夫の中もへたてあるやうに成り

行、まして我はらならぬ子ハ義理あるならひなれハはしめゟ是をにくミそしるものなしといへと、月日を重てすこしの言の葉も我心にのこり、ワれこそまことの子といつくしめとも彼そワれにハへたてありなと思ふにはしまりて、世にいへるまゝ母の行ひてふ事にひとしく、つひに衆人にいミうとまれぬる事、皆はしめの心をわすれ、こゝろのまゝになりて恥らふ事のうとくなるよりそ起れる也、婦人夫の家に生涯をおくるへきを、さなくて心のおき所きのふと替りけふとたかひて終に再ひ父母の家に送りやらるゝ事、誠ニ此上もなき不孝いふへくもあらす、又身に取りての恥辱何かたとふへきものあらんや、是らを御心におもひあわせられて、日新の二字を守り嫁せられし日の心を永くうしなひ給ふことなく、孝養・和睦・御子孫の繁栄を楽ミ祈り給へかしといふことしかり、

中川
飛驒守述

(34)
一公、性酒を好ませ給わす、然れとも水鳥記の後に附言して、いにしへの酒薫勧盃予楽の興あるを賞して当時遊宴会飲の殺風景なるを譏り給ふ、寔に悪無て其善を知らせ給ふといふへし、

(35)
一公、御年十五にして書を好ませ、壮なるに及ひ典籍を渉猟し給ひ、深く　国家の制令・法度の世に知るもの希なるを歎かせ給ひ、憲教の書を提要集成し給ふへき雄志おハしましけれと、機務御いとまなきものから果し給わす、晩にやゝ憲法捷覧一巻を撰し、昔時の御志をおわせ給ふ、其書例言にいわく

御当家追々被　仰出所之御条目・壁書・御法度書之類、家々に写し置て所持すへきハ勿論、人々　御教諭の御趣意を記憶すへき事と雖も今におよひて二百五十年に近く令条万数を以て算ふへきに至る、此故に強記の人なりとも悉く知覚する事かたく、又加るに火災・水難・蠹食に滅ひ、家を継ものゝ幼弱衰老

病痾によりて廃筆するものありて、古へありて今なく今有て古への考かたきに至るものすくなからす、其中もしくハ憲法の禁をしらす、是を犯すものあらんにハ尤ふかく恐れ歎くへき事ならすや、予若年ゟ憲法の書を好ミ輯録して座右に置、自鑑とせんと欲し、猶普く是を求といへとも下る所の御書付十の一も纂輯する事を得す、然れとも年次に於てハ少しく連続の姿を得たるに似たり、猶此蔵する所の憲法の条目を刻行し諸士の一閲を経る事を得ハ不良を未萌に救ふの万分の一助にもならんかとの結草の微意によつて此挙におよふ所也、予か管窺贏(蠡)測を以て棄ることなくハ幸甚、以下撰例略之、

(36)
一中世以降和歌の宗匠家々に深秘口決の伝あり、　公、常に是を歎してのたまわく、和歌ハもと咨嗟詠歎の余りに出るものなれハ、花になく鶯、水にすむ蛙もいつれか歌をよまさりけんと書り、されハ秘授なといふ事のあるへきや、すへて本邦後世の俗、万つの道にさせる事なきを、人に伝るを忌ミ憚り、終に其人亡ひ、其伝の残らさる多し、是　吾邦風習の弊にして、唐山《モロコシ》に及ハさるの一なりと示し給ひき、

(37)
一公、病に臥せ給ふ時、侍臣をして書を読しむ事、忠孝節義の功なるに至てハ是を廃せしむ、又牀におわしてハ
御三代の御事なと聞給わざりき、

(38)
一凡雅俗百般の書見給わざるなく、大小の百伎試ミ給ハさることなし、

(39)
一世俗の妄浪にして伝ることといへとも、名教に害なきものハ必是を行ひ、是を守らせ給ふこと恰も婦女のことし、卓量博洽の御身にして却て能なしかたき事なるへきを、聖者の郷人の儺に立せ給へるをも推て知りぬ、

(40)
一公、客に対して終日倦怠の御色おわさゝりき、昔時《ソノカミ》い

また大観察におわしける頃、御齢七旬に近かりしか、常に夜賓客有更闌《ヨフケ》にして辞し去る、　公、其帰るを待て独封儀など書し給ひ、暁に向てワつかに御寝につかせ給ひき、　公もとより【沈】〔宿〕痾おわさゝりけれとも、多病にして、夙夜　公事に御身を委任し給ふこと又かくのことし、御齢七秩を過させ給ふ後ハ常に我性生姜のことし、老て益辛しと仰られき、

(41)

一公曰く、我生るゝ時、某の人嘗て繇を布き、占して地水師の坎に之《ゆく》を得たり、是則本卦たり、我兄弟多かりしか、不幸にして皆世を早うす、故に我其尸を輿《ニナヘ》えり、易は寓然たらすと仰られき、

謹按るに、師の彖、日、師貞、丈人、吉无咎、その六五変の辞に曰、田有ㇾ禽、利ㇾ執言、无咎、長子帥ㇾ師、弟子輿ㇾ尸、貞凶、と、嗚呼易の神明なる、未来を知、精微を発することかくのことし、　公将帥の機備わらせ給ふこと明にして、又朱文公の本義に注していわく、至倹を大順に伏し、【至】〔不〕測を至静の中に蔵と説る、寔によく　公を知る者の言のことし、又弟子尸を輿《ツカサト》るハ、占者の世に処してミつから任すへからさることを戒るゆえんにして、　公事を執らせ給ふに小人をまじえさせ給へる、遠慮おわしけるハ、よく此卦の凶に体し、守約にして、終に丈人の吉にして咎なきを得させ給ひ、功名を全ふし給へること、御慎ミの深きによれりといふへし、

(42)

一公、常にのたまふ、謝氏か五雑俎を見て、心快ニたらさる者ハともに天下を語るに不足ものなりと、

(43)

一一夕家長某　公前に侍して陶炉《ヤキモノヒバチ》の事を命のまゝ、冶《サイクニン》に告しに、陶冶かいわく高禄の君のか計いやしきものゝ價を論し給ふこそおかしけれと笑ひける由、御夜話のつゐてに申けれバ、打わらハせ給ひて、何そ火炉を求るかために過分の禄を賜ハらんやと仰られき、平素《ツね〳〵》倹約を守らせ給ふことかくのことく、又素餐の御志おわさゝりける、隻辞《ヒトコト》と雖知べし、

(44)

一公、もとより釈氏の道を好ミ給わす、殊に当時緇侶の不如法なるを悪ませ給ふ故に、千歳の御後御法諡の格、祖考の先蹤に踰えん事を憂ひはからせ給ひ、嘗て達如上人の道徳おわしけるを知らせ給ひ、上人につきて御諱をもて追諡と定め給ハんことを乞わせられしかハ、やかて御染筆ありて　釋忠英とそ遊されけり、此一軸をおさめ置給ふ筐にそへさせ給ひし御歌、

文化十四うしとし霜月

御門主よりのりの名給わりけれハ

生死をわくる心そ迷ひな【れ】〔る〕生て忠英死《テル》てちうゑゐ

是より前、大字妙号の事を再三乞わせ給ひて、これを収め置給ふ筥の裏に記させ給ふ、

余嘗て　達如上人の碩徳あるを聞て大字名号の染筆を仰き思ふこと久し、幸に同姓忠和二条の警衛として彼地に至るに会ぬ、依て忠和に就て大字名号の染筆を乞奉るといへとも、本願寺歴世大字名号の筆を染られし例しなきによつて許容し給ふへきにあらす、され共当家の祖先
神君の　台命によつて檀家に附せられしちなみあるによりて、上人にも黙止し給ひかたくて、歴世例しなき所の大字の名号を筆を染られ表装を加へて恵ミ給ふ、於此余か宿志はしめて遂け、
神徳のいよ〳〵新たにして　上人の感動し給ふ事のいとも有かたくて事のよしをしるし、家に伝へて子孫永々その冥福を蒙らんことを願ふものなりし、

文化六年己巳春三月、

(45)

一公、あらかしめ尽縁を観し給ひけん、ことし夏の初、御いたわりのことおわしてより、万つ御心を用ひさせ給ハさりしか、初秋過る頃より御なやミもそひて、つひにはかなき御ワかれのきわ迄も御心ミたれさせ給ハす、御後の事なと露計もおゝせ給ハさりしかハ、細々と御遺書なとおハしけんと申あへりけるに、初の御忌日御遺訓ともなり残させ給ひし御筆の跡、三ひら見出

させ給ひ、次の日、近く仕へまつる輩に拝読をゆるさせ給ふ、おの〳〵なミたなからに読ミ奉るその御書に、

世の中の覚悟ある人々ハ、終りに臨ミていと細やかにいゝのこして、永く久しく子孫の栄んことをおもわさるハあらし、しかあれと子孫の智愚・賢不肖によりて父祖の遺訓にもたかひもて行、或ハ時移り俗換りて父祖の遺訓もいつしかいたつら言に移り、子孫たる者も亦不孝をもて呼るゝにいたらん、是其のこす所の言の葉、時の移り換るを知るによしなきのいたす所ならんか、ワれもとより不肖にして、遺言をなさん事をしらす、しかあれとも、もし終にのそみて遺言なせしとも、我子孫ワれより賢智ならハ、何としてか吾ことをまつへけんや、若又子孫ワれよりおろかにまた不肖ならんにハ、千万言いゝのこすといへとも何としてか身を全ふなす事のなるへきや、たゝにいく百とせをふるとも、時の智賢そなわりし人を朝な夕な師ともたのミ友ともなして交り、おしえをうけ愚不肖の人に遠さかりなハ、一生ハ安かるへし、

右一章

泰誓に曰、受有㆓臣億万㆒惟億万心、予有㆓臣三千㆒惟一心、嗚呼下を御す事紂かことく、君に事ること紂か臣のことくならハ亡ひすして何をか俟む、紂の臣億万の心なるハなんそや、紂下を視る事遠して行跡を知るに由なく、酒色に耽湎して二三佞倖の臣に任す、其暴悪諸臣に加へさるを以て諸臣いまた棄去るに忍ひす、しかれ共邪正智愚上にしらるゝ事なきを以て竟に媚を以て事ふ、於是群臣身を以て君に事へす、たゝ身の為に事ふ、身の為につかふるに至らハ君をたに不顧、況や廷臣に於て何そ憚る所あらんや、是億万の臣己あるを知て他あることをしらす、竟に億万の心に至る所なり、武王よく其臣の智愚賢不肖を察知して、其宜に任す、故に群臣その徳になつき一身をもて君に奉す、これ三千の臣一心となる所也、かくのことくなれハ億万の多といへとも亦一

心ならん、此一心の衆幾離心の衆を討す、武王の起るゆえん紂の亡る事論を不俟して明らかなり、離合ハ勢にあらす、ミつから招く所なり、合ふ時ハ衆心一致し六根の心に応るかことく、離るれハ衆心区別して、廃人の左の右を救ふ事あたわす、足の頭を救ふ事あたわさるかことく、心に思ふと雖心のことくならす、此故に君危きを不忘時ハ廉潔の風を開き君安に居る時ハ諂諛の風に進む事易し、かくのことくなれハおのつから政事大臣に帰しつにひ（ママ）権を弄するに至る、大臣権を専らにする時ハ是を抑るに内官を用ゆ故に、国家の権内官に移りて君の廃立を擅にし、尋て国を亡すに至る、唐土歴代の君国を失ふ事皆此蹟を踏さるハ稀也、

右一章

此余の一章ハ闔内の為に垂示し給ふ処なり、

（46）

一公、崎陽の尹におわしける時、巡撫の日、道に一石の潤滑なるを得給ひ、航運して江都に移し浅草本願寺堂後

先考墓碑の側に建て寿碣とし給ひ、其背に勒し給ふ文を左に記す、

余在㆓崎陽㆒巡視之時、路上見㆓此石㆒、愛㆓其膏膩堅実㆒、因㆑海運而輸㆓于江戸㆒、建㆑之以為㆓寿蔵之碑㆒、記㆓其由㆒伝㆑之云、

寛政十二季庚申八月　日

朝散大夫中川忠英書

（附録一）

（1）

公、詩歌文章ハ専務とし給わさる所なれとも、折にふれ時にのそミて咨嗟詠歎の言の葉にのべ給へるものあり、小臣拝視伏聴するに随てしるし置るを写してこゝに附す、

（2）

○清俗紀聞跋

向者、余之在二崎陽一也、聴政之暇、使下二官属近藤守重・林貞褣（裕カ）一問中清商其国之俗習上、輙随筆レ焉、又随図レ焉、終成二一書一、其起レ稿之始、余偶罹レ疾而百事皆廃、及レ愈瓜期已迫、故未レ脱レ稿齎還二江戸一、爾後劇職不レ暇二翻閲一、因命二臣津田永郁一、校訂分為二十三巻一、示二諸林祭酒一、請二序其端一且請レ名レ書、祭酒名以二清俗紀聞一且序而還レ之、或、勧三上木公二諸同好一、遂命二剞劂一、不日而刻成矣、澤-正-甫・中-伯-毅亦序二其端一、嗚呼雖二編輯之名在一レ余、彼官属等力実為レ多矣、豈可レ虚二其功一哉、因備下記與二此役一者姓名于中巻末上云、寛政己未冬十月　中川忠英跋、

（3）

○左伝国次序

寛政丙辰秋、余、自二長嵜一還二江戸一、宿痾新癒、長途無レ事、於レ是命二所レ経舘人一、有二書画珍器之可レ観者一、使レ出レ之而観レ之以慰二旅況一云、参州岡崎舘人出二一書一曰、僻地野人不レ知レ所二以応一レ需、此書也、隣舎金澤休者所レ撰、而編集有レ年、年適脱レ稿幸賜二一覧一、且得二執事一言一以冠二巻首一、則草莽之栄、不三啻得二拱璧一也、余取視レ之、題曰二春秋左伝国次一、其為レ書也、区二別列国一而以レ事繫レ国、成敗存亡之機、祥異豊耗之跡、粲然可レ観矣、伝義可二得而解一也、経理可二得而会一也、夫春秋之為レ書也、聖人筆二削之一、以為二万世之亀鑑一、而義理之深遠、文辞之謹厳、学者未レ易二通暁一也、於レ是乎有二三伝一、亦皆先秦之作而其文簡古、亦未

レ易二通暁一也、於レ是乎諸家有二註解一、雖レ然此書以レ事繫レ国者未二之有一也、今而有二此挙一、可レ謂レ有レ補二于学者一矣、嗚呼吾儕、執レ笏立レ朝、職在二治民一者、猶且不レ能レ有下学以稗中益于世上焉、今休也、田野之人、而其用レ意如レ是、豈可レ不二恥且賞一乎哉、余於レ是有レ所二深感一也、因題二数言一以與、

寛政九年丁巳九月

従五位下飛騨守藤原朝臣忠英撰

(4)

○止戈正要序

夫文武之道、広矣大矣、而禁レ暴戢レ兵保レ大定レ功安レ民和レ衆豊レ財者武之七徳是也、然古先哲王、必用二文武一而能治二天下一、後世暴主、亦必用二文武一而終喪二天下一、其故何也、夫文以為レ経、武以為レ緯、而致レ治者文武之正也、苛刻以為レ明殺戮以為レ威、而招レ乱者文武之変也、故因二其正一者興焉、循二其変一者亡焉、雖二百世一可レ知也、今世徒以レ文為二記誦之学一、以レ武為二刺撃之事一、能知二文武之正一者鮮矣、可レ勝レ慨哉、信陽、秋山孟舒、著二止戈正要一編一、友人村上義雄、示二諸余一而請レ題二言其端一、余初以‐為武人所二常言一而未レ足レ見二武之蘊奥一也、読至二心能忘レ手之章一、不レ覚感歎拝レ書不レ止、嗚呼孟舒之於二鎗法一、可レ謂三殆至二妙処一也、然余窃疑、此章似レ有二一言未レ尽者一、孟舒豈不レ能レ言レ之乎、将秘而不レ言乎、抑亦未レ易レ言乎、夫中者妙處之名、而所レ不レ易レ言者也、今孟舒略説二其両端一、蓋欲丙使乙学者自甲得レ之而已、余為二此言一亦可レ謂二自得者一而已、余雖丁未三嘗識二其人一未丙嘗聴乙其教甲、然実嘉三其言之為二武之正一、故忘二浅陋一以贅二数語巻端一云、

文化庚午春　　雨斎題

(5)

○再版古本太閤記跋

余有二嘗好古之癖一、雖二諸器玩細瑣之物一、有下苟可レ観二于古一者上則莫レ不二収而蔵一焉、而観二風俗之変革一知二下民之情態一、則莫レ若二稗説野史之古者一、故募レ之最勤、応古者愈好レ之、所下以残篇尺楮亦収而レ不上遺也、頃者書肆某、以二宝永中所レ彫太閤記者一来、閲レ之則稗史之

流而素為二俳優一設也、然其風調之棄廃也已久矣、印本存二于書肆之【之】庫隅一、今也新加二標飾一而再出レ焉、可レ謂レ幸歟、実所-二以世人之癖猶レ余者之多一、而書肆亦乗レ之而射レ利也、嗚呼余之好レ古固非レ雷-二同世人之癖一也、而世人之癖何必傚二余之為一也乎、実気運之所レ嚮固有レ然也、蓋世人之所レ好余未レ解二其意一、世人亦焉得レ解三余所二以好一レ之乎、苟有下知二余之此言一者上可二與共譚一レ古者也、

享和二年壬戌季秋　捜錦閣主人誌

(6)

○本朝年鑑小序

和漢年紀之書、汗レ牛充レ棟不レ知二其数一也、雖レ然精者或過、粗者或不レ足焉、唯和漢年契之書、精粗得レ中事実粲然年記可二不レ労而算一矣、然其書以二支干一周一為レ限、故疎二数術一者未レ易二遽識一是所-以レ為レ可レ憾也、余於レ是編二一小冊一名二本朝唐土年鑑一、事実雖レ不レ足二尽徴一、其大者亦可二略見一矣、如二年紀一則可二不レ俟レ屈レ指而識一也、同志之士與二年契一並閲則庶-幾レ無二遺漏一

云爾、文化丙寅冬日　　常山雨斎

(7)

○九月九日

暖衣佳会笅笙声　東里菊花自映レ觥
一層眺望令二客酔一　如何席上聚二秋情一

(8)

○九月十三夜

長江烟霧一葦歌　月下掉舟千里波
黄葉相交似二図画一　何知比夕佳境多

(9)

○

旅舘秋灯堪二寤眠一　客心断レ腸一声猿
夜来懐レ思郷関意　万　蒼茫隔二里村一

(10)

○

駿臺亭裏宴二流風一　夜色振レ盃楽不レ窮
星転鳥鳴暁霜促　千秋無レ尽歓笑同

(11)
湖月秋風與雅情　一樽酒態笑娯声
百年知己感㆓野鶴㆒　今日文雄為㆑誰明

(12)
○初冬朔
江岸風凄落葉峯　白雲流水伝㆓暮鐘㆒
軽舟多興秋雲色　松樹秀標倚㆓三冬㆒

(13)
○
遠里遙伝玉笛声　舎辺秋色感慨生
金風蕭索歌㆓長夜㆒　何人不㆑傷㆓古今情㆒

(14)
○
紅粉青娥媚㆓玉輿㆒　菊花昡薫駐㆓仙車㆒
払㆑衣独向㆓旧家㆒去　謾見他人素自虚

(15)
○
渡雁高飛武昌城　紅風映㆑日池水清
積年歓楽将㆑無㆑窮　秋色　来美景成

(16)
○
連綿漏鼓鳳凰城　街路往来到㆓五更㆒
尊卑相逢多如㆑酔　繁華無㆑擬荷㆓聖情㆒

(17)
○
冬夜寒霜下　衆皃鳴動㆑枕
江水遙心哀　灯灼自沈吟

(18)
○
松樹千年色　霜来滋緑成
孤峯多㆓落葉㆒　自時識㆓其情㆒

(19)
○三五夜
駿臺亭上臨㆓東辺㆒　月満㆓千門㆒濯㆓海漣㆒
穐色佳　正邈々　涼風雲消一空天

(20)
○九月十三夜賞月
秋月落㆓荊扉㆒　余光点㆓客衣㆒
娯笑茅【蘆】〔廬〕裏　自忘㆓酒肴微㆒

(21)
○
江樓空望一秋天　郊外風悲鴻雁群
村里　情何処尽　渺々曠野千古田
公、終身詩を賦し給わす、蓋右に載る所は初学の御作にして、艸稿存するもの数首に過す、

(22)
○菅仲賛
脱㆑囚相㆑斉　成㆑覇尊㆑王　諸侯九合　天下一匡　礼
義廉恥　四維斯張　夫子称㆑仁　英名長光
壬申　九月題

(23)
○達磨賛　文化乙亥冬
是未㆑会㆑禅　従来面壁　在㆓吾床前㆒　宜㆑観㆓往昔㆒

(24)
○一祠碑　文化丁卯秋
文化丁卯之秋　奉㆓国命㆒　入㆓蝦夷㆒之日　偶詣㆓
于当祠㆒、再鐫㆓神軀㆒以祈㆓四夷之靡伏㆒云
従五位下飛驒守中川忠英拝誌

(25)
○閑室聯　文政巳丑春
去就任㆓春意㆒　羞膳随㆓飢飽㆒

(26)
○令徳神前額　文政癸未春

(27)
○教童始筆
日本天子　古今一㆑氏　王宮不㆑改　八途无㆑支
正士入仕　邦内乂平　文化㆓兆民㆒　武光㆓四方㆒
戸口加多　才人此生　壮夫田力　百工争㆑奇
禾米有㆑余　甘味充㆑苞　比㆑舎並㆑瓦　寸居万金
南位出㆑令　西戎心伏　干戈尖刃　両刀守㆑身
五行交克　陰陽自剣　斗柄匝㆑右　牛女合㆑河

水火互用　土竹介レ功　中秋弄レ月　季春見レ花
元巳供レ艾　七夕乞レ巧　周旦立レ官　仲尼作レ史
十哲志レ仁　六仙妙レ咏　孔明三分　呂牙述制
卞和名玉　石公兵冊　李杜秀句　京丁示卜
北条九世　甲州二代　足利太上　木下呑レ宇
川江泛レ舟　山林伐レ柯　布帛丈尺　苧糸共レ衣
父母安全　宗系永久

漢土之孩児、学二文字一必以二上大人之一編一為レ始矣、蓋上大人之作也、輯二其字画不レ繋者一綴二一編之義理一為二簡牘之体一、欲レ使下二学者一易上写焉、然不レ過二字数僅二十余字一、故児輩猶憂レ不レ能レ暁二通字画之運‐筆一也、是以予不レ睽二不学蒙昧一、新撰下其文字不レ充二十画一者四言之対句二十五聯上、而為二孩児学レ字之一助一云爾、

文政己卯十一月　　寂堂誌

(28)

○つかさ移れる日ふところせし紙に歌書てよとありしに、いなミかたくて、つたなき言の葉をかひつけ侍りぬ

のほり来て　君かめくみそいや高きあをくに尽ぬ山の上の山

文政壬午の年、留守の職にうつらせ給ふ時、官所にて読せ給ふ所、

(29)

○寛政十一年、予歳四十七、谷文晁画二肖像一幅一而贖レ之、今賛二自詠之鄙歌一首一遺二于忠宜一云、文化四年丁卯冬十一月吉

おもはすも恵ミに登る位山世々経てひろえしゐの木のもと

御肖像にかゝせ給ふ所、

(30)

○ある人の源氏の歌合、勧進せし時　　関屋

はからすもけふこそめくり逢坂や関のこかけに車とゝめて

(31)

○詩仙堂の尼か石川丈山翁追悼の歌勧進せし時、よみておくらせ給ふ

年月ハなかれてはやき鴨川の水にも人の名こそ朽せね

(32)
○文政五年夏の末、御夢想の御歌
いや高き梢にのほるましらさえ老てハいと丶あやうかりけり

(33)
○いつれのとしにや、御夢想の御歌
千世むすふ岩根の菊の花の香も君か恵ミにかほるおちこち

(34)
○文政四年の冬、嗣君の五位にのほらせ給ふ時に
五位といふ恵ミの雪の降か丶り白むく《無垢》〳〵と末さかふなり

(35)
○ある女の七十の賀に　春祝
年ことに同しいろなるはつ草の千とせかわらぬ宿の春風

(36)
○寄硯祝
直き代の道とやすらんいく千とせ尽ぬ硯によハひならへて

(37)
○ある人の七十の賀に　鶴契齢
千世ふへきよハひもけふを初めにてかそへ重ん鶴の毛衣

(38)
○ある人の六十一の賀に　寄松祝
とし月の六十路もすきて末ハ又千とせをまつの色や添覧

(39)
○雨後郭公
村雨のしはし晴間の時鳥雲の宿りをいそきてや啼

(40)
○披書恨恋
いつわりとしらて数そふ玉つさに何とこたえん筆の恨を

(41)
○依雪待人
我宿の松さへまざる雪の朝消やらぬ間に人のとへかし

(42)
○五月雨
いつの日を限りと待ん五月雨の晴間たに見す暮しわふれは

(43)
○旅
波にぬれ露にしほるゝ海山の旅の情そかくてこそしれ

(44)
○郭公遍
待またぬ里をもワかて時鳥行かへりなく遠近のこゑ

(45)
○夏草滋
薄く濃く緑にかわる庭もせに萩もすゝきもワかぬ夏艸

(46)
○見恋
見むことは又いつとしもしらて唯けふさへいかにくらしはつへき

(47)
○生前のかたミに八景さらてふ物をおくり侍るとて
唐ものといふはかりなるせう〳〵の八景さらをかたミとも見よ

此御詠ハ文化十三年の頃なり

(48)
○雪埋苔径
さらてたに年ふる苔の下道をなを色かへて埋む白雪

(49)
○閑庭落葉
住わひし庵の砌のしつけさに落る一葉の音もかしまし

(50)
○落葉埋道
ふミ行も又心うし紅葉々のちり埋ミたる道のくれなゐ

(51)
○紅葉
時雨して夜半にや染し木々ハミなきのふの青葉けふの紅葉々

(52)
○文政二年の夏に小笠原弾正君先考追悼の歌勧進せし時におくらせ給ふ　寄露懐旧
なき玉のかたミとやミん秋もやゝふりにし庭の草の上の露

(53)
○塙検校の京師に登るにおくる
くらゐ山霞める峯も越過てけふハ旅路の麓とや見む
此御詠ハ文政二年の春、塙保己一検校か惣録司を退くかために都にのほれる時のことなるへし、

(54)
○大嶋肥州君の四十の賀に　寄花祝　文政二年なり
いく春もおなし梢に咲そひて万代ふへき花のミよし野

(55)
○文化十二年の秋、中條少将信復朝臣の八十八の賀に
いく秋かよはひも尽し苅初る田ことのよねの数にならひて

(56)
○寄雉岡春祝
きゝす啼此岡の辺に住なれし人や幾世の春を契らん

(57)
○ある人の七十の賀に　橘
千とせまていや栄むと橘のときわにならふ人のことふき

(58)
○奉納の御歌に　草漸青
かすむ間に色や添らし春の野の風に緑を見する若艸

(59)
○文化十一年の秋、新見賀州君の家の歌合に　神楽
舞ふ袖もはへある色に見ゆる哉しける榊にうつる篝火

(60)
○同し年の秋、植村駿州君六十の賀に　松樹契久
立ならふ松のときハの色そひて契る千とせの齢ひ尽せし

(61)
○山家月
おもひありて世をのかれたるミ山にもすめるかひなき

月の夜な〳〵

(62)

○山家紅葉

おもひいる山も時雨やかよひけんかゝる軒にもつた紅
葉して

(63)

○文政九年の冬、前栽に冬至梅うつし植させ給ふ時に

誰ために咲や軒端の冬のうめたゝあめつちの道にまか
せて

(64)

○寛政十年の秋、知らせ給ふ地をしたしくめくらせ
給ふ時に、かみつふさもうたの郡久津間村の民の
妻かよのつねならぬミさほの正《マサ》しきを聞しめし、
禄にそへて給わりける御歌

ミたるなよ操をたてし賤はたハ錦にまさる麻の小衣

人も見よ人にも見せよ朝夕にみかく心の鏡てらして

(65)

○寛政七年、長崎の政所におわしける時、御せうそ
こに紅葉おしものして、　内君にまいらせ給ふ、
其たとう紙の上に

もろともに詠れハこそ紅葉なれ独ワひしく見るハ見る
かハ

御かえし

手折こす　君か砌の紅葉に深き心の色も見へけり

(66)

○関のひかしなる国々打めくらせ給ふける時に、常
陸国上郷村にて〳〵《（ママ）》つむ人もの御詠前に出す、過し
日の雪、山々になを消やらて見へ侍りけれハ

かさなれる春を見せてや山の端も雪と霞にへたつ遠近

かさなれる春の深山きへ残る雪やすそ野の霞なる覧

十九日、道にて雉子の声を聞て

そことしもしらぬ野末の声たてゝあまるきゝすの妻や
こふらん

筑波山の麓なる桜川を渡りて

筑波根のふもとにつゝく桜川時よりさきに流す花の名

廿日、筑波山に詣ふて、まつ宝珠山といへる峯に

いたりぬ、此所は古来より地震なき地なりと聞て
動きなき御代のひかりもいちしるき宝の珠の峯の神垣
　筑波山女体山にもふて侍りて
国たミをうみし筑波の神代よりしける梢もあふくミやしろ
　同男体山に詣ふて、
あめつちにひらけし代より筑波山しけきあゆミをミねのミやしろ
　同ミなの川にて
筑波根の峯のしら雲なかるらしミなの川水いと白くミゆ
時ならて花も紅葉もミなの川つもるおもひや渕と成らん
　廿一日、桜まちといへる所を通りけるに、住捨し
賤かふせ屋の床の下より草むら生茂り、ひさしか
たふきていと哀れを催しけれハ
あるしたに今ハ涙の床に生ふ草のミ深くあれし賤か家

(67)
　○寛政五年春の御歌
とし立帰る春の宮つかえはいとせわ〳〵しく、殊
さらに去年ハ浦々に春をくらしぬ、此春は去年よ
りいたはることありて、宿にこもりゐ侍りしに
そ、鶯のこゑもいとめつらしくきこゑ侍れは
くれ竹のとしも一夜に明そめてまれにそ聞し宿の鶯

(68)
　○ある人のもとへよみておくらせ給ふ
　　御移に柚を奉るとて
すき『好』『酸』ものと人はいへとも御うつりにか『香』はかり『計』柚のすく『少』『無酸』
なかりつる

(69)
　○五月廿九日、曽我助弼君の　大城にて鳥のかへし
を衣服にかけ給ひし時によミておくらせ給ふ、
鳶か雁かしらねと鳥のかへしを衣裳にと、め給ひぬ
と聞て、その吉兆を賀し奉る
塩見かり『雁』すくにとひ『鳶』出す御吉事ハよこれし御名をとり『鳥』
か『糞』へしかる

(70)
　○伊藤河州君の司旗にうつらせ給ふ時に年ころむつ

ミて、よしあしのおしえうけたる人のつとめをかえ給ひぬるにおくり侍る

なれて今うつるつかさのめてたさも老は涙のさきたちにけり

(71)

○七里某にかきておくらせ給ふ　文政元年

年ころ親しき医師の茶室の額に愛炉の二字を書きてよと望まれけれと、つたなきをもてかたくいなミつれと、しゐて乞ひけれハ、その望にしたかひ書てお くれる、その上をつゝミたる紙に

やミくも『闇雲』のたちかさなれる墨の跡むへ誰見てもあひろ『愛炉』『間色』わからし

(72)

○石川忠房君へよミておくらせ給ふ

石川忠房のぬしより梅花をもらひしとておくられける返事にかきそえつかハし侍る

折わくる梅の色こき花よりも情そふかくかほり来るやと

(73)

○文政七年の冬、谷文晁か雪堂翁のありし世のすかたを写し絵せしにかきておくらせ給ふ黒澤君の曾祖雉岡先生の肖像も谷文晁かゑかきけるに、白河の少将定信朝臣かの師のつたえをかひつけ給ひて、そのおわりに

なきかけをこゝにとゝめてのちの世も声なき声をこゝに聞くらん

したわしきそのなき人もうつし絵の姿に袖そぬれまさりぬる

(74)

○秋無常　母うしなへる人をいたミてよませ給ふなるへし

秋にとく柞はちかし木のもとの露を袂にほしや侘らん

(75)

○

立かへるかたもなきさの月日貝ひろう齢にむかしかこちて

(76)

○五位に叙してはからすも紅うらの　国恩を肩に荷

ひぬれハ
　元日や肩にかゝやくはつ日影　寛政九年春

(77)
○八月の中端に近き待宵も　官のこと多くせわ〳〵しく月見るいとまなく、いさよひのけふハ　西の殿にとのひし侍りておしくも月を見す、最中の月の幸に閑なりけれハ、月に向ひて一吟をなしぬ、是や前に待宵なく後にいさよひなし、実に独歩の吟とやいゝ侍らん　同四年秋
　名月やしかも横とふ雁もあり

(78)
○不才にして高官に陪し、今歳賜し
君の衣服も殊更に身につき〳〵しからぬを、初春の晴に着かさり、なを退こともしらす、人の心のおくもしらるへく、いとおそれ恥しくおもひて
　重荷かな身にあら玉のあつのしめ

(79)
○文化甲戌歳旦
　初日の出わけてしらがの光りかな

(80)
○寛政癸丑歳暮
　ワか菜売ん人の声なき師走哉
　松竹の□はかぬ■や年のせき

(81)
○文政戊寅仲秋望
　名月や見とるゝ老の気のよワり
　十六夜や月にはへよき闇をこし

(82)
○文化丁丑歳暮
除夜の節分なれは
　問ハれてもたり不足なき除夜の歳

(83)
○天明戊申月三吟之一
　待宵や殊にえならす風清し

(84)
○三吟之一　中秋の興に乗し世の中も思ひ観せられて

月ひとり外に客なし茅の庵

(85)
○三吟之一　いさよひの月待ほとに雲敷ミちて涼し
さもきのふに殊なる程におほへ哀れに情深りけれハ
月涼しひとえいさよふ雲の衣

(86)
○寛政乙卯春興　四十路あまり三とせの春をむかへ
ていやましに立居もいたつかハしくおもひ侍りて
くつおるゝ杖やきのふの餝り竹

(87)
○妻にワかれし次のとしの辛巳歳旦　文政四年
事たらぬ春とおもへと初日哉

(88)
○妻なるものゝ身まかりしより、去年にかわらぬ月な
からも見るさへ物うく覚へ侍りて　文政庚辰月三題
待よひの月にいゝ出すうわさかな
同し月見ても似ぬ夜や月最中
去年の月に心いさよふ今宵かな

(89)
○存義江風被（ママ）一領遣しける時に発句おこしけれは、
又いひて遣す
薄衣の寒さを後にきくミかな

(90)
○佐々木端星か九月四日にみまかりたると聞て
星おほろ置やはかなき菊の露

(91)
○ある人の神躰にも穢あらんと言を聞て
肥かけし菜とおもハれぬ雑煮哉
神体に穢なけれハ身も穢れなかるへしといふを聞て
塩引の塩出ししたる節会《セチ》支度

(92)
○さりなから花に近よる年の暮といへる句もあれ共
老の身にハ今更のよふニおもはれて　文化五年歳暮
春に隣るけふとおもへと年の暮

(93)
○四十の春をむかへて　寛政壬子年歳旦三吟

八十嶋も半ハ見つれ初日の出

(94)

○初老の身にふるきことワさもいつはりならす驚かれて　三吟之一

霞たつ目《〆》やいはすとも年の朝

(95)

○鄙言に三十九しやもの花しやものといへるハ、今予か年にも思ひあわされて、彼花に近よると吟せし古人の心もしたわしく、古哲のいましめをそむきて、其句意にすかりて　三吟之一　寛政辛亥歳暮

花の年暮ても近し玉のはる

(96)

○孫子のもかさしすまして、年と共にあら玉の春ものとけき心地しけるにそ　同庚申歳日三吟

みとり子の影法師のひる初日かな

天地の大信、今さらいふも更なりと思ひ侍れハ

海山を一夜に染てかすミかな

春たつ日のまたき隔てたるもはや年の暮なりと祝ふもおかしく、古椀・古畳にも去りきらひなく、春も迎らるゝものよといと興ありて覚へぬ　寛政癸未歳暮

古きまゝの暮とおもへと松の□

(97)

○丁巳春興　寛政九年

風かほる窓やきのふの梅なから

(98)

○文化甲戌待宵

花になき月のひとつや待今宵

(99)

○春興

去年の人いつ春めきて双紙売

(100)

○歳暮　いほりの眺望によりて

雲さかふ《境》里は春たつ歳暮哉

(101)

○月

年よりと笑わゝ笑へ待今よひ

　いさよふや宵闇たけを孫自慢

(102)○凩

　吹ちらし又木からしの吹あつめ

(103)○鶏冠花

　鶏頭や寒さハはなの黒ミほと

(104)○ある書のはしめに

いてや此世に生れてハ、ねかハしかるへき事こそ多かめれ、あるか中に、風雅の道こそいとねかハしけれ、竹藪の鶯に梅酒のたしなきをかこち、秋の夜の月にすミ田川の居酒をしたふ、いつれか心をなくさむるワさならぬハあらし、しかあれとも風雅のこゝろなきは、花にめて、月にうそふくもミないたつらに心をいたましむるたねとなりて、玉のさかつきのそこなきかことく、くミてしるあわれもあらし、猿に小ミのを着せ、後の月に木曾のやせをいとわぬこそ、実に風流の手からならすや、いきとしいける人々の旅のあわれも此道よりそしらん、去年の秋某々海山と雁のワかれをつけて、遠く二あれの山に詣ふて、ふミのはす足をつゝしミて、誠を神鏡にうつし、身ハ風にまかせて、往来の道すから紫の筑波に野々草を染、雁の声に腸をあらひ、つひにおきまとふ露の玉をつらねて冊子となし、窓のうちにいく度か風雅のたましゐをきたへて、光りを月日にならへ、夢のうへなき教へ草ともならんといと感するにあまりあれは

　千とせまて囀り清し鳥のあと

(105)○文政己卯歳暮　吾不レ欲レ欺、彼先欺、

　口さきてものいふさまよ除夜の梅

(106)

公麗藻をもて事とし給ハさりけれハ、吟稿の御もふけなし、故に今わつかに臆記する所の御詠を右に出すのミ、

（附録二）

（1）

縉紳名家の文章ハ一時の雅興たりといへとも、又證とすへきもの一二写して附録に備ふ、

（2）

○文政五年、留守の職にのほらせ給ふ時、朝比奈河州君より官途すゝミて、よの常にこえ給へることをすくし奉りて　　昌始

よるひるもやますつかへて中川のなミならぬ名や世にたちにけむ

（3）

○文化丁卯、松前の役におもむかせ給へる時、姫路侯餞別の詩あり

恭送㆔

大観察中川先生奉㆑

命巡二視于松前辺隅一　源忠道

観察鎮レ崎日　政声揚従鷹　駅題宜寿字
館匾竊恩称　四日開二明徳一　一心皆股肱
丹忠朱柄似　揮麈払二青蝿一

(4)

○また西井英粲か奉るの詩に

親臣分レ節出二江城一　宜レ指遥開万里行
到処君将二文徳一化、　懐二柔異域一答二昇平一

二

奉レ使何須レ畏二暑気一　旌旗此払夏天雲
威名勒二得燕山石一　不レ譲二当年漢将勲一

右奉レ送三
飛州刺史中川源君赴二松前一

(5)

○中井積善か詩に

中川使君見招席上賦呈
中井曽弘再拝

吏人影少宿鴉鳴　官樹寥々暮色生
黄巻開迎二翰墨侶一　青樽好慰二薛蘿情一
喜看関内今時業　於レ是天涯昔日名
楊柳堤辺三尺水　従来不レ若二使君清一

中川使君有二弄璋之慶一賦レ此奉レ呈

獄事従来恵不レ踈　好看熊夢慶祥余
勧レ
君更作二高門一待　他日揚々駟馬車

(6)

○諏訪の大宮司永勇か謝し奉るの歌に

長崎前鎮台

中川侯の太守たりし時、やしろのまつりの具のいとふそんしたる、修造の事ともこゝろかけ給ふけるに、のこらすことゝのひて、きら〳〵しきを、うちつ人もことさらにあふき奉りけるに

ゆふたすき露【も】(の)恵ミをかけはへて光をみかく神の玉垣

従四位下大宮司陸奥権守　藤原永勇

（7）

○金澤子匹か詩に

奉レ謝三

中川君見レ恵二予所レ撰左伝国次之序一并奉レ

賀二　栄遷一

金澤休拝

旌旆遥従二瓊浦一回　攀轅父老問二帰来一

行尋経レ路風流事　撰挙移レ官社稷才

西海群民歌二仮楽一　東関各國唱二康哉一

深地閣下多二寛政一　応レ覔二文章一為レ我裁

（8）

○文政十年の冬、御譲り受させ給ひしよりして、六十一年にあたりけれハ、親戚を集め、宴を設けて、嗣家の長久なるを祝わせ給ひける時、堅田侯堀田正敦朝臣より

七十五をことほきて

程もなく八十瀬の波をせき入て千代も施せし中川の宿

子むまこまてもをこたりなく奉仕する心を

末葉まていやさかえつゝくれ竹のよゝにかハらすさかへまつらむ

かくよみておこせ給ひけれハ、其ゆゑよしを肥前の守義行朝臣に乞わせ給ひしに、やかて千載遺志詞一まきをそ記し給ひけり、その文に、

千載遺志詞

世に果報いミしき人、おほくは陰徳をつミ、あるハ勤労の功によりてミな介福を得るなり、こゝに飛驒のかミ中川の忠英ハ明和四のとし丁亥の十一月四日十五歳にて父の家を継き、安永六のとし丁酉の十二月十八日小普請の組頭に　命せられ、数多の官をすゝミへて御留守居までにのほり、万石の格に至り、蓑の筥《ハコ》をもたせ、老ぬれハ御あはれミくわゝり、文政八のとし乙酉の六月廿四日御籏の奉行にうつされ、是まて采地にそえてくたしをかれし五千石の高にむすひたるたしよねもとのまゝに賜りぬ、四のうみなみたゝぬ　御代には何のしわさもなく、たゝ致仕の身にひとしく心のとかは、あした夕のおきふし、老体安養の広恵をか

しこみあふき思ふ、そのうへに子・うまこ繁茂し、世つきの弾正少弼忠宜も御かたはらちかうめしつかはれ叙爵して、世にになき御めくみ、山高からす、海深からす、たとへむにものなし、さて去年ハ家督たまハりし支干相当のよろこひ、齢すてに古稀の余り五つになりしを祝ひ、莫太無比の朝恩を拝伏し、親族をあつめて賀宴を催むあらましを、参政の摂津のかミ紀の正敦朝臣聞つたえ、二首の祝詠をおくらる、そのふたひらのたに（ママ）さくを表装し、賀筵のかへにかけて歓喜をのへ、かつ万世のすゑまて家につたえて子孫にしめし、　国恩の厚義を永久忘れさらしめむとなり、されハその事のよしをしるしつけよとのもとめに応して、思ふにかの陰徳勤功のむくひをハ顕したる老のこと、そのまめなるを感してこゝろたらされとも、

かしこさはめくみそふかき中川のなみ〳〵ならぬ老のゆくすえ

　肥前のかミふちハらの朝臣義ゆき、七十のうへ二とせの春、ちひれ筆をもてしるす、時ハ文政十一年つちのゑ子のむつまし月野辺のワかなつミはやす日、

（跋文）

　嗚呼

公の令徳令聞ハ世に普くして、小臣不才且事る日浅し、又何をかいわんや、然れとも一二閑夜の　御話に聞き、あるひハ長者の常譚に聞るあり、寔に令聞の余響といわんか、今蒙昧の性を忘れ、妄に昔日記する処の事を招集し、一編の書をなす、小臣浅陋にして勉め文事の外に出す故に武徳の振々たるを知らす、況や国家のことい〳〵しるへからされハ敢てせす、幸に文辞の鄙猥なるを置きて、能く

先君の佳言善行を将（奨）順し給わゝ、素望空しからすと云、

　　窃恩館羈旅之臣

于時文政十三季庚寅九月

　　藤方安清謹誌

（別筆）「三枝家蔵書（印）」

『令聞余響』解題 ―編纂過程と伝来について―

村上　瑞木

はじめに

本書第二部では中川忠英の言行録『令聞余響』を用いて、筆者を含め五名の執筆者が独自の視点で論を展開している。本書では主に根岸茂夫氏所蔵写本（以下写本としての言及は「根岸本」とする）を底本とするが、『令聞余響』という著作自体が『国書総目録』・国文学研究資料館「国書データベース」に未掲載であり、系統本も確認されない。先行研究でも岩橋清美が根岸本について言及するのみである。(1) また、一般的に近世の言行録は大名に関する著作が多く、寛政期に活躍した旗本の言行録は異色といえるだろう。たとえば旗本の言行録としては、近世初期の長崎奉行であった河野権右衛門通定に関する文献が挙げられるが、長崎奉行在勤中の逸話集に近いといえる。(2)

以下では本書所収諸論の前提として、はじめに『令聞余響』の書誌情報を左に示し、後半にて編纂過程と執筆意図、伝来について確認していきたい。

なお、書誌情報の項目は、國學院大學研究開発推進機構　校史・学術資産研究センター編『國學院大學創立百三十周年記念　國學院大學所蔵古典籍解題　中世散文文学編』（学校法人國學院大學、二〇一四年）に依拠した。『令聞余響』からの引用箇所は、煩雑さを避けるため本書掲載の翻刻文に付した番号を記した。その他、引用史料中の（　）は筆者が付し、『　』は朱書部分を示す。

1 【書誌情報】『令聞余響』

〈外　題〉「令聞餘響」
〈内　題〉ナシ
〈目録題〉ナシ
〈尾　題〉ナシ
〈巻　冊〉一冊
〈残欠状況〉完本
〈保存状況〉虫損あり　つかれ　装丁剝離　汚損
〈装　丁〉紙縒綴（かぶせ綴）
〈表　紙〉楮紙無地（改装）
〈表紙寸法〉縦二四・九cm×横一八・〇cm
〈見返し〉表紙共紙
〈料　紙〉本紙は雁皮紙
〈丁　数〉全五九丁　前一丁は遊紙（表紙共紙）
〈本文用字〉漢字仮名交じり
〈一面行数〉一一行

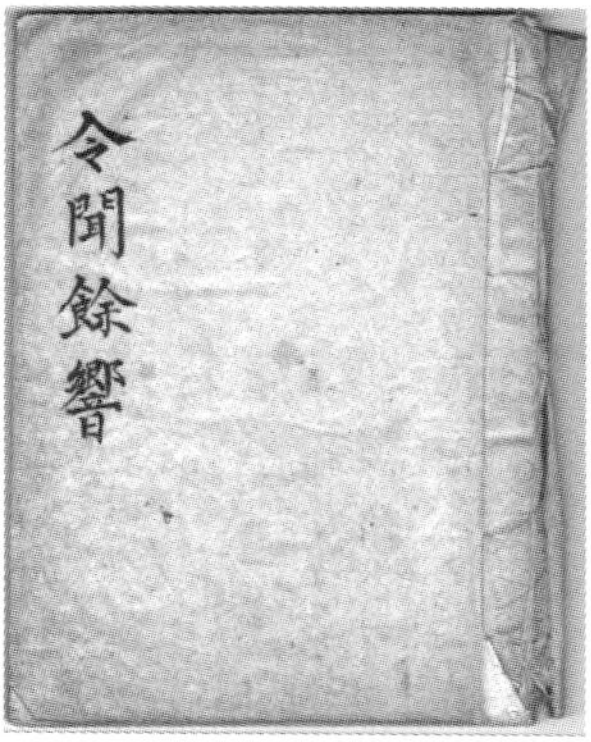

『令聞余響』表紙

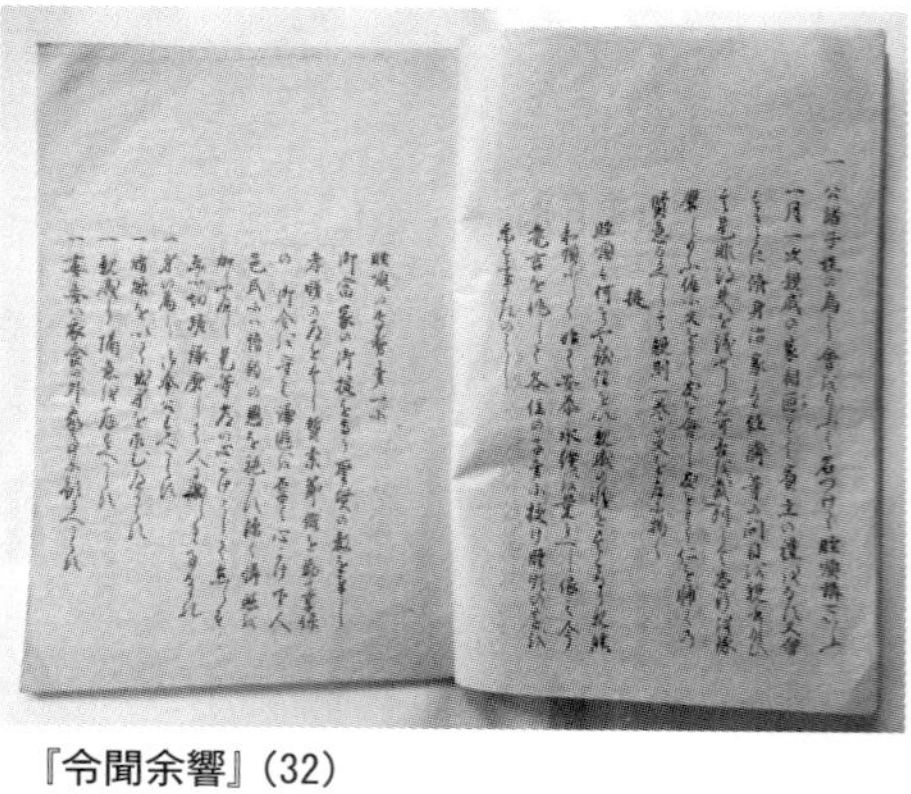
『令聞余響』（32）

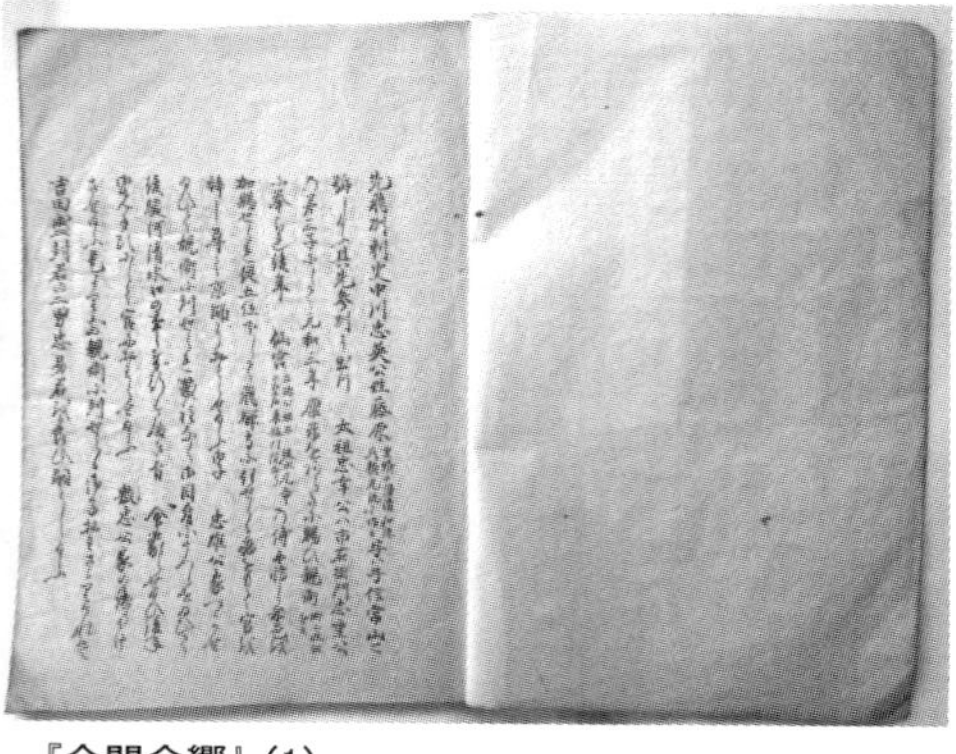
『令聞余響』（1）

〈字　高〉約二〇・〇cm（本編）　約二〇・五cm（附録）　約一七・八cm（奥書）
〈　絵　〉ナシ
〈跋　文〉「嗚呼／公の令徳令聞ハ世に普くして小臣不才且／事る日浅し又何をかいわんや然れとも／一二閑夜の　御話に聞きあるひハ長者の／常譚に聞るあり寔に令聞の余響と／いわんか今蒙昧の性を忘れ妄に昔日記／する処の事を招集し一編の書をなす／小臣浅陋にして勉め文事の外に出す故に／武徳の振々たるを知らす況や／国家のことい よ〳〵しるへからされハ敢てせす幸に／文辞の鄙猥なるを置きて能く／先君の佳言善行を将順し給わゝ素望空／しからすと云／于時文政十三季庚寅九月　竊恩館羇旅之臣　藤方安清謹誌」（／は改行）
〈書入・貼付〉返り点・ルビの朱書あり。
異筆「三枝家蔵書」（墨書、58丁ウ）
〈印　記〉「三枝家蔵書」書入下に「三枝」（朱六方印）
〈その他〉根岸茂夫氏蔵。内容は本編（2丁オ～31丁オ）・附録（32丁オ～57丁オ）の二部構成。附録にはさらに「詩歌文章」（32丁オ～52丁オ）と「縉紳名家の文章」（53丁オ～57丁オ）に分かれる。系統本ナシ。

2　『令聞余響』の構成と根岸本の特徴

いわゆる言行録・名君録[3]は編年体での記述が一般的だが、『令聞余響』本文は編年ではなく、内容の順番に規則性がみられない（表1）。ただし、本文冒頭の(1)～(4)は中川忠英の経歴や交友関係、著述活動の総論が書かれ、(19)～(27)は「佳言善行」、末尾の(44)～(46)が忠英の法号・死去・寿碣碑など死後に関する内容であり、おおよそのま

引用文作成者	引用元	内容年代	備　考
—	—	—	一つ書なし
—	—	—	
—	—	—	
述斎林衡	『清俗紀聞』	寛政11年8月	
肥前のかミふちハらの朝臣義ゆき	『千載遺志詞』	文政11年1月	『令聞余響』附録二(8)所収
中井曽弘再拝	「中川使君見招席上賦」	—	『令聞余響』附録二(5)所収
源忠道	「恭送大観察中川先生奉命巡視于松前辺隅」	文化4年	『令聞余響』附録二(3)所収
—	—	寛政7年	曽我助弼より伝承か
—	—	—	
—	—	—	
—	—	—	
—	—	—	
—	—	—	塙次郎より伝承か
—	—	—	酒井忠道より伝承か
—	(不明)	(不明)	「小臣答云」と藤方安清の見解が見られる
—	—	—	藤方安清が中川忠英に聞くところ
—	—	—	藤方安清が中川忠英に聞くところ
(中川忠英)	『救疹便覧』	文政7年	
常山蠡童述	『戒鹹録』	文政11年秋	
(中川忠英)	(不明)	(寛政12年頃)	附録一(66)に関連文章あり
飛驒守従五位下藤原朝臣忠英謹書	「過去牒の序」(不明)	享和元年8月晦日	
—	—	—	
(近藤守重)	(書状、近藤守重→中川忠英)	(不明)	
—	—	—	
—	—	—	藤方安清が中川忠英に聞くところ
—	—	—	藤方安清が中川忠英に聞くところ
—	—	—	藤方安清が中川忠英に聞くところ

【表１】『令聞余響』本編の内容細目（分類Ａは図１、分類Ｂは図２に対応）

No.	分類A	分類B	内容	引用文
1	本文	忠英生涯	（中川忠英経歴）	—
2	本文	忠英生涯	（中川忠英称号ほか）	—
3	本文	忠英生涯	（中川忠英の知識形成）	—
4	外部	交友	（中川忠英の交友関係）	「子信余忘季交也、天資高朗夙耽墳籍、其才之学之優将大有所為」
	中川家	交友		「かの陰徳勤労のむくひを顕したる」
	中川家	交友		「楊柳堤辺三尺水、従来不若使君清」
	中川家	交友		「四目開明徳、一心皆股肱」
5	伝聞	交友	（難波にて中井積善を訪ね「誠」一字を賜る）	—
6	本文	文芸	（中川忠英著作目録）	—
7	本文	有職・柳営	（御系略・憲法捷覧・政門紀省・柳営事略の編纂経緯）	—
8	本文	古物	（中川忠英の古物筆写など）	—
9	本文	文芸	（中川忠英の写本作成）	—
10	伝聞	著作・編纂	（塙保己一の群書類従補続）	—
11	伝聞	医療	（関東の孤児を多紀安長に学ばせ、岡山侯の侍医となったこと）	—
12	伝聞	古物	（武州鶴見川浚渠から正長合戦の枯骨を得たこと）	—
13	伝聞	有職・柳営	（貞観政要の裨益について）	—
14	伝聞	佳言善行	（雅に称し給ふ政の事）	—
15	外部	医療	（救疹便覧・戒鹹録の編纂経緯）	（『救疹便覧』序）
	外部	医療		（『戒鹹録』緒文）
16	中川家	文芸	（関東の間引きと巡視紀行文）	（関東巡視の紀行文）
17	中川家	一族	（過去帳の作成）	（「過去牒の序」）
	伝聞	古物	（静御前の碑文・平相国祭文の事）	—
18	中川家	交友	（近藤守重が中川忠英に報る書）	「僕今日蒙東書之命候…」
19	本文	佳言善行	（偏愛の子孫・臣妾の事）	—
20	伝聞	佳言善行	「公雅に言ふ」（人に施して…）	—
21	伝聞	佳言善行	（遁辞をなすものを悪ませる事）	—
22	伝聞	佳言善行	（禍福の稟賦行状に相反することを問まいらす事）	—

—	—	—	藤方安清が中川忠英に聞くところ
—	—	—	藤方安清が中川忠英に聞くところ
—	—	—	藤方安清が中川忠英に聞くところ
—	—	—	藤方安清が中川忠英に聞くところ
—	—	—	藤方安清が中川忠英に聞くところ
貞丈之識	『甲冑図解』	天明8年5月	書陵部所蔵『甲冑図解』が該当するか、但し引用文の該当箇所は無し
(中川忠英)	「昇服の事を議する往復の書の後に筆を加へさせ給ふ」	文政10年	
(中川忠英)	「上野資徳君に送らせ給ふ和牘」	(不明)	「資徳君是を得て和牘帖に粘して秘蔵す」
蔣恒	楊枝箱ほか	(不明)	
中川飛騨守忠英述	「掟」	文政3年11月13日	
中川飛騨守述	中川忠和君の女に教誡するの書	(不明)	
—	—	(不明)	
常山子信	『憲法捷覧』	文政3年11月	
—	—	—	藤方安清が中川忠英に聞くところ
—	—	—	藤方安清が中川忠英に聞くところ
—	—	—	藤方安清が中川忠英に聞くところ
—	—	—	藤方安清が中川忠英に聞くところ
—	—	—	藤方安清が中川忠英に聞くところ
—	—	(宝暦3年)	
—	—	—	藤方安清が中川忠英に聞くところ
—	—	—	藤方安清が中川忠英に聞くところ
(中川忠英)	(達如上人染筆軸箱に添える和歌)	文化14年2月	
(中川忠英)	(達如上人染筆軸箱裏書)	文化6年3月	
(中川忠英)	御遺書	文政13年	藤方安清が筆写したもの
朝散大夫中川忠英書	寿碣碑文	寛政12年8月日	

23	伝聞	佳言善行	（千里の馬の事）	—
24	伝聞	佳言善行	（君たらんものの心得）	—
25	伝聞	佳言善行	（鄭成功の忠孝を称す事）	—
26	伝聞	佳言善行	（君臣・夫婦関係の事）	—
27	伝聞	佳言善行	（名器は人に仮すべからす事）	—
28	外部	古物	（伊勢貞丈「甲冑図解」の事）	（『甲冑図解』識語）
29	外部	有職・柳営	（屋代弘賢・松岡辰方の問答に加筆した事）	「頃日屋代・松岡両生の問答といへるふミを見しに…」
30	外部	佳言善行	（平生の御手沢正格の事）	「先達而忍借之御秘書…」
31	中川家	佳言善行	（座右の銘の事）	「楊枝須磨歯…」
32	外部	一族	（睦順講の掟）	掟（睦順講）
33	外部	一族	中川忠和君の女に教誡するの書	中川忠和君の女に教誡するの書
34	外部	佳言善行	（酒宴の評価について）	（『水鳥記』に付言）
35	外部	有職・柳営	（憲法捷覧の撰に関して）	『憲法捷覧』例言
36	伝聞	佳言善行	（和歌の深秘口決について）	—
37	伝聞	有職・柳営	（病床にて侍臣に書を「御三代の御事」などを読ませた事）	—
38	伝聞	佳言善行	（雅俗百般の書の事）	—
39	伝聞	佳言善行	（世俗の妄浪の事）	—
40	伝聞	忠英生涯	（中川忠英の晩年の病状について）	—
41	中川家	忠英生涯	（生誕時の易について）	（本卦）
42	伝聞	佳言善行	（謝氏の五雑俎について）	—
43	伝聞	佳言善行	（焼物・火鉢の事）	—
44	中川家	忠英生涯	（達如上人に追諡「釈忠英」の染筆を賜る事）	（和歌「文化十四うしとし霜月、御門主よりのりの名給わりけれハ」）
	中川家	忠英生涯	（達如上人に名号染筆を賜る事）	「余嘗て　達如上人の碩徳あるを聞て…」
45	伝聞	忠英生涯	（中川忠英の遺訓について）	「世の中の覚悟ある人々ハ、終りに臨ミていと細やかにいゝのこして」
46	外部	一族	（寿碣碑の事）	「余有崎陽巡視之時、路上見此石…」

とまりがみられる。『令聞余響』の全体構成は、逸話や著作の写しを中心とする本編と、和歌・俳諧・漢詩文からなる附録の、大まかに二つの部があり、附録はさらに「詩歌文章」「縉紳名家の文章」に分かれている。このうち「詩歌文章」は本書掲載の拙稿で示したように、「漢詩文」「和歌」「俳諧」に分かれている。

また、書誌情報の通り、根岸本は表紙が楮紙、本紙が雁皮紙であり、写本の装丁と本紙の不整合性が目立っている。装丁は紙縒綴じの上から紙を被せた綴じ方であり、外題は左肩に「令聞餘響」と打付墨書されている。この綴じの背表紙部分は擦れによる破損が著しく、さらに紙の疲れも見られるため、背表紙部分を持って使用された可能性がある。

文面は一面行数が一一行であり、添削が見られないため清書本に近い。本文中一部の漢字にはルビが振られ、全ての漢詩文には朱書で訓読点も振られている。和歌にも掛詞が朱書で加筆されている例が見られ、たとえば「ある人のもとへよみておくらせ給ふ　御移に柚を奉るとて」と題された和歌「すき《『好』》《『酸』》ものと人はいへとも御うつりにかはかり《『香計』》柚のすく《『少』》《『無酸』》なかりつる」では、「好きもの」と柚の「酸もの」、「かばかり」と「香ばかり」、「少なかりつる」と「酸く無かりつる」の掛詞がみられる(附録一68)。

以上の特徴を鑑みると、根岸本は背表紙を持って使用され、ルビ・訓読点・掛詞の加筆から使用者が声に出して読んでいたと思われる。この使用方法から背表紙は摩滅が激しく、現在の装丁は後に新たに付けられたと考えられる。

辻本雅史氏は、声に出して経書を正確に訓読する素読が儒学の基礎学習方法であり、素読により漢籍が「身体化」されると述べている[4]。右で述べた根岸本の特徴も、訓読点やルビなど、「読む」行為の特徴がみられ、また素読は八歳ごろから開始する考え方が定着していたとされるため[5]、教育に使用された可能性もあろう。

3 『令聞余響』の編纂意図

旗本中川忠英は文政一三年（一八三〇）夏から病に臥したが、ついに八月一七日に七八歳で死去した。彼の死から『令聞余響』成立への過程は次のように示される。

【史料1】『令聞余響』[45]

一公、あらかしめ尽縁を観し給ひけん、ことし夏の初、御いたわりのことおわしてより、万つ御心を用ひさせ給ハさりしか、初秋過る頃より御なやミもそひて、つひにはかなき御ワかれのきわ迄も御心ミたれさせ給ハす、御後の事なと露計もお丶せ給ハさりしかハ、細々と御遺書なとおハしけんと申あへりけるに、初の御忌日御遺訓ともなり残させ給ひし御筆の跡、三ひら見出させ給ひ、次の日、近く仕へまつる輩に拝読をゆるさせ給ふ、おの〳〵なミたなからに読ミ奉る、その御書に（以下、遺書二編省略）

史料1は、中川忠英の死と、その後の遺書三編の公開に関する記事の本文部分である。この記事の後に「右一章」と書かれた遺書二編が引用されており、「此余の一章ハ閫内の為に垂示し給ふ処なり」と、「閫内」（忠英夫人）に宛てられたため掲載されていない。

記事では、忠英が死の淵にありながら乱心せず、穏やかな最期を迎えた様子がうかがえる。この際に忠英が「御遺書」を残している旨を述べたため、最初の忌日に彼の遺訓に則って遺書三編を見つけ出し、翌日に中川家の近臣たちへ拝読が許された。『令聞余響』跋文（後掲史料2）には「于時文政十三季庚寅九月」とあるため、史料1の「初の御忌日」は翌月の月命日を指すとみられる。また、『令聞余響』の執筆者は「竊恩館羇旅之臣[6]」であった藤方安清[7]という人物であり、彼が「次の日、近く仕へまつる輩に拝読をゆるさせ給ふ」一人であったとすれば、遺書が公開された文政一三年九月一八日以降の九月中に『令聞余響』が成立したと推定できる。

藤方安清について経歴が明らかではないが、跋文にて「小臣浅陋にして勉め文事の外に出す、故に武徳の振々たるを知らす」(史料2)とあるように、文事を専門とした人物とわかり、この能力から『令聞余響』執筆に携わったと考えられる。彼が記した跋文にはその執筆意図がうかがえる。

【史料2】『令聞余響』(跋文)

嗚呼

①公の令徳・令聞ハ世に普くして、小臣不才且事る日浅し、又何をかいわんや、然れとも一二閑夜の　御話に聞き、あるひハ長者の常譚に聞るあり、寔に令聞の余響といわんか、今蒙昧の性を忘れ、妄に昔日記する処の事を招集し、一編の書をなす、②小臣浅陋にして勉め文事の外に出す故に武徳の振々たるを知らす、況や国家のこといよ〱しるへからされハ敢てせす、幸に文辞の鄙猥なるを置きて、能く先君の佳言善行を将順し給わゝ、素望空しからすと云、

竊恩館羈旅之臣

藤方安清謹誌

于時文政十三季庚寅九月

「(別筆)三枝家蔵書(印)」

傍線部①で藤方は、中川忠英の令徳・令聞は世に広く知られているため、世に知られていない話を人から聞き集め(これを「令聞の余響」と呼んでいる)、またはかつて記述した記録を用い、一編の書を成したと述べている。実際に『令聞余響』の中川家に関する記述では「先飛州刺史中川忠英公姓藤原、重修の譜、清和源氏頼光流に作る」(1)とみられ、割注では『寛政重修諸家譜』(8)が参照されている。同時に、寛政譜と異なる「藤原」(波線部)の姓は『干城録』(9)に「市右衛門忠重ハ源次郎忠吉か子なり按するに家伝にハ藤原氏にして、参議巨勢麻呂か男真作か十二代の孫進士大夫清兼はしめて中川を称す、其七代の孫越中守忠清か後胤なりといふ」とあるように、家伝が参照されたと

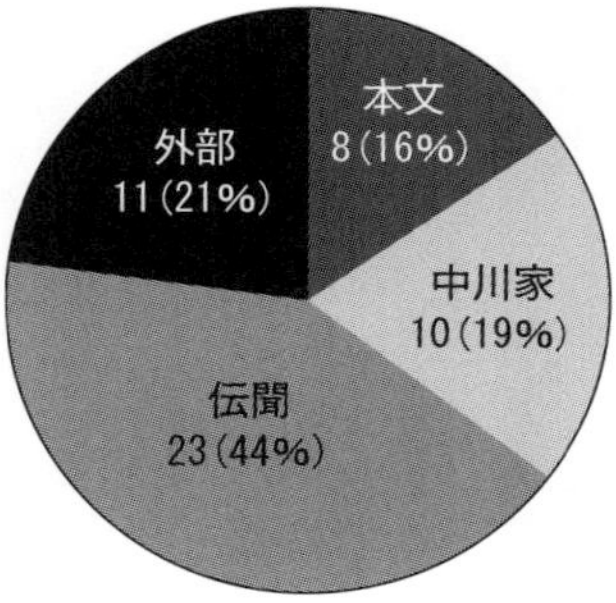

【図1】『令聞余響』本編の出典
本編部分のみを対象に分析し、基本的には一つ書を一文としてカウントした。「本文」は藤方安清自身によりまとめられた中川忠英の経歴など、「中川家」は中川飛驒守家に伝来したとみられる出典、「伝聞」は藤方が中川忠英からまたは中川忠英について藤方が関係者から聞き取ったもの、「外部」は中川家外部に伝来した書状や著作からの出典を示す。

わかる。加えて、続く中川忠幸に関する「後年　仙宮台徳公姫君後水尾帝の皇后東福門院なりの傳に転し」(1)という記述は『寛政重修諸家譜』[10]『寛永諸家譜』[11]『干城録』にも見られず、中川家伝来家譜が参照された可能性がある。このように、藤方安清が参照・出典とした文献は多岐に渡ると想定されるだろう。

たとえば、『令聞余響』では「上野資徳君に送らせ給ふ和牘を撮書」(30)など中川家外部からの書写引用や、「公、遁辞をなすものを悪ませ給ひ、其事あれバ従て是が辞を為るものなりと仰られき」(21)など中川が語った伝聞、「過去牒の序」(17)ほか中川家伝来など、あらゆる出典がみられる。

本編全体の傾向としては、やはり「伝聞」「外部」からの引用が多く、「中川家」伝来の出典は少ない（図1）。また附録の詩歌でも、ほとんどの和歌・俳諧が交友関係のなかで贈与されており、漢詩も草稿が残る初学の作のみが所収されているため、『令聞余響』執筆段階ですでに典拠文献が限られていたとうかがえる[12]。ここには藤方が「羇旅之臣」とされる点や、忠英以降の中川家を相続したのが養子[13]だったために関係が希薄になった点など、さまざまな要因が考えられる。

一方、藤方安清の編纂姿勢は史料2傍線部②に述べられ、安清自身は学問に秀でた一方、武徳や国家のことは知らないので、中川忠英の佳言善行を集めた、としている。実際に『令聞余響』の内容を分類すると、中川忠英の格言（佳言善行）が全体の三分の一を占め（図2）、中川忠英の政務に関する記事は極めて少ない特徴があ

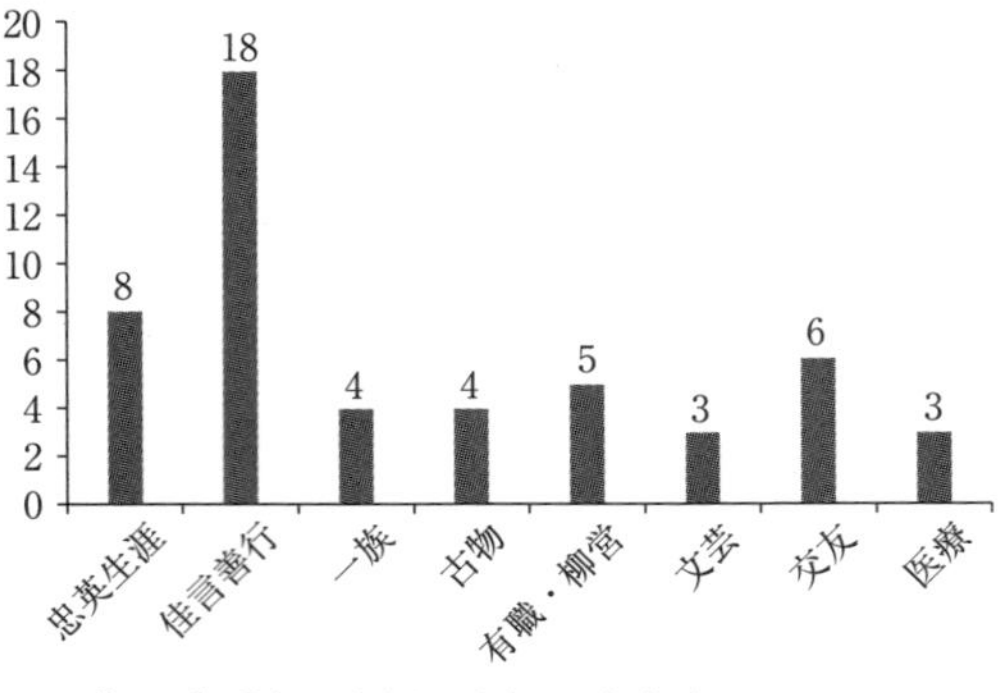

【図2】『令聞余響』本編の内容内訳

附録を除く本編部分のみを対象に分析し、基本的には一つ書を1カウントとしたが、複数引用が見られる場合は1引用をカウントした。

る。これら「佳言善行」の内容には、「公、常に其罪を悪ミて其人を悪ミ給わす」(18)や、「又君臣ハ義をもて合ひ、夫婦ハ情をもて遇す、義ハ背き易く情ハ忘れかたし、君臣の義難かなと仰られき」(26)、「中川忠和君の女に教誡するの書に曰」(33)など、彼が示した教戒や教訓も散見される。

以上のように、『令聞余響』は中川忠英の没後すぐに成立し、世に知られぬ彼の「佳言善行」を集め、読み手への教戒や教訓を示す内容が多く見られた。

4　根岸本の伝来

ここまで『令聞余響』の執筆意図や成立過程について明らかにしたが、冒頭で述べたように、同書は国書総目録等に未掲載であり、系統本や関連する著作も確認できず、非常に狭い範囲の読者が想定されていたと考えられる。

以下では根岸本の伝来について、その可能性を示したい。当該写本は根岸茂夫氏の談によれば、同氏が三十年程前に古書店で購入したもので、関連する付属史料などもなかったという(14)。

それ以前の伝来の手がかりは、跋文の奥にみられる「三枝家蔵書㊞」という旧蔵情報(図3)に限られる。

少なくとも中川忠英の近親者で三枝家と関係が見られる人物はおらず、また忠英子女は『寛政重修諸家譜』以降に縁組した事例もみられるため(15)、不明な点が多い。忠英以前で見ると、中川勘三郎家の初代忠幸の夫人が三枝彦兵衛守

【図3】『令聞余響』跋文の印記

吉の娘とされている。[16]但し忠幸は九鬼長兵衛某の娘を後妻に迎え、二代忠雄の母は九鬼氏であるため、三枝氏の血筋は五代忠英とは関わりが薄い。

他に三枝家との関わりは、中川忠英の四男忠高が養子入りした旗本小栗家の関係者にみられる。

【史料3[17]】

拝領
一屋敷　四谷天龍寺脇　弐百坪　三枝清之助
右は地守附置、当分駿河台小栗又一方同居、
拝領
一屋敷　表弐番町　四百九拾六坪余
右は地守附置、御書院番織田隼之助貸付

史料3は「諸向地面取調帳」（安政三年〈一八五六〉）にみられる三枝清之助の屋敷地一覧である。三枝清之助の拝領屋敷地は四谷天龍寺脇と表弐番町にあり、どちらも地守を置き、表弐番町は織田隼之助へ貸し付けている。清之助自身も四谷の屋敷には居住せず、当時は「小栗又一」こと小栗忠順の居宅に同居していた。

この幕末期にみられる「三枝清之助」は後に実業家となった三枝守富であり[18]、嘉永三年（一八五〇）に三枝家の家督

を相続した[19](後掲図4)。また、守富の妹には大隈重信夫人となる大隈綾子がおり、この守富・綾子兄妹は旗本三枝七四郎頼永の子であった[20]。この頼永が世代的には『寛政重修諸家譜』[21]の三枝甚四郎頼一息子「清之助」に該当し、文化七年(一八一〇)九月に家督を相続している[22]。因みに頼永は次の事件で知られる[23]。

【史料4】

大目付江

博奕賭之諸勝負前以御法度之趣度々被仰出も有之、武家屋敷其外ニ而も常々厳可申付は勿論ニ候処、近来一統相馳(弛)ミ候由相聞候、既ニ先達而小普請三枝清之助屋敷内ニ而他所之者共入込博奕致候付、清之助罷出相咎候得は手向ひ致候ニ付討留候ものも有之、逃去候者共は追々召捕吟味之上御仕置申付候、依之寛政四子年相達候通弥厚ク相心得召仕共無油断厳重ニ申付、不相用ニおゐては他所之もの入交候共無用捨召捕置、奉行所又ハ火附盗賊改江可相渡候、時宜ニよつては討捨ニ致候とも不苦候、

右之通可被相触候、

二月

この史料は文化一三年(一八一六)に武蔵国荏原郡上野毛村役所が作成した「御用状留記」にみられる廻状の写しであり、同様の文が『徳川禁令考』巻一五をはじめ多くの文献で確認される[24]。廻状の前半部分では、三枝家屋敷内に他所者が入り込み博奕をしていたところを頼永が咎めたが、手向かってきたため討取り、ある者は逃げたという。後半部分では、奉公人のなかには他所者を屋敷に招き入れ、博奕をする者がいるため、このような者がいたら召捕え、場合によっては討捨てても構わないとしている。当時は頼永が当主となって六年が経った時期だが、小普請であったためまだ若齢の可能性があり、三枝家内部の不安定な状況が鑑みられる。

先の守富の小栗家同居でも、弘化元年（一八四四）生まれの守富が嘉永三年に当主となっており、ここでも当主の幼齢による家中の不安感が同居の背景として挙げられるだろう。三枝守富はその後同居関係を解消したとみられるが、慶応三年（一八六七）七月一八日にも小栗家を訪れているため、(25)小栗家・三枝家の両家は深い関係にあったといえる。

ほかに三枝兄妹と小栗家との関係をうかがわせる事例として、大隈綾子による小栗忠高墓への参拝が知られる。大正二年（一九一三）八月、大隈重信が綾子を伴って北陸へ行くにあたり、綾子は市島謙吉に対して次のように墓所の所在調査を依頼している。(26)

【史料5】

大正二年八月に、侯（引用者註：大隈重信）が夫人（引用者註：綾子）を同伴して北陸巡遊の途に上らる丶ことに決定すると、夫人は私（引用者註：市島謙吉）に向つて「新潟の寺町に法音寺と云ふ寺が御座いませうか。其寺には妾《わたくし》の伯父小栗又一の墓がある仄《（と脱ヵ）》かに聞いて居るのですが、未だ一族中誰れも墓参したことが御座いません。今度新潟へ赴くのを幸ひに是非、墓参したいと思ひます。御面倒ながら、貴君は新潟に御知己も多いことですから、御序に墓の有無を御問合せ下さいませんか。」と云はれた。

綾子は小栗又一こと忠高を「伯父」と語っており、同様の言説は先行研究にもみられる。(27)すなわち綾子の両親である頼永・芳心のどちらかが、忠高夫妻の兄妹にあたる。先述の通り頼永は三枝頼一の子であり、頼一には頼永を含め二男六女がいる。(28)このうち頼永の兄源三郎は早世しており、その他姉妹は『寛政重修諸家譜』の性質上、嫁ぎ先などは定かではないが、文化期には史料4のように家人に目が行き届いていない状況となっているため、同居家族が少ないとみられる。一方の母芳心も『大隈侯八十五季史』にその人となりがみられ、(29)高村光雲も「三枝未亡人」について語っているが、(30)いずれも彼女が誰の娘であるかは明らかにしておらず、僅かに明治二一年（一八八八）一二月一五日に七〇歳にて死去したと判明するのみである。[31]

続いて忠高と夫人くにの兄弟姉妹では、夫人くには小栗忠清娘であり小栗家の家付き娘だが、[32]芳心が忠清没後の文政三年に生まれているため、くにと芳心は姉妹関係にならない。一方、『寛政重修諸家譜』掲載の中川忠英子女については本書所収松本論文に詳しいが、中川忠英は嗣子となる忠宜を養子に迎えており、忠高はその後に生まれている。また、忠英が自身の孫を養子に迎えた事例も見られ、[33]『寛政重修諸家譜』に網羅されていない親子関係が多いと予想される。

以上を踏まえると、出自が明らかではない三枝芳心と、兄弟姉妹が明瞭ではない小栗忠高が兄弟関係にあった可能性が高く、よって三枝守富・大隈綾子兄妹は中川忠英の系図上の孫と考えられる（図4）。なお、中川忠英の後妻である安藤対馬守信尹娘冬は、寛延二年（一七四九）一一月一八日に生まれ、[34]文政三年（一八二〇）三月二八日に死去しているため、[35]冬の没年に生まれた芳心が忠英の娘であった場合、妾腹か養子の可能性も考えられる。

この三枝兄妹と中川忠英の関係を示す記述も若干ながら確認できる。

【史料6】

此書の筆者中川忠英氏は大隈老侯夫人の御伯父君にて、曲亭馬琴と交友浅からず、其住宅をも貸与致し居りしと、同夫（人脱カ）より館長市島春城氏（引用者註：市島謙吉）に話されし事なりと同氏より聞く

この史料は、中川忠英が作成した写本『夫木和歌抄抜書』[36]の見返しに貼付されたメモであり、写本の由緒を記している。写本末尾には「文化六己巳睦月初三謄写卒業　中川忠英（花押）」と識語がみられ、本人の直筆写本とわかる。写本は現在、早稲田大学図書館に所蔵されており、同じく中川忠英作成の『新続題林和歌集』とともに大隈綾子により同館へ寄贈された。[37]すなわち、史料6は、同館初代館長であった市島謙吉が語った内容であり、開館当初の図書館

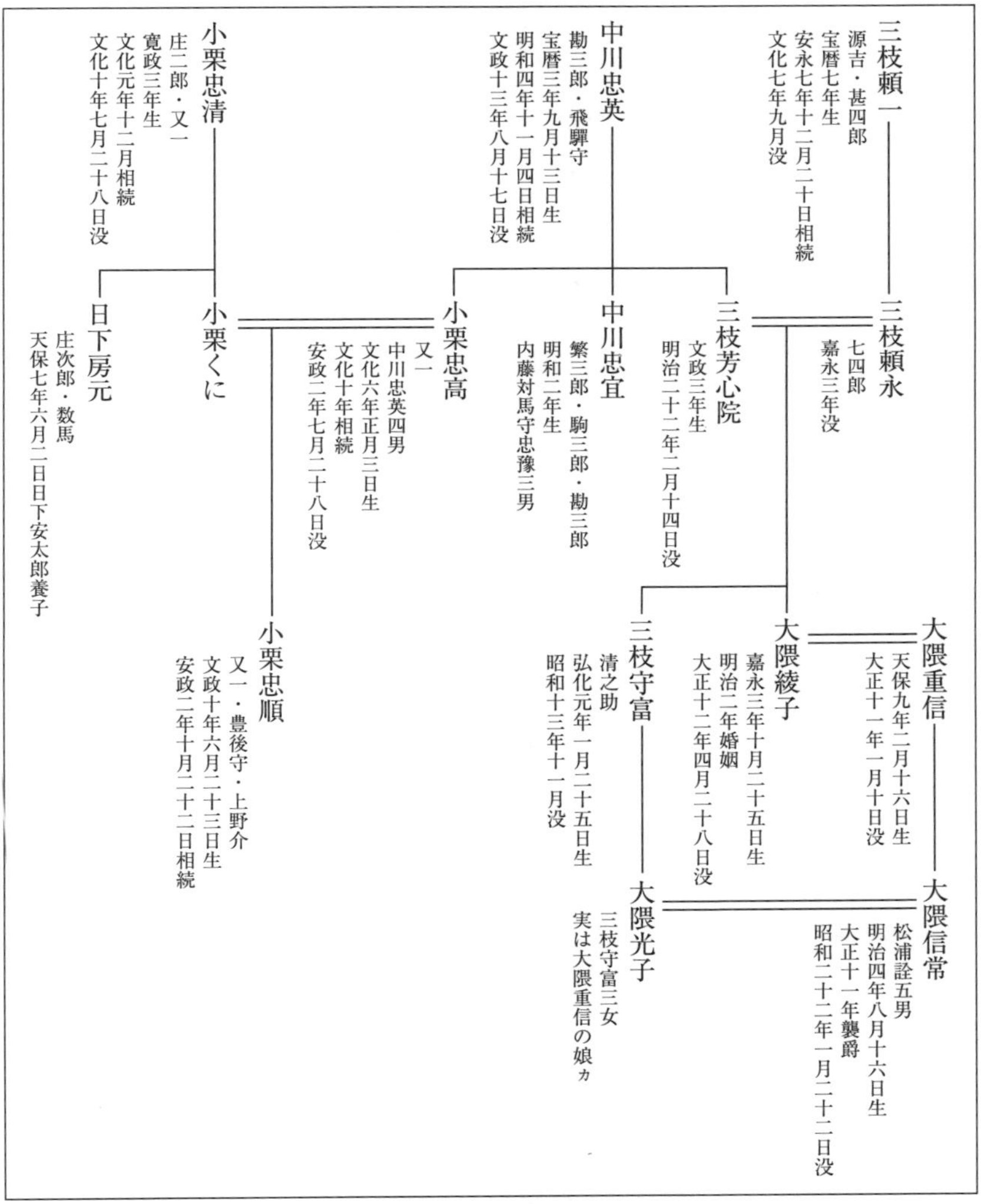

【図４】中川家・小栗家・三枝家系図

大植四郎『国民過去帳 明治之巻』（尚古房、1935年、272頁）、村上泰賢「小栗忠順の出自と人物」（村上泰賢編『小栗忠順のすべて』新人物往来社、2008年）、大隈侯八十五年史編纂会編刊『大隈侯八十五季史』第3巻（1926年）、蜷川新『維新前後の政争と小栗上野の死』（日本書院、1928年）、『新訂寛政重修諸家譜』5・17巻、小川恭一『寛政譜以降　旗本家百科事典』1・3巻（東洋書林、1997年）、光吉元次郎撰書「侯爵母堂大隈綾子刀自墓誌」拓本（早稲田大学図書館所蔵：チ10-03583）、小栗忠順建「小栗源忠高君之墓」墓誌（新潟市法音寺所在）、『平成新修華族家系大成 上』（霞会館、1996年）、「故三枝守富君御遺族よりの礼状」（『大阪工業倶楽部』236、1939年、65頁）。

職員が市島から聞き書き留めたメモと考えられる[38]。

メモの内容は市島からの又聞きが書かれているため、情報の精度には注意が必要だが、中川忠英筆の写本について語られた内容であるため、忠英と大隈綾子との何らかの関係性を示しているのは間違いない。史料5を踏まえると、おそらく史料6は中川忠英と小栗忠高を混同した可能性が高く、「御伯父君」となっているが、先述の関係性を踏まえると「御祖父君」が適切と考えられる。なお、蜷川新も「当時野に在りし大隈重信侯の夫人が、中川家及三枝家を介して、小栗家と婚姻関係にあつたので[39]」と述べており、三枝家と小栗家を縁戚として繋げる家が中川家であったと理解できるだろう。

以上のように、根岸本『令聞余響』の伝来は定かではないが、末尾の「三枝家蔵書㊞」の記載から、中川家の縁戚である三枝家に伝来した可能性が高いと推定される。

おわりに

最後に、『令聞余響』の位置づけを示したい。まず『令聞余響』の特徴として、朱書による訓読点・ルビが振られている点を挙げ、「読む」行為を意識したものと位置づけた。執筆意図には忠英の世に知られぬ「佳言善行」を集め、読み手への教戒や教訓を示す内容が多く見られた。加えて、本書で『令聞余響』の底本としている根岸本は、三枝家に伝来したとわかり、この三枝家は中川忠英四男が養子入りした旗本小栗家と関係が深い三枝清之助守富を指すと想定される。明確な関係は示せなかったが、この三枝守富・大隈綾子兄妹は中川忠英の系図上の孫にあたる可能性が高い。なお、『令聞余響』以外にも三枝家伝来とみられる資料が確認でき、中川忠英が写した雨森芳洲『交隣提醒[40]』

には、「中川蔵書」印とともに根岸本とは異なる「三枝」印が捺されており(図5)、その後の旧蔵情報から「中川忠英→三枝家→勝海舟→国立国会図書館」の伝来過程が判明する。すなわち、中川家から三枝家へ一定数蔵書が移譲されており、中川家と三枝家の直接的な関係がうかがえる。

【図5】雨森芳洲『交隣提醒』蔵書印

享保十三年成立、寛政六年中川忠英書写、国立国会図書館所蔵：勝海舟関係文書七五。なお画像は国立国会図書館デジタルライブラリー(https://dl.ndl.go.jp/pid/11222531/1/2)を加工し掲載。

以上を踏まえると、『令聞余響』には子女への教戒や、親族団体「睦順講」の掟などの集録内容も見られ、中川忠英子孫への教育を目的に編纂された著作物と位置付けられる。少なくとも、根岸本『令聞余響』は忠英子孫の可能性が高い三枝家に伝来していたため、忠英子孫への教戒と事績伝承を目的とした編纂物といえる。すなわち、『令聞余響』は忠英子孫のみが読者として想定され、非常に狭い範囲に伝播したために類本が少なくなったと考えられる。

『令聞余響』は中川忠英死去の翌月には成立しており、編纂が忠英生前から行なわれていたとうかがえるため、彼自身の意向も反映されている可能性がある。『令聞余響』成立の二年前には小栗忠順が生まれており、彼は確認できる唯一の中川忠英男系子孫である。同書には「公、嘗て偏愛の子孫なく、特寵の臣妾なし」(19)と書かれているが、実際には実孫となる小栗忠順への教育が視野に入っていたのではないだろうか。

註

（1）岩橋清美「江戸幕府の地誌編纂における知識人官僚の果たした役割」（同『近世日本の歴史意識と情報空間』名著出版、二〇一〇年）。
（2）鈴木康子「長崎奉行河野権右衛門通定の「言行録」」（『花園史学』三〇、二〇〇九年）。
（3）古くは徳川光圀の言行録『桃源遺事』があり、同時代では松平定信の言行録『感徳録』（天理大学附属図書館所蔵）などがある。いずれも編年体で事績が記されている。
（4）辻本雅史「素読の教育文化―テキストの身体化―」（同『思想と教育のメディア史　近世日本の知の伝達』ぺりかん社、二〇一一年）。
（5）辻本註（4）書。
（6）「竊恩館」は中川忠英の号のひとつ。ほかに「照成窗」「捜錦閣」「不昧菴」などの号がある。また字を「子信」、その他「常山」「雨斎」「白楽」「寂堂」「城北隠士」などと称し、晩年に「老至童」とも称した。『令聞余響』（1）（2）。
（7）『寛政重修諸家譜』には、藤方姓の旗本が北畠氏庶流に一系統三家存在する。この一族は「安」を諱に用いる場合が多く、安清は同族の可能性が高い。『寛政重修諸家譜』巻四六五（『新訂寛政重修諸家譜　第八巻』続群書類従刊行会、一九六五年）。
（8）「寛政重修諸家譜」でも「今の呈譜に、藤原氏にして、参議巨勢麿の男、眞作十二代の孫、進士太夫清兼はじめて中川尊卑分脈中河に作ると称す」とある。「寛政重修諸家譜」巻二六一・二六二（『新訂寛政重修諸家譜　第五巻』続群書類従刊行会、一九六五年）。
（9）堀田正敦編『干城録』一〇五巻（国立公文書館所蔵：155-0077）「中川市右衛門忠重」。

（10）「寛永諸家譜　清和源氏丁九冊之内頼光流」（『寛永諸家系図伝　第三』続群書類従完成会、一九八〇年、七七頁）。
（11）前掲註（9）『干城録』一〇五巻「中川勘三郎忠幸」。
（12）本書所収　拙稿参照。
（13）本書所収　松本論文参照。
（14）根岸茂夫氏談。
（15）本書所収　松本論文参照。
（16）註（8）「寛政重修諸家譜」巻二六二同書。
（17）『諸向地面取調帳』一七（安政三年、国立公文書館所蔵：151-0246）「小普請大嶋丹波守支配并組」より。
（18）高橋敏『小栗上野介忠順と幕末維新』（岩波書店、二〇一三年）。
（19）三枝守富の経歴については飯山正秀編『成功偉人名家列伝　一名・信用公録　第一編』（国鏡社、一九〇六年、二三四・二三五頁）、人事興信所編刊『人事興信録　第四版』（一九一五年、さ七六頁）を参照した。
（20）光吉元次郎撰書「侯爵母堂大隈綾子刀自墓誌」（拓本、護国寺所在、本稿では早稲田大学図書館所蔵：チ10-03583を参照した）。
（21）「寛政重修諸家譜」巻一一四九（『新訂寛政重修諸家譜　第十七巻』続群書類従刊行会、一九六五年）。なお三枝家が領した上総国武射郡牛熊村では、寛政五年の「上総国村高帳」にて「三枝甚四郎知行」となっている知行高が、幕末の「旧高旧領取調帳」で「三枝清之助」の知行となっており、三枝甚四郎頼一と三枝清之助守富が同一の家系とわかる。川村優「横芝地方における旗本領の動向―特に改革組合村編成以前の動向と村方の対応について―」（『横芝町史　特別寄稿編』一九七五年）。

(22)「文恭院殿御実記」巻四五では「駿府町奉行三枝甚四郎子清之助はじめ。父死して家つぐもの十五人」とある『続徳川実紀　第二篇』（経済雑誌社、一九〇五年）。なお、天保期の四谷天龍寺脇では三枝清之助が七四郎とあり、同一人物とわかる。「第五編第二章　江戸近郊としての発展」（『新修渋谷区史　上巻』一九六六年）七六八・七六九頁。

(23)「御用状留記」（文化一三年、上野毛村役所）一四（『世田谷区史料叢書　第三巻（旧上野毛村田中家文書・御用留編三）』一九八八年）三二四頁。

(24)「郡方雑記」（『高崎資料集　藩記録（大河内）二』一九八九年）、「文化十三年御触」（『三間町誌』一九六四年）、「文化十三年　御在城　事林日記」（『山形市史　史料編二（事林日記上）』一九七一年）など。

(25)「小栗上野介日記」（『群馬県史料集　第七巻（小栗日記）』一九七二年）三九頁。

(26)「（一三八）幕末の偉傑小栗上野介が侯爵家に繋る奇縁」（市島謙吉著述『大隈侯一言一行』早稲田大学出版部、一九二二年）。なお市島謙吉は小栗忠高墓を管理する藤井忠太郎の縁戚であるため、これらの事情にはある程度の信憑性があると考える。

(27)高橋註(18)書。

(28)註(21)「寛政重修諸家譜」巻一一四九同書。

(29)「（四）夫人の生涯」（大隈侯八十五年史編纂会編刊『大隈侯八十五季史』一九二六年）七五八～七六二頁。

(30)高村光雲「大隈綾子刀自の思い出」（高村光雲『幕末維新懐古談』岩波書店、一九九五年）。

(31)大植四郎編『国民過去帳　明治之巻』（尚古房、一九三五年）二七一頁、「時事要記」（『婦人教会雑誌』二―一二、一八八九年）一九頁）。

(32)村上泰賢「小栗忠順の出自と人物」（村上編『小栗忠順のすべて』新人物往来社、二〇〇八年）、「（一三八）幕末の偉傑小栗上野介が侯爵家に繋る奇縁」（市島註(26)同書）。

(33)「大目付手留　同役非分之部　や壱」（文化七年中川飛騨守出、天保十四年稲生出羽守写、埼玉県立文書館所蔵：稲生家文書二〇〇）所収「二十六」中川飛騨守「縁組奉願候書付」（文化八年十二月四日）には「大目付中川飛騨守養子」として「中川勘三郎娘」がみられる。

(34)「安藤系譜」（藤沢衛彦『閣老安藤対馬守』有隣洞書屋、一九一四年再版）一一五頁）。なお、系譜には「冬姫」とある。

(35)「中川飛驒守之奥方様先月廿八日御死去ニ付、今日一日鳴物停止可仕候」とみられる。「万代記」文政三年四月五日条（田辺市文化財審議会・田辺市教育委員会編刊『万代記　八六』一九九〇年）五八頁。

(36)『夫木和歌抄抜書』（早稲田大学図書館蔵：ヘ04-02412　中川忠英旧蔵）。

(37) 服部嘉香「馬琴展覧会を観る」（『早稲田文学』第二期三七　明治四十一年十二月之巻、一九〇八年）。

(38) なお、服部註(37)論文でも中川忠英を「伯父」としており、このメモの作成者は服部の可能性が高い。

(39) 蜷川新「偉人小栗上野介と其の英雄的先祖」（『痴遊雑誌』三―六、一九三七年）四五頁。

(40) 雨森芳洲『交隣提醒』（享保一三年成立、寛政六年中川忠英書写、国立国会図書館所蔵：勝海舟関係文書七五）。当該写本は「捜錦閣」の罫紙を使用している。なお、跋文では中川忠英が松平定信の蔵書を写した旨が記されており、両者の関係性を示す史料としても注目に値する。

むすびにかえて―本書成立の経緯―

吉岡　孝

　自分が担当していた國學院大學大学院のゼミでは、幕末の長州征討に関する日記を講読していたが、二〇一八年度に一応の区切りがつき、その成果も書籍としてまとめることができた（岩橋清美・吉岡孝編『幕末期の八王子千人同心と長州征討』岩田書院、二〇一九年）。

　自分は一九年度はサバティカルをいただいており、二〇年度のテキストは何を選択すべきかを考えていたが、そんな折、新型コロナウイルスにより、世界中がひっくり返ったわけである。

　大学院のゼミも延期になり、史料調査に出かけることも不可能になった。あれこれ考えるうちに以前、根岸茂夫先生（現國學院大學名誉教授）から『令聞余響』のコピーを頂戴していたことを思い出した。この史料の主役である中川忠英については以前論文を執筆したことがあった。この人物は何か寛政改革期を考察するうえで重要な人物のような気がしてならなかった。そこで『令聞余響』をテキストにして大学院のゼミを行なうことにした。

　自分の恩師である村上直先生は大学院の授業で研究したことを本にするのが方針であった。若い人と一緒に本を作ることに自己研鑽と教育的な意義を見出しておられた。自分もその顰みに倣い、ゼミに参加してくれた学生には勉強したことについてレポートに書いてもらい、さらにそれを論文にブラッシュアップして成ったのが本書である。

なお前書の共編者になっていただいた岩橋清美先生は、二〇二一年度に國學院大學文学部に専任として赴任された。先生にも中川についての著作があり、適任であるため、この本についても共編をお願いし、快諾していただいた。

さらに慎重を期すために、國學院大學文学部史学科の卒業生を中心に結成された学会である国史学会例会でシンポジウムを行なった。国史学会関係者のみなさまにはこの場を借りて改めてお礼申し上げたい。その概要は以下の通りである。

シンポジウム「感情・倹約・制度の江戸時代―『令聞余響』の世界―」
日時：二〇二三年九月三〇日(土)一三時～
場所：國學院大學渋谷キャンパス　三号館四階三四〇二教室
内容：問題提起　吉岡　孝
中川忠英が編んだ医療関係書　西留いずみ
『令聞余響』にみる中川忠英の交際　井上　翼
『令聞余響』にみる旗本の和歌　村上　瑞木
旗本の家族と家訓　松本日菜子

本書の構成としては、『令聞余響』のテキストを分析した部分を中心に、それを敷衍して寛政改革期に位置づけた部分を追加し、さらに史料の全文も翻刻して掲載することにし、結局三部構成になった。

以下、大学院ゼミで『令聞余響』の報告をしてもらった参加者の氏名を記し、感謝の意を表する次第である。

伊澤直生・伊藤由佳・井上　翼・太田慧子・椛島侑太・斎藤みのり・西留いずみ・布川寛大・松本日菜子・宮澤歩美・村上真理・村上瑞木

（五十音順）

末筆になりましたが、史料の活用をお許しいただいた根岸茂夫先生には改めてお礼申し上げげたい。先生には今年三月に大学院を御定年になりましたが、益々の御活躍をお祈りしております。

（二〇二四年五月）

編者紹介

吉岡　孝（よしおか たかし）　國學院大學文学部教授　博士(歴史学)

主要編著　『幕末期の八王子千人同心と長州征討』（岩田書院、2019、共編著）
『明治維新に不都合な新選組の真実』（ベスト新書、2019、単著）
『八王子千人同心における身分越境―百姓から御家人へ―』
（岩田書院、2017、単著）
『江戸のバガボンドたち 「通り者」～順わぬ者たち～の社会史』
（ぶんか社、2003、単著）
『八王子千人同心』（同成社、2002、単著）

岩橋 清美（いわはし きよみ）　國學院大學文学部教授　博士(歴史学)

主要編著　『幕末期の八王子千人同心と長州征討』（岩田書院、2019、共編著）
『オーロラの日本史』（平凡社、2019、共著）
『近世日本の歴史意識と情報空間』（名著出版、2010、単著）

執筆者紹介

榎本　　博（えのもと ひろし）　春日部市郷土資料館学芸員　博士(歴史学)
井上　　翼（いのうえ つばさ）　土浦市立博物館学芸員
村上　瑞木（むらかみ みずき）　國學院大學大学院文学研究科博士後期課程在学
松戸市戸定歴史館研究員
松本日菜子（まつもと ひなこ）　國學院大學大学院文学研究科博士後期課程在学
西留いずみ（にしどめ いずみ）　國學院大學大学院文学研究科博士後期課程修了 博士(歴史学)
布川　寛大（ふかわ かんた）　國學院大學大学院文学研究科博士後期課程在学

寛政期の感情・倹約・制度
―勘定奉行中川忠英《なかがわただてる》言行録『令聞《れいぶん》余響《よきょう》』の世界―

2025年（令和7年）2月　第1刷　300部発行　　定価［本体8900円＋税］

編　者　吉岡 孝・岩橋 清美

発行所　有限会社岩田書院　代表：岩田　博　　http://www.iwata-shoin.co.jp

〒157-0062 東京都世田谷区南烏山4-25-6-103　電話03-3326-3757　FAX03-3326-6788

組版・印刷・製本：ぷりんてぃあ第二

ISBN978-4-86602-176-8　C3021　¥8900E

コピーOK